陌上草青

一個歷史學者的自述

鄭會欣 著

中華書局

目錄

自序

還是先講講我為甚麼要寫這個回憶吧。

瞿秋白先生在他犧牲前寫的那篇《多餘的話》中說，他原本就是個文人，之所以後來參加革命，那純粹就是個「歷史的誤會」。而我在回顧自己一生的時候，想到大部分時間從事的職業是歷史研究，心想這對我來說不也同樣是一個「歷史的誤會」嗎？因為習史並非我的初衷，我自幼對歷史也沒有甚麼特殊的興趣，高中畢業後先是插隊，後來調到煤礦，10年多的蹉跎歲月，浪跡天涯，但上大學仍是我心中的夢想。所幸鄧公決定改革高校招生制度，給了我們這代人一個機會，1978年我終於參加了高考，因為數理化都忘得差不多了，只能考文科，而文科的選擇很少，歷史分數又最高，所以後來就上了南京大學歷史系。那時只要能上大學就好，至於學甚麼專業那都是次要的。然而自從上了大學、特別是大學畢業後分配工作，將歷史研究作為自己的終生職業之後，我對這一選擇卻一直沒有感到後悔。

作為一個歷史學者，自然十分清楚回憶與口述對於研究歷史、特別是近現代史是多麼重要，我們在研究歷史的過程中經常要閱讀各種人物的傳記、日記、回憶或者口述資料，不僅如此，平時我們還會常常動員大家寫寫回憶、接受採訪甚麼的。然而到了自己頭上那又成了另外一

回事，我就從來沒有想過要寫甚麼回憶的文字，因為覺得自己就是個芸芸眾生中的小人物，所經歷的事情更是無關輕重，都是些雞毛蒜皮的小事，真沒甚麼好寫的。

在香港中文大學歷史系授課時，每學期系裏都會安排博士研究生擔任我的助教，他們大都是來自內地名牌大學歷史系的學生，亦多從事近代史和民國史的研究課題，課餘時經常到我辦公室來聊天，我也常常跟他們說些自己的經歷。也許是年齡大了吧，這些年每次外出開會，或是與一些年輕的學者見面，也總是不經意間聊些個人過去的經歷和故事，會後常常和與會者外出喝茶聊天，也會說些學界的趣聞軼事。因此許多年輕人都說，最喜歡會後與鄭老師在一起，聽他講過去的故事。不少人也都不止一次地對我說，希望有時間作個口述訪問，或者乾脆自己把過去的經歷寫出來。但我總覺得自己就是一個名不見經傳的小人物，有甚麼東西值得寫呢？

激起我寫回憶的衝動可能源於下面幾件事。

前幾年有一次在上海開會，會後與 30 多年前在青島講習班相識的老朋友胡君見面，聊天時相互講起各自的家史，他說起不久前整理了父親的回憶錄並上網公開，我聽了以後怎麼覺得與剛看過的一本書內容那麼相似呢？細問之下，那位作者所引用的材料，竟正是胡兄父親的回憶！這真是一個巧合，我即從中牽線，讓他們互相認識，同時亦極力鼓勵他爭取將這部回憶公開出版，最後這部書也真被北京開明出版社接受出版。胡君的父親雖然很普通，很平凡，民國時期只是一個銀行練習生。可是他寫出來的這個回憶非常真實，反映了民國年間一位下層銀行職員的日常生活及其所見所聞，出版後頗受好評。筆名為「十年砍柴」的書評人認為，本書作者的人生經歷，「對那個時代闖進上海謀生的鄉下少年來說，更具有代表性」；因為在那個時代中，像他的鄉賢虞洽卿、邵玉軒、董浩雲那樣的大亨畢竟是鳳毛麟角，而「更多的是他這樣的，

平平凡凡而又自強不息，抓住一切機會改變自己命運的人」。因為這本回憶錄的出版與我的建議有點兒關係，胡兄非約我為回憶錄寫篇序言，盛情難卻，只能信手寫了篇短文，題目就叫《讓更多民間記憶進入學術研究的視野》。我在序言的最後寫道：「希望更多的讀者將自己和家庭的經歷寫下來，為後人完整全面了解過去的歷史提供一份真實的史料。」

中國文化研究所最近在進行一個口述史的項目，副所長黎志添教授專門對我進行採訪，一位研究生在旁協助錄音，我就將個人在研究所工作 20 多年的經過與感受講了出來，後來整理過的文稿就發表在本所的通訊上，題目就叫《我與中國文化研究所》，這次訪問也激起我對往事進行回憶。

2019 年是新中國成立 70 周年，5 月間，我突然收到香港無線電視台首席記者黎穎然小姐的來信，説她們正製作一個八集的電視記錄片《建國七十年》，其中有兩集內容涉及到中華人民共和國歷史中兩項重大的歷史事件，即大饑荒與「文化大革命」。他們知道我是個歷史學者，也知道我當年就在內地，曾親身經歷過那段日子，因此提出來採訪我，希望了解我的家庭和個人的經歷，「更希望了解大饑荒時期各地農村的狀況，為何當年發生大饑荒卻未能及時上報，以及『文革』時期知識分子的遭遇」。我與新中國同齡，可以説是「紅旗下長大的一代人」，大饑荒時期我還是個 10 多歲的孩子，又生活在城市裏，因此只有個人飢餓的回憶，可是 10 年後當我們下鄉時，才聽到當年農村餓死人的慘劇；而「文化大革命」則是我們這一代親身經歷的 10 年，父母親又都是民國時期過來的知識分子，曾受到殘酷的迫害。因此我覺得應該把我知道的事情説出來，讓今天的年輕人了解過去的那段歷史，於是便接受了採訪。

前幾年班上同學聚會紀念入學 40 年，事先編了一本畫冊，收錄了各人保存的圖片，主編還讓每人寫幾句感言。記得我寫下的是：歷史的

誤會，讓我選擇了研究歷史；歷史的神迷，又讓我探究誤會的歷史。

2022 年是我們大學畢業 40 年的日子，前些時班上有同學提議，讓大家動筆，寫下自己升學和在校期間的生活記錄，用以緬懷那段逝去的年華。我們這些同學既是改革開放的受益者，更是改革開放的參與者，作為這一巨變時代的歷史見證人，理所應當用自己的筆，記錄下自己在這期間的經歷與感悟，因此這一建議立即得到大家的響應，並陸續寫出 40 多篇回憶。

以上這些事對我撰寫回憶來說確實是個啟發，也是個動力。後來我就一直在想，作為一個歷史學者，是應該將自己的人生經歷寫出來；而且要寫就不光只是寫自己，還應該將父母親這一代人的經歷寫下來，至少讓我們的後代知道他們的祖輩是甚麼樣的人，他們的一生又究竟做了些甚麼。

母親去世的比較早，1995 年冬天，父母親準備來香港看我們。那時南京沒有暖氣，冬天很冷，我們到香港後很快就買了一處很小的住房，就是希望每年讓兩家老人分別來香港過冬。那年輪到我的父母親來了，走之前父親讓母親做個體檢，沒想到一入院就查出是肝癌晚期，立即住院，我們也趕緊回南京去看望，然而母親的病情發展很快，僅僅三個月就離開了我們。母親去世幾年之後，父親又患阿茲海默症（即老年癡呆），情況一天天惡化。我們很早就移民香港，因工作關係，每年也就只能回來一兩次，而且時間很短，來去匆匆；即使他們來香港探親，每天忙於工作和家務，我也從未想到對他們作些口述，更沒意識到應該讓他們將自己的一生歷史寫下來。年輕的時候雖然也聽過父母親講些以往的家事，但並不連續，很多細節更不清楚，直到自己年齡大了，再想了解往事也不可能，為此後悔莫及。

2004 年春節，妹妹和妹夫回妹夫的河北老家探親，沒想到竟在就要到家鄉的 20 分鐘前，一場突如其來的車禍奪去了妹妹的生命！她還

只有 50 歲呀，就這樣親愛的妹妹一句話沒留就永遠離開了世界，留給我們無盡的悲傷。妹妹去世時父親已經患病，但有時神志稍微清醒時老是追問妹妹到哪去了，我們只能是百般掩飾，說她出差了。後來他雖然不再詢問，但我們覺得他可能已知道些甚麼，在父親最後幾年的生命中，無疑這對他是一個非常沉重的打擊。

2008 年 7 月 24 日，父親在南京家中安詳離世，享年 94 歲，也算是高壽了。但他因晚年患上老年癡呆，生活質量不好，我們又身在外地，無法照料，只能由兄嫂照顧，又請了兩名護工在家裏陪侍。就在當年 7 月初，我回南京探親，當時他連我都不認識了。記得是他去世前的一個多星期我要離開南京到桂林參加一個學術會議，下午去機場前向父親告別，對他說我要走了，過些時再回來看您。父親久閉著的雙眼突然睜了開來，對我笑著說：「你要走了，要注意身體啊！」我很驚喜，但絕沒想到這竟是他對我說的最後一句話，這很可能就是平時人們說的回光返照吧！會後我剛回香港兩天，就接到哥哥的電話，得知父親已經永遠離開我們了。

接到這一噩耗，我們一家三人趕緊購票飛回南京。父親生前單位南京航空航天大學的領導到家裏來慰問，詢問我們家屬還有甚麼要求。我們感謝組織上的關心，說父親的晚年過得也很幸福，雖然最後幾年患病，生活質量不大好，但還算是平靜的，因此沒甚麼特別的要求。我只是向學校領導提出兩點請求：第一，希望南航能夠認真對待父親的歷史，1939 年他大學畢業即冒著生命危險到大後方，不是去投靠國民黨反動派，而是投筆從戎，參加偉大的抗日戰爭；1950 年他放棄香港的家庭和優裕的生活回到內地，是響應國家號召，積極參加社會主義建設。第二，我是學歷史的，但對父輩一代的歷史卻知之甚少，現在後悔莫及。希望組織上能夠讓我查閱父親的檔案，了解他的一生經歷。

南航的領導對我的這兩項要求滿口答應，並在學校舉辦的悼念儀式

上印發了父親的簡歷，特別提到這兩段歷史的關節點。據我所知，在這之後去世的與我父親有同樣經歷的南航老師，他們的訃告上都會加上這麼一段。

然而在看檔案的問題上卻遇到一些麻煩，當時南航領導滿口答應我的請求，但因我要急著回香港上班，就未能抓緊時間去調閱。等到一年後我回家探親，又向有關方面提出查閱檔案的要求，但組織部門卻反悔了，說上面有規定，不能調閱親屬的檔案。後來我聽說是因為有家屬看了家人的檔案後，向單位提出許多政治或經濟方面的要求，他們害怕多事，就一律不讓看了。我反覆向他們強調，我查檔案絕不是為了要平反或索取甚麼經濟利益，完全是出於一個子女想要了解父輩歷史的願望。但我怎麼說也沒用，後來他們說，你可以委託一個第三者，讓他來抄閱檔案。我說第三者怎麼知道我想看甚麼資料呢，最後只能無功而返。

又過了一年回南京，這次有經驗了，知道需要迂迴解決，於是通過朋友先找到南航檔案部門的負責人，但他也只同意查看一些父親自己填寫的簡歷和自傳，有關外調和政審等部分檔案還是不給看，而且大部分要手抄，不能複印。我和哥哥一起去檔案館，經過多番爭取，終於還是讓我們複印了一些材料。

關於查閱母親檔案的故事就更有意思了。前些年因為房產事，公證部門需要查證父母親雙方的簡歷，因此要到他們原單位去複印相關資料。母親原來的單位是南京無線電工業學校，「文革」前這可是全國無線電專業實力最強的中專，若與一般的大學相比應該亦毫不遜色，但它也是「文革」中的重災區，當年的南無「八一二」在南京赫赫有名，可以說是無人不曉的造反派。「文革」後期南無停辦，大部分老師也都跟著要下放農村，因為父親單位沒有下放的任務，母親堅持了一陣，終於留了下來。以後這個學校被部隊接管，名字改了許多個，先是叫總參第XX研究所，後來又改為通訊工程學院，再後來又叫解放軍理工大學，

現在好像又是國防工程大學的一部分。母親這批留用人員被派在不同單位，她原來一直教語文，被部隊接管後沒有教學任務，就分配到圖書館工作，一直到退休。她們這批人後來轉成在編，入了「軍籍」，戶口也從家中遷出，變成集體戶口了。然而去找她的檔案可費了好大功夫，部隊說她不是軍隊的，原來單位又不知道該找誰，最後好不容易在一個不起眼的小房子裏找到一位老南無留守處的人。那位女老師倒是非常客氣，連說「黃老師我們都認識，人可好了」。我向她說明緣由，她即找出母親的檔案，讓我複印。沒想到她又對我說：「現在又不搞『文化大革命』了，你母親去世那麼多年了，你如果需要的話，就把它拿走吧。不過你也留下電話，如果有人查的話，我們再向你要。」我一聽大喜過望，連忙留下聯繫電話，帶著母親的檔案就回家了。

看到父母親的檔案我發現了一個問題，就是所有的檔案中都沒有「文革」期間形成的資料。譬如父親的檔案中只有「文革」前1965年填寫的「歷史思想匯報」，緊接著的就是1981年填的簡歷了；母親的檔案也是如此，「文革」前的檔案較為完整，最後一份是1963年的「工資級別情況表」，再接來則是1980年填的「列編幹部登記表」，整個「文化大革命」的資料全都沒了。這讓我突然想起來，1982年8月我剛分配到第二歷史檔案館工作時，領導上安排我的第一份工作並不是編輯歷史檔案，而是清除館中幹部的「文革」檔案。說是中央有指示，要把「文革」期間一切不實的資料全都予以清除。我當時以為這是對幹部的關心和愛護，現在想想，這不是把十年浩劫中形成的那些資料和歷史全都抹掉了嗎！

至於我個人的經歷，正好見證了共和國成長的歷史。我與新中國同齡，算得上是紅旗下長大的一代人，經歷過大跃進、大饑荒，更經歷了「文化大革命」的全過程，當然，也享受到改革開放帶來的紅利。「文革」中高中畢業，算是「老三屆」，其後的命運就是上山下鄉，接下來好不容易遇到招工的機會，又成了一名煤礦工人。直到鄧公決定改革高

校招生制度，我才經過考試上了大學，又成了「新三屆」。大學畢業後分配到中國第二歷史檔案館，從事民國檔案和民國史的編輯與研究工作，在學術上剛剛有了點起色，可是沒有幾年又陰錯陽差，隻身一人來到香港，一切又都得從頭作起，個中辛苦，亦不足為人道也。

我的家庭和我自己都是平凡的，從沒有做過甚麼驚天動地的大事，但我想，正是這麼多平凡人的一生，才成就了一部完整的歷史。父母他們一代人經歷了長期的戰亂、國家的鼎革、社會的變遷，然而他們這代人卻很少有人將自己和家庭的歷史寫下來；而我們這一代更見證了新中國成立 70 年來的風風雨雨。因此我在想，確實應該為他們、同時也為自己寫點東西留下來，哪怕只給自己的家人和後代看看呢！所以最近在想著寫點回憶，先草擬了一個大綱，然後按照目錄一點點地寫。寫作期間正遇上全球疫情爆發，所有人都宅在家裏，也正好可以靜下心來寫點東西。

我把自己想寫回憶的想法告訴了哥哥和幾位朋友，立即得到了他們的支持。哥哥比我年長兩歲，經歷也與我差不多，原本應在 1966 年考大學，但「文革」的爆發使求學成為夢想，好在 10 多年後鄧公決定恢復高校招生，他才和我一樣考上大學。我隨時將剛寫完的稿子發給他看，希望聽到他的意見以便修改。哥哥雖然是學理工的，但他對中國文化、特別是詩詞造詣頗深。看到我的回憶後亦心有感觸，便寫了一首詞贈我。

清平樂 · 陌上草吟

七十既老，陌上青青草。孤獨一生鑽史料，豈敢自詡書稿。　學童知青礦工，誤打誤撞轂中。恰似春草覆徑，更行更遠還生。

南朝詞人江淹《別賦》中有云「閨中風暖，陌上草薰」，吳越王錢鏐寫給夫人的信中亦說「陌上花開，可緩緩歸矣」，形容的都是親人離別時依依不捨的感情。我再查維基百科，陌上草又叫陌上菜，是玄參科母草屬下的一種草本植物，葉無柄，對生，全緣無毛。陌上草亦如其

名，多生長在水邊稻田邊的阡陌之上，默默無聞地生長繁衍。我想到自己的經歷，不就像這叢在田埂上悄然生長、慢慢繁衍的陌上草嗎？雖然很是普通，但也有一道不同的風景，不如就以其作為這本書的書名吧。

　　回過頭來看看，我的經歷實在是太平凡了，雖然從事歷史研究這麼多年，但都是一個人默默地工作，我常笑稱自己就是個個體戶，獨立大隊，既沒有加入甚麼團隊參與集體攻關，也沒有任何學生或助手合作研究，所完成的研究成果都是個人行為；近 40 年來雖然發表了不少論著，也因天時地利，四處搜尋檔案和其他史料，但所寫文字多是從資料中發現問題，從點到線，再從線到面；敘述過程或許尚稱流暢，邏輯思維亦還恰當，卻還沒有提升到理論的高度，皆屬一家之言。至於這些回憶文字更都是些流水賬，並無生動的細節與華麗的詞彙，但都是我親身經歷的往事；文中內容或許在時間、地點或人物方面還會存在某些差錯，然而可以負責任地說，我所寫的一切全都是真實的，絕無任何誇張或虛構。我想，或許就從我這麼一個普通人的經歷和感悟中，多少可以反映出共和國成立 70 多年來的一些發展與變化吧。

家世淵源

潮陽鄭氏

我們家籍貫是廣東省潮陽縣（今汕頭市潮陽區）沙隴鎮興隴村，雖然我們自幼生活在外地，直到 40 多歲時才第一次回老家，但我以往填表的「籍貫」一欄中永遠填的都是廣東潮陽，甚至我的兒子也會這樣填。因為從小就聽父親多次講過故鄉，所以對家鄉還是有一點概念的。至於「天下鄭氏，系出滎陽」這句話，則是後來才有所耳聞。1988 年12 月我回到香港後，曾在親戚的介紹下參加過幾次香港鄭氏宗親會回鄉祭祖的活動，後來也曾兩次來過沙隴的祖居地，但對鄭氏的起源，特別是我們這一支如何從中原遷徙到福建、廣東，後世又是如何延續的情形並不清楚。以下所記述的內容主要是參閱鄉賢鄭瑞庭先生撰寫的《沙隴史地風情錄》一書，於此才對家世有所了解。

鄭氏起源於鄭國，始祖鄭桓公，名友，是周厲王的幼子。周朝王室為姬姓，公元前 806 年，周宣王封幼弟姬友為鄭伯，封地在今陝西華縣西北、黃河以南，是為鄭國，故鄭伯改姓鄭，即鄭氏之始祖鄭友。宣王去世後幽王繼位，鄭友任大司徒，因鄭國地域狹小而朝政日非，鄭友遂決定率族人東遷拓展，於是在今洛陽以東、黃河以南之地營建滎陽

城，稱為新鄭。鄭友去世後，封號鄭桓公，其長子掘突繼承遺志，匡扶周王朝。在周朝後期歷史上，鄭友及其後裔曾為周王朝的中興發揮過重要作用。

鄭氏在晚周三百多年中計傳十四世，公元前 375 年，鄭國被韓國吞併，後世便開始遷於淮陽、商丘，鄭國國民便以鄭為姓，陸續向東南及江淮地區播遷。歷經春秋戰國、秦漢魏晉，鄭氏遷徙的範圍仍多在河南南部、安徽西部及湖北北部一帶。到了三十九世平難將軍、東安太守鄭文序，為避晉亂，於西晉元年（307 年）率族人渡江，定居於丹陽郡秣陵縣（即今南京市東南秣陵關一帶），是為鄭氏過江南遷之一世祖。二世元質，官晉平南大將軍、泉建刺史，因任官泉州而遷福建。至十八世鄭露，字愚叟，入唐為太府卿，再由泉州入莆田南湖，他倡導儒學，開閩粵文化之宗，故鄭露為入莆一世。及至十世鄭徽，字種德，宣和元年（1122 年）以福建鄉試解元之身份調任廣東三泊漕運貨泉轉都運使，因公務路過潮陽，見這裏山清水秀，民情淳樸，遂決定在此定居落籍，是為潮陽神山系始祖。故潮桓公封君鄭伯始，至宋代鄭徽入潮止，鄭氏計有六十六代之傳；鄭氏自十一世鄭福生遷居沙隴（這一時間據推斷應該在明永樂十三年 [1415] 左右），神山仁房得以繁衍與延續，成為沙隴一支望族，距今又有 600 餘年矣。

潮陽鄭氏分為神山、金浦和平湖三大族系，雖三系的輩序文字各異，世數亦有參差，但均屬五代陳朝名儒鄭露之後裔，而露公之十世裔孫鄭徽（1086-1151）則為潮陽神山系始祖。神山系的輩序序文以四字為句，但其中至「○錫熙良」三字之前有一字厥，據傳是因涉及帝王名號而避諱，但厥文究為何字，前人既不敢言，後人亦無法得知。鄭氏神山系輩序原傳續至康字輩第三十一世，清乾隆年間進士鄭玉珩續十六字傳輩至四十七世，光緒年間翰林鄭邦任循例又續八字，至此共五十五世。自公元 1122 年一世祖鄭徽入籍廣東潮陽之後創立神山系鄭氏輩

序，至今已近 900 年，於吾輩「會」字排行，應為鄭氏神山系輩序第
二十九世，若再上溯桓公鄭伯，那就應該是九十五世了。

　　鄭氏神山系輩序排列如下：

種克宏通　允作君景　嘉彥仕崇　廷大明憲　與榮毓侯　茂德逢朝
○錫熙良　際會永康　宗萃和慶　蔚為國光　贊乃承烈　衍嗣興祥
宜爾之子　奕世垂芳

　　對於祖上的事情，到了我們這代其實一點都不清楚，只是聽父親說
過高祖、曾祖這代有「寶成」與「寶泰」兩大房，而我們家是「寶成」
這一房的。清末民初，在上海創業後發跡的先人在家鄉興建了一種仿照
上海的里坊式建築，即以祖祠家廟為中軸線，兩邊建有四點金或下山虎
厝四座，被稱為「駟馬拖車」，其中寶成的祖居就叫「綿德里」。小時
候就聽父親說過老家的祖宅三座落、下山虎、四點金甚麼的，當時一點

1993 年第一次攜妻子
回老家，攝於祖宅門
前，上方匾額為「榮
祿第」

概念都沒有，後來才知道這是家鄉的一種建築風格，「下山虎」即兩上房、兩偏房、一廳、一天井，「四點金」多兩房，「三座落」則多四房兩廳。20多年前我第一次回到沙隴老家時，家鄉的宗親還帶著我去看過「寶成」的故居綿德里，不過那裏當時仍是鎮政府的辦公地點，後來才落實政策，還給留在家鄉的後人。

沙隴鄉民素有開拓進取、奮力拚搏的精神，所謂「日出沙隴鄭，日落錢家寨」，說的就是沙隴鄭氏在當地稱雄一方的情形。潮汕地區因為地理條件和風俗文化的影響，具有崇尚經商、吃苦抱團等傳統，但由於地少人多，清政府長期以來又實施閉關政策，所以經營走私貿易就成為本地的一個主要行業。鴉片戰爭之後，上海開埠，沙隴鄉民紛紛北上江滬，在上海紮根發展，創建商行，開辦錢莊，設立典當，經營房地產，沙隴當地人就將這些到上海闖天下的商人稱為「上海客」，而鄭石仁、鄭石部兄弟兩人創立的「寶成」和「寶泰」就是其中佼佼者。鄭石仁去世後葬在沙隴後坪寨前旗地，碑文上書「戶部員外郎壽山鄭公，神山仁房二十五世」，更有前清東閣大學士陸潤庠題贈柱聯：「朝有印，案有琴，通德門庭期光大；辰帶壇，砂帶曜，胸山世澤卜綿長。」

前不久在網上查到一篇文字，說的就是沙隴鄭氏在上海開埠之初奮發創業的情形。光緒初年，鄭石仁到上海謀生，先是與其子在英租界的沙遜洋行當捐客、買辦，發跡之後進而開辦「寶成」號商行。寶成家族在上海主要經營典當、錢莊和房地產業，同時還在漢口、九江、鎮江、蘇州、南通等長江沿線城市擁有多處房產、錢莊和當鋪，成為以上海為中心的財團大戶，而寶成就應該是我高祖鄭石仁在上海創業的根基。

有朋友幫我在《申報》上查到1894年的一則消息，說的是「法大馬路和興押店主翁阿乾前日投捕行，控稱素與鄭寶成、鄭寶泰土行主鄭熙炎、熙澄昆仲往來存洋三千餘元，按月付息，毫無尾欠，迄今十餘

年，獲利已過於本。上月杪忽聽翁阿華唆使將押店，強壩〔霸〕據為己
有，將我逐出，不容進門。請為提究。捕頸以世間無此情理論，俟堂期
赴公堂遞稟請辦」云云。如此看來，鄭熙炎應該就是我二十六世的曾祖。

祖父與父輩

我的祖父鄭伯文（他是良字輩的長房，估計伯文是字，後以字行，
反而真名叫甚麼都不知道了），生於光緒十年（1884），年輕時應該就
跟著父親在上海做生意。雖然全家常居上海，但主要的生意卻是在北
方，1924 年第二次直奉戰爭爆發，祖父在直隸泊頭經營的一家蛋廠遭
到戰火毀壞而破產，心身焦慮，患了一場大病，不得已攜家人返回故
鄉。數年後他又東山再起，這次則主要是在九江、上海一帶經售精鹽和
雜糧之類的買賣，聽說他在九江還有一些房產。從我父親的檔案中得
知，祖父大革命時期曾加入過國民黨，但應該沒有參加甚麼活動，也從
未擔任過甚麼職務。父親在自傳中寫道，雖然潮州人崇尚經商，但祖父
卻一直支持和鼓勵父親讀書，後來生意不如以往，然而在經濟上仍資助
父親上大學。抗戰爆發後他的生意再次受到打擊，從此回到老家再無外
出，憑著以前購置的二、三十畝田地租金過日子，而父親的學費就都由
他大哥全數承擔了。

我的祖母周氏比祖父大兩歲，我出生時他們都在香港，肯定見過我
這個孫子，當然我是一點印象都沒有了。祖父祖母後來在香港生活，主
要靠伯父與姑媽接濟，雖然經濟狀況大不如前，但都能安享晚年。祖父
去世時 84 歲，祖母一直到 92 歲才去世，這在六、七十年代都算是長
壽了。然而我們家自「文革」前即主動與香港的眾位親友斷絕了通訊來
往，一直也不知道祖父母和大伯去世的消息，自 1950 年初父親返回內
地後就再也沒有見到父母，直到 1985 年他和母親第一次回香港探親，

公元1961年正月十六日照

祖父與祖母

才在二姑的陪同下去拜祭他們。我們一家回到香港後，每年的清明和重陽都會到位於九龍城附近聯合道的華人基督教永遠墳場去掃墓，為祖父和祖母獻上一束鮮花，感念他們生育和培養父親之恩。

　　祖父祖母一共生了五名子女（年幼夭折的不在內）：大姑御鍵、大伯際雄（潮汕人「際」、「志」同音，後來一直叫志雄），父親際睿、二姑碧雲、四叔際筠，庶出的子女有三姑（不知道叫甚麼名字）、五叔際蔚和六叔際典。

　　潮州人崇尚經商，因此我的叔伯一輩大都是生意人，但是父親從小就喜愛讀書，祖父母和大伯也都一直支持並供養他上學。1924 年前後，因受到軍閥戰爭的破壞，祖父生意失敗，設在泊頭的蛋廠倒閉，以致家道中落，大伯志雄便輟學經商，在上海的德商美最時洋行（C. Melchers GmbH & Co.）學生意，先是當跑街，就是四處推銷商品那種，後來有了些資本就自己創業，開了一家雜糧行，但在「八一三」淞滬抗戰中，因囤積在浦東棧房的存貨毀於戰火，生意失敗，只好又重新回到美最時洋行，擔任該行酒精棧房的經理。第二次世界大戰爆發前後，大伯脫離德商洋行，和朋友合資到香港經營進出口貿易，生意越做越大，聽父親說大伯當時在緬甸購進一批汽車輪胎，1939 年第二次世界大戰爆發後這批輪胎價格猛漲，他不僅賺了不少錢，而且還因幫助英

軍運輸受到嘉獎。

太平洋戰爭爆發後香港淪陷，大伯又回到廣東，在興寧一帶經商，亦從事過美金公債的異地買賣，從中賺取差價。抗戰勝利後他再回到香港，住在香港的跑馬地，祖父母等一大家人都由他供養，那時他的生意很紅火，家中還有私家車。聽親戚說 50 年代初他的資金大都放在廣東的一個生意夥伴手中，沒想到在內地開展的「五反」運動中那個人被定為不法商人，資金被沒收，伯父的資金鏈斷了，家境頓時一落千丈，雖然後來他也曾想要重整旗鼓，但終究未能翻身。大伯先後有三個妻子，共生養了九名子女，除了大家姐已去世，其他的堂兄妹們都在香港和美國生活。

四叔際筠亦因祖父當年生意失敗而輟學，原來他跟大伯一起做生意，可能是後來兩人之間發生了一些爭執，自己跑到泰國還是寮國（即老撾）單幹，但也沒有成功，很早就去世了。他的長子會義原來在老撾的首府萬象上學，後來到台灣讀高中，再去美國留學，很是艱辛。大學畢業後他就留在美國工作成家，記得很早以前他還與父親有過聯繫，但後來音訊全無。1953 年四嬸獨自一人離開潮州前往老撾時曾在鄉下留下一個女兒潔蓮，年齡應該和我差不多大，後來就由他們家的黃姓佣人一直養大，成了他家的養女。越戰結束時四叔已經去世，四嬸和她身邊另一個女兒楚凡四處流浪，後來以難民身份到了美國加州，據說生活得還不錯，但與鄭家再也沒有甚麼聯繫。

大姑御鍵年輕時因為生下的孩子夭折而被丈夫遺棄，祖母捨不得她在婆家受苦，便將大姑接回娘家。她一輩子沒有子女，孤苦伶仃，名義上雖然有一個乾兒子，但從未有過甚麼贍養。大姑新中國成立後一直住在老家，因家中有祖宅和一些田地，祖父母當時都在香港，土改時她就被抓起來吊打，吃了不少苦。1953 年我們全家已遷到哈爾濱，妹妹即將出生，父親就想辦法寫報告，申請將她接到哈爾濱。大姑也真不簡

單，雖然有一點文化（初小水平），居然能一個人從潮陽縣的鄉下到汕頭，再到廣州，然後千里迢迢，一路轉車，終於來到哈爾濱。在這之後大姑就一直同我們一家生活在一起，所有家務事都由她全權決定，是我們家的掌門人。1983 年二姑從香港到南京來看望我們，她們兩姐妹才得以重逢。二姑是個虔誠的基督徒，在她的勸化下，大姑也皈依教會。1984 年 2 月，大姑去世，那年她正好 80 歲。

二姑碧雲生於 1921 年，年輕的時候在老家和九江讀過書，應該是讀到高中，這在當時廣東，一個女孩子能接受到這樣程度的教育算是不容易的了，這也說明祖父祖母的思想還是很開明的。二姑的第一個丈夫是印度中國銀行的職員，結婚未久便因騎馬墜落而意外去世，留下一個遺腹子。這對二姑的打擊很大，此後她篤信基督教應該與此有關。後來她在香港認識了二姑夫，他也是潮州澄海人，剛從內地來到香港，因為他懂得一些醫術，卻沒有證書，二姑身上有些錢，便代他在九龍城寨買了間門面房，以後就在這個三不管的地區行醫，在當地還是挺有名氣的。二姑與姑父又生了四個子女，除了表妹早年移民加拿大外，其餘幾個表弟都在香港。1988 年 6 月我第一次回香港探親，就是住在二姑家，也是她老人家成天陪著我在香港四處遊覽，看望各位親友。當年年底我正式回香港定居，最初也是住在二姑位於九龍城嘉林邊道的家中客廳，當了一名「廳長」。姑父一家人待我十分熱情，幾位表弟表妹連同家人待我親如兄弟，這麼些年來經常來往，每年過年過節更要在一起團聚。如今姑父姑母二位均已蒙主寵召、榮歸天國，但我們全家都永遠緬懷他們當年的一片熱心。

以前我們一直沒有聽說還有個三姑，因此對她的情形一無所知，甚至都不知道她的名字。她與五叔、六叔都是庶祖母所生，兩個弟弟年幼，就跟著祖父母一起來香港，她就留在鄉下，聽說後來吃了不少苦。三姑的兒子也就是我的表哥，早年在海南島開荒，生活太艱苦，後來就

父母親與姑父姑母（左一左二）

回到沙隴老家，也改姓鄭了，後來家中祖宅因老家落實華僑政策予以歸
還，因為我們這一房所有後人都不在家鄉，祖屋就由他們繼承了，記得
香港的親友們還出了些錢幫他們修葺祖屋。

　　五叔際蔚和六叔際典是我們最小的兩個叔叔，他們的年齡甚至比大
伯的長子長女還小。1949 年前後他們隨祖父母一起到香港，但他們的
生母還留在鄉下，直到 1963 年五叔才將其接到長春，十多年前去世，
享壽 102 歲。1950 年初我父親決定回內地，參加社會主義建設時，五
叔也想讀書，但在香港沒有機會，於是不久也跟隨父親回到北京，先是
補習了一段時間高中的功課，後來考入父親單位重工業部屬下的重工業
學校。畢業後分配到剛剛成立的長春中國第一汽車製造廠。他後來又在
工作中上了汽車廠的夜大學，獲得大學畢業文憑，從技術員一直做到鑄
造分廠的高級工程師，算的上是「一汽」的建廠元老。五嬸和兩個子
女也都是「一汽」的職工，可以説五叔一家是「一汽」世家。五叔為人
忠厚老實，動手能力很強，又喜好攝影，我們家的很多照片都是他拍攝

的，但他也太老實，可以說是一輩子被人利用而不被重用。他退休後曾受聘廣東一家私營企業，也是因為太老實，老闆並未履行原先承諾的條件。五叔長期在鑄造車間工作，身體一直很好，沒想到前些年患前列線癌，又被醫生誤診，延誤了治療時間不幸去世，如今五嬸就是我們上一代中唯一一位長輩了。

至於六叔，因為他是最小的孩子，自小就受到溺愛，長大之後不務正業，無所事事，終生未婚，從未有過正當職業。我們也只是聽父親說過有位六叔，但從來沒見過面，多年前五叔要找他，想帶他回長春見見母親，我們也曾託香港警局的親戚查詢他的下落，最終也沒有結果，估計他早已離世了。

黃氏家族

相對而言，對母親的家族史我們就更加不清楚了，只知道她的祖籍是四川新繁，應該算是官宦和讀書人世家。也有傳說黃氏祖籍在廣東梅州府，「湖廣填四川」之後，先祖率族人向西遷徙，逆江入川，涉途艱辛，不為人記。因動身遷川時間較遲，沿途良田均為前人據佔，乃穿越巴山，突兀得見平原，就此於茲定居，此地即為成都府附近新繁縣之龍橋。從二舅家看到一份家族的族譜，那是一首五言詩：「雲中懋先德，光輝遠嘉祥；孝敬傳家寶，賢才輔國良。修齊承克讓，平志振安邦；一本崇仁義，萬枝發達長。」我母親是「輝」字輩，按照這部族譜排列，只能追溯到前七世，母親的一世祖至五世祖分別應為黃雲桂、文中、懋珊、柟先、德章，再前的就不知道了，因此這個家世肯定是不全的。

母親出生後不到一年，她的祖父黃德章（字滋蔆，一說滋萱、子宣，應該出生於 1870 年前後）就去世了，因此在她腦海中沒有任何印象，後來只是零星地跟我們說了些祖父（我們應該叫太外公）的情形。

按照母親的說法是，他在鄉間已經中舉，再負笈進京，因此便率全家人離開四川的新繁老家，其後就永遠離開故鄉，於北京定居。晚清科舉廢除後他被公派留學日本習法律，回國後殿式獲第一名，稱為「洋狀元」，其後太外公一直在法律界工作。

最近我查閱相關資料，並得到朋友的大力協助，對太外公的情形有了深一層的了解。據現有的資料得知，他應該是丁酉年（1897）由四川省選為拔貢，保送至京城的國子監，分省試用直隸州州判。入京後第二年就遇上戊戌變法，遂入剛剛創建的京師大學堂習英語、歷史，後曾擔任過翻譯。晚清新政期間考取首批官費生，留學日本，於京都帝國大學習讀法律，尤以民法為重，他在日本留學期間曾發起創辦《學海》雜誌，頗具影響。光緒三十四年（1908）學成歸國，查閱光緒三十四年九月二十一日（1908 年 10 月 16 日）《申報》刊載奉旨「此次驗看之學部考驗游學畢業生」一則消息，其中黃德章著賞給法政科進士。第二年即宣統元年五月（1909 年 6 月）留學生參加廷試，據《申報》1909年 6 月 5 日載：「此次廷試游學畢業生，奉旨派梁敦彥、唐景崇、嚴修、朱益藩為閱卷大臣，章宗元、嵇鏡、曹汝霖、何燏時、程明超、羅振玉為襄校官」，「應試之留學生共計一百零二人，昨已由閱卷大臣在內廷評定試卷，分為一、二、三等，已於十三日早進呈御覽後，即在憲政館拆封寫榜，午後十二點鐘在學部照墻張貼」云云，其中一等三十名，二等五十七名，三等十五名，我的太外公黃德章名列一等第一名，授翰林院編修。這在以前的科舉考試中那就是狀元呀！但此時早已廢除科舉，故時人稱他是「洋狀元」。據說《清史稿》上有記載，但我沒去查閱。

在這之後太外公由法部調任憲政籌備處行走，歷任法官考試游學畢業考試及京師法律學堂畢業考試襄校官，法政學堂、財政學堂教習等職。1911 年清政府欲將川漢鐵路收歸國有，從而引發川省士紳的抵制和抗議，掀起一場「保路運動」，直接導致辛亥革命的爆發。太外公本

現存史料中太外公的照片和簡歷

是四川人，他和在京的一些川籍官員經常集會，聲援川省保路計劃，結果為人舉報給郵傳部尚書盛宣懷，密報「京官反對鐵路國有、函電煽動川省保路會」。在這份黑名單中，太外公黃德章的名字赫然在冊，這在《盛宣懷檔案資料・辛亥革命前後》第 3 輯中有記載。

民國成立後太外公先被任命為司法部編纂，旋任大理寺推事，1914 年 3 月，任約法會議議員資格審定會會員，6 月署京師地方審判廳廳長，10 月，授四等嘉禾勳章，次年正式出任京師地方審判廳廳長。《成都法治史話》載，黃德章因執法嚴明公正，剛正不阿，屢屢遭到權貴打擊。當時財政部官員貪贓枉法，積弊甚深，財政總長陳錦濤被告至地方審判廳，大總統黎元洪、國務總理伍廷芳及張勳等高官紛紛來向他求情，卻遭到他的嚴辭拒絕，雖說此舉得到民眾的齊聲讚譽，但最終還是遭到權貴的忌恨和報復，被貶職外調。

據《民國職官年表》載，黃德章於民國九年至十一年任江西省高等檢察廳檢察長，1922 年 2 月 1 日該職由李杭文署任。聽黃家老輩傳言，太外公是在 20 年代初因患「背瘡」而辭官回到北京，住在香爐營二條，不久便因病去世，終年應 50 餘歲。太外公去世的消息在民國十二年 9 月 16 日北京出版的《法律評論》上有記載，稱「大理院民四

庭推事黃德章曾任江西高等審判廳廳長，在法界素負盛望。入夏以來，身體多病，已於本月九日病故，殊可憫也」，因此可斷定他去世的時間是 1923 年 9 月 9 日。

我的外公黃藜光（字乙青，1893–1953）是長子，生母在他年幼時就去世了，所以幾位弟弟都是繼母所生。根據朋友幫忙查到的一些資料我才知道，外公應該是 1917 年畢業於北京工業專門學校電機科，後來該校合併到北京大學工學院，因此也可以說是北大的校友。1917 年 3 月 20 日的《申報》上刊登交通部分發各部實習名單中有他和其他 6 名同學分配到京奉鐵路實習的消息，1919 年中華全國鐵路協會主編的《鐵路協會會員錄》刊載他的工作單位是京綏鐵路南口機廠，而民國二十五年平綏鐵路管理局登錄外公的職務是平綏鐵路局機務第四段段長，機械幫工程司，工資級別為三等四級。

因為太外公去世較早，所以外公很早就承擔起全家的生活重任，不單他自己有八個子女，還有繼母和幾個同父異母的弟弟都需要他供養。聽母親說外公長期在鐵路上工作，月薪有二百多塊大洋，這薪水在戰前物價平穩時期還是挺高的，但家庭負擔卻很重。外公是個讀書人，雖習工程，但對中國古典文學素有修養。他為人生性懦弱，不問政治，一直在鐵路上工作，先後服務過京綏、浙贛、成渝等重要鐵路幹線。抗戰爆

外公與外婆

發後，大舅、二舅、母親和四姨都先後來到大後方求學，外公和外婆亦於 1943 年年底率其餘子女從北平來到重慶，外公在交通部找到一份工作，此時通貨膨脹日益嚴重，工資收入更是大幅下降，但還是得依靠他一個人的微薄收入，支撐一大家子的生活。然而就是這樣，外公不僅將幾個弟弟和眾多子女培養成人，而且都接受了高等教育，真是不容易。新中國成立後外公一個人在重慶，任成渝鐵路局機務科工程師，1953 年因患高血壓病而猝死，去世時身邊竟無一位家人，後來還是八叔公和五舅從成都趕去處理後事。外公的原配生了大舅後就去世，因此我的外婆是繼室，她共生了七個孩子，她叫郝叔沖，母親的自傳中說她曾唸過女子師範，在那個時代是極為罕見的，這就說明外婆肯定也出身於一位有地位的士紳家庭。因為生育子女太多，外婆也與那個時代絕大多數女性那樣，一輩子就是相夫教子，從未外出工作，1955 年因患心臟病於北京去世。

以往因醫療條件，孩子出生後能長大成人的並不是很多，因此外公這輩沒有聽過其他幾位叔公或姑婆，只知道有老四、老七和老八長大成人。四叔公黃藻光是外公繼母（我們應叫太外婆）的長子，1934 年畢業於北京大學法律系，曾任天津、濟南等市的地方法院推事、書記員等職，抗戰勝利後經外公介紹，到長辛店鐵路機車修理廠任職員，以後就一直居住在那裏。不過我們家對他的情況不是太了解，只知道他家子女較多，生活比較清貧。

七叔公黃茂光（1916-2007），北京師大附中畢業後於 1934 年考入清華大學工學院機械系，1939 年畢業，即留校（那時清華已與北大、南開合併為西南聯大了）任助教。1944 年他考取留學美國庚款（航空工程）獎學金，並於 1945 年前往美國留學，同行者有楊振寧、何炳棣等 20 餘人。10 多年前我曾分別問過何、楊兩位教授，他們都清楚地記得他，何教授那本《讀史閱世六十年》中亦有當時獲得庚款留學生的

名單。七叔公先獲麻省理工學院碩士，後又於 1951 年獲康奈爾大學博士，隨即便準備回國，船票已經購好，但當時中美關係極為緊張，美國移民局不准他離境，不得已他就先留在美國的大學任教，一直到 1954 年中美日內瓦會談後美國才對部分中國留學生放行，他終於在 1956 年 1 月回到北京。

回國後七叔公先任中國科學院力學研究所副研究員和研究員，1958 年中國科技大學創辦後他又兼任該校教授，後來乾脆就把他調到科大了。他回國後才結婚，那時已逾 40 歲，因此他的兩個孩子都很小，但卻大我一個輩份。七叔公家先是住在中關村科學院的 10 號樓，1965 年暑假我到北京去，曾多次去過他家。1969 年中國科大遷出北京，他也隨科大搬到合肥，直到「文革」結束後才調回北京，住在 15 號樓，這是一幢灰磚、黑瓦、朱紅色木窗的住宅樓，就是被稱為「特樓」的其中之一。當時住在那幾幢樓的都是從海外歸來的科學家如錢學森、錢三強、趙忠堯、趙九章、貝時璋、郭永懷等等，現在這幾幢大樓已經成為歷史文物，不許拆遷了。

我從沒有問過七叔公為甚麼回國，但我想他是個孝子，最大的原因應該是要回來照顧寡居多年的母親。「文革」中他也飽受迫害，1969 年科大遷出北京後我曾到合肥看望過他們，當時他還在磚瓦廠燒磚呢！1972 年中美外交關係解凍後，一批批美籍華人科學家回國訪問，聽說有以前的同事或同學（好像是王浩）提出要見他，但他拒絕見面，理由是：見面說甚麼呢？七叔公是著名的固體力學家，共培養過數十位碩士和博士生，2006 年，他的多位博士生為他出了一部慶賀 90 歲的祝壽文集，他也送了我一本。他與我父親的研究領域應該相近，但我卻完全是個外行。文集的最後附有七叔公一生的論著目錄，或許別人沒注意，而我看了之後卻十分感慨，看到他 40 年代末和 50 年代初在美國頂尖的期刊上發表過多篇論文，再接下來就是 70 年代末以後發表的一系列

論文了。你想想，一個科學家在他一生最寶貴的黃金時代中竟然沒有發表一篇論文，這究竟說明了甚麼？

2016 年 9 月的一個周末，原中國科學院力學所和科技大學的一批老人在北京中國科學院力學研究所為七叔公舉辦了一個百歲誕辰的紀念活動，他們都是七叔公過去的學生和同事，如今也都是八、九十歲的老人了。我當時正在北京大學經濟學院參加一個會議，力學所離北大很近，那天上午我又沒有報告和評論的任務，所以就溜會參加這個紀念活動了，在會場上見到七叔婆和她兒子黃圍一家人（女兒黃因一家在美國定居，沒有回來）。前一年春天我和妻子到北京見到七叔婆時她身體尚可，中午還一起外出吃飯，一年不見，她已需要坐輪椅了，沒想到這竟是最後見的一面，第二年她就去世了。那天會議的組織者邀請我作為親屬說幾句話，我就將看了文集後的這些感慨說了出來，很顯然，與會者過往都沒想過這個問題，我想他們聽了我的這番話，一定也會深有感觸的。

八叔公黃蔚光（1918-2006）是外公最小的弟弟，他生於北京，先後畢業於北師大附小和北師大附中，高中時是「一二・九」學生運動的積極分子。1936 年高中畢業後曾報考北大、清華、浙大和北洋大學，亦均被錄取，但因他參加過學生運動，為了躲避當局的迫害，只能到天津入讀北洋大學土木工程系。盧溝橋事變後北平淪陷，北洋大學西遷至陝西，後在新組建的西北聯合大學完成學業。大學畢業後先留校任助教，後經老師介紹到重慶公路局、重慶鐵路局工作，任工程師。新中國成立後調入西南鐵路工程局（後改組為鐵道部第二工程局），相繼參加成渝、寶成、川黔、成昆、湘黔等國家重點鐵路的建設，歷任工段長、工程師、施工科長、主任工程師、高級工程師等職，積極投身國家鐵路的建設，長年奮鬥在西南偏僻的鐵路工地。直至 70 年代中為照顧家庭，才調至鐵道部二局下屬位於成都的鐵路專科學校，任綜合教研室主任，直至退休。

　　八叔公年輕時是一熱血青年，積極參加抗日愛國運動，「一二九」運動後他參加「南下宣傳團」南下，大學時期先參加中華民族解放先鋒隊，並於 1938 年加入中國共產黨。聽他的子女說，他有個中學同班同學叫劉植岩，當年一起參加革命，後來劉去延安，還是八叔公親自前往送行。劉植岩新中國成立後先在北京工作，後調到成都任西南局書記處書記兼組織部長，「文革」初被迫害身亡，八叔公雖然家在成都，但聽說兩人並未見過面。說到劉植岩大家可能不大熟悉，但他的兒子就是當今主管中美貿易談判的國務院副總理劉鶴。

　　1941 年前後因中共西北地下黨執行「隱蔽精幹，長期潛伏，積蓄力量，等待時機」的十六字方針，八叔公從此與組織失去聯繫，雖然他一直參加進步活動，卻終未獲黨組織的承認。新中國成立後黨組織給他下的結論是「自行脫黨，但無任何危害黨組織的行為」，直至 1979 年才重新入黨。八叔公一直不願提及年輕時的這段歷史，他的子女也不是很清楚。八叔婆與我母親和四姨年齡相仿，年輕時彼此間多有來往，但她後來身體一直不太好，因此八叔公也很少外出，直到 80 年代初他到南京來招生，我才第一次見到他，1998 年我們全家去九寨溝旅遊，在成都又見到他和八叔婆。記得最後一次見到他是 2005 年我到成都開會，專程抽空去家裏看望他，那時八叔婆已經去世，他的身體也不是太好，但沒想到這竟是最後一次見面，第二年他就去世了。

　　八叔公有兩個孩子，女兒輝緗，「文革」前考入西南師範學院（今西南大學）歷史系，因為八叔公在鐵路工作，家屬每年可享受免費車票的待遇，所以暑假期間經常外出，1965 年暑假我就和她在北京見過面。「文革」中她大學畢業，分配在四川宜賓地區的南溪縣鄉下教書，「文革」後好不容易才調回成都，一直在鐵二局下屬的第一中學教歷史，評為高級教師，也是學校的領導。她的先生姓魏，「文革」期間畢業於重慶大學，後一直在成都的省機械研究設計院工作，擔任高工及設

計院助理院長。兒子輝經，比我大一歲，1969 年初到四川的渡口（就是今天的攀枝花）插隊，因為他是鐵路局的職工子弟，1972 年就被招工，抽調到湖南的懷化修建湘黔和枝柳鐵路，經培訓後從事醫務工作。他是老高二，底子很紮實，恢復高校招生制度後準備參加高考，卻因當地和本單位的土政策不讓報名，而錯過時機，直到 80 年代初才調回成都，任鐵二局中心醫院放射科主任。雖然我們從未見過面，他的輩份也比我長，但因二人年齡相仿，經歷又差不多，所以下鄉後我們倆常有信件來往，但直到 80 年代初他到南京的鐵道醫學院培訓時我們才見面。在南京學習的一年中輝經常常到家裏來，彼此交談插隊時和工作後的經歷，雖是初次見面，但已神交多年，非常投緣。

母親的兄長與弟妹

　　大舅黃輝宙（1917-2000？）出生後不久母親就去世了，自幼在北平上小學和中學，他與我的七叔公年齡相仿，也是師大附中的同班同學，1934 年同時考入清華大學，不過他讀的是土木系。抗戰爆發後大舅隨學校南下，我曾在西南聯合大學史料文獻的「長沙臨時大學應行發給甲種赴滇就學的名單」中查到他的名字，同行者還有任繼愈、丁則良、查良錚、季鎮淮等人。大舅 1938 年畢業後，抗戰期間一直在國民政府軍事委員會工程委員會工作，任工程師、工務主任等職，戰後曾任行政院善後救濟總署專員，新中國成立後先是在上海華東工業部設計公司工作，後調往北京，任第一機械工業部第一設計院高級工程師。印象中我只見過大舅一次，是他到南京出差，但甚麼時間已經忘了，大舅媽好像從未見過。聽母親說，大舅媽對大舅不好，特別讓人奇怪的是，大舅媽對自己兩個親生兒子的態度完全不同，對老大寵愛有加，對老二則不聞不問，甚至可以說是百般虐待，連後媽都不如。然而陰錯陽差的

是，黃家的好處最後都讓老二攤上了。因為老大在山西插隊，比較早就調到縣城工作，老二年幼，則隨父母全家一同下放到蚌埠。後來一機部有個上大學的名額，說是可以照顧機關子弟，因老大當時已抽調在縣裏並安排了工作，老二就成為最後一屆的工農兵學員，上了同濟大學的建築系，畢業後又以照顧父親的理由分配到北京一機部第一設計院，與他父親一個單位。本來這就是命運的安排，與老二沒有任何關係，但他媽媽卻把所有怨氣全都撒到他頭上，世上竟有這樣的母親，真讓人唏噓不已。

二舅黃輝實（1921–1991），抗戰爆發後就讀於西南聯大經濟系，1938 年在昆明讀書時曾加入中國共產黨，並任雲南羅平縣委書記，不知為何後來脫黨，轉到雲南大學上學。二舅在聯大讀書時非常活躍，因在話劇中飾演阿 Q 而出名，聯大的老人談起阿 Q 可以說無人不知。二舅雲南大學畢業後就一直在企業工作，抗戰勝利後回到上海，在申新紗廠任高級職員，新中國成立前夕參加了民主建國會，「文革」前一直在上海市棉紡同業公會任主任祕書，曾採訪過眾多當年的資方代表人物，採訪內容涉及到各行業的興衰、「五反」及工商業社會主義改造等方面，我曾聽他講過，但不知這些資料後來的去處，現在想起來，這可是一批珍貴的史料。「文革」中他雖然也受過審查，但主要還是脫黨的問題，沒有受太大的罪，後來好像參加過翻譯內部參考書的工作。

我下鄉插隊後曾有一次去上海，並在他們家過年，那時表姐和表哥因病都沒有下鄉，但也沒安排工作，因此與二舅全家接觸的時間比較長。他們家晚上經常有不少客人來訪，大家在一起交談些對時政的看法，對我而言確實是增長了不少見識。「文革」後二舅調到上海社會科學院經濟研究所任研究員，在那段時間撰寫了《旅遊經濟學》《旅遊營銷學》等多部旅遊經濟學方面的專著，他提出發展旅遊資源的「六字七標準」，即從旅遊資源本身來看，應重視「六字」，即「美、古、名、特、奇、用」，而評價資源所處環境時，則要考慮到「季節性、環境污

染狀況、與其他資源的聯繫性、可進入性、基礎結構、社會經濟環境和客源市場」等七個標準，這些建議對於改革開放後國家推動旅遊業的發展具有重要作用，應該算是中國旅遊經濟學的開創者，因此退休後還經常被各個旅遊城市邀請過去出謀劃策。然而二舅一直為他年輕時脫黨一事煩惱，新中國成立後多次要求組織上審查，並希望恢復黨籍，但最後好像也只是同意他重新入黨。1991 年 6 月 29 日是舅舅的七十歲生日，上海社科院及經濟所的領導到他家祝賀，他很高興，還和大家一起照像，沒想到當晚就與世長辭。舅媽竺淑貞比舅舅大兩歲，也是舅舅西南聯大的同學。她的父親是銀行家，好像是浙江興業銀行的經理，二舅媽新中國成立後一直在華東師範大學地質系任教，當過系主任，專業方向是港口建設之類的，在舅舅去世二年後，她也追隨他一起走了。

我母親黃輝家是老三，她的經歷後文單獨講。

四姨黃輝容（1925-1947），1943 年在師大女附中高中畢業後，即與我母親一起從北平走到成都，先借讀於東北大學，第二年以同等學力考上燕京大學外文系。四姨身體瘦弱，頭髮有些發黃，同學們都叫她「黃毛」。燕京大學是個私立的教會大學，學費較為昂貴，學生的家

母親（右二）與外婆、大舅（左一）、二舅及七姨（右一）、八姨（中）合影

庭至少是中產以上的階層。然而燕京的學生思想左傾的人卻很多，在校內組織了許多追求民主自由的如「可犁」、「新蕾」、「啟明」等團體，他們親眼目睹中國百姓的貧窮，親身經歷日本發動的侵略戰爭，因而嚮往民主和自由，厭惡專制與腐敗，歡呼和擁護暴力革命，我四姨就是其中的一個激進青年。她在學校期間積極參加學生運動，在成都「11.11」示威遊行中異常活躍，她還參加「海燕劇社」，在話劇《放下你的鞭子》中飾演那個流浪街頭的小姑娘，在《歲寒圖》中扮演黎醫生的女兒，一位天真純樸的善良少女，她們還組織「時事座談會」、「讀書會」等各種活動，積極爭取民主憲政。

抗戰勝利前夕，燕大的中共地下黨員告訴四姨，說她身份已經暴露，組織上要她和一批同樣已暴露身份的同學到解放區去。結果她沒有通知家人，就和燕大、川大和中央大學的幾位同學悄悄地離開成都，先到重慶，並於7月中徒步走到鄂豫邊區（鄂北四盤山漿溪店）新四軍五師的駐地，先到青年幹部班集訓，其後分配到《七七日報》社當記者，此時她已改名叫黃琪。

1946年2月，中原軍區成立了中原民主建國大學，對象是剛到解放區的知識青年，四姨又被調去參加學習，編入一隊，駐地就在宣化店附近的陳家灣。同年5月，國共內戰爆發在即，位於湖北宣化店的中共中原軍區首當其衝，中原大學解散，組織上要同學們化裝轉移，但四姨卻堅決要求留在部隊，後被分配到一縱文工團。6月26日中原突圍開始，7月1日，一縱在湖北孝感王家店附近突圍成功。在渡襄河之前，文工團解散，四姨分到三旅九團任祕書，當時四姨已與九團團長、一位老紅軍周凱結婚。其後又成立鄂西北軍區，三旅劃為第三軍分區，周凱任軍分區副司令員，四姨仍任祕書。

1947年1月，國民黨軍隊大舉圍剿鄂西北軍區，四姨夫奉命率部隊突圍，四姨當時已懷孕，1月22日，四姨在房縣兩道河附近被重重

包圍，腿部中槍，身負重傷（一說被炮彈擊中），但她仍赤手空拳與敵搏鬥，最終國民黨軍抓住她，竟將其殺害，並把頭顱割下掛在樹上，極為殘忍。據後來被俘的一名國軍排長日記中記載，說圍剿共軍數月都沒有蹤跡，結果「只打死一個女人，而這個女人竟敢搏鬥，真是不怕死，令人不可思議」。以上這些內容主要摘自四姨的戰友李嘉陵撰寫的回憶，刊於鄂豫邊區革命史編輯部、湖北省婦女聯合會合編的《中原女戰士》［中輯］（中國婦女出版社，1992 年）。

後來聽說姨夫為此親率戰士，要去搶回四姨的頭顱，結果說是違反軍紀，受到處分。新中國成立後外公全家四處打聽四姨的下落，可是一直沒有任何音訊，後來終於得到她已犧牲的消息，外公家門上掛著「光榮烈屬」的牌子，就是因為我四姨的犧牲換來的這個榮譽。姨夫新中國成立後也一直在尋找四姨家人的下落，但一直沒有消息，後來他與另一位烈士遺孀結婚，但心中一直沒有忘記四姨。他本人因違反軍紀受到處分，降級使用，很早就轉業，在鐵路二局擔任一個處級幹部，沒想到他就和我的八叔公在一個單位工作，雖說不熟，但彼此也認識，然而怎麼都沒想到，兩家竟還有這麼一層關係。直到 1985 年初，輾轉通過朋友和戰友的介紹，周凱終於聯絡到二舅和我母親的地址，彼此間才建立了聯繫。從他 1985 年 2 月的來信中得知，他是四川通江人，1916年生，1932 年參加紅軍，參加過長征和抗戰，是一位久經沙場的老革命。1946 年經組織批准與我的四姨結婚，但僅僅半年之後，四姨就犧牲了。周凱與我們家聯繫上便急著要到上海、南京與舅舅和我母親見面，正巧父母親那時正在香港探親，未能在南京接待他，等他們回來後專程到成都和周凱一家相見。周凱雖然早已另外組成家庭，但還是稱我母親為三姐，兩家之後經常走動，這也是大時代中一個家庭的命運吧。

1986 年 10 月，中央和南京市的黨史部門為了紀念南京梅園新村撤離 40 周年，特別在南京召開了一個紀念大會，邀請當年梅園新村中

共代表團的部分成員出席，其中有好幾位就是我母親和四姨她們的同學和朋友，記得參加會議的有當時中央人民廣播電台一位姓楊的台長，社科院美國所一位姓龍的副所長（後來的名字叫吳展），以及外交部辦公廳主任陳浩。據我母親説他們都是當時在成都的同學，甚至以前在北京就是同學，譬如陳浩（原名陳寶靜，長期跟隨周恩來工作，曾任周的祕書）就是中學時期的同學，與母親與四姨都很熟。母親曾對我説，當時他們這些人大都擔任美國使館或軍事顧問的翻譯，常和美國人在一起跳舞，根本就不參加學運，因此對他們還有看法，沒想到他們都是地下黨，新中國成立後又都成了共產黨的高級幹部。

參加會議的代表住在中山東路 307 號的省委招待所，就在二檔館隔壁，離我們家也不遠，會議期間我曾陪父母去賓館看望他們。談話中母親問陳浩：「寶靜，四妹是甚麼時候入黨的？」陳浩回答説：「輝容是黨員嗎？不是吧？她只是個『民青』呀！」陳浩的回答讓我心生感慨，至今記憶猶新。

五舅輝寰，原是清華大學經濟系的學生，因為老家的一位親戚沒有子女，外公就將他過繼給她做兒子。新中國成立前夕，那位親戚病重，要他回四川繼承遺產，回去後沒多久四川就解放了，五舅好端端地清華大學沒畢業，反被錯劃為地主。因為他的身份是學生，又根本就沒主持

外婆（左二）和她的四
個女兒在北平時合影

過家業，所以後來地主的問題好像解決了，讓他在當地中學教書，可是1957年時因為土改的事發了幾句牢騷，又被打成右派，勞動改造，一直到1979年才徹底解放。後來他一直在中學裏教歷史，教過的學生很多人都考上了大學，在當地小有名氣，還當上了縣政協委員。我沒見過五舅，聽說他對自己一生的坎坷經歷倒也挺開朗，他常說的一句話是：「毛澤東讓我鍛煉了身體，鄧小平為我恢復了名譽。」

六舅很小就因患肋膜炎無錢住院而夭折。七姨輝宜自幼身體就不好，年輕時又患上風濕性心臟病，因此高中畢業後就未能再升學，後來到清華大學的基礎科工作，直到退休。姨父李振民是河北邢台人，算是紅小鬼，十幾歲就參加革命，50年代初轉業到清華，是清華大學人事處的幹部。因為他出身好，又年輕，「文革」中被造反派推出擔任幹部代表，是「四一四」派的勤務員，但他為人忠厚正直，與人為善，從未做過甚麼整人的事，人緣很好。「文革」期間我有一次到北京住在他家，曾親眼看到陸定一的兒子陸德找他商討重新分配工作的事兒，儘管陸定一當時早被打倒，但姨夫還是盡力予以幫忙。他們的獨生女李軍從清華大學計算機專業畢業後又到人民大學改學經濟，再到美國留學，博士畢業後先在大學教書，後來到保險公司任高級精算師。她的先生是來自台灣的留美同校同學，家裏好像是個外交官（我曾笑稱這也算「國共合作」了），也是學精算的，夫婦倆早就考上了最高一級的精算師。如今姨父姨母早就退休，到美國新澤西州女兒處頤養天年，七姨年輕時身體就不好，可是一直注意保養，如今已經快90歲了，身體還是挺好的。

八姨輝寧和姨父胡啟俊兩人是大學同學，他們倆都是新中國成立之初就考上了北京工業學院（即今天的北京理工大學）的無線電專業，1955年畢業後留校教書，一直到退休。改革開放之初八姨已年近50，但還是作為科研骨幹被國家選拔，派往美國的高校和研究機構實習了

二年；姨父後來曾任學校的科研處長，再後來調到北京另一個大學任教務長。他們的兩個女兒也先後到美國留學，大女兒胡苹在國內原來也是學計算機的，到美國先是讀了一個碩士，到一家保險公司從事技術工作，待到生活稍為穩定後再繼續深造，先後獲哈佛大學公共醫學院的碩士和博士，現在華盛頓的美國國家癌症中心任職，老公是比她高二屆的學長，父母也是北京工業學院的老師，在美國先在保險公司任職，後來下海，生意做得很大。小女兒胡苧先去德國後轉到美國留學，學的是會計，現在底特律的一家大學任職，老公原是吉林工業大學汽車專業的畢業生，一直在福特汽車公司任工程師，因為技術和能力卓越，汽車公司的裁員似乎永遠不會落在他的頭上。因為兩個女兒都在美國，所以姨父姨母退休後也早就移民到美國，現在大女兒所居住的馬里蘭州定居養老了。

　　九舅輝宗其實是我母親的堂弟，他是四叔公的長子，剛出生母親就因難產去世，自幼一直由奶奶（就是我太婆）撫養，所以他的排行就跟著我外公這房續下來了。九舅很聰明，學習成績很好，記得我們全家從哈爾濱調到南京途中曾在北京住過些日子，九舅那時是北京四中的高中生（陳昊蘇是他同班同學），還曾帶著哥哥和我到北京各處遊玩呢。1959 年他考取清華大學土木工程系，1965 年夏天我初中畢業，父母親讓我帶著妹妹到北京過暑假，就住在清華的七姨家，也常到住在中關村科學院宿舍的七叔公家去看望太婆，因此又見到了九舅。那時他剛大學畢業，風華正茂，正要去外地報到。他分配到二機部屬下位於甘肅的一個保密單位工作，對外還不能講，後來才知道，那就是製造原子彈的一個基地。

　　九舅在甘肅、湖北等地工作了 20 多年，直到 80 年代初大批軍工單位下馬，允許他們自行聯繫工作才可以離開。他是北京人，當然想回北京工作，但北京戶口極為難進，舅媽家在南京，於是又聯繫南京的揚

子石化。基本條件已經談妥，正在等待發調令的時候，位於深圳蛇口的招商局剛剛成立，到處招兵買馬，也到他們單位去招聘。他們幾個同事覺得是個機會，反正在等調令，沒事先去看看再說。去了之後感覺不錯，雖然眼下條件很差，但前景卻一片光明，結果很快就決定全家搬到蛇口，成為蛇口工業區第一代開荒牛。1988年夏天我到香港探親，那時深圳還沒有機場，舅舅請朋友開車，親自到廣州機場接我。後來我決定回港定居，舅舅的家又成了我們經常來往的地方。如今舅舅舅媽早已退休，但他們的兒子和女兒全家也都在招商局工作，成了世襲的「招二代」了。

父親與母親

第一個大學生

　　我的父親鄭際睿（1914-2008），籍貫為廣東潮陽，1914 年 9 月
13 日出生於上海。父親家中主要成員多經營商業，他上大學時填寫父
兄的職業都是「商人」；但因老家還有二三十畝土地，因此新中國成
立之初剛回內地時填寫的成分又成了「地主兼工商業」。後來根據中
央及國務院關於提早改變華僑地富成分的相關政策，家庭成分再改為
「華僑工商業」。潮州人崇尚經商，父親的長輩和同輩大都在外地或本
鄉經商，而父親自幼就喜愛讀書，祖父也大力支持，因此成了家中第
一個大學生。

　　據父親新中國成立之初剛回內地時所撰寫的自傳中說，他出生在上
海，年幼時家境不錯，一家人都居住在上海，祖父當時主要在上海等地
作生意，他的小學是在上海的天安堂小學和格致公學上的。在他 10 歲
那年，因軍閥內戰（我想應該是第二次直奉戰爭吧），祖父在直隸泊頭
經營的蛋廠遭到戰火破壞而倒閉，損失慘重，就此家道中落。祖父因此
憂急而患病，上海住不下去了，便率全家人回到廣東潮陽的老家，只有
大伯因此輟學，繼續留在上海學生意。回到老家後，父親先後就讀於潮

陽縣沙隴鄉的勵青小學和玉峽鄉的六都中學。其後祖父病愈，心有不甘，企圖東山再起，再從家鄉回到上海，這次主要是在九江和上海一帶經營精鹽和雜糧，生意稍有起色，因此 1928 年全家又回到上海。然而這次祖父生意作得較為艱辛，所賺的錢也僅能維持家中日常生活，繼續供養幾個孩子上學實屬不易，最終決定全家只供父親一人讀書，所以四叔上到初中也就輟學，跟著祖父學生意。父親自幼喜愛讀書學習，祖父決定培養他成材，他也不負家人眾望，先在工部局辦的格致公學讀完初中，並於 1930 年考取滬上著名的學校浦東中學，名列第 8 名（見《申報》1930 年 8 月 16 日，第 5 版）。

浦東中學是上海最早創辦的現代中學之一，1907 年，由當時營造業宗師楊斯盛毀家興學，斥資白銀 30 餘萬兩而創立，並聘請著名教育家黃炎培出任首任校長。因校風純樸、師資精良、課程多元、設施一流而人才輩出，學校設有化學、生物、物理等各類實驗室，圖書館藏書甚豐，幾可與當時的大學相比肩，因而享有「北南開，南浦東」之盛譽，共產黨與國民黨的重要領袖張聞天和蔣經國都曾是浦東中學的學生，至於從該校畢業的科學家、文學家、史學家等等更是不計其數。父親能考入這樣的學校，自然對他以後的成長帶來許多有利的條件。

父親入學後不但認真學習，成績優良，而且還積極參加各種社會活動。1932 年「九一八」事變一周年前夕，上海各界為東北義勇軍踴躍捐輸，父親當時只是一個高中學生，但亦從零花錢中捐贈大洋抗日（見《申報》1932 年 9 月 17 日第 14 版）。在這之前因「一二八」淞滬戰爭，學校停學幾近半年，因此他們這屆學生延遲至 1934 年 2 月才高中畢業，當年的報上稱「浦東中學高中部學生參加二十二年度第一學期畢業會考，成績極佳，經市教育局評定為團體優勝個人第一」，父親更榮獲第一名，由市教育局發贈獎金及獎狀（見《申報》1934 年 11 月 28 日第 14 版）。

　　1934 年父親高中畢業後有半年時間空閒，即奉父母之命，回老家完婚（原配馬氏婚後並未隨父親同行，亦未生養，不久即在家鄉病故），其間還在礦青小學代過課。暑假回到上海報考上海交通大學，沒想到當年竟落榜。父親在自傳中寫到這段經過時說他很傷心，但祖父卻鼓勵他不要灰心泄氣，認為我們家世代經商，但你的個性卻適宜讀書，一定要堅持下去。祖父說，目前中國要想富強，最重要的目標就是工業建設，交通大學在中國大學排名數一數二，應該努力學習，以自己的科學知識報效國家。祖父讓父親先在交大的選科班上課，複習一年再考，第二年終於考取上海交通大學的機械學院。據報刊載，當年交大機械學院的正取生共 40 名（《申報》1935 年 8 月 19 日，第 5 版）；再從交通大學的檔案中得知，父親的各科平均成績是 63.49，雖說不知道是如何計分的，但總排名為第 17，還是挺高的。

　　20 世紀 30 年代之後，中國的高等教育有了長足的發展，其中一個重要的特點就是國家開始重視理工科的設置，交通大學是當時內地工科高校之翹楚，而機械工程學院又是交大的重要學科，一、二年級學生主要學的是公共課，課程除了中英文和數理化等基礎課程外，還包括工業化學、電機工程、材料力學等專業課，到三年級時正式開始劃分專業，

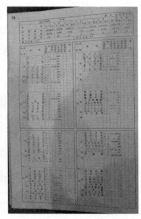

父親的入學登記表與大學四年級的成績表

其中最重要的自動化專業又再分汽車門和航空門兩大類。「九一八」事變前，國家對於航空工程教育尚不注意，但在這之後，國家對航空工業日益重視。1933 年，交通大學邀請專家開設航空課程，1935 年 9 月，在航空委員會的支持下，交大首先在機械工程學院內增設航空門。在這之後，因為航空是當時最先進、也是最有發展前景的專業，「航空救國」的口號更是響徹雲霄，為此教育部決定在全國五個高校（包括交大、中央、清華、浙大和武大）設立航空系，交大的航空專業就設在機械學院，但為保密起見，對外則稱自動車乙組（甲組是汽車專業）。因為航空門是大家的首選專業，因此入學標準很高，對各項功課要求也是最高的。經過考核，與父親同時入選航空門的同學共有 10 多個，成為交大航空專業的第三屆學生。我查了查交大的校友名錄，發現 1939 屆可能是那些年交大航空門中最多的一屆畢業生。交大的檔案中保藏有所有學生的成績表，我又查了父親三、四年級的課程，包括熱力工程、飛機構造、空氣力學、飛機結構、航空引擎、航空儀表等三、四十門專業課。聽說交大的功課評分很嚴，父親也曾說，當年上學隔三岔五不是測驗，就是小考，管理得很緊。我看了看他的成績表，大約都在 80 分左右，這應該是比較好的成績了。

　　我在交大的校史資料中還看到摘錄父親所寫的關於實驗的回憶。父親說，當時工科生最重視的就是理論聯繫實際，交大尤為如此，因此實驗課特別吃重，實驗報告更是難寫。每次實驗之後必須寫出一份完整的報告，還要附有參考書目，闡述實驗的目的、原理、方法及步驟，以及實驗所需的設備與儀器等，最後再對實驗結果作出正確的結論，其中如有一項不合格都不會獲通過。「文革」前我和哥哥曾在家見過父親當年的製圖作業，看到那娟秀的筆跡、清晰的圖表，簡直就像印刷出來的書本，讓我們十分驚訝和欽佩。

　　父親一生謹小慎微，不問政治，但政治卻沒有放過他，其中最大的

牽連，就是他曾莫名其妙地加入過復興社。

　　復興社全稱「中華民族復興社」，「九一八」事變後，面對國內外的政治與軍事危機，蔣介石為了實現其一黨專制的治國方略，支持以黃埔系精英為核心，建立了一個帶有收集情報性質的祕密團體，核心機構為「三民主義力行社」，次級組織有「革命青年同志會」和「革命軍人聯合會」。1934 年 7 月，為了擴大影響，力行社決定廣泛吸收民眾參與，特別是青年學生，並在其基礎上成立了「中華民族復興社」，目的就在於「整肅腐敗、喚醒民眾、抵抗外侮」，最終「復興我中華民族」，蔣介石本人親任社長。復興社成立後為了擴大組織，還通過國民軍事訓練委員會對各地高中和大學的新生進行暑期軍訓，各省軍訓的總教官和訓育組長均為復興社骨幹，目的就是要從青年學生培養擁護領袖、精誠團結的精神，從而發展力量，父親就是這樣被拉進了復興社。

　　據父親的自傳說，1936 年夏天，他在交大的第一個學年剛結束，根據規定，一年級學生必須參加軍訓，於是他們所有同學就到蘇州參加上海市大專院校組織為期一個月的軍訓，總隊長就是當時大名鼎鼎的黃埔一期學生、時任 36 師師長宋希濂。軍訓結束後回校開學，不久父親收到一張請柬，叫他某天到南市區的一家飯店吃午飯，去了之後才知道主持人原來是當時上海市警備司令蔡勁軍，目的是要讓大家加入復興社。父親看到同班的喻誠正、龐心正、潘昌運、陶式玉等幾位同學都在場，也就稀里胡塗地參加了。雖然是參加了，但因大學的學習任務很繁重，他對政治又沒甚麼興趣，所以既沒有擔任過任何職務，也很少參加活動，只是記得西安事變結束後參加過一個校內的慶祝遊行。抗戰爆發後，復興社的成員已超過 10 萬人，但不久即宣告解散，其中大部分成員轉入三青團。父親自此即與其完全脫離關係，然而這一歷史問題卻永遠記入了他的檔案，「特嫌」的帽子也跟隨了他一輩子。

投筆從戎

　　1937 年「八一三」淞滬戰爭爆發，上海華界很快即告淪陷，由於交大校址不在租界區，難以繼續上課，於是航空門第三期以後的學生就暫時遷到法租界的中華學藝社大樓，延至 10 月份上課，借用震旦大學的部分校舍，在孤島上繼續完成學業。1939 年夏，父親畢業於交通大學機械工程系［學院］的航空門，當時同班同學總共 15 人，除父親外還有談鎬生、王培生、鄭衍杲、曹克恭、潘昌運、王守之、王志望、張鳳儀、龐心正、陶式玉、喻誠正、李永熹、胡聲求、顧乃亨。顧乃亨原是浙大航空系的學生，因浙大內遷而到交大借讀，此時尚缺幾門課程未考，學分不夠，暫不能畢業，故實際按時畢業的共 14 人，其中胡聲求畢業後去了美國留學。

　　戰前國民政府有關部門為培養航空專業人士殫精竭慮，父親和這些同學應該算是菁英，航空委員會當然不會忘記他們這些畢業生，因此早就祕密派人到上海，招聘他們到大後方參加抗日。父親和他們這些同學當初報名學習航空就是為了報效國家，當此國難家仇的緊要關頭，他們都毫不猶豫，13 位同班同學全都響應政府號召，投筆從戎，歷經千辛萬苦，甚至可以說是冒著生命危險，最終來到大後方成都，旋進入空軍

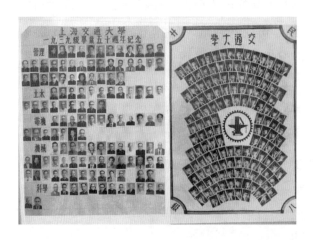

大學畢業暨畢業 50 年同學照

機械學校第六期高級班學習，參加了對日抗戰。

　　關於父親當年如何到後方參加抗戰的經過，交通大學的校友網上刊載過一篇他的同班同學撰寫的回憶（後來我查到，這是後來一直在航空工業部工作的李永熹伯伯寫的）。雖然以前父親也曾說起過這段經歷，但這篇文章卻更真實詳細地再現了他們這13位同學當年入川的經過，下面這段文字就是根據這篇回憶以及父親的自傳綜合改寫的。

　　1939年夏，父親同班13位同學接受國民政府航空委員會的招聘，決定前往大後方參加抗日，被錄取為航空委員會成都航空機械學校第五期高級班學員。然而從上海到大後方路途長達數千里，其間還要通過日本侵略軍的多道封鎖，艱難險阻，可想而知。當時武漢、杭州等地均已淪陷，長江水路斷絕，由滬入川的路線，有兩個方案可供選擇：一是辦理經越南（當時叫安南）的過境護照，乘海輪至海防，改搭滇越鐵路火車至昆明，再換乘汽車至成都；二是乘船至汕頭，取道江西、湖南、廣西、貴州而達重慶，再到成都。經過商議，他們力爭採取第二方案，但同時也對第一方案作了準備，並前往法國領事館辦理了經過安南（當時安南尚是法國殖民地）的過境護照，因為當時中日戰爭的形勢如何發展實在無法預料。為了完成這次長途跋涉，他們還組織起來，推舉班長談鎬生為領隊，龐心正為會計，另有專人負責對外聯繫和食宿安排等問題。因為我父親是潮州人，大家就讓他先去汕頭，一方面打聽一下行車的可能路線，另一方面也可與家人多些時間團聚。分工以後，大家便分頭行動，還派人去找院長胡端行教授，請他開些介紹信，以便沿途交涉搭車等事務中得到適當照顧。胡院長考慮得十分周到，他除了親筆寫信給交通部駐衡陽鐵路局的楊毅幫辦外，還寫了一封信給貴陽西南公路局的薛茨莘局長，希望在需要時能得到他們的幫助。楊、薛二位都是交大機械系的校友，後來的經歷說明，就是通過這兩封普普通通的信件，得到前輩學長的關照，才讓他們這次難忘的旅程得以順利完成。

　　大概是 6 月中旬，他們一眾同學辦好各種手續，搭乘英商輪船抵達汕頭，沿途尚稱順利。提前去汕頭的父親親自到碼頭來迎接，並告知有一個親戚在豐順至韶關一帶跑單幫，可以提供方便。於是眾人在汕頭休息了一天，就先搭內河輪船再轉乘汽車至豐順縣。不料到達豐順縣的當天夜晚就下起了瓢潑大雨，豐順至興寧唯一的一條公路被積水淹沒，無法通車。這場大雨連續下了多天，因為不知還要持續多長時間，也不知道公路何時才能修好，但也沒辦法，只能住在那兒等。豐順縣的縣長是他們上一屆同學蒲良梢的哥哥（順便說一句，蒲良梢的兒子蒲慕洲是研究世界上古史的著名教授，2009 年從台北「中央研究院」歷史語言研究所退休後到中文大學歷史系任教，一次我們倆談起各自的家庭，才知道我們的父輩竟然是 60 多年前的大學同一專業的同學！抗戰勝利後蒲良梢隨國民政府前往台灣接收，後來晉升為將軍，官任台灣航空工業發展中心副主任，退役後還任逢甲大學航空工程學系主任。遺憾的是，他們兩位老人均於前一年去世，未能得知他們的兒子成為同事），因此到達豐順後就曾拜訪過他，他也到旅館來看望大家，並提供了一些幫助。

　　這場大雨連著下了 10 多天還沒有完全停，道路被衝毀了，也不知甚麼時候才能修好。談鎬生、張鳳儀、喻誠正、王志望、王守之、潘昌運等覺得老在豐順等也不是辦法，就決定按原來的第一方案，先折返汕頭，改搭海輪至海防，然後入境經雲南再到成都，於是大家便兵分兩路。留下來的這批同學比較幸運，兩三天後天就放晴，蒲縣長專門找了些民工擔著行李，帶著他們徒步趟水走過險段，然後沿著公路再走到興寧上車。談鎬生等 6 位同學就倒楣了，就在他們回到汕頭的當天夜裏，日本鬼子在汕頭登陸，慌亂中他們只好把行李丟掉，每人隨身只帶一個小包袱，朝著豐順、興寧方向逃跑。無巧不成書，父親與留守的同學正在興寧汽車站想法買票去衡陽時，談鎬生他們 5 人除王志望外也及時趕到，又和大家相聚在一起了。

　　王志望從上海出發時就剃了個和尚頭，折返汕頭出來逃難時又身穿夾克衫、腳蹬長統膠皮靴，在與其他 5 人失散以後，他一個人誤撞迷路，被當地村民誤認為是跳傘的日本飛行員而被扣押，時間長達一個月之久。由於彼此語言不通，當地人只會講潮汕話和客家話，非常難懂，經過層層轉送，最後送到豐順縣蒲縣長處才解釋清楚，再沿途周轉，直到 12 月份他才到達成都。此時先到的同學已入空軍機械學校學習，大家都以為他凶多吉少，等到再看到他時，歡欣、慶賀、鼓舞的心情，真是無法用筆墨形容！

　　其他一行 12 人較為幸運，當他們搭車到達衡陽的第二天，便拿著胡院長的介紹信去衡陽鐵路局找楊毅幫辦，請他代為聯繫乘車事宜。學長楊幫辦一派長者風度，他非常客氣又很直率地說：「我要求交大分配一批畢業生給衡陽路局，可是至今尚無消息，你們去四川，實在交通不便，不如就留在衡陽工作吧。因為你們都是讀自動車系的，搞汽車也一樣，這裏的公路運輸需要很多技術人材，歡迎大家考慮後都能留下。當然不願意留的，我一定給你辦好免票，讓大家順利上路，不要有甚麼顧慮。」諸同學都很感謝楊幫辦的熱心，但因他們學的都是航空，又是懷著參加航空抗日救國的決心而到大後方的，結果沒有一人願意留下。當天晚上，楊幫辦抽空到住處看望大家，得知無人願意留下並不生氣，且信守諾言，很快搞了免票讓他們乘搭火車去桂林，再搭便車去柳州（當時鐵路已修築到柳州，但對外營運的客貨列車只通到桂林，內部便車則可直達柳州），還寫了封介紹信給柳州段的負責人茅以新，請他給予適當幫助。如此這般，他們便從衡陽搭車、在桂林停留兩三天後順利地到達柳州。在柳州找到茅以新（他也是交大的學長），正巧有七、八輛卡車要運送材料去貴陽，於是他們便乘卡車繼續前進，經過五六天的曉行夜宿，除了有一天在烏江渡口因暴雨沖走了渡船，汽車無法渡河，當晚餓飯，並在汽車底盤下面睡了一夜外，一切還算順利。安全到達貴陽

後，他們再去西南公路局找薛茨莘局長，薛局長也是一派長者風度，立即派人替他們辦理貴陽至重慶的免費車票，還對不能直接弄到成都的車票表示歉意。其實與沿途艱苦的行程相比，重慶到成都已經算是比較近的了，而且聽說車票也比較好買，因此大家都真誠地向他表示感謝。到重慶後又逗留了兩三天，排隊買到車票，沿途得到眾多學長和前輩的幫助，終於在 8 月中旬順利抵達目的地成都。

這就是父輩們在抗戰的艱苦時期，冒著生命危險，為國效力、投筆從戎的一段經過。本來這應該是父親一生中的一段光榮經歷，可是後來卻成了他投靠國民黨的「反動」歷史。1950 年初他從香港回到內地，經歷了一系列的政治運動，他也被迫向組織上交心、匯報、坦白、認罪，填寫過去服務的單位從最初的「空軍」到「舊空軍」，再到「偽空軍」、「匪空軍」，不斷的升級，對過去的歷史也從違心的否定到真誠的認罪，徹底被洗腦了。直到 1978 年以後，我從外地考入南京大學歷史系，有一次在家中看到父親正在寫一份材料，我無意中看了一眼，發現他還在檢討他大學畢業後如何參加國民黨政府空軍的「反動」歷史，我一看就急了，馬上問他：「你怎麼到現在還說自己有罪呀，你是有功啊！」他聽了我的話一下子愣了，問我：「我怎麼有功呢？」我說：「當年你到大後方是去幹甚麼去的？你是去抗日、是去打日本鬼子的呀！」這句話好像驚醒了他，過了一會兒，他才喃喃地自言自語：「是啊，我那時去後方是去打日本的呀！」我看到這一幕心中也很難過，經過這麼多年的政治運動，父親這輩知識分子思想真的被改造了，他們甚至認為自己能上大學都是帶有原罪的！

參加抗日

父親這班交大學習航空工程的同學（包括前後幾屆校友），連同中

央、清華、浙大、武大等高校航空專業畢業的學生可以說是中國第一代的航空科技專家，抗戰期間他們大都奔赴大後方參加抗戰（交大的七屆航空門同學中共有 148 名畢業生先後投筆從戎），在西南各個飛機修理廠或機場從事工程技術工作，抗戰後期大都又被選派前往美國受訓，新中國成立後他們中的大部分人又都留在內地，在高校或科研機構從事教學和研究，為新中國航空事業的發展作出了巨大的貢獻。

談鎬生是父親這個班的班長，他後來赴美國留學，獲美國康奈爾大學航空、數學、力學博士學位。曾任美國康奈爾大學、諾脫頓大學、伊利諾理工學院教授，是國際著名力學家和應用數學家。1965 年回國不久，「文革」就爆發了，其間被迫在農村改造思想，他的太太是鄧寶珊將軍的女兒，也陪著他一道受苦，當年是談鎬生自己拉著板車，將臨產的妻子送到 30 多里外的公社衛生院，才生下他們的孩子。「文革」結束後，他大力強調力學學科的基礎性，積極指導和支持力學的基礎研究，並首先提出在中國建立分兩級培養研究生的制度，對國家力學事業的發展與人才培養作出了重要貢獻，1980 年當選為中國科學院學部委員。

胡聲求是父親班上的另一位同學，大學畢業後即赴美留學，獲美國麻省理工學院航空工程博士。二戰期間他曾主持研發 A26 型戰鬥、轟炸兩用機，為中國奪得對日戰場的制空權具有重大貢獻。1960 年代，胡聲求還是美國阿波羅登月計劃中系統控制的領導人。他所領導的阿波羅空間控制團隊，準確無誤地完成了偉大的阿波羅計劃。

聽父親常說，他與同班同學王培生（西北工業大學教授，曾任該校副校長）、鄭衍杲（南京航空學院，即今日之南京航空航天大學教授）關係最好，三人被稱為「三劍客」。後來在三機部任高工的李永熹和在南京浦口車輛廠任總工程師的曹克恭也是他們的同班同學，我都見過；而在南航任教的還有 40 屆的李定夏、曾求凡，以及清華大學的杜慶華，他們都是父親前後屆同學，平時也多有來往。

　　當時國民政府航空委員會為了培養空軍技術人員，特在大後方創設了空軍機械學校，其中大學畢業生入高級班，高中畢業生上中級班，初中生則進初級班。父親一行到成都後立即前往航空委員會報到，因為路途艱辛，到達成都時遲了些日子，錯過了航空委員會第五期機械學校高級班的入學時間。同學們據理力爭，但學校不為所動，只是答應他們畢業後所有待遇不變。因為未能趕上入學，父親就先被派到成都空軍第十一修理廠實習兩個月，1939 年 10 月，方正式進入國民政府航空委員會第六期空軍機械學校高級班學習。入校後，根據校方的規定，他們這班同學都集體加入了國民黨。

　　當時空軍中的軍銜分為官、佐、屬三種，飛行員敍軍官，分將、校、尉三階，航空技術人員稱軍佐，分技監、技正、技佐和技副四階，其他文職人員則叫軍屬，只是在校、尉前加一「同」字。空軍的待遇要比其他軍種要高，原來高級班畢業的學員敍級為二等機械佐三級，相當於中尉三級，可是到 1940 年軍階調整後，從「六高班」起，畢業實習半年後才能敍級為三等機械佐一級。因此父親同班同學都不服，認為我們原來應上「五高班」的，只是因為路途艱辛，耽誤了幾天時間而未能如期入學，當時說沒有影響，可是畢業後待遇就完全不同了。他們先是通過報告向上級反映情況，無人理會，最後決定在畢業典禮致詞中講述他們從上海到大後方一路的艱難險阻，因逾期幾天而未能正常入學，畢業後上峰又違背承諾降職降薪。主持典禮的航空委員會主任委員周至柔當場下不來台，氣得滿臉鐵青，畢業典禮亦不歡而散。結果帶頭的張鳳儀、談鎬生等幾個人被關了一個星期禁閉，其他同學也被迫寫悔過書，並予以延期一個月轉正的處罰。

　　1940 年 7 月，父親於空軍機械學校第六期高級班（簡稱「六高班」）畢業，分配到成都空軍轟炸總隊無線電航訓班任機務見習員，次年 2 月見習期滿，任四川邛萊空軍第十一大隊儀表員，其後相繼任邛

萊第六修理所技術員、成都空軍第三飛機製造廠設計科設計員，1943
年 10 月，調任重慶空軍參謀處第六科（驅逐訓練科）科員，主要任務
是補充各驅逐機部隊的飛機和統計飛機狀況。當時中國的空軍很弱，不
僅飛機數量少，而且速度與火力根本就無法與日軍抗衡，因此每逢日機
大舉轟炸後方機場之際，國軍的飛機無法與之作戰。為了避免在機場上
捱打，每次警報一響，駕駛員就趕緊開著飛機升空去躲避。父親曾對我
說，他在機場工作時每次遇到敵機轟炸，也都是跟著駕駛員一起登機上
天的。有一次他沒來及上飛機，但就是在那次，那架飛機在空中被日機
擊落，飛機上的人全部罹難。父親說，那天要是趕上那架飛機，他也就
為國捐軀了。

赴美實習

　　太平洋戰爭爆發後，中美結成盟國，美方同意中方派遣技術人員
前往美國實習，為此各個機構（如交通部、經濟部、資源委員會、航空
委員會等）都在本部門中挑選具有五年左右實踐經驗的優秀人員赴美學
習。1944 年初夏，航空委員會曾舉辦過一次留美實習的統一考試，父
親符合條件，也報名參加，並獲上峰批准，同意他參加考試。這次考試
分別在大後方的幾個城市同時進行，因父親當時在重慶的空軍參謀處工
作，就近在重慶上清寺的求精中學參加筆試，考試合格後再在曾家岩進
行口試，最終被錄取，實習的專業為飛機修護門的發動機修護。

　　父親這批出國學習飛機修護的共有 23 名學員，1944 年 9 月初，
他們一行由重慶的新津機場搭乘美軍運輸機先行飛往印度，再在當地候
機，直到 11 月初才等到飛機飛往美國。抵美後先到加利福尼亞州洛杉
磯附近的美國空軍基地（San Ana Army Air Base）等待後一批赴美
人員，然後再一起飛往德克薩斯州 San Antonio 的美國空軍入伍訓練

1944–1946 年父親赴
美實習

中心（San Antonio Air Cadet Centre）接受入伍訓練，主要是提高
英語會話和複習一般的航空知識。1945 年春，所有學習飛機修護的 88
名學員全部集中在密西西比州 Biloxi 附近的布魯克里機場（Brookly
Field）空軍機械學校，學習飛機發動機的一般修護，畢業後再分組，
到各人所學專業的工廠去進修。父親是學發動機修護的，同組 6 人先
到新澤西州的萊特發動機學校（Wright Factory Training School,
Paterson, N.J.）學習 R-2600 型發動機的維修，其後再轉到阿拉巴馬
州空軍技術司令部（Mobile Air Technical Commend，簡稱 MATC）
實習 R-2600 型發動機的翻修工作，最後再到喬治亞州羅賓遜機場的
空軍機械官學校（Engineering Officer Training School, Robins
FLd. Geo.）接受飛機修護的訓練。至此，實習任務結束，父親在各項
考核中成績優異，獲得第一名。畢業後，全體學員再乘飛機到加利福尼
亞候輪回國，輪船途經夏威夷時發生故障，所以他們又不得不在夏威夷
停留。雖然夏威夷風光秀麗，景色迷人，但此時抗戰已經勝利，大家離
開祖國已近二年，每個人都歸心似箭，急於回國。等了近一個月，眾人
才搭上美軍運輸艦，於 1946 年 3 月抵達上海。

　　父親回國時抗戰已經勝利，他先是到南京航空委員會報到。父親出國前已與母親訂婚，因而急於回成都結婚，所以向人事部門申請派往成都，後被派往成都空軍機械學校任教官。到成都報到後，學校教育處長認為既然在美國學習過發動機維護，即命他籌建一個發動機實驗室，並擔任實驗室主任。當年年底，他又奉調南京空軍總部第四署，任修護處技術科機械官，其實驗室主任的職務就由他的交大學弟、後來的中科院院士、清華大學教授杜慶華（其獨生女杜憲曾是中央電視台播音員，女婿就是著名影星陳道明）接任。

　　父親在南京空軍總部的任務是整理和編纂空軍修護法規及其他有關技術方面的工作，主要是規定各級修護機構的工作範圍，制定飛機發動機的管理和修護制度，以及飛機進出廠的交接手續等等。1947 年 7、8 月間，空軍參謀學校招考第七期學員，其中規定預留幾個名額給機械人員。參謀學校是當時空軍中的最高學府，專門培養高級參謀人員，父親亦被推薦參加考試，又以優異成績被錄取。1947 年 10 月至 1948 年 8 月，他即在空軍參謀學校第七期學員班學習。空軍參謀學校分為六個部門，即人事、情報、作戰、補給、計劃和總務，修業期滿後父親被調至位於上海大場的空軍供應總處修護執行部，任管制組器材課課長。當時空軍正向加拿大購買了一批蚊式飛機的零部件，大場機場修護部門的任務就是將這批飛機的零件加以組裝，然而其時淮海戰役已經打響，國民黨大勢已去，此時大場機場的主要工作就是將這批機器和設備先行運往台灣，所有人員亦將奉命隨後全部撤到台灣。

　　父親在上海工作的這段時間正是國共兩黨大決戰的關鍵時刻，此時國民黨不僅在軍事戰場上節節敗退，在財政經濟方面更是一敗塗地，通貨膨脹日益嚴重，老百姓怨聲載道。當時空軍的待遇算是比較高的，但父親一人的薪金竟也難以維持全家的基本生活（那時父母已經結婚，並生下大哥會頌），故而香港的大伯父還經常匯款予以貼補。父親本人對

政治不感興趣，只是認為自己是搞技術的，但在這種情形之下，他對國民黨也完全失去信心。當時二舅全家和母親都反對他去台灣，大伯也動員他去香港，因此最終下決心脫離空軍。

1949 年 3 月，父親找到空軍醫院的一位軍醫，也是潮州老鄉，請他代為開了一張病假，說是患有肺結核，需要長期休養。那時肺病可是大病，又會傳染，因此很快就准假了。那位軍醫新中國成立後曾在南京的新街口勝利電影院附近開一家私人診所，記得我小時候父親還帶我到他的診所跟他見過面，父親說，因為他姓崔，所以他的外號就叫「催命鬼」。

1949 年 4 月 10 日，父親申請到三個月長假之後，便帶著母親和哥哥（母親此時已懷上我幾個月了）從上海乘船到汕頭，住在廣州街 19 號的祖父母家。5 月底，父親一人前往香港長兄處了解一下情況，大伯動員父親與他一起經商，但父親生性內向，不善交際，實在不適宜做生意，還是想找份技術的活兒。父親畢業於名校，長期在飛機廠工作，又到美國進修過兩年，中英文俱佳，動手能力也很強，很快就被位於啟德機場的一家英商渣甸飛機修理公司錄用，任裝配技術員，月薪 500 元港幣。當時香港普通的工人一個月只有幾十元工資，因此這算是一個相當高的收入了。

父親的工作落實後就回到汕頭，6 月下旬便接母親和哥哥全家一起到香港，借住在香港跑馬地鳳輝台 10 號大伯的家中。跑馬地是香港富人居住的地區，大伯當時的生意很是紅火，住的是一幢別墅，據說原來是南天王陳濟棠的住宅。房間雖然很多，但大伯家人口眾多，還有好多臨時從鄉下到香港投靠他的親戚，因此也很擁擠，據說人多時客廳和走道晚上都住滿了人，但大伯對我們家很照顧，專門留有一間住房。母親就是在這裏待產，1949 年 9 月 3 日，我出生於跑馬地的養和醫院，就是在今天，這也是香港最著名的一家私人醫院。

書香世家

　　我的母親黃輝家（1922-1996），1922 年 10 月 26 日出生在北京，雖然排行老三，但在黃家卻好像是八兄妹中的核心人物，大哥二哥叫她三妹，下面的弟妹們則稱她三姐，兄妹間的往來，都由她居間聯絡。

　　母親自小即跟隨外公外婆在北平生活，聽母親說她幼年時外公在綏遠鐵路局任車站站長，所以也曾隨父親在綏遠讀書，1934 年畢業於綏遠的扶輪高小，接著回北平讀中學，那時外公家住在阜城門內臨近西城根的大盆胡同。1937 年抗戰爆發那年，母親於志成中學（今北京第35 中）初中畢業，隨即考上師大附中，1940 年高中畢業。當時北平已經淪陷，北大、清華等高校早已內遷，只有幾家教會大學還留在北平。那時只要預交考試費，就可以同時報考幾家不同的大學，於是母親同時報考了燕京和輔仁兩家大學，結果都被錄取，當然她最後選擇的還是燕京。母親平時就喜歡看書，外公雖習工科，但酷愛古文，對典籍學很有研究，外婆唸過師範，年輕時亦讀過許多古書，因此家中藏書很多，特別是在師大附中讀書時有一位國文老師王述達先生（新中國成立後曾在

大學時期的母親

中國大辭典編纂處任研究員）對她的影響很大。在這樣的環境下潛移默化，母親對中國古典文學愈益發生興趣，1940 年 9 月，她成為燕京大學國文系的一名新生。

燕京大學是美國教會興辦的大學，學生人數雖不太多，國文系的同學更少，但學校的教學水平卻很高。蘆溝橋事變後北平雖然已經淪陷，但日軍並未侵犯位於海淀的燕京大學校園。然而 1941 年 12 月太平洋戰爭爆發後，日本立即向美國宣戰，隨即佔領燕大，老校長司徒雷登和許多教授被日軍逮捕，關進集中營，學校也停辦，母親和一些同學被迫轉入偽北大學習，但情有不甘。1943 年初，聽說燕京大學已在成都的華西壩復校，當年的 3 月份，母親即約了幾個燕大的同學一起離開北平，四姨也隨之同行。當時到大後方的路線被封鎖，她們一行只能繞道，途經山東、江蘇、安徽、河南、陝西等省份，既乘過火車，也坐過架子車、黃魚車，更多的時間則是步行，一路間道入蜀，終於在當年 4 月間到達成都。母親到成都後即在剛剛復校的燕京大學中文系復學，仍從二年級讀起。

復校後的燕京大學雖然辦學艱苦，遠不如北平時期的條件，但校長梅貽寶和教師們卻不辭辛苦，勤儉辦學，不僅聘請陳寅恪、蕭公權、李方桂等著名學者擔任教職，還邀請其他學者兼職，如西南聯大的吳宓教授就曾於 1944 年底來燕大出任教授。我在吳宓先生的日記中找到兩段記載我母親的文字，其一是 1944 年 12 月 5 日晚，燕大的國文系和英文系在俱樂部舉行吳宓教授的歡迎會，「會中宓致答詞，略謂宜精通漢文（文言）及英文，而多讀佳書，惜所言未暢。會中有各種唱歌遊戲節目，又進糖果。主席黃輝家（女生），一切由曦主領。女生張秀敏奉煨橘與宓等（張生山東人）。按燕京男女學生，親熱而有禮貌，又整潔英爽，甚為可愛」。其二是 1945 年 1 月 21 日下午，吳宓去探望病中的陳寅恪，看見「女生黃輝家、鍾秉剛（淑貝滿同學）等五人方侍寅恪午飯，並為之哺」。

　　燕京大學是私立大學，學費較北大、清華等國立大學要貴得多，所以能上燕京的學生至少都是中產以上的家庭。但燕大的學生中思想左傾的人很多，他們並不是因為生活困苦而要起來革命，而是受到激進思想的影響，看不慣人剝削人的社會，追求民主、自由、平等的社會制度，因此下決心要改造國家，認為只有共產黨才能達到這一目標。燕大的校訓是「因真理、得自由、以服務」，校方對這種思潮並不予以制止，特別是抗戰中期，大後方的民眾對於國民黨的腐敗都看不慣，因此母親和四姨以及當時許多同學的思想都很左，這在那個時代似乎並不奇怪。

　　成都燕大的同學不算多，大家學習、生活在一起，彼此之間結下了深厚的情意。他們當中後來有許多人成了著名的學者和報人，如原中國社會科學院副院長李慎之、上海社會科學院歷史研究所所長唐振常、香港《新晚報》總編輯趙澤隆，在海外，像澳大利亞悉尼大學的駱惠敏、美國加州大學的徐中約等著名學者，還有那位著名的間諜金无怠，他們都是成都燕大時期的學生。母親還有一位同學董偉林先生長期定居在香港，他的姐夫就是潘漢年，後來我回香港定居，這位董叔叔給了我許多幫助。

1945 年 8 月，母親（後左 4）與部分燕大同學畢業前留影，包括李慎之（後左 1）、李夫人張貽（前左 1）

1945 年燕京大學畢業照，前排右起第五人是我母親

　　記得 1999 年 11 月，李慎之先生到香港科技大學參加會議（這是他 10 年來第一次到香港），我所在的中文大學中國文化研究所請他於周末來所演講，正好唐振常和陶慧華夫婦也受聘在香港城市大學講學，就約著一起見面。那天上午我先陪著唐叔叔和陶阿姨到離島遊玩，中午飯後就急著趕回中大。開會之前唐叔叔拉著我的手走到李先生的面前説，「慎之，我要向你介紹一個人，他就是黃輝家的兒子鄭會欣。」李慎之立即大聲説道：「黃輝家呀，那可是我們燕大的才女啊！」就是在當天，李慎之將他剛寫完的一篇文章初稿交給我複印，再轉交給幾位朋友，這就是後來那篇著名的文章《風雨蒼黃五十年》，其後不久就被傳到網上去了。當晚文化研究所在中大的崇基書院教職員餐廳設宴招待李、唐一行，李慎之之女李伊白、何康之子何迪及王苗夫婦和我這幾個「燕二代」和他們三位「燕一代」還在一起合了一張影，留下一段不可磨滅的回憶。

成都結緣

　　母親在成都讀書時，國文系系主任是馬鑑教授，他的女兒馬彰和馬彬也都在燕大上學，而且馬彬與母親還是同系同學，彼此關係很好。馬

「燕一代」與「燕二代」合
影，1999 年 11 月於香港

彰的未婚夫黃錦春是父親低一屆的交大航空門的同學，此時也正和父親
一樣，在成都的空軍第三飛機製造廠任職。在他們倆的介紹下，父母親
在成都相見而認識。1943 年年底，外公也帶全家老小從北平來到大後
方，在交通部找到一個差事，但戰時的薪金根本趕不上通貨膨脹，無法
養活一大家子。父親單身，沒有負擔，空軍的待遇也較高，而且大伯時
不時還寄些錢來，因此父親亦常常對母親家予以接濟。外公一家都很喜
歡父親，認為他既單純，又厚道，同時又是從事技術工作的，對他們的
相識予以支持，因此父母親很快就正式訂婚。

　　父母訂婚不久，父親就奉調到重慶的空軍參謀總部任職，1944 年
暑假母親去重慶看望他，其時父親正忙於參加出國實習的考試。不久父
親即被派往美國實習，離開了重慶。

　　1945 年夏，母親大學畢業，此時也正是抗戰勝利的日子。母親畢
業後先是留校，擔任馬鑒教授的助教。但大學的薪金微薄，不能幫補家
庭的生活，特別是兩個妹妹正在上中學，無法交付昂貴的學費。正好孔
祥熙任董事長的銘賢中學招聘教師，不僅工資較高，而且還可以免繳學
費帶一個妹妹讀書，於是母親就辭去燕大的工作，轉到成都附近金堂的
銘賢中學擔任高中語文老師。

　　1946 年 3 月父親回國，旋被派往成都空軍機械學校任教，同年 7 月，
父母親在成都結婚，證婚人就是母親的老師、燕京大學國文系主任馬鑒。

　　抗戰後銘賢中學要遷回山西，剛剛結婚的母親就轉職到成都華美女中，繼續教授高中語文。當年 12 月，父親奉調至南京，母親亦辭職一同前往。那時母親已懷孕，到南京之後就沒有再工作，1947 年 6 月 17 日，在南京生下我的哥哥會頌。在此之後，不論是在南京，還是在上海，母親都沒有找到工作。

　　1949 年 4 月以後，母親隨父親先回汕頭，再到香港，隨後不久就生下了我，沒有多久，中華人民共和國在北京宣告成立，她在香港的收音機中聽到了這個消息，更加堅定了她要回內地的決心。父親原本對政治並不關心，而且他的全家都在香港，也有一個較穩定的工作，但他聽母親的話，同時在英國人的公司中也常受到不公正的待遇，因此也決定回內地為新中國服務。

　　父親少小離家，到了晚年非常掛念家鄉。1993 年 12 月 20 日在近 80 高齡之際他寫下一首詞《調寄蝶戀花 · 遊子思鄉情》，寄託了他對家鄉的一片深情。我在查閱往日信函中發現了父親寫的這首詞，現抄錄如下，亦以寄託我們對父母、對家鄉的懷念之情。

　　北地嚴冬正三九，嶺南似春，處處見垂柳。緬懷韓公德不朽，潮汕開放慶功酒。　　少小負笈辭親友，學成入川，誓志抗日寇。離鄉甲子戀念久，何時返梓共敍舊？

第
三
章

回內地參加建設

北歸

在中國近代歷史上，1949 年是一個關鍵的年份，它是決定中國未來兩種命運、兩種前途的一年，也是中華人民共和國宣告成立的一年，而我就出生在這一年，是名符其實的共和國同齡人。

1949 年 9 月 3 日，我出生在香港跑馬地的養和醫院，就在我出生

這應該是我出生後在香港照的第一張全家福

的 28 天之後，中華人民共和國在北京宣告成立。當時香港聚集著許多南下的人士，其中既有原國民政府黨政軍各界的官員，也有從上海等地遷居來港的企業家和銀行家，還有許多從世界各地輾轉到此的知識分子。新政權成立後百廢待興，急需各種資金與人才參加建設，因此新中國成立後的一個重要工作，就是動員和勸說移居香港的資本家和知識分子北上，當時將這項工作稱為「北歸」。1950 年初在香港，中共統戰部門很快就策動了中國、中央航空公司（俗稱「兩航」）和國營輪船招商局的起義，與此同時，也動員了大批知識分子回內地工作。我的父母親就是其中的對象，在這中間起了關鍵作用的一個人，就是母親的老師、香港大學中文系主任馬鑒教授。

馬鑒（1883-1959），字季明，出身書香門第，兄弟五人（馬裕藻、馬衡、馬准、馬廉和馬鑒）都是著名的文史大家，民國年間有「一錢二周三沈五馬」之說，其中的「五馬」說的就是馬家兄弟。馬鑒先生原是燕京大學教授，抗戰前隨同許地山教授應聘到香港大學中文系任教，許地山先生去世後，即由他接替許的港大中文系主任之職。太平洋戰爭爆發後，馬鑒離開香港，回到成都復校後的燕大，出任文學院院長兼國文系主任，他是我母親的老師，也是我父母親結婚的證婚人。抗戰勝利後他又重新回到香港，出任香港大學中文系的系主任。

馬鑒的子女們也大都從事教育工作，長子馬蒙後來是香港大學中文系的講座教授，女兒馬彰和馬彬則是我母親的同學和朋友，最小的兒子馬臨後來成了香港中文大學第二任校長，在香港回歸的進程中曾發揮過重要作用。20 世紀 90 年代初父母親來香港探親，我陪他們到中文大學的逸夫書院拜望馬臨教授時，他還親切地稱呼我母親「三姐」。

馬鑒當時在香港的地位很高，經常有各方面的人士拜訪他。父母親到香港後經常去看望他，他也多次勸說父母應該回內地服務，為此他還介紹了另一位在香港大學心理學系任教的曹日昌教授。曹日昌應

1992年馬臨教授與父母於中文大學逸夫書院合影

該是新中國政府在香港進行統戰的一位重要人物，從網上資料查詢得知，他早年畢業於清華大學，抗戰爆發後在西南聯大任教，1943年考獲英國庚子賠款赴劍橋大學攻讀博士，在留學英國期間加入了中國共產黨。1948年獲博士學位後即到港大任職，其實他當時還有一項重要的任務，那就是爭取海外及旅居在香港的知識分子與科技人員回內地。50年代初他也回內地了，先後出任中國科學院計劃局、聯絡局的副局長，後來擔任過中國科學院心理研究所的副所長。

1949年11月，父親在英商渣甸飛機修理公司工作期間，曾向香港政府的民航署申請考核航空工程師執照，筆試業已通過，次年1月又進行了口試。就在他等待結果之際，受到各方的感召，1950年1月，他辭去英商公司的職務，毅然放棄在香港的家庭和穩定的生活，在馬鑑和曹日昌等人的介紹和安排下，1950年2月中，父親一人先行北上，回內地參加社會主義建設了。

說到父母親當年北歸，其實是那個時代一個普遍的現象，後來我也曾問過他們為甚麼會選擇回內地，雖然各個時期的答案不盡相同，但我想基本的原因還是一致的。

最重要的原因，我想還是因為當時的政治因素所決定。抗戰勝利後，國民黨未能順應民意，建設一個和平民主自由的新中國，政治上堅

這應該是回國前後父親
拍的照片

持實行獨裁專制，經濟政策失誤，通貨膨脹日益加劇，特別反映在官員
腐敗方面，失卻民心。而中共當時宣傳的是要實施民主，建立一個聯合
政府，民眾對共產黨所描繪的新中國藍圖充滿希望，很多知識分子也認
為這是中國應走的道路。父親原本就是一個理工男，對政治並不關心，
他只是想憑藉自己的技術為國家服務，同時也可以培養子女，贍養家
庭。當時空軍在國軍中的地位最高，同樣的軍階好像要比其他軍種高兩
級，而技術人員的薪金應該也很豐裕。然而即便如此，到了抗戰勝利後
父親的工資竟然也難以維持全家的生活，還經常需要香港大哥的資助。
因此連他這樣的人對政府、對前途都失卻信心，那麼其他人心裏怎麼想
的就可想而知了。

　　父親雖然在香港找到工作，而且薪金還算不低，但他的工作表面
上說是裝配技術員，實際上就是一名技術工人。而且英商公司歧視中國
人，像父親這樣畢業於交通大學航空專業的學生，中英文俱佳，其後又長
期在基層部門工作，具有豐富的實踐經驗，而且還曾前往美國的空軍基地
實習過兩年，竟也不受重用，因此心中常有一種「楚材晉用」的感覺。此
刻看到新中國蒸蒸日上，萬物更新，更產生一種要為國家服務的衝動。

　　當時有許多來自世界各地的科技人員聚集在香港，其中有不少人就是父親以前的同學或同事，如張光初、李永熹、沈祖顯、李成山、陳耀華等等。大家經歷相仿，想法相似，平時經常聚在一起商討下一步的計劃，最終都決定北歸，參加新中國的建設。我的二舅當時也在香港，任九龍紡織公司會計主任，他以前曾參加過中共，思想一貫「左傾」，父親當年脫離空軍的想法就是在他的鼓動下才決定的，此刻他亦經常動員父親回內地。父親受到這些周圍環境和情緒的影響，自然就打動了他回內地的念頭。

　　而當時回內地最重要的因素，還是取決於母親的態度。

　　母親當年在大學時期思想就比較「左傾」，與父親結婚後又長期找不到工作，她是一名職業女性，絕不願過這種家庭婦女的生活。來到香港後，因為語言不通，生活習慣不適應，又剛剛生下我，就沒有出去找工作，而且長期住在大伯家也不太習慣。潮州人重男輕女，比較封建，但母親是名牌大學畢業生，因此全家人對她都非常尊敬，對我們的生活也十分照顧，然而她還是有一種寄人籬下的感覺。更加重要的是，母親的一家人，包括她的父親母親和兄弟姐妹都在內地，思鄉和念家的感覺十分強烈。而新中國剛剛成立，號召海外知識分子回內地參加社會主義建設的宣傳一浪接著一浪，因此她是堅決要求回內地的。父親本身並沒有甚麼政治觀點，他只是一個工程技術人員，當然他也認為所學的知識和技術應該為國家服務。就在這些大環境的影響之下，父母親最終決定回內地，他們的這一想法也得到祖父母和大伯一家的支持。臨行之前，父親還將母親的一些手飾，還有我的香港出生證都交給了大伯，請他代為保管。

　　事隔多年，我曾問過父母親對當年的抉擇有沒有感到後悔。父親甚麼話也沒說，可是他去世後我在他的檔案中發現，他在肅反被審查時的交待中曾流露過後悔的念頭，例如他曾在交待中說，「我一個人倒楣就

算了，悔不該將全家人帶回來受罪」。而母親則一直說她不後悔，但直到 1985 年她和父親第一次去香港探親，回來後雖口中沒說甚麼，但感覺上她像是受到了某種刺激，此後她再也不說不後悔的話了，當然也沒說過後悔。1988 年年底我決定回港定居，到港後母親給我寫的第一封信中就有一句話：「早知今日，何必當初。」可是當我一個人剛來香港時，那種背井離鄉、拋家別子的感覺特別沉重，使我對母親當年的抉擇增加了幾分理解。

從北京到哈爾濱

　　1950 年 1 月，父親向渣甸公司提出辭職，並拿到一個月工資（500 元港幣）的遣散費。2 月間他一人先行回內地，準備看看情形再說，到北京後即拿著曹日昌等人的介紹信到相關部門報到。我在父親的檔案中看到他 1950 年 2 月 20 日填寫的「留學生登記表」，在這份資料中他將自己的家庭、學歷、經歷、社會關係以及參加過何種黨派等資料悉數予以交待，第二天他又填報了長達 10 頁的自傳，對自己的過去進行批判，這應該是他現存檔案中最早的兩份材料，檔案上方還批有重工業部批示「暫留本部接置招待或學習」的文字。父親在自傳中說他的專長是一般飛機及發動機的構造與維修，希望回內地後能安排在京、津一帶的大專院校從事教學等工作。父親的歷史經審查後最終通過，被重工業部錄用，擔任計劃司航空組（後稱四局）工程師。當時因通貨膨脹十分嚴重，國家實施的是折實工資制度，亦即工資由伙食、服裝和津貼三部分組成，按糧、布、油、鹽、煤五種實物的數量進行折合計算。從父親的檔案中發現，他剛到北京時最初的薪金為每月 800 斤小米。

　　父親的工作落實後立即通知還在香港的母親動身赴京，3 月 1 日，母親帶著哥哥與還差兩天就六個月的我乘船一起離開香港，同行者還有

父親的同事陳耀華伯伯。船先到天津，陳伯伯是天津人，他就暫時留了下來，我們則乘火車再到北京，住在佟麟閣路 26 號的外婆家。到北京後母親也同樣經過政治審查，並於 8 月份起在重工業部下屬的重工業學校擔任語文教員，第二年 8 月，再轉到北京市私立五一女中（就是原來的貝滿女中）教高中二年級的語文。我曾聽母親講過，她在課上講授魯迅先生《紀念劉和珍君》一文時還提到當時北京政府的教育部總長是章士釗，時人稱「老虎總長」。課後有人告訴她，章士釗的女兒就是這個班上的學生。後來我在章含之的回憶文章中也看到她曾提及此事，那麼她文中說到的那位女教師應該就是我的母親了。

　　1950 年 6 月 25 日朝鮮戰爭爆發，10 月 19 日中國人民志願軍入朝參戰，東北的戰略地位就顯得格外重要。為了配合抗美援朝，1951 年 4 月重工業部航空工業局（四局）成立後，中央就決定籌建航空工業學校，目的就是要迅速培養出一大批高質量的航空工業中等技術人才，其中哈爾濱航空工業學校就是最先籌備創立的一所學校。1951 年 6 月底，學校正式開始籌備，校址確定在駐哈空軍一廠內（對外稱「魯班部隊」）。新中國成立之初，百廢待興，國家財政十分困難，但仍撥付 900 萬元巨款予以建校。在重工業部四局工作的父親隨即奉命帶領一批

父母回內地後全家合影
（50 年代初於北京）

清華大學的畢業生前往哈爾濱參加航校的籌建工作，哈爾濱市政府將中山路以東劃歸學校的教學區，以西後來則成了生活區。當時哈航校是個保密單位，對外用的是「哈爾濱 50 號信箱」這個名稱。不久籌建工作基本完成，上級領導決定讓我父親留下來，隨即正式調往該校任教。哈航校自 1952 年春季起開始招生，最初學校設活塞式發動機製造、噴氣發動機製造（後兩個專業合併）、飛機製造和航空零件機械製造等四個專業，並有三名蘇聯專家指導學校的辦校與教學，父親則教授發動機製造的課程。父親的工作一旦確定，1952 年 3 月，母親便帶著哥哥與我一起來到哈爾濱與父親團聚，她也調到父親同一個單位，擔任哈爾濱航空工業學校的語文教員。

後來我從王士倬伯伯的自傳中了解到一些我不太清楚的情形。王士倬伯伯 1925 年畢業於清華學校後即赴美國麻省理工學院 MIT 留學，1930 年獲得航空工程師及碩士學位後即回國，先後任清華大學機械工程系教授、空軍機械學校教務長，抗戰爆發後相繼出任芷江第二飛機修造廠廠長、貴州大定航空發動機製造廠廠長、航空工業局副局長等職，被人尊稱為「中國航空界的先驅」。雖然我父親大學畢業後到成都入空軍機械學校學習時王伯伯業已調離，但父親一直都尊敬他為師長和前輩。王伯伯在自傳中說他 1950 年到北京，不久重工業部就調他和吳大觀、李兆林三人成立航空工業籌備小組，地點在燈市口中國工程師學會的北京分會，「後來鄭際睿、劉謀佶、陳耀華、張阿舟等相繼加入籌備小組，雲鐸、沈一龍亦從南京來加入」，其後人數不斷增加，規模也日益擴大，辦公地點也搬到東四附近的重工業部第一招待所。

然而這時除了正常的工作之外，隨之而來的還有鎮壓反革命的運動。重工業部根據上級部署，又發起「忠誠與老實」的學習運動，要求所有人撰寫自傳，交待自己的歷史問題。據王伯伯的文章回憶，重工業部教育司有一個人因新中國成立前開過黑名單而被槍斃，但航空組的所

有人都順利過關，只是大家都辦理了脫離國民黨的手續。沒有多久，新
到的蘇聯專家主張重起爐灶，凡是新中國成立前航空委員會留下來的技
術人員一律清退，分別發配到各地的工廠或學校，王伯伯先到漢口的
311廠，後來被分到南昌的航空工業學校任教，1955年肅反運動中被
捕，直到1975年才以國民黨戰犯的身份獲得釋放。而我的父親也是這
一時間被調到哈爾濱，美其名曰支援抗美援朝，但實質上就是組織上不
信任你，發配邊疆。後來父親也在「肅反」中受到審查，但與王伯伯相
比他還算是幸運的，至少沒有被關進大牢。

　　當時父母親都要工作，哥哥與我還年幼，家中無人操持，原來從北
京帶來的保姆（我只記得她的兒子叫小灶，所以都叫她小灶媽）到東北
之後就想家，不久就回北京了。而母親這時又懷孕了，急需有人照顧，
曾經找了幾個幫工，但都幹不長。當時大姑媽一人在鄉下，她沒有子
女，孤苦伶仃，因此父母親就希望將大姑接到東北。然而給當地鄉政府
去過多封信後均無答覆，正以為此事辦不成的時候，突然收到大姑媽從
汕頭的來信，說她已從鄉下到了汕頭，即將去廣州，希望寄些路費。父
親以為當地政府已經批准她來東北了，連忙寄錢過去，就這樣大姑媽一

妹妹出生後全家合影
（1953年於哈爾濱）

人從汕頭到廣州，再由廣州乘火車到北京，在我外婆家住了幾天，終於在 9 月 13 日來到哈爾濱，那天也正好是我父親 39 歲的生日。

我當時剛滿 4 歲，家中突然多了一個人，對此事還依稀有些印象。就在大姑媽來到哈爾濱的五天後，妹妹會瑾就出生了，以後家中所有的家務全由大姑媽主持，妹妹也由她一直帶大。後來才知道，大姑媽根本就沒有得到鄉政府的批准，但她算著時間知道母親就要生了，就不顧一切，從最南方的廣東潮陽鄉下偷偷溜出來，先到汕頭，再到廣州，多次換車，終於孤身一人來到最北方的哈爾濱。聽到她說的一切，父母親都驚呆了，我們長大後聽說此事，也都感到大姑媽真是不簡單。從此大姑媽就與我們全家生活在一起，直到 80 歲在南京去世。

學校初創，各方面設備十分簡陋，生活條件也很艱苦，記得剛到哈爾濱時我們家住在市內道裏的方圓里，後來學校的家屬宿舍建成，我們一家便搬到道外中山路附近的新居了，好像是個二居室，條件也有所改善。雖然東北的物資供應條件較差，特別是蔬菜和副食供應，到了冬天只有土豆、白菜和蘿蔔這「老三樣」，但父母親的工資比較高，實施薪金制之後兩人每月薪金加起來有 300 多元人民幣，全家六口人生活得還是挺好的。那時我們的年齡還小，只知道父母的工作都很忙，不知外面的世界究竟發生了甚麼。但有很長一段時間父親突然不在家，大人只

1956 年夏攝於哈爾濱

是說他出差了，見到大姑媽有時會默默地發楞，母親則偷偷哭泣，我們不知道為甚麼，問她她也不說，等以後我們長大了，才知道父親在「肅反」運動中曾被關起來隔離審查。母親後來曾說，那時外婆在北京因心臟病突然去世，她想回去奔喪，也因父親被審查而不獲批准，結果未能見到外婆的最後一面。

成了肅反對象

新中國成立後不久，政治運動便接踵而至，甚麼土改、鎮反、抗美援朝等「三大運動」，接著又是「三反」、「五反」，但這些運動主要針對的是地主、反革命、官僚和資本家，與我們家似乎還沒有甚麼關係。等到 1955 年因潘揚案及胡風案引發的肅反運動，才導致父親第一次受到政治運動的迫害。但實際上在此之前上級組織對父親的歷史就一直持懷疑的態度，並交公安局長期進行暗中調查。我在父親的檔案中查到一些相關的組織結論：

「根據該人上述的情況，不適合在我校工作。我們的意見，可以調離偵察，或交地方管制。　哈爾濱航空工業學校保衛部　1953 年 3 月 6 日」

「根據現存材料審查，該人歷史交待不清，社會關係複雜，家庭人口大部分在香港，並與香港、美國還有經濟來往，現實表現不好。同意暫留校控制使用，保衛部門建立檔案，進行工作，弄清問題性質再佈置偵察。　中央人民政府第二機械工業部第四局（公章）　1954 年 4 月 8 日」

「鄭係高級知識分子（工程師），曾參加復興社、國民黨，任蔣偽空軍軍官，去過美國，解放後逃往香港，社會關係很複雜，且多在海

外，並有經濟聯繫。肅反中燒毀材料，反覆無常，交代為潛伏特務，過後又全部推翻，在校表現落後，狡猾。根據以上情況，該人頗為可疑，一時難以弄清。幾年來該案即由公安局掌握，目前也是公安局負責。因此我們意見，可轉公安部門做長期考查，暫控制使用。　哈爾濱航空工業學校領導小組組長（公章）秦忠賢（私章）　1956 年 4 月 6 日」

「鄭際睿，原係 55 年肅反對象，在坦白檢舉階段，坦白為 50 年蔣匪派遣之特務。經市委批准組成專案。後鄭又推翻其坦白的特務問題，經調查與研究，特務派遣之可能性小，故撤銷此案。　南京航空學院　1958 年 5 月 29 日」

這些結論多年一直深藏在父親的檔案中，他在生前根本就不知道，組織上竟是如此地「關心」他。另外在我母親的檔案中還發現那段時間對我們家實施的監控，連每個月有甚麼人來過、住了幾天、談了甚麼都清楚地記錄在案！父母親當年滿腔熱情回內地參加社會主義建設，沒想到卻處處被人懷疑，監視，乃至隔離審查，真是情何以堪！

「肅反」這個名詞並不陌生，這在革命時期經常出現，譬如蘇區肅反、肅「AB 團」、「湘西肅反」等等。「肅反」與「鎮反」不同，「鎮反」指的是鎮壓反革命，對象是浮在面上的原國民黨的黨政軍人員，而「肅反」，按毛澤東的解釋，則是一場「肅清暗藏反革命分子的鬥爭」，對象主要是在革命隊伍當中。他的目的是通過「肅反」，要「揭露各種暗藏的反革命分子（國民黨特務分子、托派分子和其他反動分子），進一步純潔隊伍」。因此，借潘揚一案與胡風事件的發生，全國掀起一個大規模的「肅反」運動，我的父親也不幸被捲入其中。

據查相關資料，肅反運動始於 1955 年 7 月 1 日中共中央下達的《關於展開鬥爭肅清暗藏的反革命分子的指示》（簡稱「七一指示」），中共中央認為，鎮壓反革命運動把公開的暴露的反革命分子肅清了，但

是還有一個不小的部分沒有肅清。至於大批的採取兩面派手法的暗藏的反革命分子，沒有加以堅決的揭露處理，他們欺騙我們，鑽進我們的「肝臟裏」來了。因此「應當利用胡風事件，在全國範圍內大張旗鼓地進行一個廣大的肅清暗藏的反革命分子的運動」。中央要求各地黨委認真重視，組織「五人小組」。文件估計，在全國黨政軍民機關、團體、企業、學校中的「反革命分子或其他壞分子均佔百分之五」，因而要求在全國範圍內大規模地肅清反革命。

7 月 12 日，哈爾濱市委制定了《關於展開肅清暗藏反革命分子計劃》，並成立由鄭依平、王化成、石青、陳振球、彭克組成的五人小組，第一批對象為市屬黨群、人委、政法機關和 15 個大專院校共 52 個單位，參加運動總人數高達兩萬四千餘名幹部。12 月 6 日，毛澤東更強調，「在肅反運動中，對於高級知識分子的重點對象，必須也同其他方面一樣，一般地控制在百分之五左右」。據今人研究，這場肅反運動全國被捲進去的人數高達四千萬人，我父親原來在國民黨空軍中任職，加入過國民黨，抗戰期間曾前往美國實習，新中國成立前夕去了香港，家中親人大多也在香港，更是於新中國成立初期回內地的高級知識分子，首當其衝便成為審查的重點。

我不知道父親是甚麼時候被隔離審查的，在他的檔案中見到一份寫於 1955 年 8 月 27 日的「我的坦白和思想檢查（二）」和母親寫於 9 月 19 日的「我所了解鄭際睿的情況」，說明他至少在 8 月間就被關押起來接受審查了。

父親的這份坦白和交代篇幅很長，大部分內容是責罵家庭出身和自己的「反動」歷史，檢討個人身上存在的剝削階級意識、嚴重的個人主義名利思想，包括對領導不滿、不服從組織分配等錯誤。除此之外，關於個人的歷史以及社會關係，他所交待的經歷與剛回內地時寫的那份自傳並沒有甚麼不同。然而你所寫的甚麼組織上根本就不相信，按照他們

的邏輯推斷：你原來就在國民黨空軍任職，父母和家人都在香港，你本人又有一份不錯的工作，那你為甚麼還要回內地？除了特務之外，沒有其他解釋。在這一系列逼供信的審訊之下，父親終於胡亂交代了，説他是國民黨的潛伏特務，説 1950 年回內地是接受馬鑒的派遣，任務就是刺探軍事情報，在知識分子中散佈反動言論等等。這件案子上報到中共哈爾濱市委，被列為專案調查。父親的交代雖然説得有鼻子有眼，但是假的就是假的，有關部門經過多次內查外調，根本就找不到任何證據，更何況馬鑒教授原本就是中共重要的統戰對象，新中國成立初期還曾多次應中央首長之邀回內地訪問。因此到後來再進行審訊時，父親又全部翻供了，把他們氣得夠嗆。

父親大概被審查了八個多月，檔案中看到他寫於 1956 年 4 月 5 日的一份材料，主要內容是交代他參加國民黨、赴美實習以及回國工作的經過，這與他剛回內地時所寫的交代材料並無不同，估計這是對他審查告一段落的表示，因為第二天領導肅反的五人小組就寫下了那份「事出有因，查無實據」的結論了。

後來看到母親的檔案，才知道父親受審查其實還另有原因。母親剛調到哈爾濱工作時，正是「三反」運動的高峰，她被組織上安排負責看管那些被沒收的物資。當時沒收的贓物中有塊名牌手錶被哈航校一個姓林的校長看中了，他就和母親説，要拿他的一塊舊表來換那塊名錶，還説反正都是塊手錶，數量對就行了。然而母親辦事一板一眼，絕不通融，她不但不同意調換，還將此事匯報給上級，讓林姓校長受了批評。這可就惹惱了他，母親歷史清楚，並沒有甚麼小辮子可抓；但父親卻有歷史問題，正好可以藉肅反的機會整一下，以報私仇。好在肅反運動後期還有一個甄別，父親被隔離了八個多月，最後還是被放了出來。

調到南京

雖然人被放出來，説是搞錯了，但感覺卻很不好，更何況還在那位林校長的領導下，不知甚麼時候再給你小鞋穿。正好此時原南京航空工業專科學校要升格為本科，急需大量的教師，而該校的老師多是父親原來的同學和同事，他們紛紛來信，希望父親到南航工作。父母親聽到這個消息當然是非常願意的了，一是從北方到南方，生活條件可以明顯改善；再是由專科到本科，專業水平肯定會有所提高；更重要的，是可以離開這個帶有痛苦與傷心回憶的地方，因此當然不會放棄這個難得的機會。在老同學和老同事們的熱情幫助下，1957 年 2 月，父親終於如願調到南京航空學院二系（發動機系）擔任傳熱學課程的老師，母親也先在南航的夜校教語文，半年後又正式調至附近的南京無線電工業學校語文教研組教授語文，哥哥與我也轉到附近的小學繼續上學，妹妹還小，也上了南航的幼兒園，從此南京就成了我們家的永久居住地。

「文革」前南航的宿舍主要用的是蘇聯建築圖紙，大致分為甲、乙、丙三種類型，甲類是兩大一小住房，另有廚房、廁所和洗澡間，還有一個陽台（因為在北面，其實應該叫陰台才對）；乙類是兩間房，也有廚房和廁所，不過都小些；丙類有兩種，一種是兩房的套間，另一種就是單間，廚房和廁所三家共用。甲類主要是教授和副教授以及處長以上的幹部居住，乙類住的是講師和科長級幹部，丙類就是一般的職員和工人居住，另外更多的就是單人宿舍了。父親當時雖然沒有評定職稱，但他是高教五級，屬於副教授級別，所以就住在甲種房子裏，一家六口，在當時的條件下，這已是很優越的了。

剛到南京後不久，「反右」運動就開始了。父親因為剛調來，對學校和領導還不熟悉，更重要的是，他接受了 55 年肅反的教訓，平時不再隨便説話，因此在反右運動中並沒有發生甚麼問題。但組織上對父親

父母親調到南京後攝於
梅花山

的歷史仍有懷疑，屬於「控制使用」的範圍，因此在南航的這些年只是
從事普通的教學任務，科研工作基本上是不讓他接觸的。直到「文革」
結束後，父親的歷史問題徹底解決，他也才真正開始進行工程熱物理方
面的科研工作，並培養研究生。我在網上搜索到，自1980年開始，父
親個人或者與學生聯合發表的十多篇中英文學術論文，其間並先後到海
內外參加各種學術會議，在傳熱學的科研與教學工作中取得了一定的成
績，然而可惜的是，那時他已是接近退休的老人了。

　　儘管父親在業務上不受重用，但至少還能正常教書，此時階級鬥爭
這根弦越崩越緊，父母親當然也有這種感覺。1965年左右，父親被派
去蘇北的邗江縣農村參加社會主義教育之前，便主動與香港的所有親屬
斷絕了書信來往，他以為這樣就可以擺脫海外關係的影響。然而躲得了
初一躲不了十五，沒有多久，轟轟烈烈的無產階級「文化大革命」爆發
了，父親很快就被揪了出來，甚麼反動學術權威、國民黨的殘渣餘孽、
地主階級的孝子賢孫，罪名一個比一個大，戴高帽子，遊街，批鬥，更
是家常便飯。

　　「文革」中我們家曾被多次抄家，最初似乎還比較和緩，但家中珍

藏的許多照片都被燒毀了。記得南航有一次二系的年輕教師帶著一批學生來抄家，可是家中實在沒有甚麼罪證，只是哥哥剛剛向一個朋友借了一套新中國成立前出版的柯南‧道爾《福爾摩斯探案》，當時放在我的床頭正在看，被南航的造反派查出要帶走。哥哥不在家，我就竭力予以抗拒，說這是我哥哥借的，與父親沒有任何關係。南航的造反派還算客氣，並沒有堅持就還給了我，等哥哥回來後我趕緊讓他把書還給人家，省得麻煩。果真第二天母親單位南無「八一二」那伙造反派便接踵而來，原來他們聽說南航抄家時抄到福爾摩斯的書，因此目標十分明確，就是沖著這本書來的。這幫人要比南航的大學生野蠻多了，不僅翻箱倒櫃，東抄西查，還把我大姑媽推倒在地上，還好我們及時把書還了，最終他們一無所獲，只能悻悻然地走了。

　　1969 年年底，江蘇和南京又興起一股幹部和居民下放的運動，幹部下放至少還帶工資，而那些原來在城裏生活數代的平民到了鄉下就真是難以生存了。這個要比知青下放還要喪盡民心的運動雖不能説是江蘇獨創，但至少江蘇是全國搞得最激烈的省份。那時哥哥與我都已下鄉，家中還剩下父母親、大姑媽和妹妹四人，妹妹是 69 屆初中畢業生，正在等待分配，因父親單位屬於國防科委領導，沒有下放任務，而母親的學校則是重點。學校革委會的頭頭指名母親必須下放，而且還要帶著妹妹一起走。怎麼辦？硬頂是肯定不行的，一個朋友聽到些內幕消息，説這個運動時間可能不會太長，建議我們拖延時間。於是母親就提出，我要下放可以，但我年齡大了，希望與兒子下放在一起，彼此可以有個照顧。可是這次下放的目的地是淮陰地區，我們兄弟倆插隊的寶應縣屬於揚州地區，並沒有接收指標，母親説如果再到淮陰，我們一個家就分為四處了，實在是不方便。她提出的理由也有道理，學校的頭頭只能説是再去聯繫，就這樣一天天地拖了下來。母親在家裏也不上班，等待消息。大概一兩個月過後，有一天學校突然通知她第二天去學校，家裏人

都很緊張，不知會有甚麼結果。第二天到學校後才知道，原來是學校中發現反動標語，要全校追查。母親都一兩個月沒到學校上班了，何來追查之由。但是又接到通知，說第二天來上班吧，原來下放的事已經不了了之，有驚無險，母親和妹妹最終沒有下放，到了這年的年底，妹妹也分配到一個大集體的工廠當工人了。

「文革」中的生活

「文革」爆發後引起全家人的驚慌，緊接著的「破四舊」，家中就把所謂「四舊」的東西全部處理了。其實我們家根本就沒有甚麼「四舊」，只是將父母以前的照片幾乎全部燒毀了，特別是父親當時著空軍軍裝的照片一張也沒有留下，還有領帶和西裝也都上繳了。

父親可能是南航最早被批鬥的「牛鬼蛇神」，記得那天我正在南航的院子裏理髮，聽人家說南航正在搞甚麼批鬥遊街的。理完髮出去，猛然看到竟然是父親被人架著雙手坐飛機狀在南航院子裏遊街，我看到後腦子轟的一聲，不知道是甚麼感覺。回到家後呆呆地坐在屋中，一天都不敢外出。好在後來出去時見到平常一起玩的伙伴兒，大家並沒有歧視的意思，不久之後，被批鬥的人越來越多，也就見多不怪了，心中才好過些。

「文革」中首先的變化就是讓房子，造反派勒令所有住甲等房子的人必須讓出一間，我們就讓出一個大間，於是一對新婚的年輕教師就與我們同住，但我們兩家的關係處得很好。其次就是扣工資，造反派說你們這些資產階級知識分子作威作福，享受那麼高的工資，必須降下來。因為母親的工資也較高，所以算下來父親每個月只能領取 20 元工資。但是扣下來的工資財務部門說無法上繳，只能扣下不發，過了一年多，這些扣發的薪金還是退回，結果倒是強迫為家裏作了一筆儲蓄。到了

1970 年，空軍軍宣隊開始進駐南航，這些軍宣隊的領導當然要住最好的房子，怎麼辦呢？到底是部隊，令行禁止，一聲令下，所有宿舍全部調整，一天之內各就各位，按照指定的房間必須搬家，這樣一下子就把幾幢甲種房子全部騰出來給軍宣隊的領導們安排住了，多餘的幾套房還假模假樣地說是分配給工人家庭合住。當時哥哥和我已經下鄉，家中戶口只有四人，因此就被安排在丙種房子的一個套間，廚房和廁所都是三家人公用。在這裏住了將近 10 年，直到「文革」後落實政策，我們才又搬回到以前住的房子。

相對來說，南航的批鬥可能還算文明些，父親他們批鬥時還只是掛牌子、戴高帽、「坐飛機」，似乎沒有遭到甚麼皮肉之苦。到了 1966 年底，派性和武鬥日益升級，造反派對父親他們這些死老虎也放鬆了看管，沒人搭理了，因此那時候倒有一段較為溫煦的日子，父親那時已經 50 多歲，還和幾個青年教師一起外出串聯，從南京騎自行車先到杭州，再到上海，接著回南京，上海二舅見到他居然騎車走了那麼多路，大吃一驚。可是好景不長，一旦大聯合成功，革命委員會成立，特別是 1968 年開始的「清理階級隊伍」運動，矛頭直指他們這些人。當年江蘇省革委會負責人曾氣勢洶洶地說：南京是國民黨的老巢，我就不相信在南京挖不出幾十萬個反革命！因此對於我們的家庭來說，最痛苦的年月就是 1968-1970 年的這段時間，父親先是被批鬥、遊街，大字報的內容更是極盡侮辱，接著就是長達一年多的隔離審查。多年後我曾問過父親當時有沒有想過自殺，他說真的想過，但又想到，如果他這麼做了，自己倒是一了百了，但家人會怎麼辦，因而最終還是咬著牙堅持活下來了。

父親能夠堅持下來很可能是他以前經歷過肅反運動，算是「老運動員」了，可是還是有不少人沒能堅持下來，據我所知，南航在「文革」中至少有 10 多位教師自殺身亡，就在我們家附近的幾幢宿舍樓中就先

後有任、施、阮、馬幾位老師自殺，而且事先似乎並沒有甚麼徵兆。譬如有一個姓張的電工，個子長得很高，我們叫他「大張」，前兩天還和我們一起打球呢，突然説他觸電自殺，他自己就是電工，當然知道怎麼樣才會觸電身亡，好像也沒聽説他有甚麼歷史問題呀！那位姓馬的老師就住在我們家一幢樓，年紀很輕，是新中國成立後畢業的大學生，肯定沒有歷史問題。他的業務很好，是學院重點培養的教學尖子，好像「文革」前已經是副系主任了。「文革」爆發後説他是校黨委培養的「白專典型」，受到批判，他以往一路順風，從未經歷過這樣的批判，然而更重大的打擊來自他的家庭。他有兩個孩子，小兒子當時還不到 10 歲，不知為甚麼會在領袖的畫像上亂塗亂寫，結果給他們教研室的造反派發現，説這是極其嚴重的反革命罪行，並且認定是他教唆和指使的，立即隔離審查。連番的批鬥毆打，使他動了輕生的念頭，然而第一次自殺未遂，反而招來更嚴重的懲治。這一切都讓他萬念俱灰，終於在一天凌晨，趁看管他的人沒防備，從五樓樓頂一跳而下，當場身亡。這件事給我留下來的印象特別深刻，至今也未能忘卻。

1969 年 4 月，哥哥從農村回家探親，因為在鄉下勞動過於勞累，回家不久忽然大出血，昏迷不醒，趕緊被送到市立第一醫院急救。由於病情嚴重，醫院甚至發出了病危通知。我在鄉下聞訊立即趕回來，當時父親被隔離審查，母親就向南航提出，希望能讓父親到醫院去看一眼。南航先是不同意，母親就把醫院開出的「病危通知書」拿給他們看，這才勉強同意，但要派二人押送前來。父親被人押送到醫院，看見躺在病床上昏睡的兒子，可是甚麼話也不能説。同病房的病人和家屬看這架勢自然甚麼都明白，只是不説罷了。

「文革」後期，父親的情形稍微有些好轉，雖然沒有解放，仍然監督勞動，但畢竟可以回家居住了。母親的學校「文革」中被解散，大部分教師下放到農村，因為父親的原因母親沒有下放，但學校已被軍隊接

管了，番號變了多次，先是叫總參甚麼研究所，後來又改為通訊工程學院。不管怎麼說，反正語文是沒得教了，就把她調到圖書館作些編目的工作，其實這倒也省心。

妹妹說是 69 屆初中畢業生，實際上她們 1966 年小學畢業後就沒有再上過甚麼學，一直到 1968 年底我們這幫人下鄉了，把校舍騰出來，他們才就近入學。在學校她們整天不是學工，就是學農，再有就是批判資產階級思想，班級也按軍隊那樣，搞甚麼幾連幾排。好在離家比較近，同學也都是南航從小就在一起的小朋友，後來成了我妻子的陸誠就與妹妹從幼兒園就是一個班上的同學，以後小學、中學乃至工廠都在一起，彼此非常熟悉。

說起來南京中學生的分配方案也真是奇怪，1966-68 屆的學生（老三屆）那叫一片紅，除了初中生有少數人可以升學之外，其他的學生全部上山下鄉；可是到了 1969-71 屆（新三屆）又全部留城了，不過到甚麼單位可是有規矩的。妹妹她們叫作 69 屆初中畢業生，雖然在學校沒學到甚麼，可是到了 1970 年，她們也算是畢業了。那年年初開始就傳說要分配了，妹妹當時在上海的舅舅家過春節，家裏聽說學校要分配工作了，趕緊打電報叫她回來，但一直都沒有分配的影子。

她們這批學生最早的一批是分配到蘇北阜寧縣的紡織廠，雖說不在

攝於 70 年代初的全家福

南京，但畢竟不下鄉，而且還是光榮的工人階級呀，所以大家都想能輪到自己。可這是要講究出身、注重成分的，像我們這樣家庭出身的人，自然是想都不敢想的，因此被選中的那些人個個得意洋洋。沒想到第一批分配了之後，緊接下來的卻是到 511、714 等國防大廠，那批到阜寧報到的人可以說腸子都悔青了。當然到這些國防大廠更是要按出身排隊，妹妹她們還是輪不到的。在這之後就是南京機床廠、機床附件廠這些地方國營的工廠，還是沒有她們的份兒，直到當年年底，妹妹和陸誠她們這幫同學（大部分都是出身不算好的南航子弟），才被分配到大集體的南京電爐廠，開始了她們的學徒生涯。但不管怎麼說，總算是留城工作了，跟我們比起來豈止是天壤之別呀！

哥哥與我在農村插隊，妹妹進了工廠，父親母親和全家就這樣度過了「文化大革命」的最後這些日子。

第四章

小學與中學

兒時的回憶

長輩的故事就先説到這裏，下面就應該講講自己的經歷了。

以前每當人們問我你是哪裏人時，我就感到很難回答。如果説籍貫的話是廣東潮陽，可是在我中年之前，從來沒去過老家，故鄉只是我填表時用的一個名詞，對它根本沒有任何印象；如果説出生地，那自然是香港，但我半歲時就離開它了，留下來的只有一張出生證；在這之後隨父母先是到北京，後來又到哈爾濱，1957 年再到南京，在這裏讀完小學又上中學，但還沒畢業就隨著大夥上山下鄉，在蘇北寶應縣的農村插隊六年多，又抽調到徐州郊區的煤礦，一直到 1978 年改革高校招生制度後，才又考回南京。1982 年 7 月南京大學畢業後，分配到位於南京的中國第二歷史檔案館，那時候畢業分配就是一分定終生，原以為會在這兒工作一輩子。沒想到六年多之後，陰錯陽差，我又回到了出生地香港，一直工作到退休，於今已 30 多年，看來以後也會終老於此。

小時候的記憶不深，不要説是香港了，就是在北京的事兒也甚麼都不記得，只是幼年時到哈爾濱後還隱約有點兒印象。家裏先是住在道裏，後來父親單位的宿舍建好了，就搬到道外的哈爾濱航空工業學校的

家屬宿舍，好像是二樓（或是三樓）的一個二居室，但印象最深的就是記得附近有個亞麻廠。那時東北的副食品供應很差，尤其到了冬天，整天就是土豆、蘿蔔和大白菜等老三樣，當然，給找當卜最美好的印象恐怕還是哈爾濱的紅腸和大列巴，再有就是夏天隨父母親到松花江、太陽島去遊玩，因此後來一聽到鄭緒嵐唱起「太陽島上」，就想到童年在哈爾濱的那段生活。

離開哈爾濱多年，一直沒有機會回去。前兩年哈爾濱師範大學歷史文化學院院長李淑娟教授在一個群裏發了一組哈爾濱冬天的美景，不禁又勾起了我童年的回憶，隨手便在微信中發了一通議論。沒想到淑娟老師立即與我聯繫，熱情邀請我到她們學校去訪學，因此直到 2017 年春天，我終於利用復活節的假期到哈爾濱師範大學去講學。離開哈爾濱整整一個甲子，又重新回到這個童年生活過的地方。然而兒時的印象完全沒有了，60 年過去，滄海桑田，已完全物是人非了。

我是 1956 年上小學的，那時的要求很嚴，必須開學前年滿七周歲（即 8 月 31 日前出生）才可以入學，我正好差了三天，經過父母親向學校反覆商量終獲同意，否則我就要一年後才能上學了。記得我上的小學叫哈

童年時的形象

爾濱市文化小學的分校，離我們家不太遠，每天走路上下學，因為只上了一個學期就隨父母親工作調動而轉學，所以對學校沒有甚麼記憶。

　　1957 年 1 月，父親由哈爾濱航空工業學校正式調到南京航空學院，所以我們一家六口也都同行。五叔在長春第一汽車製造廠工作，他也來哈爾濱送我們，並陪我們一起上車，在火車上還給我們照了不少相片，到長春他先下車。因為母親老家在北京，因此我們就先到北京住了些日子再南下。1950 年隨母親從香港回內地時先住在北京，1952 年再隨母親去哈爾濱，但那幾年我的年齡太小，完全沒有印象，這次到北京畢竟已經七歲多了，對我來說還是有些回憶的，也留下一些照片。那時七叔公剛從美國回來，和太婆住在一起，七姨和八姨也都參加了工作，但她們都還沒成家，住在比較遠的海淀。這次到北京住在我的堂姐家（大伯的長女），我們見到了太婆，但外公、外婆已經去世，永遠也見不到了。

　　從東北到南京後一切都感到新鮮，除了氣候、語言不同外，最重要的是飲食文化有了很大的區別。南航的領導分配給我們家住的是甲種房子，屬於副教授和處級以上幹部住的宿舍。甲種房子的磚是青灰色的，每棟兩個單元三層樓，每層兩戶，這樣的房子南航一共有四棟共48 戶，每一個單位有兩大一小三間住房，房間鋪設地板，還有單獨的洗澡間、廁所和廚房，家俱則都是租用學校的，但後來又都折價賣給個人了。那時候全國上下一切都學蘇聯，就連房屋建築也都採用蘇聯的圖紙，不顧南方的特點。南京是長江三大火爐之一，夏天天氣極為炎熱，但房子的設計南北不通風，所以夏天屋內很熱；而南京又在長江以南，按規定冬天是沒有暖氣供應的，因此到了冬天屋裏屋外幾乎一樣寒冷，這對於在東北生活慣了的我們最初還是有點不適應的。不過總的來講條件都很好，很快就習慣了，特別是南京的生活物資供應要比東北豐富多了，記得剛來南京的那幾天，每天都能吃到雪白的大米飯和新鮮的青

菜，我們就感到非常開心了。

南京航空學院（就是今天的南京航空航天大學）位於明故宮遺址的御道街上，雖然離市中心新街口也就只有幾公里的路程，但在當時可以說就是城郊了。旁邊有午朝門、五龍橋，那可都是明太祖開國登基的地方；不遠處就是明故宮機場，民國時期許多重要人物都是在這裏上下飛機的，但現在這裏早已不再是機場，除了殘留在那兒的舊跑道外，周圍都是空曠的農田，直到 60 年代這裏才開始逐漸開發，如今早就成了熙熙攘攘的居民小區了；再往東就是中山門，中山門外的中山陵、音樂台、靈谷寺、梅花山和明孝陵，都是我們少年時經常遊玩的地方。御道街（「文革」時期一度改名為工農兵路）很偏僻，當時沒有公共汽車，後來不知是哪年開了一條 16 路的公共汽車（現在改為 17 路了），但班次也很少。

到南京後，妹妹上了南航自己辦的幼兒園，我和哥哥就近轉學到御道街小學，他上三年級，我是一年級。這是一所不算大的學校，校址就在午朝門旁邊，好像是 1953 年前後因應附近新成立的學校和工廠才創立的。雖然御道街小學成立的時間不是很長，但因附近都是幾個較大的學校，除了南航之外，還有南京無線電工業學校、南京機電學校、南京地質學校，和幾家重要的國防工廠，如隸屬於三機部的 511 廠（金城機械廠）和四機部的 714 廠（南京無線電廠，又叫熊猫無線電廠），所以說生源都還不錯。除了本地的一些菜農子弟外，其他大多都是這些單位的小孩，尤其是南航像我們這麼大歲數的孩子，基本上都是這個學校畢業的。

童年在南航的生活也屬於廣義上的大院文化，學校裏的教職員工來自天南海北，五湖四海，說甚麼話的都有，普通話是通用的語言，不過時間長了，孩子們也都開始說南京話了。御道街把南航一分為二，東邊是教學區，因為南航是個保密單位，是屬於國防科委和三機部領導的

剛到南京的兄妹仁

一個準軍事機構，與外界基本上沒甚麼聯繫，早期大門口還有軍人持槍站崗，進出都要檢查證件，我們小孩兒也都有張家屬證，但平時不讓隨便進出。西邊則是家屬區，除了幾十幢宿舍樓之外，還有食堂、浴室、服務社、理髮室、衛生院、幼兒園、工人俱樂部和教師之家等等附屬單位，所有的生活基本上在院內就可以解決。院子裏還有一個操場和兩個籃球場，這都是我們平時活動最多的地方。那時到了夏天，南航的工會經常組織露天放一些電影，就在大操場或是教學區的一二樓之間，因此每當聽說晚上要放電影，天還沒黑，一家大小就帶著小板凳去操場佔個好地兒。到了冬天，或者是遇到天冷或下雨的時候，電影就會改在大禮堂放映，不過那就要買票了，票價好像是五分錢還是一毛錢，主要看片子的新舊而定，總之比外邊電影院要便宜。那時看的電影除了國產電影之外，還有就是蘇聯和東歐社會主義國家的電影，美國大片自然是看不到的，偶爾好像也能看到幾部香港的電影。

上小學的這幾年國家發生了「反右」、大躍進等許多大事，因為年齡小，對這些事並沒有甚麼印象。因為南航是個工科院校，老師們都是從事科技研究的，好像高級知識分子中沒有人被打成右派，結果「文革」時這也成了當時院長吳繼周包庇知識分子的罪責。只是記得大躍進時跟著大夥兒除四害、撿廢鐵，大煉鋼鐵，每天都要聽廣播，今天又煉

了多少鋼，距離 1070 萬噸還差多少多少。1958 年人民公社成立後，老師還帶著我們去市郊的農村去參觀，看他們吃大食堂。那時宣傳社會主義的優越，甚麼「共產主義是天堂，人民公社是橋樑」，「人有多大膽，地有多高產」，號召放開肚皮吃，吃飯不要錢。然而對我們記憶最深的則是隨之而來的大饑荒。那正是我們長身體的時候，卻好幾年都處於半飢餓的狀態，甚至學校裏的體育課都不上了，因為害怕學生在上課中因營養不良而昏倒，結果就改成自習，或是由老師講故事。南航宿舍的大食堂後面有個倉庫，我們幾個小伙伴有時就偷偷地溜進去，偷一些甚麼豆餅、糠團等豬飼料吃，我們叫它「豬食巴」。這些行為應該都是小男孩天生調皮搗蛋的表現，當然也與當時的飢餓有關。

那時候我們不了解情況，只聽老師說是遭到百年未遇的自然災害，又被蘇聯人逼著還債而造成的。儘管我們在城市裏生活，吃的是商品糧（記得小學生定量是每月 25 斤）。那個時候沒有人家裏說是糧食夠吃的，成天都要計劃節約，糧站有時供應山芋，但是需要糧票，每斤糧票可以買 8 斤，還有買山芋乾是不是還要糧票倒是忘記了，但這都是要排大隊購買的。儘管父母親工資都很高（父親是高教五級，月薪 170 元左右，母親是中專五級，工資是 112 元），父親屬於「高知」，每月還有些特別的食品如豬肉、雞蛋、白糖等供應，有時還可以用高價買些高級商品，但仍然吃不飽。最困難的時候每個人每月只有二兩油、幾兩肉，蔬菜也買不到，菜市場上除了極少量基本無人問津高價菜外，能買到的大多是一種形如苞菜、但顏色灰暗，比苞菜長得難看得多的一種菜，因為它的菜葉不能像苞菜那樣包起來而鬆散四放，所以大家都管它叫「飛機苞菜」。這種菜既苦澀難看，又難以下咽，誰都不想吃，但不吃就沒有其他菜，因而對它記憶尤深。像我們這樣的家庭況且如此，那麼一般市民的生活也就可想而知了，但當時農村中餓死人的事情卻是聞所未聞。在這所謂的「三年困難時期」中，我和哥哥都患了腎臟炎，兩

隻腿都浮腫了，這段飢餓的記憶是深刻的。

中學生活

　　1962 年夏天小學畢業參加中考，那時中學已有重點和普通之分了。我在學校是班長，還是少先隊的中隊長（二條杠），成績在班上也名列前矛，因此班主任郭元培老師建議我考南師附中，那應該算是南京市最好的中學，但因哥哥上的市立第一中學也很好，我就報考了一中。沒想到考數學的時候有一題沒考好，結果沒被一中錄取，被第二志願七中錄取。其實七中也是省重點，只是歷史不是很長，名氣沒有南師附中、一中那麼響就是了。

　　當年我們班上有八、九個同學考取七中，也有幾個女同學考取南師附中，其中一位幹部子女叫馮敏，因為她是小學五年級才從上海轉學來的，說一口普通話，學習成績又好，所以很快就成為學校少先隊的大隊長，在我們班上顯得格外出眾。小學畢業後很多年彼此沒有聯繫，直到 1987 年，我大學時的一位畢業後分配到滁縣陸軍學校的同學突然打電話給我，說他們學校一個同事轉業，已確定分配到二檔館，要我關照一下。他說她叫馮敏，是一位非常好的大姐。我聽了一楞，說我有個小學同學叫馮敏，是不是同一個人呀。結果再一打聽，竟然真的就是我小學的同學！畢業之後從未有過聯繫，沒想到 25 年之後我們又成了同事，世界也真是這麼小！

　　追溯起七中的歷史，還真是和父親的職業有些關係。它的前身是國民黨空軍元老周至柔於 1934 年創建的民國空軍子弟學校，校址就在杭州筧橋中央航空學校的校園之內。抗戰爆發後，學校內遷至成都，改名為航空委員會直屬子弟學校，戰後隨政府返回南京，建址於夫子廟附近白下路八府塘的蔣氏舊宅。1948 年學校遷到台灣時，有部分師生留在大

剛上中學時的照片

陸，遂掛牌成立了私立空軍子弟學校，此時學校已完全改為中學編制。1949 年 4 月南京解放後，以該校為主體，並合併了南京第一初級中學，遂正式命名為南京市第七中學，轄高中和初中各三個年級。1960 年，七中被列為江蘇省教育廳學制改革「五年一貫制」的試點學校，1965 年第一批試點學生畢業，升學率相當高，試點取得成功，但第二年就爆發了「文化大革命」，不要說試點，就是正常的教學也全都遭到破壞。

1968 年年底，我們在校的學生大部下鄉後，七中被下放到江寧縣的鐵心橋，學校也改名為鐵心橋中學。後來鐵心橋被劃為南京市的雨花區，因為這裏是郊區，缺乏知識分子幹部，後來許多老師都被提拔為雨花區委和區政府的領導幹部，我們的初中班主任當上了雨花區委黨校的校長。直到「文革」結束後七中才搬回南京，但原址已被其他單位佔據，因而遷至御道街附近，並恢復原校名。因為新校區就在南航附近，不久又改名為南航附中，成為國家級示範高中和江蘇省四星級高中。

我們上學的時候七中是個完全制中學，也是省重點中學，初中和高中每個年級各有四個班（1963 年之後初中則增為六個班），其中一、二班學俄語，三、四班學英語，我是分到二班，因此學的是俄語。記得剛上中學的時候，學校還安排我們與蘇聯的中學生通信，我好像也和蘇聯某個城市的一個初中生通過幾封信，不過很快中蘇關係破裂，這種聯

繫也就完全中斷了。那時學校每個年級的班數雖然不多，但班上的學生卻是嚴重超額，記得初中同班同學有 60 多名，高中時少了些，但也有 50 多個。初中班主任周啟坤老師是位音樂老師，當時應該 40 多歲，她的丈夫是南京師範學院的老師。到了初三的時候，班主任換了一位剛從南京師範學院畢業的錢玉倫老師，教我們語文。高中班主任郭緒敏也是位語文老師，應該比我們年長 10 多歲，聽說她的愛人是南京軍事學院政委王平的祕書，是個校級軍官。

　　七中位於白下區的八府塘，靠近夫子廟、建康路和大中橋，屬於南京的老城區。據說八府塘原來就是一個水塘，古時水塘圓的稱池，方的叫塘，但八府塘的形狀並不是方的，為甚麼叫塘，無人得知，而為甚麼叫八府塘呢？就更加沒人說得清了。有人說是因為明代有一位八府巡按宅居於此，故因此而得名，但這只是傳說，並無史實依據。不過以往這一帶池塘甚多、地形複雜倒是真的，因為南京老話中流傳的一句歇後語就叫「八府塘的鬼 —— 跑不遠」。

　　七中校園就被八府塘這條街分成南北兩個校區，南區是老校區，校舍主要是二十多間清末和民初各個時期建築的民宅和平房，有一個不規範的操場，不僅跑道不規整，而且也沒有 400 米，課間操和課後運動時同學們都擠在這兒鍛煉身體。學校還有個大禮堂，但印象中開大會的時間不多，卻是平時中午學生們吃飯的場所。北區應該是後來擴建的，所以教室比較統一，都是一溜邊的青磚青瓦平房，但我們從未在北區上過課，初中的課堂是間舊民舍，屋頂很高，但根本就不像教室。高中時我們四年級的四個班都搬到南院臨街的一座二層小樓，一、二班在樓上，三、四班在樓下，其中一班和四班的同學全部是由本校初中直升上來的，二班和三班也是以本校學生為主，但也取錄了一些外校的新生。我初中是三（二）班，學號為 27，直升高中後就成了四（一）班的學生，學號為 37。

　　當時南京市的中學名校主要集中在鼓樓區、玄武區，如南師附中、

寧海中學、二十九中、十中、九中等學校，因為那些區是省市政府和軍區的所在地，附近還有很多高校和研究機構，師資與生源都很強。但一中和七中一樣，學校所在的地理位置應該屬於南京市的平民區，因此我們班上同學的父母多是職員、工人或是城市平民，好像只有一位同學的父親是省電力廳的副廳長，這可能是班上唯一的一名高幹子弟，另一個班上還有一位女同學的父親是南航的院長，九級高幹，算是當時學生家長中級別最高的幹部了。像我這樣算是高級知識分子家庭的學生也不是很多，因為白下區只有南航一所大學。但七中有一點在南京市卻是獨一份，那就是五年一貫制，初中三年經學校選拔合格者直接升入高中，二年後參加高考。這個制度自 1960 年開始實行，1965 年第一屆五年制同學畢業，升學率甚高（具體比例不記得了，反正要比同時畢業的高三班同學高）。按照這樣算，我們這批 1965 年直升高中的同學應該於 1967 年參加高考，因此我們算是「六七屆」高中畢業生。然而升高中一年之後就爆發的「文化大革命」，徹底打碎了我們的升學夢，把我們這班同學永遠定格在「四一班」這個稱號上。前幾年和幾個同學在微信上有聯繫，後來我想不如就建個群吧，這個群的名稱就叫「四一班」，開始一個一個的拉，最後竟將大部分同學都拉進群裏。

我們上中學的這幾年國家的經濟情形有些好轉，這從日常的生活中也可以感受得到（中學生的糧食定量上升到 31 斤，每個月的肉票、油票等供應也比前兩年有所增加）。我個人的變化也是很明顯的，我清楚地記得剛上初中時的座位不分男女，全都是根據身高安排的。我剛進校時身高只有一米四，只能很委屈地與女同學坐在前排，班長發育得早，在我眼中那就是身高馬大。可是一兩年後我的身高開始節節上升，位次也不斷向後調整，終於從第二排退到倒數第二排。這時看班長再也不需要仰視，他的身高居然要比我矮多了。

然而除了生活環境之外，另一個變化也是很明顯的，那就是意識形

態的宣傳日益政治化，不僅是在學校裏的政治課堂上成天教育和宣傳，平時的收音機和報刊上也都強調階級鬥爭和階級路線，提倡「出身不由己，道路可選擇」的「重在表現論」，號召學雷鋒、學毛著，開展千萬不要忘記階級鬥爭和憶苦思甜的教育，以及培養無產階級革命事業接班人的五項標準等等，這些宣傳和教育對我們來說早已是深入人心、習已為常了。

我們上中學的時候，中蘇關係已經破裂，原本蘇聯在我們心中的形象已悄悄發生變化，再也不像以前宣傳的那樣是我們的老大哥、「蘇聯的今天就是我們的明天」了。當時除了反對美帝，還增加了反修的內容，報紙上、廣播中不斷地批判蘇修，「九評」則是那個時候的重要學習文件。我們小時候常常看的蘇聯電影這時也很難看到了，只是在1965 年紀念第二次世界大戰勝利二十周年之際，放映了一系列蘇聯和東歐國家反法西斯的電影，我還記得這些電影的名字，如《斯大林格勒保衞戰》《攻克柏林》《華沙一條街》《偵察員的功勳》《最後階段》等等。那時正是我們初中畢業前夕，由於已獲通知直升高中而不需要複習，便給了我們一個觀看蘇聯和東歐國家電影的難得機會，上述這些電影，我一個不拉地全都看過了，有的還看過不止一遍。

那時上學成天講的是「教育必須為無產階級政治服務」，「教育必須與生產勞動相結合」，強調培養無產階級革命事業接班人的五項標準，因此每年還要到郊區農村住上一個星期，參加勞動。而且這時特別重視階級鬥爭的宣傳和憶苦思甜的教育，政治課上也經常宣講這方面的內容，要批判資產階級思想，這些宣傳和教育對我們這些十來歲的中學生造成深刻的影響。當時上演的話劇和電影亦多與階級鬥爭有關，如《年輕的一代》《千萬不要忘記》《奪印》《箭杆河邊》等等，在社會上轟動一時，這對我們帶來的影響非常大。

記得初中語文課時，有一次老師給我們出的一個作文題，叫「這決不是件小事」，讓我們自己在學習和生活中尋找素材，自由發揮，但

目的卻很明確，那就是要批判資產階級思想。我左思右想，不知寫甚麼內容才好，突然間想起地理老師有次上課時說過的一段話。因為是地理課嘛，她在講中國城市地名時曾講，有人說一個人最好是生在福州，吃在揚州，穿在蘇州，玩在杭州，死在柳州。前面幾句都好理解，但為甚麼說是要死在柳州呢，她解釋說，那是因為柳州的木材好，棺材的質量高。其實她這只是一句玩笑話，當時我卻突然想起這件事，並上綱上線，將其聯繫到資產階級的教育上了。我寫的這篇作文居然得到老師的表揚，並在班上作為範文宣讀。這件事雖然對那位地理老師並沒有造成甚麼影響，可是後來在我心裏卻一直覺得對不起她，這也說明當時階級鬥爭這種意識形態的宣傳是多麼的深入人心啊。

拾金不昧

回憶我的中學生活，有一件事還是挺特別、也是挺有意思的，那就是所謂「拾金不昧」的事跡。

1963 年 3 月，全國所有的報紙上都刊登了毛澤東「向雷鋒同志學習」的號召，全國各地各單位、特別是各級學校都發起了學雷鋒、做好事的運動，我們學校也組織同學到飯店幫廚、在公共汽車上服務等公益活動，我和幾個同學就曾到過夫子廟的老正興飯店去幫忙，當然幫廚是不可能的，只是做些摘菜、打掃衛生的活兒，而報紙上宣傳甚麼拾金不昧、幫人讓座的「好人好事」更是層出不窮。那時我就常想，怎麼這種好事就沒讓我遇上呢？沒想到，這種好事還真的會落在我的頭上。

那是 1964 年 11 月的一個早上，我已是初三上學期的學生。我們家離學校大概有七、八里路，步行的話大約要 40 多分鐘。我們家有部老式的外國牌子自行車，是父親在寄賣行買的，因為哥哥住校，不需要騎車，所以有時父親不用的時候我就騎車上學，這在我們學校還是不太

多的。50 多年後有一次同學聚會，有位女同學還說當年想要學騎自行車，曾經向我借過，她一直記得，但我對此事完全沒有印象，因為那時男女同學之間還是有界限的。

當天我是值日生，任務就是要一大早到教室去打掃衛生。早上六點多我就騎著自行車從御道街經光華門、大光路到學校，當時御道街還是很偏僻的地方，清晨路上幾乎見不到人，只是偶爾有幾個晨運的人在跑步。快到光華門的時候，忽然迎面開來一輛卡車，速度很快，快到我面前時車身一顛簸，竟從車上掉下一個箱子。我見到後連忙呼喊，可是司機根本就沒聽到，汽車揚長而去。我連忙下車，在馬路上撿起這隻木箱，箱子大約有 40x30x30cm 大小，箱子用鉛絲絞著，上面還有一張貨運單，寫著發貨單位北京市百貨公司，收貨單位是南京市百貨公司。

撿到箱子怎麼辦呢？我也不可能在原地等候，只能把它夾在車後座上，騎到最近的大中橋，將箱子交給執勤的交警。大概那個年頭做好事、當無名英雄的人挺多，那位交警接到箱子後的第一個動作就是把我的自行車放在他的身後，然後才拿出筆和小本子作記錄，當然我的姓名與所在學校、班級等隱私完全暴露，想當無名英雄也就無望了。

其實我當時真的沒有想那麼多，只是覺得這本來就是應該做的，沒啥了不起，因此到學校和回家之後都沒把它當回事，當然也沒有告訴其他人。第二天上午做完課間操後，班主任錢玉倫老師突然來找我，並把我拉到一邊去問話。

錢老師問：「昨天你做了些甚麼呀？」

我聽了一楞，想了想之後就回答說：「沒甚麼呀。」

「你是不是撿到一個箱子？」

「噢，是的，我把它交給警察了。」

錢老師這時加重語氣地又問：「你知道箱子裏裝的是甚麼嗎？」

「不知道。」

「是手錶，應該有 30 多隻，價值為 4,000 餘元！」

「啊，是嗎？」這可是一個巨大的數字，要知道當時一般人的工資只有四五十元錢，那就差不多是七、八年的工資了。雖然我有點驚奇，但也沒把它當回大事，接著我就回到教室上課了。

等到下午放學前，錢老師突然又來到班上，說要同學們留下來開班會。接著就把我的這件「拾金不昧」的好事說了出來，原來是北京市百貨公司通過空運將這批手錶運往南京市的百貨公司，沒想到機場運貨的司機開車開得太快，將其拋了出來，結果給我撿到上繳。錢老師還說，「鄭會欣同學做了好事沒有同任何人講，剛剛我到他家去作家訪，他們家人也不知道，這種精神值得我們學習」。我在班上的座位是倒數第二排，所以前排的同學聽到之後全都回過頭來看我，我的臉涮的一下頓時漲得通紅。

過了幾天，學校特地在大禮堂召開會議，全校師生參加，由民航江蘇分局的領導親自到學校來頒贈獎狀和獎品，記得獎品有一枝鋼筆，一個筆記本，還有一套《毛澤東著作選讀乙種本》，我一下子就變成了學校的紅人。

我在班上年齡算是比較小的，當時剛剛過了 15 歲的生日，按照共青團的章程，15 歲以上就可以入團了。因此這件事發生後，班上的班長駱小雄、團支部書記邵紅都來找我談心，他們的傾向性十分明確，就是動員我趕緊寫一份入團申請書，他們會馬上發展我入團。但我這人實在太傻，認為這時如果申請入團，那同學們都會認為我只是因為做了這件事才入的，我應該以自己其他真實的表現爭取入團，所以就沒立即寫，而是過了半年左右才遞交申請書。沒想到這一次卻再也沒人理我了，因此直到離開中學我都沒能入團。事隔很多年之後我曾問班上的團支部成員，為甚麼一直不發展我入團，他說主要是因為你上課老喜歡和同學說話，課堂紀律不好。我也不知道他說得是不是真的，但我想，真正的原因恐怕還是那時越來越緊張的階級路線所決定的，而這個家庭出

身（父親的所謂歷史問題和海外關係）在我後來成長的過程中不斷給我帶來諸多麻煩，我也就見怪不怪了。

風雨欲來

1965 年我初中畢業，在那前後的教育已經非常政治化，強調階級出身和階級鬥爭，進行憶苦思甜和培養無產階級事業接班人五項標準的教育早就深入在中小學的教育當中了，雖然說是「出身不由己，道路可選擇」，但實際上，你的出身如何，基本上就決定了你這一輩子的命運。那時還有一個口號叫「一顆紅心，多種準備」，就是說先參加考試，服從國家的挑選；如果考不上中學，再走所謂「四個面向」的道路。我們班上有些同學初中畢業後沒有考上高中或中專，接著就到新疆支邊了。當時我們還覺得奇怪，他們的成績還不錯呀，本校考不上，其他學校應該還是可以上的嘛。數十年過後大家重新聚首，他們才說出真正的原因，那就是因為他們的家庭出身不好，是「四類分子」，學校內部已經決定，不同意他們繼續升學，但又動員他們響應號召，造成一種假象，彷彿他們是自動要求到新疆支邊的。

那時我的家庭也受到政治環境的影響，在這之前，父親還不時與香港的兄妹有書信聯繫，雖然不是很密切，但一年總還是有幾封書信的來往。1965 年，父親被分配前往揚州地區的邗江縣參加社會主義教育運動，就是參加「四清工作隊」。在這前後父親即主動斷絕了與香港親戚的書信往來，自此十多年我們即與香港的親戚們失去了聯繫，以致於祖父、祖母和大伯去世時，我們都毫無所知。為此父親常常怪責自己，可是在那個時代，又有甚麼事是自己能夠做主的呢！

直到「文革」結束後，有一天父親突然收到一封陌生人的來信，信中說是她是南京人，最近剛從香港探親回來，在香港的教會中有次交

談時認識了你的二妹，說你們已失去聯繫多年，只知道你以前在南航工作，因此委託她回南京後試著寄封信看看。父親接到信後心有餘悸，趕快攜同此信向領導報告。上級回答說，現在正鼓勵大家同海外親友聯繫呢，完全沒有問題，由此我們這才與香港的親友們恢復了聯繫。

說起來我還算幸運的，家庭出身當然不算好（父親是舊知識分子，大學畢業後一直在空軍任技術工作，有所謂「歷史問題」，又有海外關係），但起碼不是「四類分子」，家中親戚中也沒有所謂「殺、關、管」的對象。我們的學校是五年制的重點學校，因此初中畢業前班主任就分頭找我們這些學習成績較好的同學（大概班上有一半左右的同學），說明已被列入直升的名單，也就是直接升入四年級，雖然還是要參加中考，但那只是個形式而已。

那時國家號召要有實踐經驗，因此初中畢業除了升高中外，更加鼓勵報考中專中技，甚至是半工半讀的學校。有些同學因家庭經濟方面的原因報考中專，我也動了點心思，是不是也報中專？我也清楚，若要這麼做此生就與上大學徹底無緣了。當然這個念頭也就是一閃而過，父母親如果知道也一定不會同意，後來老師動員我直升，我也就沒有再想過這個問題。沒想到兩年後不要說上大學，就在城裏掃馬路也不需要你了，留在我們的出路只有一條，那就是上山下鄉，接受貧下中農的再教育。後來我常以此事和妹妹半開玩笑半認真地說：我們家有兩件事做錯了，首先是哥哥當年就應該上七中，雖然一中的教學質量比七中要好一些，但七中是五年制，那 1965 年他就高中畢業，可以考大學了；而我更是一錯再錯，當年初中畢業後如果上中專，那也就早畢業工作了，何至於到最後兩個人都下鄉呀！

剛上高中兩個多月，上海的《文匯報》就發表了姚文元評海瑞罷官的文章。當然，我們這些十六、七歲的小屁孩對歷史根本不懂，對政治更是一無所知，完全不理解其中的內幕，只是感到怎麼會將明朝的海瑞

分田與大躍進之後的包產到戶拉到一起去了呢？之後報紙上的討論熱火
朝天，可是誰知道那不過是引蛇出洞呢？更不知道的是，一場史無前例
的文化大浩劫正向我們走來！

懷念先步

　　我們高中同班同學共有 50 多個，這些年來天南海北，聚集的機會
也不是太多。自從 1962 年考入七中至今已近 60 年，歲月匆匆，班上
已有好幾位同學告別人世，先行而去。下面這篇文字就是同班同學彭先
步 2017 年在美國去世後，應他的妻子孟于白的要求而寫的一篇回憶和
悼念，現將此文放在本章中，作為對中學生活的一種追憶。

　　2017 年 7 月 8 日晚，我正在北京參加紀念全面抗戰爆發 80 周年
的學術會議，忽然收到大洋彼岸孟于白發來的微信，說彭先步剛剛在美
國病逝，並附上一組先步朋友製作的圖片和文字。因為考慮到時差，等
到第二天我才與于白在微信上通話，她很難過，泣不成聲，我也不知該
怎麼安慰，只能說些勸慰的話。雖然早在一年多之前就知道先步罹患腦

1980 年蘇小克赴
日定居，中學同學
合影留念，前排左
三蘇小克，後排左
二彭先步

癌，也早有思想準備，但突然聽到噩耗，心中還是接受不了，歷歷往事也頓時在腦中浮現。

1962 年，我和先步一起考入南京市第七中學，那是全省唯一一所五年制的試驗中學。當時大饑荒還沒有結束，而我們又都是正在成長、但又長期營養不良的少年，記得那時的先步與我一樣，瘦弱腼腆，一說話臉就紅（除了「彭扁」外，他還有個綽號叫「小姐」，恐怕即與此有關），這與後來身材魁梧、幽默善談的他完全判若二人。

先步的學習成績很好，不僅是數理化，中國文化的底蘊也很扎實，寫得一手好字，琴技歌喉都上得了台面。然而還沒等到我們畢業，「文革」就爆發了，從而徹底打破了我們這代人求學的夢想。1968 年，先步與班上同學下鄉接受再教育，我則與南航大院的一幫髮小在一家，雖然都在寶應縣插隊，但不是一個公社。其間我曾到他們那兒住過兩天，也偶爾在縣城見過面，彼此之間交往不多，但還是能了解到一些各自的狀況。1975 年夏我被招工到徐州的煤礦，聽說先步在此之前已在公社的中學任高中物理老師，雖然還是農村戶口，但生活畢竟安定了一些，更重要的是，他有時間名正言順地學習和讀書了。果然，1977 年國家改革高校招生制度的第一年，他就以優異的成績考入南京師範學院（今南京師範大學）生物系，畢業後即留校任教，成為學校的骨幹教師。半年後我也考入南京大學歷史系，在南京上學期間曾數次見面，彼此回憶往日的學習生活，感慨鄧公的決斷，讓我們這代人擠上了末班車，圓了上大學的夢想。

1988 年底，我回香港定居，其後不久，先步一家人也移民美國，從此天各一方，又重新開始了「洋插隊」的生活。雖然其間偶爾也曾有過電話聯繫，但當時的長途電話費用很貴，絕無可能暢所欲言。2002 年 12 月，突然接到先步的電話，說是要與妻子于白一起回南京探親，並計劃先到香港逗留幾天。在香港的那幾天我們成天陪著先步夫婦逛街

購物，遊覽市容，參觀中大，當然更多的還是訴說這些年彼此的生活。可能我們倆的經歷實在太相像了，因此有說不完的話，同時又對各自的境遇有著更深刻的理解。然而對我來說，記憶猶深的是他所敍說上大學的一段往事。

　　1977 年 10 月，改革高考的通知一經發佈，先步就決定參加高考。但當時他已是中學的老師，教學優異，公社頭頭先是不讓他報名，後來又說要考只能考揚州師範學院，畢業後再回來教書。當時于白已調回南京，先步當然想的是一定要回南京，因此志願填的是南京師範學院生物系，原因是揚師沒有生物系，我要唸生物，那就必須到南京。先步有深厚的知識功底，這幾年又一直在教授高中數學和物理，高考的內容對他來說自然是小菜一碟。他說考試的時候，監考的老師老是在他旁邊看他答卷，並頻頻點頭。果然，他順利地接到了錄取通知書，然而一件意外的事，差點改變了他以後的命運。因為就在這時，先步聯繫多年上調回南京的事情有了著落，擺在他面前有兩種選擇：上大學自然是多年的夢想，但以後還要再次面臨分配，而且在校期間沒有工資；而調回南京即可夫妻團聚，也有工資收入。想了很久，先步還是決定現實一些，先調回南京再說，就沒有去南師報到。

　　先步的父親是江蘇省林業研究所的研究員，當時在外地參加學術會議，與同事們說起兒子考上大學但又不想上的事情，立即遭到同行們的批評，他們說怎麼考上了還不上大學呢？要知道今後知識就是力量，知識能夠改變一切。先步父親聽到後二話沒說，立即趕到郵電局發了一份加急電報，內容只有四個字：必須上學！父命不可違，先步這才拿著通知書到學校報到，雖然已經過了報到時間，但因先步的成績太好了，學校不忍失去這樣優秀的學生，方才破格辦了入學手續。我也談了我上大學的一段曲折經歷，彼此惺惺相惜，雖然境況不盡相同，但有一點我們都是認同的，那就是人生的道路有許多拐點，有時的一念之差，就會改

變未來的人生。

那次先步從香港回南京後，我又突然接到家中電話，說父親病危，正在醫院搶救。我原來沒打算回南京，接到電話後即刻請假回來，好在父親沒有大礙，數天後就脫離危險，因此我又有時間與先步及其他中學同學相聚過兩次，彼此回憶往事，談笑風生，可是我再也沒想到，這竟是我與先步的最後一次見面！

在這之後我雖然多次到美國訪問或探親，但因所去之處均離先步家較遠，我既不會開車，語言又不行，所以到美國後也只能在電話中相互問候，卻一直未能相見。2016 年 1 月，我在香港突然接到先步的電話，因為有段時間沒聯繫了，要說的話很多，電話中竟說了一個多小時。他說計劃 5 月份要到東歐旅遊，並一再邀請我們下次到美國時一定要到他家來住幾天，他會開車陪我們到四處走走。我問他會用微信嗎？他竟然不懂，我就告他用微信不僅可以免費聊天，而且還可以視頻。他立刻讓他兒媳婦給裝了微信，並教了他簡單的操作，於是我們立刻就見面了。雖然遠隔千山萬水，但現代的科技立即將我們聯到了一起。先步說他在美國 20 多年了，但經常想起中學時期的生活，他的記憶極好，竟然能將初中和高中所有同學的姓名和學號一個不差的背了下來。我突然想起，不如就此建立一個群，讓 50 多年的同班同學再聚在一起，相互回憶，相互問候，豈不快哉？這就是「四一班」微信群建立的因緣。

我兒子 2007 年畢業於美國的紐約大學，回到香港後正好中美交流基金會剛剛創立，他就應聘在那裏工作了幾年。2012 年考取哈佛大學甘迺迪政府學院修讀公共政策管理（MPP），2014 年畢業後即被全球最大的諮詢公司麥肯錫錄取，工作地點在德克薩斯州的休士頓，因此我們每年都會到他那兒住一段時間。2016 年 6 月，我們又要到美國兒子處探親，想起先步之約，也想趁此機會到美國四處看看，於是行前一兩個月就與先步聯繫，可是打電話一直沒人接，微信也無人理會，我想可

能他們又外出旅遊了。幾天後先步看到我的微信，給我來了電話，我才知道他 2 月份偶然間發現嘴角有點歪，朋友們督促他到醫院檢查，確診腦部患有腫瘤，立刻進行手術，並接受放療和化療。給我電話的時候他剛接受二期放療，他說這家醫院是美國治療腦科的最好醫院之一，而且手術很成功，他有信心戰勝疾病，更相信美國先進的醫療水平，一定能夠痊癒。我們都相信他的毅力，吉人天相，希望他早日恢復健康。之後幾次與他通話，他都說正努力遵照醫囑，積極治療。他的嗓門還是那麼宏亮，並說他化療後的反應不是太大，每天堅持走路，食欲也不錯，對恢復健康很有信心。然而就在我們為他的精神和毅力感到鼓舞時，第二年 1 月份卻聽到了不甚樂觀的消息，于白告訴我，先步的病情有反覆，目前行動與言語都出現障礙。我聽了以後倍感難過，但在電話中也只能給他安慰和鼓勵。過年時我在群中發起，每個人都在語音中分別介紹自己，再說些祝福的話，先步也說了一段，並感謝大家的關心。後來于白告訴我，先步那幾天經常拿著手機反覆在聽各位同學的說話，沉浸在往日的回憶中。

　　我和先步都是共和國的同齡人，年輕時歷經坎坷，磋跎歲月，好不容易 30 歲左右命運才開始發生轉變。先步到美國後工作順利，生活安逸，工作之餘還熱心關心社會，參加合唱團，周遊列國，歌聲傳遍全球，讓世界充滿了愛。今天先步離開了我們，但他的音容笑貌永遠刻印在我們的腦海中。祝願先步一路走好，願天堂中美妙的音樂會永遠陪伴著他。

「文革」開始了

停課鬧革命

目前學界一般都認為十年「文革」指的是從 1966 年 5 月 16 日中共中央發佈的「五一六通知」之日開始，至 1976 年 10 月 6 日一舉抓獲「四人幫」為止，前後凡十年，這應該沒有甚麼問題。但「文化大革命」之所以在 1966 年爆發而且很快就蔓延全國，這並非一蹴而就，而是與在這之前一系列政治運動的組織動員以及意識形態方面的教育分不開的。

1965 年 9 月我升入高中，兩個多月後，上海《文匯報》發表了姚文元的《評海瑞罷官》，但這件事對於我們這些中學生來說根本就沒有引起注意，最多也只當是一個學術問題而已，然而後來全國各大報紙紛紛轉載，並刊登了許多爭論文章，才感覺到其中或許有甚麼背景。進入 1966 年，雖然我們都還在繼續上學，但也感到政治氣氛越來越濃重，直到 6 月份《人民日報》相繼發表《橫掃一切牛鬼蛇神》和《破舊立新》等一系列社論之後，又是批判「三家村」，又是打倒「四家店」，緊接著北京大學揪出了陸平、南京大學又揪出了匡亞明，史無前例的無產階級「文化大革命」終於爆發了！

那時高中畢業班的考試已經結束，即將畢業的同學開始填報志願。哥哥是南京一中的應屆畢業生，他的各科學習成績都很好，同時又是南京市射擊運動隊成員，成績優異，曾榮獲 1965 年全省青少年 3×20 臥立跪三種姿式小口徑步槍 50 米射擊比賽的冠軍，當時南京工學院已同意錄取他，但他的心氣兒很高，正滿懷信心準備報考清華大學。我的一位姨夫在清華大學的人事部門工作，事先曾向他打聽像我們家這樣的出身背景能否報考清華。當時雖然強調家庭出身，但清華對於成績優異的同學還是有可能取錄的，因此他的意見是，若要考甚麼高能物理、自動化、計算數學這些專業，那是想都不要想，門兒都沒有；但是若要報考水利、地質、農業機械等方面的系科，只要成績好，還是有希望的。大概就在 6 月中下旬，廣播中突然傳出北京女一中和北京四中高中畢業班的幾個同學聯名寫信給中央，要求廢除延續多年的所謂資產階級的高考制度。這封信的發表很可能就是出自上頭的授意，因為就在公開信發表的同時，上頭立即作出答覆，同意暫停高考，並決定全國的大中學師生停課鬧革命。

剛剛聽到停課的消息班上同學都還是挺興奮，平時學習很緊張，學生不就是盼望放假嘛，而且那時只是說停半年課，可是沒想到這一停就永遠停下來了。對於我們班上絕大部分同學來說，「四一班」就成了定格，永遠失去了求學的夢想，而我哥哥那些應屆畢業生更成為「文化大革命」的第一批犧牲品。

剛開始停課時還比較正常，同學們每天還是要到學校，不過都是在教室裏讀讀報紙，討論甚麼的，當然語文、外語和數理化那些主課是不會上的了。不久上邊又派遣了工作組，領導「文化大革命」，學校黨支部靠邊，我也記不清工作組來的是哪些人，反正覺得跟我們沒甚麼關係。那時寫的大字報也都跟著大報走，就是些「拿起筆作刀槍，集中火力打黑幫」之類的內容，並沒有具體針對甚麼人。但很快情形就發生了

變化，矛頭直接對著校領導和一些老教師，班上有幾個男同學成立了一個「紅心」小組，開始給班主任寫大字報。我們的班主任年齡並不大，也就比我們大個十來歲，她的愛人是位現役軍人，好像是南京軍事學院院長王平上將的祕書，真不知道她會有甚麼問題，但這時好像只要是老師，特別是班主任，就必須要給他貼大字報。「紅心」小組的幾個積極分子不僅帶頭寫大字報，還要我們一起簽名，雖然我不是那麼情願，但最後還是簽上了自己的名字。後來班上開會的時候，一些出身好的同學也開始要那些家裏父母有問題的同學站起來交待自己的出身，父母有甚麼問題。不過還好，第一，並沒有發生過同學鬥同學的事情，大家都還是心平氣和的；第二，我的出身一直填的是職員，也沒有被同學拉出來當眾交代。那時南大、南工、南師等高校經常貼出一些甚麼北京來電、中央首長講話的大字報，我們也常到各個高校去看大字報。相比之下南航算是工科院校，在高校中地位並不突出，但畢竟就在家門口，所以也是我經常光顧的地方。

　　「文革」前曾出版過一份《航空知識》，讀者很多，特別是像我們這些中學生更是每期必讀。雜誌上有一個「點鬼錄」的專欄，每期都介紹一些美軍現役航行的各式飛機，我們都喜歡看。8 月 18 日，就是偉大領袖接見紅衛兵那天，學校一些同學突然貼出一份大字報，標題就是《點鬼錄》，矛頭直指學校的那些領導和老教師。我真不知道他們是從甚麼地方打聽到這些老師的歷史問題，後來聽說是學校人事部門中有人故意泄露的。這一下可不得了，學校的氣氛立刻緊張起來，有不少老師被批鬥，有人被剃了陰陽頭，一位姓阮的女體育老師說是三青團骨幹，教我們俄語的胡老師是國民黨《中央日報》的反動記者，另一位教我們几何的李老師甚至在學校內跳井自殺，還好被救了上來。我當時還感到奇怪，這位老師的年齡並不是很大，新中國成立時最多還是個中學生，應該不會有甚麼歷史問題吧？後來才聽說是他家裏有問題，搜出不少

「袁大頭」（銀圓），因此牽連到他身上。

　　那時候社會上興起了「破四舊」運動，我和幾個同學也上街轉了轉，看到有的年輕人穿小腳褲、留大包頭的，就上前叫他們立刻糾正，原來社會上的小流氓（南京話叫「小紕漏」）這時也都變得老老實實，這事要放在過去，我們可沒有這麼大的膽子，此刻也感到自己挺威武的。但是像抄家、打人這些舉動，我是完全沒有參加過，我想這應該是與家庭的影響與個人膽小怕事的性格有關。我有的時候也感到很納悶，看到班上過去非常老實本份的同學，怎麼突然間就像變了一個人，那種態度，那種神氣，打起人來那麼野蠻，我真不明白他們怎麼能下得了手？

　　1966 年夏天這段時間南京發生了幾件事，在全國應該是有些影響的。第一件事發生在 8 月 3 日晚上，南京師範學院的學生批鬥學校的黨委副書記兼教務處長李敬儀，她的丈夫吳天石是省教育廳廳長，在此之前已被省委拋了出來，與陶白、周邨幾個老幹部打成江蘇的「三家村」，也一起成為批鬥的對象。南京的夏天很熱，這些學生和青年教師往他們的臉上潑滿墨汁，拖去遊街，他們都身患高血壓和心臟病，遊街途中體力不支倒在地上，竟被拖在路上繼續批鬥，致使李敬儀當場死亡，吳天石送到醫院幾日後也相繼去世，這就是震驚南京乃至全國的「八三事件」。這要比北京師大女附中打死副校長卞仲雲的時間還要早兩天，而且吳、李二人都是廳局級的老革命，地位和級別都要比中學副校長的卞高許多，但此事外地知道的人並不多。後來南師的造反派竟還以這個日期為名，成立了南師「八三造反團」。十多年後吳天石、李敬儀早已平反，他們的小兒子則成為我大學的同班同學，前些年他們兄弟幾個從網上看見有人出售調查他們父母被害的材料，便將其買了回來，我聽說後曾向他建議整理出版，但他覺得現在還不是時候。

　　第二件事是南京外國語學校的幾個軍人子弟莫名其妙地就將一個叫

王金的工人活活打死，這件事影響很大，社會上有人組織了一個「王金死亡調查團」，對此事嚴加盤查，並相繼公佈調查報告，市民的反響極大，最後省裏和軍區不得不將幾名肇事者（好像有一個是姓官的將軍子弟）抓了起來，才勉強算是平息了這件事。說起來這件事的處理手法也與北京不同，雖然據說官某很快就被放了出來，後來還當了兵，但畢竟還是把他關了段時間。

自從《點鬼錄》的大字報貼出後，學校的這些學生更加活躍，並趁勢而起，成立了一個「八一八革命造反軍」的組織，一下子招兵買馬，勢力很大。「八一八」的頭子是五年級一位姓顧的同學，因為他的父親是解放軍工程兵學校的校長，少將軍銜（這可能是我們學校學生家長中級別最高的幹部），因為他是田徑運動員，身型魁梧，100 米好像在 11 秒以內，所以人稱「顧大腿」，簡稱「顧大」。自此「八一八」便成為學校絕對多數的造反派，還有叫甚麼「井崗山」、「紅旗」、「東方紅」的小組織在學校裏根本不成氣候。我們班上的男生大都加入了這個組織，我也隨大流，加入了「八一八」，算是其中一個成員，但實際上很快就成了逍遙派，「文革」中的大部分時間都沒有參加學校的活動。

接受檢閱

「文革」初期對當年的大部分學生來說，讓人最難忘、也可能是最值得回憶的，恐怕還是那場走遍全國、免費旅遊的大串聯了。

8 月 18 日上午，突然從廣播上聽說偉大領袖身著軍裝，在天安門接見百萬革命師生，並且親自戴上紅袖章。因為南京是大軍區所在地，南師附中有不少南京軍區將軍的子弟，他們與北京的高幹子女聯繫密切，後來聽說他們也有代表「八一八」那天上了天安門。9 月初廣播裏又宣佈，要組織全國各地的革命師生分期分批到北京，交流「文化大

革命」的經驗，並接受偉大領袖的檢閱，**轟轟**烈烈的大串聯運動就此開始。

開始時到北京去串聯的要求很高，每個學校只有幾個名額，那當然都是根正苗紅的紅五類，雖然依稀記得曾與班上的同學到市委的接待處申請要去北京，但其實心裏還是挺明白的，像我們這樣的人根本沒份兒，因此也就沒抱甚麼希望。不久之後，北京的學生開始到各地串聯了，他們每到一個地方就指手劃腳，矛頭直指當地的省市委當權派。原來我們班上有個同學（也是南航子弟）初中畢業後隨父親工作調動轉學到北京，如今不過剛剛一年，他也從北京到南京來串聯，竟然還在五台山體育場的大會上發言呢！

到了 10 月份，大串聯幾乎已遍及全國，到處都有外地來的學生，本地的學生也紛紛外出。以往外出串聯必須通過學校，現在校領導早就靠邊，工作組也已撤離學校，只需造反派的組織出具證明即可，其實後來只要有個學生證甚至是校徽，就可以通行無阻、走遍全國了。此時班上的同學也都三五成群，各自結伴，一同外出串聯了，我也約了盧、李兩位要好的同學一起出發。

盧的父親是木器廠的老工人，根正苗紅，自然是響噹噹的紅衛兵，我則出身臭老九家庭，原本就沒打算能當紅衛兵，而李的父親雖然是個幹部（南京市曲藝團團長，也算是個當權派），但有些歷史問題尚未說清，正在接受審查，所以還沒有當上紅衛兵。他一直希望能戴上紅袖章之後再出去串聯，我們倆也挺仗義，就在學校裏等著他申請，然而好幾天過去了，還是沒有消息，最後他只能與我一樣，沒戴上紅衛兵袖章，因此等到我們外出串聯時，班上的同學已走了大半。

記得我們出發的時間是 10 月下旬，我們仨和五年級一位姓許的同學一起踏上大串聯的征程，那時我哥哥早就與他們的同學結伴出去了。最初大串聯乘車、船等交通全都免費，住宿則由當地接待站接待，學生

們只要交付最基本的糧票和飯錢就可以了，如果錢不夠還可以要求補助，或者先行記賬以後再還錢。我外出串聯沒有借過錢，因為出門前父母親給了我 20 元錢帶在身上，那時的 20 元錢可不是一個小數目，至少可以維持一個人兩個月的基本生活費。

我們出發的第一站自然是北京，那時南京長江大橋尚未完工，北上的列車必須從浦口登車。我們從下關的中山碼頭過江後到了浦口，火車站不大，見到的都是學生，要說是人山人海一點也不誇張，但要和以後相比那又是小巫見大巫了。我已經記不清是怎麼取到的票，又是怎麼才上的車，總之一切都還算是順利。車上雖然人很多，過道上也全是人，大多都是去北京的學生，但大致來講秩序還算好。

我小時候曾在北京住過幾年，不過當時年紀小，甚麼也記不得了。1957 年父親的工作從哈爾濱調到南京，趁搬家之際，父母親帶著我們全家順道先在北京住過一個星期，這才對北京有了些模糊的印象。1965 年我初中畢業，直升高中，爸爸媽媽獎勵我，讓我帶著妹妹一起到北京的兩個姨媽家度假。她們都住在海淀，一個在清華，一個在京工（北京工業學院），相距不是太遠，在中國科學院工作的七叔公住在中關村，也在附近，因此我對北京、特別是對中關村這一帶的環境比較熟悉。可是時隔一年，北京早已是紅彤彤的一片海洋，完全變了樣。

我們是夜間到的北京，出車站後就隨著人流走到車站廣場，因為人實在太多，接待站既不看證件，也不登記，只是讓大家順序排隊上公共汽車，人一旦上齊就開車。深夜裏東西長安街的路燈依然甚是輝煌，但車子越開越遠，燈光也越來越暗，我們也不知道朝哪兒開，只是感覺車開了很遠，一直到了一個學校門口才停下來，司機招呼我們下車，原來我們這一車人就都住在這兒。下車一打聽，才知道這裏是德勝門外第二小學。這個時候天已經快亮了，大家趕快登記姓名，憑藉學生證繳錢繳糧票，再領取飯票和乘車證，每人還領了一條棉被。學校早已停課，教

室中沒有桌椅板凳，地上舖的都是些稻草，於是我們找了個空地兒就睡了下來。

第二天一大早吃過早飯後，我們的第一個目標自然就是到「文革」的發源地北京大學去看大字報，只見人頭涌涌，都擠在大字報下抄寫，不時還有人走上前去貼上新的大字報。那時北京到處都是各地來京的師生，每個學生憑學生證就可以領取一個乘車證，免費乘坐各種交通工具。我們那時還真是單純，到北京就是為了觀摩首都的「文革」新氣象，因此每天只到各大學去抄寫大字報，雖然北海、頤和園、天壇、八達嶺這些名勝我前一年都已經去過了，那兩位同學卻都是第一次來北京，但他們也一個名勝古跡都沒去，我們只是到天安門前留了個影。當然到北京還有最重要的任務，那就是接受偉大領袖的檢閱。

自「八一八」之後，領袖已經先後多次接見各地來京的師生了，我們出來得較晚，到北京已是 10 月底，只能等著參加第六次接見了。那時各個住宿點都派有解放軍組織軍訓，接見的前一晚軍隊幹部向我們傳達通知，要求隨身不能攜帶任何利器，要遵守紀律，排隊前行，每個人必須記住前一個人的相貌，不能讓不認識人插進隊伍。11 月 3 日一大早我們就集合了，每個人發了兩個饅頭，一個雞蛋和幾塊咸菜，算是中

天安門前留個影

飯了。早上七點鐘左右，我們的隊伍排在東四的中國美術館附近，等候出發。據說這次要接見的紅衛兵特別多，總人數高達二百萬。

　　大概十點多鐘接見開始，等了很久，隊伍終於開始慢慢向前挪動了，但是速度極為緩慢，走走停停。原來是前面那些經過天安門廣場的學生個個都賴著不走，我們直到下午才走出王府井，上了長安街。隊伍始終都在緩慢地移動，傍晚了，我們離廣場中心越來越近，可是這時廣播中忽然傳出周恩來總理的聲音：「同學們，你們辛苦了，毛主席也很辛苦，他今天站了一天，現在要回去休息了，你們也都回去吧，等待下次接見。」廣場上的學生立即一條聲地喊起來：「我們要見毛主席！我們要見毛主席！」可是聲音再大也沒用，剛剛還是排列整齊的隊伍「嘩」地一下就散掉了，等到我們走到金水橋附近，只見到一隻隻的鞋子堆得像一座座小山丘，原來這都是擁擠中被踩掉的鞋子。

　　沒有接受檢閱始終不甘心，我們決定繼續在北京住下來，等待下一次接見。由於來京的學生越來越多，所以中央很快就安排了第七次接見。然而前幾次接見根本無法控制廣場上學生前進的速度，拖延的時間太長，所以這次接見就改變了形式。首先接見分為兩天進行，第一天是學生乘敞蓬卡車集體通過天安門，第二天則是領袖乘坐敞篷車，沿著東西長安街檢閱。我們被安排的是第二天接見，那天我們又是一大早集合，乘車到了天安門附近，最後安排在東長安街附近的位置。最前幾排站著的是解放軍戰士，一名軍官不斷地跟我們說，等會兒主席的車輛過來，我們都不要站起來，大家都能看到，還鼓動前面和後面的同學互相拉歌，唸語錄。

　　等啊等啊，終於在下午兩點多，西邊的人群開始發生騷動，過了一會兒，一輛先導車由西向東駛來，車上的女廣播員大聲地呼喊：「毛主席來啦！」我們大家先是坐著，然後屁股離開地，蹲著，突然「嘩」地一下，就像聽到發號槍聲一般，全都站了起來，一邊跳著一邊喊著「毛

主席萬歲！毛主席萬歲！」手上還拿著紅寶書。很快，檢閱車一輛輛就開過去了，我的目光只集中在第一輛車上，別的車根本就沒時間留意，給我留下的印象是偉大領袖真的就像報紙上說得那樣「身材魁梧，神彩奕奕，滿面紅光」。其實時間也就是短短的幾十秒，車隊很快就過去了，我們都掏出筆，在語錄本上記下這個時間。只見幾位女同學坐在地上哭，原來她們聽了那位軍官的話，沒站起來，等到覺悟過來，車隊早就走遠了。

繼續串聯

當天晚上回到駐地，食堂特地加餐，燒了一頓紅燒肉犒勞大家。來北京已經十多天了，既然接受了檢閱，我們的任務也就算完成了，趕緊考慮到其他地方串聯。我們三個決定下一站向西，目的地為西安。於是說走就走，當晚吃過晚飯我們就來到北京站，沒想到車站廣場上全都是人，甚至連落腳的地方都沒有，一看就知道都是和我們一樣準備離京的學生。我們幾個好不容易找到一個空地兒坐下來，可也不知道下一班車甚麼時候發車，又是甚麼時候才能放我們進站，只有等唄。11月的北京夜間很冷，一夜無眠，涼風襲人，當晚吃的紅燒肉開始在腸胃裏發作，接二連三往廁所跑，一直等到第二天下午還是沒甚麼消息。正在我們百無聊賴之際，突然看見我們班的幾個同學從身邊經過，天下竟有這麼巧的事，居然在偌大的北京城裏與同班同學相遇。這下子我們的隊伍頓時擴大了，大家在一起相互聊著這些天的活動，時間似乎過得也快了。

我們商定下一站西安，不管甚麼車，只要是南下的就上。到了晚上十點多鐘，有人說不能再傻乎乎地乾等，於是有同學四處打探，看見有些人往後邊走，我們也決定跟著他們，終於從一個小門溜進了站台，上了一部南下列車，第二天的中午到了鄭州。鄭州是京廣和隴海鐵路的樞

紐，我們下車後沒出站，接著再換乘西行的列車，車上的人很多，也多是串聯的學生，但還不像後來那樣擁擠。好不容易到了西安，在北京相遇的那幾位同學決定先行入川，我們仨與他們就此別過，還是先留在西安。接待站把我們安排在陝西省地方病防治中心，晚上睡覺的時候看到旁邊有人脫了衣服在那兒翻東西，開始我們還不知道他在翻甚麼，後來才知道他在捉蝨子！頓時感到身上奇癢，趕快脫下衣服仔細查看，發現還真的已有小動物隱藏在衣服的夾縫裏，這也是我平生第一回見到蝨子！回憶起來一定是住在德外二小時那幫東北人帶來的，怪不得同住在一個教室的幾個青島學生老是罵他們不洗腳，為此事雙方還差點兒打起來呢。

在西安照樣和北京一樣，四處到大學去看大字報，收集傳單，甚麼大雁塔、小雁塔、碑林等名勝古跡一個都沒去參觀，不過市中心的鐘樓我們倒是去了幾次，因為那兒貼了很多大字報，也算是最熱鬧的地方。在西安住了幾天，該選下一個目標了，不少人選擇去延安，但聽説交通極不方便，好像是只能坐火車到銅川，接著就要乘汽車，還不知能不能坐到車。我們三人決定挺進西南，第一站成都，接著到重慶，然後走到哪兒再臨時再定，説起來真好像是現在常用語 —— 來一場「説走就走的旅行」。

然而從西安上火車可是遇到了麻煩，西安車站是個老站，沒想到車站外竟會有那麼多人，大家擠在一起，真可謂水泄不通。也不知是甚麼時候車站的門突然打開了，大家「轟」地一窩蜂地往裏衝，我們三人一下子就被人群給沖散了。好不容易擠上車廂，才發現盧同學不見了，好在我和李在一起，根本就沒法兒找，我們也顧不了那麼多，只能相機行事了。我們自串聯後也坐過幾次車，譬如從浦口到北京、北京到鄭州、鄭州到西安，雖説都很擁擠，但從未像這次列車如此擁擠，不單是行李架上都是人（好在車上大都是串聯的師生，沒有甚麼行李），就連座位底下都睡著人，站在車廂裏那是前胸貼著人家的後背，兩隻腳站累了想

換個姿勢，可是一隻腳剛提起來，別人的腳就伸了下來，另一隻腳就只能懸在空中，這就叫「金雞獨立」了。

一路上列車走走停停，更是沒吃沒喝，廁所都擠了五、六個人，男生還好，實在憋不住了，就打開車窗，幾個人圍著對外方便，女同學就不知如何是好了。好不容易停了個站，大家就從車窗爬出去，見到甚麼買甚麼。從西安到寶雞，再從寶雞經廣元入川，一路上隧道很多，列車走走停停，大概用了兩三天才到了成都，這也是我一生中乘坐時間最長、也是最為艱苦的一段行程。等我們出站時，突然看見盧同學慢吞吞地往外走，真是意外驚喜呀，我們三人居然又會師了！他說他被人流擠上車，困在兩節車廂連接處，絲毫動彈不得，車門被封，就連到站也出不去，一直到廣元，車門終於鬆動了些，他真是餓壞了，下車後花了一塊錢買了十張餅，結果吃也吃不下，丟又捨不得，後來在成都的幾天都在啃著剩下來的乾餅子。

到成都後我們好像是住在一個中技校，甚麼學校倒是忘了，每天的任務照例是到各個大學去抄寫大字報。看到有好多人在散發傳單，我們幾個突發奇想，不如我們也印些傳單吧。說幹就幹，馬上就向接待站要了一些白紙，借了鋼板、蠟紙和油墨機，找了些抄來的甚麼中央首長講話之類的傳單，自己刻、自己印，然後再到學校去散發。看見周圍的學生搶著索要，我們心裏還挺得意。

原來我們的計劃是在成都停幾天就繼續向南到重慶，然而正在這時傳來了指示，說是因為現在天氣冷了，宣佈今年的大串聯暫停，所有師生必須立即返回原地，就地鬧革命，待到明年開春之後再繼續串聯。這本是中央的一個緩兵之計，連續多個月的大串聯早就把全國的鐵路、公路和航運搞得一團糟，嚴重影響了國民經濟的正常運行，再不採取措施，今年的經濟任務肯定無法完成，因此先把學生們勸回學校才是當務之急。

　　這一命令打亂了我們的計劃，南京的學生證只能領取東行的列車，南下重慶是不可能的了。我們憑學生證先領了三張去北京的車票，原來應該是在鄭州轉車回南京，但我們不甘心就這麼結束串聯，結果到了鄭州沒下車，而是又向北多坐了一站到新鄉，在站台上沒出站，想再等下一班京廣線的列車繼續南下。在車站等車的時候我們三個奢侈了一把，花五毛錢還是八毛錢買了一隻小燒雞啃了起來，可是等了半天，南下的列車就是不讓我們上。這時外出已將近一個月，也有點想家了，無奈之下，覺得還是先到鄭州再說，實在不行就回南京吧。到鄭州後我們拿著學生證在車站排隊領票，終於領到三張到南京的票。我們在領票的時候早就有幾個學生盯著我們了，等我們出來後他們立刻走上前，悄悄地問我們：「我們是廣東的學生，還沒到過上海，怎麼樣，我們換票，你們去廣東，我們去南京的車，想法再去上海。」他們也正好是三個人，這不是天賜良機嗎，二話沒說，我們立即和他們換了車票。

　　在鄭州只住了一夜（好像是住在鄭州糧食學校），二七紀念塔是鄭州的地標，第二天上午我們到那兒附近轉了轉，接著就到火車站，憑車票順利登上南下的列車。這趟車人不算太多，同車有一個北京的學生，也不知道他是用甚麼方法搞到一張南下的車票，大家在一起聊天，談到如果遇到查票怎麼辦的時候，他就說，「那有甚麼難的，就說學生證丟了，你聽我說話不像廣東人是吧？沒錯，我就是廣東人」。我們還挺佩服他那股勁兒，可是說老實話，我們還真是學不來。車過武漢，平安無事，到了長沙站，上來幾個列車員開始查票，查到我們的時候，我們還是老老實實地拿出車票和學生證。列車員一看，「你們是南京的，怎麼坐上這班車了？趕快下車，換票回南京」！我們還想分辨甚麼，可是人家根本就不聽，不由分說，直接把我們的幾個包摔下車，無奈之下，我們也只能接受這個事實了。

　　既然廣州去不了，長沙就長沙吧。出站後自然首先是找接待站，接

待人員把我們安排在湘江西岸的湖南省戲曲學校（李谷一當時應該就是在這個學校學花鼓戲），那是片大學區，聚集著湖南大學、湖南師範學院和中南礦冶學院等眾多大學，旁邊就是風景怡人的岳麓山。我們最重要的任務除了到大學去抄大字報，再就是參觀革命勝地，那時湘江還沒有大橋，我們每天都要經過橘子洲輪渡過湘江，然後才能進城，長沙城內的清水塘、湖南第一師範等革命勝地都是我們必去的地方，而另一個必去的地方當然就是韶山。

那時從長沙到韶山沒有鐵路，坐汽車要經湘潭才能到，要想去韶山必須先在長沙的接待站排隊登記，要不然就要到株州去等汽車。我們先到長沙接待站登記，排隊的人實在太多，排到我們時，去韶山至少要等一個星期！當時報上正在大力宣傳大連海運學院紅衛兵倡導的步行串聯，有篇社論還套上一句主席詩詞，叫「紅衛兵不怕遠征難」。我們想回南京後下一步肯定就是步行串聯了，不如現在就先實踐一下，目的地就是韶山。說走就走，當天晚上向接待站預領了第二天的伙食，也就是每人幾個饅頭，幾塊咸菜，好像還有一個雞蛋，這就算是一天的乾糧啦。

寫這篇文字的時候在網上查了查，長沙到韶山走高速大約 90 多公里，從橘子洲頭到韶山要比從長沙走近一些，但至少也要有一百四五十里地的路程。我們決定第二天凌晨就動身上路，當時天還是漆黑一團，路上根本就看不到一個人，只能朝著西南的方向走，方向應該沒錯。一路摸黑前進，沿途雞犬聲相聞，走到一條河邊，河面雖然不是很寬，但沒有橋還是過不去。隱隱約約看到對岸有條小船，我們在這邊大聲喊叫，可對岸並無回應，怎麼辦呢？正在無奈之際，忽然發現河底有兩根繩子，隨手拉了一根，對岸的船居然動了起來，再拉一下，船竟朝著我們劃了過來。哈哈，原來是自助的渡船！我們趕快把船拉到岸邊，上船之後再去拉另一根繩子，很快就到了對岸。

過了河之後，天也慢慢亮了些，走在路上，不斷看到路邊有人留

下的記號或標語，說明我們選擇的路線沒錯。越走天越亮，心境也越開朗，偶爾也會看到三三兩兩和我們一樣步行去韶山的學生。沿途真是山明水秀，風景極美，心想這裏到底是出偉人的地方呀！然而風景雖美，路途卻很長，就這樣從早走到晚，兩條腿痠得不行，速度也越來越慢。天黑了，怎麼還沒到啊，看到路邊的老鄉就問他們：「請問到韶山還有多遠啊？」「不遠了，還有十個里。」我們也不知道他說的到底是十公里還是十里，反正是快到了，心理上也有了信心。可是又走了好久再問老鄉，老鄉卻說「還有十五個里」。怎麼越走越遠啊，心中頓時洩了氣。記得走到一個叫如意亭的地方，這應該是距韶山最近的地方了，實在走不動了，休息休息吧，可是一坐下來就再也站不起來了，最後還是堅持著出發，腿上好像灌了鉛似的，這才體會到甚麼叫「舉步為艱」呀！

　　晚上快十點，我們終於到了韶山，接待站是韶山賓館，雖然很晚了，但人還是很多，也沒有地方安排我們住宿，只能是兩個人發條被子，就在賓館大廳裏找個地方，在冰涼的水泥地上合衣圈圈而睡。想想這一天，從早到晚走了十幾個小時，走了一百幾十里路，也算是我人生中一天走得最長的路。第二天早上起來，腿還是痠得不行，強撐著雙腿隨著人流排隊參觀領袖故居，大大小小，足有十來間吧，我想主席的家房間真多，肯定不會是貧下中農出身吧。在參觀領袖父母親臥室的時候，講解員的一句話讓我至今不忘，她指著房中間的那張大床，聲情並茂地說：「紅太陽就是從這裏升起來的！」想到 30 多年後我幫大學同班同學高華編輯出版那本暢銷書時，書名的源頭竟可追溯到這裏！

　　韶山算是參觀完了，可是再要我們走回長沙真是走不動了。接待站倒是不錯，回程的學生可以安排乘坐卡車經株洲再到長沙。於是湖南的行程算是結束了，我們決定繼續東行。原來我們還想去井崗山，那可是革命聖地呀，但井崗山當時是個極為貧困的山區，交通特別困難，根本接待不了來自全國各地的大中學校學生，更嚴重的是聽說當地鬧起了類

似腦膜炎的急性傳染病，很多學生都染病了，因此上面決定封山，我們也就打消了這個念頭。於是下一站：南昌。

南昌是八一起義的革命勝地，到那兒自然要去瞻仰紀念館，就是當年起義指揮部所在地江西大旅社，當時這個紀念館開放的時間還不算太久，但展品還是很豐富的。南昌是江西省的省會，算是一個中等城市吧，城市中沒有甚麼高大的建築，但給我留下最深刻的印象就是那條寬闊的八一大道，儘管周邊空蕩蕩的，可是在我看來，除了長安街，這可能是當時全國最寬的一條馬路了。可能是內戰時期江西死亡的人實在是太多了，為了紀念這些先烈，在八一大道上還建有一個紀念堂，規模很大，在全國也應該是數一數二的。

南昌之後一路向東，先是經杭州，然後到上海，離家時間不短了，大家也都想早點回家，因此在這些地方都是短暫地逗留一兩天，就接著到車站領票出發。到上海之後下一站自然是南京了，可是我們聽說無錫原來做大頭娃娃的泥人工廠現在全部改做領袖的石膏像了，於是我們到了無錫又下車，晚上在錫惠公園整整等了一夜，第二天早上，終於請來了一尊白色石膏像，

當天回到南京。到家時還沒進屋，家中人就叫我在門口待著，先將外面衣服換下來，用開水燙一遍，不准帶進家。原來他們也都知道，出門在外，一定會帶回甚麼不知名的小動物。當我興沖沖地將好不容易請回來的石膏像交給媽媽的時候，原指望得到她一陣表揚，可沒想到她卻是擔心害怕，這麼白的石膏像要是弄髒了怎麼辦？要是不小心打碎了，那更是説不清的罪過嘍！後來我也記不得這尊石膏像的下落了，好像是送給對領袖更為崇拜的一家人了。

我們 10 月下旬從南京出發，12 月中旬回到南京，前後差不多兩個月，從南到北，從東到西，再從中部南下，最後再向東，途經十多個省市，也算是跑遍了小半個中國。50 多年之後回憶這段歷程，儘管有些

細節記不住了，但大致的過程仍然牢記心中，而且感觸很深。

偉大領袖為了發動「文化大革命」，號召全國各地的師生造反，打倒走資派，不惜動用全國的交通工具，免費讓數千萬師生在全國範圍內進行革命大串聯，雖說是嚴重地破壞了國民經濟的正常運轉，卻給了我們一個走遍全國千載難逢的機會，從這個意義上來說，真的是全世界史無前例的一場運動。

總的來講，那時候的大學生和中學生還是思想單純的一代人，多年來意識形態的宣傳和教育，產生對領袖盲目的崇拜，對革命無限的嚮往，大串聯到北京的第一目的，就是為了接受領袖的檢閱，平時也主要是到各個學校去傳抄大字報，很少有人趁此機會遊山玩水、免費旅遊的。同時那時的社會風氣也還算好，我們在路上也很少見到偷雞摸狗、流氓鬥毆的現象。

大串聯實施的是共產主義的烏托邦，乘車、住宿都不要錢，吃飯只要繳基本的糧票和生活費，如果實在沒錢還可以向接待站借。我離開南京時父母親給了我 20 塊錢，到了北京兩個姨媽又各自給了我 5 塊錢，總共 30 元，在外周遊了大半個中國，時間近兩個月，回家後還有 10 多元錢。當然我們沿途也非常節省，就以吃飯來說，大都是在接待站解決，非不得已要在外面吃的話，也都是撿些最便宜的吃，譬如陽春麵、簡單麵、起碼麵、光麵呀等等，名稱雖然各地略有不同，但都是每碗一毛多的那種最便宜的麵條。

奪權與武鬥

大串聯回來以後，看到學校已經完全亂了，有些同學乾脆搬到學校，住在教室裏。「文革」很快就從學校殺入社會，與其他大中學校和工廠造反派組織聯合在一起。我記得 1967 年 1 月 4 日那天上午到學校

去，聽同學講昨天晚上在太平路的江蘇飯店發生了一場武鬥，造反派與保守派打起來了。江蘇飯店是省委招待所，離我們學校很近，因此我們幾個同學就結伴前去打探，看到飯店四周已被團團圍住，馬路上全是桌椅板凳、破碎門窗，一片狼藉，這就是江蘇「文革」史中著名的「一三事件」。我們看了都傻了，難道「文化大革命」就是這樣搞的嗎？沒想到這只是開頭，和以後大規模的武鬥，特別是和四川、廣西等地的武鬥相比，那可真是小巫見大巫，不值一提了。

此時全國都開始奪權，甚麼「東北的曙光」、「西南的春雷」，影響最大的自然還是上海的「一月風暴」。江蘇和南京的造反派也開始行動，1月26日，南京的幾大造反派也跑到省委奪了權，這就是所謂「一二六奪權」。但因奪權後的權力分配發生矛盾，「紅總」和「八二七」兩大派發生衝突，矛盾逐漸升級，最終形成「好派」（「一二六」奪權好得很）和「屁派」（「一二六」奪權好個屁）兩大派系。當時南京各大學中兩派的勢力差不多，可能「好派」強一些，但中學裏的多數則大都屬於「屁派」，而中技校又反過來，「好派」佔優勢。我們七中的「八一八」參加了「中學八二七」，是當然的屁派，哥哥學校的「一月風暴」也是「八二七」的成員。那時許多家庭中的成員因為參加了不同派系，在家裏鬧得不可開交，父子反目、夫妻吵架甚至離婚的事比比皆是，而我們家可能是受到哥哥的影響，基本上都是「八二七」觀點，沒有因此而發生矛盾。

隨著派性上升，武鬥的規模也不斷升級，開始用拳頭，後來用棍棒、磚頭，再後來就是長矛和大刀了。不過南京地區的武鬥還沒有大規模地動用槍炮，更別說坦克和裝甲車了。我們學校對面是南京海運學校，專門培養遠洋輪船的海員，因此學生們個個都身強力壯，膀大腰圓。他們是「好派」的，專門與我們學校作對，彼此之間經常發生武鬥。那時我已經不大去學校了，有一天聽說我們學校和海校又打起來

了，有一個同學的眼睛都被打瞎了。第二天我到學校去打聽情況，才知道被打中眼睛的那位竟是與我同座的同班同學！當時他們寡不敵眾，被迫撤到朝陽區軍管會的大樓上面，沒想到圍在下面海校和戲校的學生竟用彈弓將螺絲帽朝上射，正好擊中了我同學的左眼，趕快送到醫院搶救，雖然最後眼睛是保住了，但視力已經基本喪失。

還有一件事可以說的，就是部隊參與地方的「文革」，除了派軍隊支左軍管，實行「三支兩軍」外，也有地方的造反派組織與軍隊聯繫，到部隊搶軍裝和武器，特別是軍隊院校，我們學校就發生過這類事。那時我基本上不去學校，只是過些天沒事才回學校去轉一轉。有一天我到學校去，突然見到許多同學都穿起了簇新的空軍藍，感到很吃驚。那時能有一套軍裝穿在身上，不管是新款的還是舊式的，都是我們這些男孩子們夢寐以求的大事。我忙打聽是怎麼回事，原來是「八一八」與空字零零九部隊（即空軍氣象學校）的造反派達成默契，到他們學校的倉庫去「搶」了一批上黃下藍的軍裝。說是搶，實際上是「明搶暗送」，事先都聯繫好了。因為我平時不到學校，所以這些好事當然也攤不到我頭上，只能是羨慕嫉妒，但並不恨。記得我們班上的男同學都穿著新軍裝結隊到中山陵、明孝陵去玩兒，還拍了不少照片。我沒有軍裝，好像是向其他班上的同學借了一套，也算是留下了一些那個時代的紀念。至於這些軍裝後來是怎麼處理的我就不清楚了，好像是都歸還了吧，聽說還有人「順」了幾把手槍，至於這個消息是否真確，我就不知道了。

我成了逍遙派

「文革」中的大部分時間我都留在家裏，成了道地的逍遙派。當時南航算是郊區，周圍除了幾個學校和軍工廠宿舍外，基本上都是菜地。南航是 50 年代初新創立的大學，原來是專科，1956 年升級為大學，學

中學同學

校的老師大都是我父親那樣原來在國民黨空軍工作的技術人員，有幾位還是前後幾屆的大學同學，就連一般的職員和工人也大都出身於原來的空軍地勤人員，幹部則多為解放軍各部隊的轉業軍人，大院裏的孩子年齡也都差不多大，相對來說幹部子弟年齡要比我們小一些，在孩子中有些權威的基本是還是我們這樣出身的人。因為離市區較遠，院子裏有操場，還有教師之家和職工俱樂部，常在操場或禮堂放電影，所以我們這些孩子平時上學雖然不在一個學校，但放學後卻常在一起玩。「文革」開始後不久，許多人都不去學校，大家成天留在宿舍裏玩耍，倒也是逍遙自在。

　　「文革」爆發之初，父親就被揪出來了，罪名當然是國民黨殘渣餘孽、反動學術權威、地主階級的孝子賢孫。第一天看見父親在學校裏被批鬥遊街，心中一陣抽緊，是愧還是慌，也說不清，那幾天甚至都不敢出門，生怕被人恥笑。不過還好，同伴們見到我並沒有表示出歧視的態度，就連那些幹部子弟也沒有因此而疏遠，我想這恐怕是因為大家的父母經歷都差不多有關吧，而那些幹部子弟的父輩也大都當成走資派被打倒了，所以「文革」的這些日子裏，院內小伙伴們的關係還是很好的。

　　那些天不上學，成天在家裏玩，如果不是家人挨鬥，逍遙的日子過得還是挺舒服的。回憶那個時候最大的收穫就是看書，同伴當中誰有了

書，其他人立即一個接著一個傳看，速度極快，不管是「文革」前出版的中國小說，還是蘇俄文學，或是歐美名著，甚至還有些內部出版的灰皮書、白皮書，反正只要是有了書大家就傳著看，究竟看了哪些書現在也記不清了，總之許多世界名著都是那個時候看的。

那個時候文藝生活特別貧乏，雖然有時可以看些電影，但那都是《地雷戰》《地道戰》之類的老片子，當時有幾部批判的電影《清宮祕史》《武訓傳》等也在南航內部放映，那可是要憑票看的，我們也都想方設法去弄票，或者就是跟收票的人拉關係，混進去看了。後來又有幾部《列寧在十月》《列寧在一九一八》等蘇聯 30 年代大清洗之後的電影拿出來放，自然有其政治含義，我們也管不了那些，最好看的還是劇中那段烏蘭諾娃跳的《天鵝湖》，雖然只有短短的幾分鐘，那也算是難得的藝術享受了。當時中國的朋友只有「海內存知己」的阿爾巴尼亞和「休戚與共」的朝鮮，因此上海電影譯製廠還翻譯了幾部《海岸風雷》《寧死不屈》和《鮮花盛開的村莊》《賣花姑娘》等電影，有些電影還是我們下鄉後才上映的，不過看來看去就這幾部片子，我們甚至連台詞都會背了。

青春期的小夥子精力旺盛，一般來說上午大家多是自由活動，主要是各自在家中看書，不大出來。「文革」前南航有個職工俱樂部和教師之家，「文革」中間也照常下午開放，這就是我們集中活動的地方了。大家約在一起，有時還約幾個年輕教師一起打牌，或打乒乓球，下午先是練練身體，舉杠鈴，玩啞鈴，等到下午三、四點鐘，那也是人數最多的時候，大家就聚在球場上踢足球或打籃球，經常分撥打。我們還組織了一個叫「航少」的籃球隊，體育教研室的幾個老師（其中有一位據說還是當年的「南開五虎」）經常業餘指導我們練球，因此球技大有長進。我主要打後衛，因為運球的姿勢比較低，人稱「超低空」，但多數時間還是候補。有時我們也出去和其他大院（南工、南農）子弟的球隊比賽。晚上如果天氣好的話，幾個人還會約著出來到對面教學區，躺在

大操場的草坪上，海闊天空，吹牛聊天，甚至還能把音樂舞蹈片《東方紅》裏的歌從頭到尾唱一遍。

說到唱歌，還有一段回憶。可能還是在「文革」前吧，著名女高音歌唱家張權到南京來，她與父親的同學也是南航老師的鄭伯伯胡阿姨一家很熟，就住在他們家。我們幾個小伙伴到他們家玩，胡阿姨就說，正好請張阿姨幫你們練練聲，於是張權阿姨就彈著鋼琴，讓我們幾個小孩兒一個個跟著音階輪流唱。對這件事我似乎還有點兒印象，但具體細節卻記得不大清楚了。前些時回南京與一幫發小聊天，同伴小貝兒突然提及此事，還說當時大家練唱之後張權阿姨對別人沒甚麼表示，唯獨對你有興趣，說你的聲帶與音準都不錯，如果經過正規訓練可望成材云云。我說我怎麼一點印象也沒有？小貝兒卻信誓旦旦地說這是真的，一點兒也沒有誇張。

我們班上有個同學父親是江蘇國畫院的專業畫家，但他並不畫國畫，而是畫油畫和水彩畫的，他們一家子都會彈吉他，沒事時他就會與父親和兩個姐組合奏，有的彈西班牙，有的彈夏威夷，在南京很有名。「文革」期間，一直到我們下鄉後回南京時，幾個同學都常到他住在樹德里的家中去吹牛聊天，接著就要聽他彈吉他，他也來者不拒，先是把門窗關上，拉著一把椅子坐在中間，調了調弦之後，輕撥慢捻，先彈幾個琶音，流水般的琴聲就蕩漾在屋中，他最喜歡彈的是「荒城址上」，低沉悲愴，有時也會彈幾個節奏歡快的波爾卡，那都是我們非常難忘的精神享受。

1967 年的夏天，正是南京武鬥最嚴重的時期，「八二七」被「紅總」趕到下關（他們稱那是解放區），在城裏又突然傳出有一個甚麼「五湖四海」的組織，說是到處打家劫舍，鬧得人心惶惶。南航一些以前當過兵的基層幹部建議，說也要組織起來保護自己，因此就把我們這批孩子給組織起來，南航的實習工廠還用無縫鋼管作了一批長矛發給我們，

「文革」中南航的一幫髮小

每人還領了一頂安全帽，晚上大家就集中住在俱樂部，夜裏輪流上崗，在南航的圍墻四周巡邏。那幾位轉業軍人還教我們刺殺、格鬥，訓練「突刺——刺」！説當年我們在部隊裏就是像你們這麼大歲數的人最不怕死，也最能打仗。為甚麼呢？因為年齡小啊，甚麼也不懂，等到歲數大了些，就想到要結婚生孩子了，要考慮的事兒一多，當然就不安心了。

　　然而到了 1968 年，逍遙的日子再也過不下去了。隨著各地相繼實現所謂「大聯合」，階級鬥爭這根弦越繃越緊，「文革」之初曾經給人們一點點的自由，這時也蕩然無存。這年 5 月，全國各地從上到下開始了「清理階級隊伍」運動，父親又被揪出來批鬥，不久就被抓起來「隔離審查」；到了 10 月，鋪天蓋地的上山下鄉運動在全國興起，哥哥與我也都先後插隊農村，離開了父母，離開了南京。

　　我們這一代人是「文化大革命」的親歷者，親眼目睹「文革」期間種種觸目驚心的罪惡與暴行，因此「文革」結束後中央宣佈徹底否定「文化大革命」時，我們是堅決擁護、堅定支持的，我們更希望中國今後這一「革命」再也不要重演。

上山下鄉

接受再教育

1968 年，全國各省市已相繼實行了所謂的革命大聯合，此時各地從上到下三結合的革命委員會先後也已成立，當時的說法就是「全國山河一片紅」，相對來說派仗和武鬥也沒有過去那麼激烈。此刻各類大中小學都停課了將近兩年，上邊又號召大家復課鬧革命，可是大學生從 66 屆開始就沒有分配，中學的「老三屆」初、高中六個年級的學生雖然留在學校，但既沒有書讀，又沒有工作，而那些應屆的小學畢業生就連中學也上不了，有哪門子課可復。連續這麼多年大學不招生，工廠又不招工，城市裏一下子遺留下那麼多學生，而且又多是一些不聽使喚、造反意識高昂的中學生，叫誰解決都頭疼。處理這個難題的唯一辦法，就是把他們都弄到鄉下去，這樣一舉兩得，既可以暫時解決城市裏迫在眉睫的就業問題，又可以將矛盾下放，把這些心已經野了的小將們分散到農村，他們就是想折騰也翻不起大浪。

當年 3 月，先是停頓兩年的徵兵工作開始，那時候號召全國學解放軍，軍人的地位極為崇高，哪個中學生不想參軍來改變現狀呢？但參軍可不是甚麼人都可以的，那是要講究出身、重視血統的。就以南航大院

裏的孩子來説，知識分子家庭肯定不行，老幹部也多數被打倒，成了走資派，除了個別已被結合進領導班子的幹部子弟可以入伍，多數也只有上山下鄉這一條出路（當然，下鄉後沒多久，他們中有不少人還是憑著父輩的關係，通過各種渠道「走後門」當兵了），因此那個時候院子裏的伙伴們能夠參軍的，主要還是那些工人家庭出身的孩子。

到了下半年，**轟轟**烈烈的上山下鄉運動便開始了。

其實「上山下鄉」早在二十世紀 50 年代中期就已經出現，「農村是一個廣闊的天地，在那裏是可以大有作為的」最高指示早就深入人心，不過那時針對的還只是少數回鄉知青，尚未成為大規模的群眾運動。到了 60 年代初，動員城市未能升學的學生下鄉已成常態，那時的一句口號是「一顆紅心，兩種準備」，更多的是邢燕子、侯雋、董加耕事跡的報導，宣傳他們「身居茅屋、望眼世界」。1964 年是一個高峰，一部《軍墾戰歌》的電影，一首「塞外變江南」的歌曲，竟然吸引了眾多學生到新疆支邊。就以南京來説，當年以南師附中（這是南京最好的中學）為首的幾個學生、後來擴大到南京各中學而被稱為「七十二賢」的應屆高中畢業生宣佈「棄考務農」，到蘇北的貧困地區盱眙縣插隊，住我們家對門一位教授的女兒就是其中之一，她的成績很好，而且還是南師附中學生會的幹部，也毅然放棄高考，到盱眙插隊去了。那個情景在南京的中學生中確實產生了強烈的轟動效應，也帶動了一批出身不好或者是成績較差的學生下鄉。1965 年我初中畢業，班上也有幾位同學報名去了新疆的麥蓋提縣插隊落戶，但事隔多年我們才知道，那是因為他們的家庭出身不好，不准他們報考高中而被迫支邊的。

可是到了 1968 年，情況就不同了。雖然當時有個説法叫「四個面向」：面向工礦、面向基層、面向邊疆、面向農村，但對江蘇和南京的中學畢業生來説，實際上最後只剩下一個面向，就是面向農村。初中生每個班還有幾個升學的名額可以緩衝一下，當時升學的條件是所謂「三

1968 年 10 月南航大院的
同伴們插隊分別前留影，
第二排左三是我

當年南航的髮小，如今都
是年過古稀的老頭兒了

好一差」：出身好、成績好、表現好，家庭生活水平差。對於我們這批
高中生來說，學自然是沒得升，留下來的只是一條路：上山下鄉。後來
有些人還把這段歷史歌頌為「青春無悔」，我卻認為應該叫「青春無奈」
才對，因為你對未來的前途根本就沒有選擇的權利，那怎麼辦？還不是
只能無奈地接受。

　　那年的夏末，工宣隊開始陸續進駐各個中學，實際上就是開始要整
那些造反派了。南京是江蘇省的省會，主要的下放地點分佈在省內各個
地區，特別是蘇北的貧困地區。當時南京市對各校學生下鄉的地區有個
統籌安排，基本上是市內一個區的學校下放到省內的一個地區，對口安
排，譬如白下區 — 揚州地區；玄武區 — 鎮江地區；鼓樓區和下關區 —
淮陰地區；秦淮區和建鄴區 — 南京周圍的江浦、六合等縣。最早的是

南京各中學的幾百個學生自己聯絡，主動報名到內蒙插隊，而我們學校地處白下區，主要下鄉的地點是揚州地區的寶應、興化、江都、邗江等縣。學校「八一八」的頭頭們和一些骨幹認為與其在學校等著挨工宣隊收拾，還不如自己先下鄉，反正是大勢所趨，逃也逃不了。在他們的帶動下，10月份開始，顧大就帶著第一批學生下鄉到寶應縣的黃塍公社，緊接著，一批一批的知青就被敲鑼打鼓地送到車站、送到碼頭，到江蘇各地去插隊了。

落戶楊橋

就在那年夏天，我可能是運動過量，突然患了急性黃疸性肝炎，轉氨酶飆升。10月間，班上幾個要好的同學打算約我一起去寶應鄉下插隊，但我當時因肝炎尚未痊癒，學校同意我暫緩下鄉。有個同學對我說：「你這個病生得好，而且生得正是時候。」雖然我暫時沒下鄉，但哥哥、同學和大院裏的同伴一撥撥地都走了，那些日子，我曾多次到下關的中山碼頭為他們送行（那時南京長江大橋尚未通車，到蘇北主要還是乘船由長江轉大運河走水路）。到了12月初，我的身體基本上已恢復正常，此時動員下鄉的浪潮一浪比一浪高，我想反正遲早都要下鄉，不如自己先下鄉去看看，至少也有個心理準備。

我哥哥會頌比我大兩歲，他是南京一中高三的應屆畢業生，他們學校插隊主要集中在寶應縣的夏集公社，夏集位於寶應的西南方，離寶應縣城很遠，倒是離高郵縣的臨澤鎮較近。12月初，我與哥哥的幾個同班同學坐火車先到鎮江，再乘大運河的快班船到寶應的子嬰河，然後就得步行10多里路，走到他們插隊的杜巷大隊。他們這一戶已經有六個成員了，除了哥哥同班的四位同學，還有其中兩位同學的弟弟，我要是再去人就太多了。我在他們那兒住了幾天，第二站就去了沿河公社，

那是南航大院四個發小插隊的地方，雖然我和他們不是一個學校的，但大家從小在一起長大，特別在「文革」期間大家都是逍遙派，成天在一起玩，彼此之間的家庭也都很熟。他們幾個熱情邀請我加入他們的集體戶，生產隊的社員也不表示反對，於是我就決定留在這裏，就沒有再到我們班上同學插隊的黃埔公社去看看了。

　　當時城市的區和農村的縣都設置上山下鄉辦公室，並有專人負責，同時國家還給每個知青 230 元安置費，包括每人一付鋪板、一頂蚊帳、兩張凳子，一個班組還有一張桌子、木桶、腳盆和一些工具甚麼的，此外還有特批下來準備蓋房子的木材。知青下鄉的第一年糧食到公社糧站去購買（第二年就完全和農民一樣參加隊裏分配了），每人每月的糧食定量 35 斤，當然這些購糧款項也都在安置費中逐項扣除。

　　我所插隊的地方是寶應縣沿河公社許莊大隊楊橋生產隊，「文革」時期改名為興無大隊紅旗生產隊，位於寶應縣城東南大約十多里，生活條件相對來説要比夏集公社好一點，每日的工分（按全工 10 分計）大約在 0.4 元左右，但我們每天大概只能拿個 7、8 分工，也就是三毛多。一起到許莊大隊插隊的共有四戶知青，多是光華門中學的學生。除了我們外，其他三戶分別下到許莊、李莊和馬莊生產隊，其他生產隊裏還有 10 多名 1964 年下放的南京知青，我們叫新插，那他們就叫老插

下鄉之際（1968 年 12月）正是南京長江大橋通車之時

了。後來說是當地農民給我們幾戶新插編了個順口溜，說是打不過李莊（李莊幾個知青在學校就是造反派，好打架，下鄉時還帶來杠鈴、啞鈴等器材），吃不過楊橋（我們這個家中有幾位喜愛烹飪，菜燒得極好，但我不行，只配在灶台後邊燒火），苦不過許莊（幾個初中的學生），老實不過馬莊（四位女生中有三位也是南航的子女）。這些形容雖然有些誇張，但仔細想想，也不是一點道理都沒有。

我們的生產隊共有 30 多戶人家，140 多口人，住的全都是草坯房，最好的房子也只是在墻角邊有幾排磚，那叫四角硬。鄉下沒有電（直到 1975 年我離開農村時還沒通上），這與我們想象的社會主義新農村差距甚大。當時隊裏農民年齡最大的也就 50 多歲，像王家二爺、三爺，孫家二爹爹，呂家二爺和四爺等，歲數再大一點兒的好像就沒有了。按照農村的階級分類，土改時這個村沒有地主富農，除了幾戶中農和下中農外，其他的都是貧農和僱農，地主住在縣城，秋收時鄉下的農民會挑著糧食到縣城的地主家去交租。附近的生產隊都差不多，好像也沒有甚麼四類分子，只是鄰近的許莊生產隊有個保長，按照「公安六條」的標準，算是「地富反壞」中的反革命了。不過我們生產隊有個轉業軍人，他原是三野 20 軍的一個排級幹部，參加過抗美援朝，在朝鮮戰場腳趾被凍壞切除，後定為三等殘廢。他原來是大隊的民兵營長，不知為甚麼在「四清」運動中有人揭發他在新四軍時曾經被捕，有自首行為，因此被開除黨籍，打成反革命，但他的殘廢津貼倒是每年照樣享有。

大隊支書和大隊長是本地知青，有點文化，是在前幾年的社教運動中培養起來的年輕幹部，比我們也大不了幾歲，但卻在大隊裏說一不二，可以說是道道地地的土皇帝。我們的生產隊長姓高，長得也很高大，我們就稱他「高大」。大躍進那年大煉鋼鐵，高大「召之即來」，被抽調到六合縣附近的一個鋼廠工作；沒多久鋼廠下馬，他又被「揮之

即去」，重新回到生產隊。但他總算是外出轉過一圈的人，有點見識，雖然沒文化，但在隊裏還是有權威的。當時「高大」與眾不同的是他手上還戴塊手錶，雖然是南京手錶廠出產的鍾山牌，26 塊大元，但這在鄉下可是極為罕見的。於是他就壟斷了時間，有時天已經黑了，農民要收工，可是他伸出手腕看看表説，還早呢，才五點半，再幹半小時，大家無語，只能服從。會計姓王，大概是高小文化吧，人長得瘦小精幹，與隊長配合得還行。隊裏主要有許、楊、魯、孫、王、呂、高、周幾家姓氏，大部分人祖祖輩輩都在鄉下種田，只有王家的二爺、三爺和呂家的幾位老人説他們年輕時曾在上海、揚州等地當過廚師或裁縫，還有就是隊長的弟弟是復員軍人，算是見過世面的人。

我們下鄉時先住在一戶姓魯的農民家，他們兄弟二人，都是光棍，隊裏讓他們把新蓋的房子讓出一間給我們住。魯家大哥身材高大，弟弟卻瘦小很多，但精靈古怪，只比我們大幾歲，因為他排行老四，頭上又長癬，老鄉都叫他小老四，或者乾脆就叫四禿子。四禿子每年冬天都要外出討飯，等到開春才回來，這樣不僅省下幾個月的口糧，而且還能帶點東西回來。後來我們才知道，自 1958 年之後，這裏外出討飯已成習慣，每年冬天都有不少人外出，直到 70 年代初，農村大搞階級鬥爭，討飯無疑是破壞農村「一片大好」的革命形勢，因此從公社到大隊嚴令禁止要飯，誰家要是有人外出，一經查出，不僅扣除本人的口糧，家裏還要承擔其他懲罰，此後討飯風倒是真的煞住了。

憶苦思甜

我們下鄉後當地農民都叫我們是「大學生」，在他們眼中能上到中學就算是很有文化了吧？但我們下鄉是要接受貧下中農的再教育，這似乎又有些矛盾。因此我們就在大門旁貼上兩幅「語錄」，左邊那幅寫

的是「嚴重的問題在於教育農民」，右邊則是「知識青年到農村去，接受貧下中農的再教育，很有必要」。我們下鄉後首先要接受的就是「憶苦思甜」，其實這種教育我們早在中學期間就接受過了，譬如參觀收租院，唱「聽媽媽講那過去的事情」，學校還不知從哪兒找一些野菜和糠，做成團子讓大家吃，這叫吃「憶苦飯」，等等。有時學校再找幾個苦大仇深的老工人、老貧農，讓他們講在舊社會受的罪，吃的苦，然後大家一起呼口號：「不忘階級苦，牢記血淚仇！」可是我們在鄉下接受的這場「憶苦思甜」才讓我們大開眼界，受到真正的教育。

農民是老實的，你讓他講最苦的日子，在他們的記憶中最苦的日子莫過於 1958 年大躍進、鬧浮誇、餓死人的那場災難了。他們說那些年大煉鋼鐵，田都沒人種了，後來交徵購的糧食不夠了，就抽調口糧和種籽糧，每個人每天只有五兩二的原糧（成品糧與原糧的比例是：水稻 70%，小麥 85-90%），還要被幹部層層剋扣，餓死多少多少人。我們越聽越糊塗，不對啊，這哪是新中國成立前呀，分明是大躍進嗎！大隊幹部也聽出不對勁了，趕快出來制止說，不要講了，不要講了，這都是劉少奇的「三自一包」搞的，「打倒劉少奇」！一場憶苦思甜的鬧劇就這樣草草收場，可是對我們來說卻是刻骨難忘的，因為這與我們以前所接受的教育完全不同，這也促使我們開始對現狀產生一些獨立思考。

我們私下問老鄉怎麼回事，他們說當年大躍進，又吃大食堂，結果田都沒人種，沒多久就發生大饑荒，又搞浮誇，糧食不夠吃還得上繳，沒有東西吃，好多老人都餓死了。我們心想，怪不得我們村子裏沒有老人呢！當時聽了之後感到很震驚，但怎麼也想不到去作個記錄或口述甚麼的。後來我們才知道，這就是當年震驚江蘇的寶應事件！大饑荒時期從全國範圍來說非正常死亡最嚴重的是安徽、河南、四川、甘肅、山東等幾個省份，江蘇省原本是魚米之鄉，總的來講不算嚴重，唯獨寶應縣

是重災區。當年寶應縣的縣委書記叫徐向東，大搞浮誇吹牛這一套，明明糧食減產，楞要打腫臉充胖子，說是豐收，增加徵購糧，還在縣城大興土木，蓋了一個大禮堂，由於面朝東，所以被稱為「向東大禮堂」，我們下鄉時這個禮堂還是全縣最輝煌的建築。寶應事件後來有人統計說是全縣餓死了 5 萬餘人，但據另外的調查，這個數字恐怕不準確，非正常死亡人數應該在 10 萬人以上，這在一個只有數十萬人口的縣城，比例如此之高，可謂驚人。

土改前隊裏除了幾戶中農有一些土地外，其他的貧農土地很少，他們大都是靠租種縣城地主的土地為生的。但他們說，每年秋收進城給地主交租，地主對他們可客氣啦，八大碗、七大碟的招待他們。還有幾個給地主家作長工的僱農說，以往給地主幹活，每年一過清明一天都要吃五頓，那個蛋炒飯油漉漉的，哪像現在整天吃不飽，根本就沒有一點油腥。貧下中農的這些話完全顛覆了我們的認知，以前在城市學校裏的教育可不是這麼回事啊，地主不都是個個像黃世仁、周扒皮、南霸天、劉文彩那樣殘酷剝削貧下中農的嗎？怎麼在他們的口中卻聽不出仇恨的感覺呢？鄰隊有個舊社會當過保長的四類分子，每當一有甚麼運動都要把他揪出來批鬥一番，就連他們的子女也跟著倒霉。老鄉說，他當保長收稅也是為我們鄉下人說話，而且對我們也很客氣，見面都要打招呼，哪像現在的大隊幹部，動不動張口就說：「吊起來，打！」我曾問一個大隊幹部，地主富農是四類分子，怎麼他們子女也成了四類分子的呢？那位幹部振振有辭地說：那當然了，如果他們不是，階級不就消滅了嗎？階級鬥爭不就沒有了嗎？我聽了後啞然。

「文革」期間「三忠於、四無限」之類的宣傳舖天蓋地，對我們來說早已習以為常，而且普遍感到厭煩了，但真正引起我們思想震動的應該是林彪事件了。1971 年的國慶節就感到有點不正常，為甚麼每年國慶都在天安門遊行，而今年卻改成遊園了？報上近期宣傳好像少了

些人，是誰呢？但誰也不敢再深想會是發生了甚麼事。國慶之後，另一個生產隊外號「老九」的南航子弟從南京回來，偷偷地說林彪出事了，把我們嚇了一跳。林彪是甚麼人呀？林副統帥，偉大領袖親自挑選、又是黨章明文規定的接班人，他都反對「文化大革命」，還叛國投敵，那我們還信誰呢？過了些時候傳達中央文件，又公佈了林立果他們策劃的「五七一工程紀要」，其中有些話對我們極具震撼，其實大夥兒心中都有同感，譬如國民經濟停滯不前、群眾生活水平下降、不滿情緒日益增長，敢怒不敢言等等，特別是知識青年上山下鄉等於變相勞改、幹部下放等於變相失業，更說出了我們的心裏話。雖然這些想法不敢公開說，但確實讓我們對於「文化大革命」開始有了理性的思考，這是不容置疑的。

農村的生活

剛從城市到農村，確實有許多不習慣，不要說沒有電、沒有自來水了，就是燒飯也不會，但入鄉隨俗，很快這些不適應也都慢慢習慣了。就拿上廁所這個最簡單的事來說，在農村婦女都是在家用馬桶（因此結婚時的陪嫁就一定要有馬桶，不過稱之為「金桶」），男人就隨便了，但每家還是有個茅房，因為糞便是肥料，肥水不外流，大便還是要上茅房的。蘇北農村的茅房一般都蓋在豬圈旁邊，下面埋放一個大缸，缸上面有一個粗竹棍和木板作的坐椅。大便時坐在竹棍上怪不舒服的，特別是前面沒多遠就面對著田埂，常常有人路過，我們剛來時真是不好意思，只好低著頭裝做看不見，後來也就慢慢習慣了，一邊出恭，一邊還與過路的老鄉打著招呼：「吃過了，您個？」

我們下鄉的這些年與隊裏的社員關係一直都挺好，剛下鄉時沒房子住，隊裏讓老魯把他們家新蓋的房子借一間給我們，要不然我們只有去睡牛棚了。第二年，隊裏幫我們蓋起了三間五架樑的茅屋，雖然都是土

同家插友素描：記憶中的家

坯墙，但比一般農民家的房子要敞亮，因為我們特別提出要把窗戶作大些。上面是按人頭分配建房的木料，由各生產隊出勞力幫著建，當然所有的材料和工錢都會從我們的安置費中扣除。剛下鄉時，我們連燒大灶都不會，也是房東手把手教我們。還有一件困難的事就是燒草，寶應地處里下河平原，燒草特別緊張，經常要靠隊裏額外提供才能解決。附近幾戶鄰居、特別是王家的二娘和三娘她們還經常把自己種的蔬菜摘下來送給我們吃。鄉下沒電，點的都是煤油燈，為了節省，老鄉們都是早早熄燈睡覺，但我們晚上還是會看書或打牌，因此便吸引了和我們年齡相仿的一幫小夥子，大順子、小二子、小虎子、四禿子、小兔子等，一到晚上吃過飯，他們幾個就三三兩兩地聚到我們家來聽我們吹牛，或看我們打牌。除了 40 分、爭上游，我們還打橋牌，後來我們甚至都教會他們打橋牌了。要是趕上下大雨出不了工，我們這兒更成為大夥兒聚會的地方，有時隊長、會計和幾個熟識的老鄉還和我們湊在一起吃飯，那叫「打平伙」，就是今天的 AA 制。

我們下鄉後才體會到農民的生活實在是很苦，遠遠不是我們在城市學校裏宣傳的那樣。我們下鄉的地方在寶應縣還算是比較好的，但農民一年至少有大半年是生活在半飢餓的狀態。那時的分配原則是「三級

30 多年後重回寶應與王家三娘一家人合影，他們已經住在鎮上了

所有，隊為基礎」，生產隊（小隊）是農村最基層的一級組織，但每年
的生產計劃卻要由上邊決定，比如多少田種水稻，多少田種棉花等等，
生產隊作不了主。生產隊每年收穫的糧食首先要上繳國家（繳徵購），
扣除種籽糧和集體儲備等，剩餘的再按人口、工分分配。農村實行的是
工分制，那時宣傳大寨式計工法，即所謂「自報公議」，但實際上是按
勞力強壯和工種難易而決定，一般婦女的工分較低，大約是男勞力的八
成，我們初來，給我們工分與婦女差不多，後來也慢慢提高了。每年年
終時生產隊會將一年的所有收入扣除開支後，再除以全年的工分數量，
最後得到工分的價值。那時的工分值很低，一個壯勞力每天作足十分
工，也只有幾毛錢，好不容易等到年底結算，許多家庭不但分不到錢，
還會超支。有些家境較好的農民養豬，豬大了可以出售或自己殺豬賺些
錢，還可以漚肥拿工分，他們最關心的就是那些自留地，雖然面積很
小，但畢竟這是屬於自己的，所以精心耕作，凡是下過鄉的人都知道，
你到田裏一看，長得最好的一定是農民家屋前房後的那些自留地。所以
說農民「上工慢騰騰，下工打衝鋒」，就是這個道理。對農民生活補助

最大的可能就是養雞了，但養多少卻有嚴格的控制，每戶人養雞不能超過指標，否則就說他走資本主義道路，真想不通，養雞的數目多少竟會與資本主義有關！農民說他們養的雞就是家裏的小銀行，老母雞下的蛋捨不得吃，積攢了一些就賣給大隊的小賣部，用這些錢再買些鹽、煤油、火柴等平時生活必需品。

下鄉第二年，我們的口糧就和老鄉一樣，按照出工的多少予以分配。我們一下子來了五個人，又不能為隊裏增加甚麼產量，卻要從他們的口中分配口糧，其實他們是不滿意的。記得我們每年大約分配的口糧約有 500 多斤原糧，按七成出米率計算，大概每個月有 30 斤大米，另外油料也是由隊裏分配，除了少數是菜油外，大部分是棉籽油，而且數量很少。由於缺油少肉，這些糧食對我們來說是絕對不夠的，但也沒辦法，因此每天三頓大都是兩稀一乾，早晚的稀飯真正是稀，清湯寡水，簡直看不到米粒，我們形容它是「洪湖水，浪打浪」。每年冬季縣裏或公社興修水利時，生產隊派工，勞動量極大，但糧食由集體出，我記得最多一頓吃了二斤四兩大米飯，算是創下了個人的最高紀錄，而且永遠不會被打破。

我們這個集體戶基本上採取的集中用錢，即每人先交出一定數量的錢作為公款放在一起用，有人記賬，用得差不多了再交。因為我們這戶幾個人家裏的經濟條件都比較好，每次從南京探親回來時，家裏人都會給我們一些錢，有時還帶些香腸、豬油甚麼的回來，因此我們在農村的生活不僅要比農民好得多，而且也比其他知青班組要好，至少沒有出現過為經濟開支而引起的糾紛，而這則是當時插隊知青中普遍存在的現象。

農村勞動最苦的時候是夏季，主要是時間不等人，那時號召要「跨綱要」（50 年代制定的「農村發展綱要」規定，以長江為界，長江以南畝產要超過 800 斤），上邊號召要「過長江」，因此規定要種雙季（冬

麥夏稻）、甚至是三季（夏天種雙季稻），因此秋天播種小麥，清明前後就先要為水稻育秧，到了 5 月底，先是搶收小麥，緊接著就要放水插秧，如果是三季的話，8 月份還要趕種雙季稻，因此整個夏天都是最忙的季節。原來到了冬天活兒就少了，但上邊又要提出大幹快上，興修水利，每年縣裏或公社都要組織各個生產隊的強勞力上大堤，修水利。但這些計劃經常更改，因此一年到頭基本上沒有麼時間是空閒的，只有下暴雨實在出不了工的時候，才有可能休息一下。

插隊那幾年總的來講鄉下還算是風調雨順，只是好像有一年夏天暴雨連綿，搶收下來的元麥和小麥堆在場上，沒有太陽攤晒，焐了好多天，結果都發芽了，那也沒辦法，只能將這些發芽的麥子分給各家當口糧，真是難以下咽。記得是 1971 年 7 月，居然在我們那兒颳了一場龍捲風，風頭就離我們家的直接距離只有二里多路。那天天氣極為悶熱，先是狂風暴雨，天色漆黑一團，茅草的屋頂好像都要掀翻了，我們幾個趕緊冒著風雨跑了出去，還想用繩子綁住屋頂上的茅草。突然見到我們家後面不遠處有一股旋轉的風頭由西向東迅速移動，速度極快。「龍捲風！龍捲風！」我們都不約而同地驚呼，想不到我們竟然在里下河地區看到龍捲風了！第二天上午我們特地到現場去看了看，只見一片殘垣廢墟，老鄉們都在拾掇家中散落的物品。後來才聽說，這股龍捲風是從寶應湖西一路向東橫掃，先經過我們沿河公社的立新大隊，風頭也就幾十米的範圍，但所經之處房屋全部摧毀，無一幸存，但似乎沒有死人。受災最嚴重的是我們西邊的望直港（「文革」期間改為紅衞公社），死傷多人。聽說我們沿河公社有個農民從他家一直被龍捲風吹到 20 多里外的望直港，後來掉在草堆上，竟然只受到一點皮外傷，等他醒過來都感到莫名其妙，我怎麼會到這兒的？

那時農村和城市相比有一點必須說明，那就是比較自由，你如果有一台帶短波的半導體收音機，就很容易接收到「敵台」的廣播，甚麼

「美國之音」、「莫斯科華語廣播」等，都是我們經常收聽的。1969 年 7 月，我們就是在鄉下聽到美國的阿波羅號登上月球的消息，這對我們來說震動極大。但偷聽敵台廣播之事沒事則罷，有事可就是罪行，這對我們來說是有深刻教訓的。

　　鄉下的業餘生活很枯燥，不過那個時候在城裏也差不多。知青之間活動最頻繁地就是交換看書，一旦有人從城裏帶來甚麼書，也不管甚麼內容，大家都輪流看。還有就是打牌、唱歌，那時有個南京五中叫任毅的知青創作了一首《南京知青之歌》傳遍江蘇，甚至全國，據說莫斯科的華語台還專門播出一個無伴奏的男聲小合唱唱這首歌，效果不錯，但聽說沒多久他就被省裏的公檢法抓了起來，差點被判了死刑！我們帶來一本「文革」前出版的袖珍本《外國民歌二百首》，沒事幹的時候就順著次序唱，都是簡譜，從第一首唱到最後一首，基本上都會唱，現在我會唱的這些外國歌曲，基本上都是那個時候學會的。

　　我們生產隊離公社所在地南窰鎮大約有六、七里路，鎮上很小，沒甚麼商店，但附近的向陽大隊還有另一家也是五個南航子弟在那兒插隊，我們常有走動。縣城離我們家大約十幾里，當地農民管到縣城叫「上街」，這是我們經常去的地方，大概十天半個月我們總會去一趟。每次上街我們主要去三個地方：縣中心的「紅衛飯店」，那是中午打牙祭的地方；澡堂，每次必去，泡泡大池，洗去身上的老垢；電影院，雖然看來看去就那麼幾部電影，那些台詞幾乎都會背了，但對我們來說還是聊勝於無的精神享受。

　　下鄉之後，因為大家對前途沒信心，對現狀不滿意，但又沒有辦法去改變，因此表現出來的就是逆反，譬如乘車或乘船逃票，打架鬧事（有時是知青間的打架，有時是與農民的鬥毆），但我們家的這幾個人膽子都小，這些事好像都沒做過，但是像偷雞摸狗這些事還是犯過的。不過我們還是有個原則，那就是兔子不吃窩邊草，生產隊社員的菜我們

還是不會「順」的。

　　寶應縣在抗戰時期應該算是一個拉鋸區，就是日偽、國民黨和共產黨都有武裝力量相互對峙。一般來說日偽軍住在縣城，一兩個月偶爾會下來「清鄉」。村里的老鄉同我們講，鬼子下鄉時看見小孩子高興了就會撒糖，看見他們去搶的時候還哈哈地大笑。事隔多年之後再看姜文導演的電影《鬼子來了》，心想怎麼就跟老鄉講得一樣啊！老鄉還說，鬼子有的時候還講道理，最壞的是那些二黃（偽軍），都是些縣城的流氓，每次下鄉都牽牛搶豬，無惡不作。但你要是膽子大點，敢到鬼子那兒去告狀，鬼子還會打那些二黃。然而接下來老鄉說的一番話又叫我們哭笑不得，他們說，要說現在最壞的就是你們這幫知青了，天天偷雞摸狗，搞得四鄉不安；以前二黃到鄉下來搶東西，那也是一兩個月才來一次，現在倒好，你們是整天住在我們家門口啊！

　　當時的上山下鄉大致可分為兵團、農場和插隊三種。兵團就是生產建設兵團，列入準軍隊編制，最初只是在新疆才有，後來黑龍江、內蒙古、雲南、海南等邊疆地區也先後成立，江蘇好像也有建設兵團，但人數應該不多。農場主要是國營農場，和兵團一樣，職工都是按月發工資的，工資雖然不高，但還是可以維持基本生活的。插隊就不同了，既不算工齡，也沒有工資，只能和生產隊社員在一起拿工分，往往一年下來年終結算，不但分不到錢，還會超支欠上隊裏的。不過插隊有一點那是兵團和農場比不上的，那就是自由，不但政治上沒甚麼人管，譬如偷聽敵台都沒人管，也沒有甚麼政治學習，就是你不出工，除了在夏秋大忙季節，生產隊一般也不大理你。你要是找個理由回家去探親，住個一兩個月基本上也沒人管，反正你不出工就沒有工分，生產隊原來也不缺你這個勞動力。

　　「文革」前南京市白下區的完全中學主要有一中、三中、六中、七中和三女中等幾個中學，其他的基本上只有初中，這些學校的畢業生大

都插隊在夏集、黃埔、黃塍、子嬰、氾水等公社，而沿河公社的插隊知青多是區裏的一些初中或民辦中學（主要有十五中、二十三中、光華門中學、大光路中學）的學生。我是高中生，在大隊裏可能算是文化水平最高吧，因此常常被大隊抽出去做些文字性的活兒，生產隊也無奈，這就叫「混工分」。那時農村的政治運動也是一個接著一個，每當搞運動的時候，大隊經常把我叫去搞搞材料，或者是寫些通訊，無非都是些「東風吹、戰鼓擂」之類的文字。縣裏組織甚麼通訊報導學習班，公社也讓我去縣裏參加學習，記得我回到大隊寫了一篇甚麼利用沼氣的報導，好像還在縣廣播站播送了，不過我連甚麼題目都忘了。

　　大隊裏有一個民辦小學，校長姓徐，是畢業於寶應縣中的本地回鄉知青，在本地算是一大才子，他與我關係挺好，但凡學校有老師請假，他就叫我代課。代課不但可以「混工分」，有時學生們還會送些新鮮蔬菜給我，這算不算「以權謀私」呢？最有意思的就是，那時根據上級指示，農村基層要大力發展新黨員，吐故納新，而發展黨員就需要外調，大隊居然也將這個差事交給我，可我連團員都還不是呀！

　　說到入團，又想起一段往事。我上初三時曾因拾金不昧，班上的團支部有意發展我入團，可是我不識相，認為不能因作點好事而入團，就沒及時申請，等到幾個月後再遞交申請時，竟然無人理會了，結果中學畢業前都一直是個白丁。「文革」中父親被批，家中被抄，後來我又下鄉，這個念頭是想都不想了。然而到了 1974 年，不知甚麼原因，鄉下開始發展團員了，看到其他知青都遞交了申請，我也動了心思，心想這對以後招工肯定會有用的。大隊團支書家就在我們生產隊，我就向他提出要入團，他說你都多大了還要入團？我說不是 25 歲才退團嗎？我還沒到 25 歲呢！他聽了後也沒反對，就收下我的申請。沒想到送到公社，卻以我的家庭出身有問題而被上面卡下了。這種事兒我經歷得太多，也算是見怪不怪了，可是大隊卻不幹了，說既然是我們大隊都同意

了，為甚麼你們不批，反覆爭吵，其實這也算不上是甚麼大事，最後公社還是同意了。因此我就在即將退團的年齡到來之前，加入了共青團，這也算是一件奇葩吧。

結婚現場會

20世紀的五、六十年代，男女關係在城裏絕對是個敏感的話題，可是在鄉下卻不同了，老鄉們平時經常講些帶色的笑話，村子裏的大姑娘還是害羞斯文的，可是那些婦女一旦結了婚，特別是有了孩子之後，她們就變得肆無忌憚、百無禁忌了，還經常拿我們開玩笑，可我們還真是正兒八經的童男子啊！

1968年剛下鄉的時候，老三屆中的老高三剛過二十歲，而老初一的才十五、六歲，大多數人對於性處於一種青春懵懂的狀態。隨著年齡的增長，生活的無聊，以及對前途的無望，知青中也開始有人談戀愛了，但真正談到要結婚，那就少之又少了。因為知青們心裏都很清楚，要找知青結婚吧，連自己都養不活，還能成家嗎？和當地農民成親吧，彼此的生活觀念和方式畢竟還是有差異。而且最關鍵的是，你要是真正結婚了，那就是斷了日後回城的路，儘管眼下看似沒有消息，但大家心中還是抱著一絲希望，幻想有朝一日返城工作。

最初縣以下各級領導對知青戀愛這一現象雖說沒有強烈反對，但態度上至少是不支持的；然而隨著形勢的變化，上山下鄉運動看來不是權宜之計，而可能是要延續多年的一場運動時，如何動員和號召知識青年在農村安心紮根，就是迫在眉睫的問題了。大約是在1974年，不知從上面哪個部門發出指示，要動員知識青年紮根，最好的辦法就是讓他們在農村結婚生子。因此很快從上到下的宣傳機器就開動起來，並反覆要大家學習主席語錄：「看一個青年是不是革命的，拿甚麼做標準呢？拿

甚麼去辨別他呢？只有一個標準，這就是看他願意不願意、並且實行不實行和廣大的工農群眾結合在一塊。願意並且實行和工農結合的，是革命的，否則就是不革命的，或者是反革命的。」在這兒，「結合」兩個字是重點，至於甚麼叫「結合」，就看你怎麼理解了。

我們大隊的幹部也不甘落後，在知青中尋找對象，最終也竟然完成了任務。李莊有位姓徐的南京知青在幹部們的撮合下，與另一生產隊一個本地女青年宣佈結婚了。這個女青年雖然沒有文化，但人很能幹，是隊裏的積極分子，還是個新黨員（她的外調材料就是我去跑的）。他們結婚後日子過得怎麼樣我不大清楚，因為一年之後我就離開農村，到徐州挖煤去了。後來那位知青還是以頂職的名義調回南京了，但他妻子和孩子是農村戶口，回不了南京。改革開放後她們也來到南京，那時戶口已沒那麼重要，沒有糧票也可以高價買到糧食。南京號稱是「鴨都」，甚麼鹽水鴨、燒鴨都是南京人的最愛，因此她到南京後就擺上攤，賣起了燒鴨，生意挺紅火，我也經常去光顧，你別說，味道還真的不錯。

那個時候動不動就召開甚麼現場會，就是上級找到一個典型，再把大家從各地集中在那兒一起開會。記得就是在這一年的春夏之間，縣裏決定在夏集公社召開一個知識青年結婚現場會，參加會議的對象除了各公社負責知青工作的幹部之外，還要各公社找一些知青代表出席。我們公社負責知青工作的幹部叫老蘇，正在我們大隊蹲點，平時與我關係還不錯，就拉著我，要我和他一起去開會。我趕緊對他說：「你要帶我去開會？我可沒想在農村結婚啊！」他說：「我又沒逼著你結婚，讓你去開會不過就是去看看，路費報銷，還有工分拿，你哥哥不是在夏集嗎？去看看你哥哥不好嗎？」我心想這倒是一件大好事，何樂而不為，也正好去看看到底是甚麼回事，於是便欣然赴會。

夏集公社的知青多為原南京一中的學生，一中在南京是名校，下鄉後在很多方面一直是全縣知青的表率，這次也同樣不落後。公社負責知

青工作的幹部姓楊，聽我哥哥說，那些天他就像救火隊員那樣，天天到各個大隊動員知青結婚，最後好像是湊夠了十多對結婚的知青。在這中間有夫妻都是知青的，也有和當地農民結婚的，其中一中有一個姓蔣的老高二知青，後來被樹為典型。他那時候剛剛入黨，接著不久就和一個當地女青年結婚，其後相繼出任大隊書記、公社革委會副主任、書記，副縣長、縣委書記，90年代後又調到揚州，先後任副市長、副書記及市長，要知道90年代的揚州可不是一般的地級市啊。還有一位姓童的典型，他也是一中的高中生，他和農民結婚後就調到另一個公社的供銷社工作，他是個筆桿子，雖然在供銷社工作，但實際上大部分時間是為縣裏起草各種文件和新聞報導。1977年恢復高考後，他以江蘇高考狀元的身份考入南京大學哲學系，此時他已是幾個孩子的父親了，畢業後留在南大，後來成為著名的社會學家。

這幾個形象可以說是當年知青在農村結婚的正面典型，但我想更多的事例恐怕不會這樣美好。當然，雖然是上邊積極動員，但真正響應號召的知青實在不多，說到底，就是大部分人還沒有放棄回城的幻想，也就是說，還沒有覺悟到與貧下中農做到真正的「結合」！

招工之前

1975年，從南京到蘇北的寶應縣插隊已經是第七個年頭了，我們這幫知青朝思暮想的並不是甚麼紮根農村一輩子，而是盼望著甚麼時候能再回到城市，吃上商品糧。這年的春夏之交，在知青中間又沸沸揚揚地傳播著招工的消息。

這幾年已經不知道聽到多少遍招工的傳聞了，起初大家都還挺興奮，可是到頭來卻總是竹籃打水一場空，弄得個個心灰意懶。然而這次的消息卻有鼻子有眼，說是揚州地區接收了徐州礦務局一個即將報廢的

礦井，要從興（化）、高（郵）、寶（應）三縣招收一批知識青年當煤礦工人。

這個消息很快得到證實，而且我所插隊的大隊竟然也有一個名額！

消息雖然是真的，可是聽到這個消息之後，知青們的心情此刻卻又出奇的冷靜，遠沒有以往聽到招工、招生那股爭先恐後的勁頭。這也難怪，這批招工是去煤礦，又遠在徐州，最關鍵的問題是，這次招工的性質是農民輪換工。顧名思義，「農民輪換工」，首先，你還是農民（農村戶口改變不了）；其次，是要輪換（幾年輪換則沒有明說）。確切地說，就是戶口不遷，只轉油糧關係。當年年底寶應縣有一次較大規模的招工指標，很多來到煤礦的知青聞訊要遷回，地區煤指這才趕緊將我們這批人以集體戶口的方式從寶應農村遷到揚州，這才算正式招工了。

我掂量了下自己——經歷過「文化大革命」的洗禮，誰還不會分析個形勢呀——底牌不硬（老九出身，而且父親還有所謂歷史問題和海外關係），沒有後門和關係，但凡招生、徵兵都與我無緣，病退、困退也沒有指望，就是有大批招工指標也不一定輪到我，因為我哥哥也在寶應縣插隊，雖說不是一個公社，但就是兩丁抽一，最多也只能走一個，因此這次招工說不定倒是改變命運的一個機會。主意已定，我便向大隊幹部申請，就這樣，在無人競爭的情形之下，我拿到了招工登記表。

公社負責知青工作的幹部老蘇聽說我要申請招工，去縣裏體檢之前在公社相遇，他就問我：「怎麼，聽說你也報名到徐州煤礦？」

「是啊。」我回答。

「同你老實說吧。」他沉思了一會兒說，「我要是不同意你去呢，將來要是沒有招工的消息，你會怪我；可是我要是同意呢，以後真的有招工，你也會怪我。但現在確實是一點兒招工的影子都沒有，總之，你自己拿主意。」

聽他講得那麼誠懇，我也就跟他說了實話，並且說：「現在就好像是瞎子爬山，根本不知道上面是甚麼，只要能往上爬就爬唄，爬一步算一步吧。」

「這倒也是」，他想了一想說，「這樣吧，這次下到我們公社的 10 個名額中有 3 個名額是技術工種，可到現在還有一個名額沒人報，不如我就給你報個鉗工？」

「老天爺，聽說技術工種是要考試的，我可是一天鉗工也沒有幹過呀！」

「管他呢，你剛才不是還說瞎子爬山嗎，先報上名再說嘛！」

到縣裏體檢的前一天下午我就來到縣城，哥哥同班組的小路已經調到縣城麥粉廠當修理工，我向他道明來由，要求突擊學習鉗工的基本技能。他聽了以後感到匪夷所思，但也臨時抱佛腳，只能手把手的教我幾招。

當天傍晚，老蘇又匆匆把我拉到一邊悄悄地說，「鉗工已經有人報了，我把你改報成車工了。」

「我連車床長甚麼樣都不知道，怎麼考啊！」我哭笑不得地說。

他倒是胸有成竹，只是讓我到書店去買本書看看。好在縣城的新華書店還沒有關門，我趕緊去買了幾本甚麼《車工手冊》《車工必讀》的書，囫圇吞棗地看了點 C616、C636 車床的構造、車機件的步驟等內容。理論脫離實際，說實話，一點兒也沒記住。

第二天一大早老蘇領著我們公社的 10 名知青到縣醫院體檢，一切順利，之後就是對技術工種進行考試。隨著負責招工的人按名單一個個地叫喚，我的心裏七上八下，緊張急了。

「沿河公社的鄭會欣！」終於喊到我的名字了。

還沒等我出聲，老蘇就搶著回答說，「鄭會欣我沒通知到，聽說他體檢完就到黃埔公社和同學告別去了。」

「不考試怎麼行？」

「那有甚麼了不起的，過幾天再來補考不就行了。」

「那好吧」，招工的人也無可奈何，「那你負責通知他，讓他過幾天再來縣裏補考。」

我在旁邊看著，正感到好笑的時候，突然肩上被老蘇拍了一下。

「楞在這邊幹甚麼？還不趕快給我到公社五金廠去學幾天車工！」

我一聽恍然大悟，趕快收拾行裝到公社的五金廠拜師，突擊學了幾天的車工活計，可是之後並沒有接到去縣城補考的通知。後來我聽說，為我招工的事老蘇還與地區煤指負責人吵了幾句。煤指的人認為我的出身不好，不願意接受。老蘇就和他們據理力爭，「你們說他父親有問題，可是他父親還可以教人上天（我父親是南京航空學院的老師）；人家本人又沒有甚麼問題，難道連下地挖煤的資格都沒有嗎？」這句話還真是將了那些人的軍，至今我仍真心地感謝老蘇的仗義與關心。

1975 年 6 月 25 日清晨，我和寶應縣 130 多名知識青年從縣城乘汽車出發，直到天黑才來到徐州郊區銅山縣的王莊井，從這天起我就算離開了廣闊天地，卻又來到了大地深處，當了一名煤礦工人，然而在這之後我卻沒有當成車工，看來這輩子也與車工無緣了。

第
七
章

「一打三反」

運動又開始了

「文化大革命」爆發至今已過了半個多世紀，可是有許多往事仍深刻地留在我們這代人的記憶之中。我是共和國的同齡人，「文革」前已升入高中，經歷了「文革」中發生的所有運動，但其中最令我刻骨銘心的回憶，則是發生於 1970 年初的那場「一打三反」運動。

參閱維基百科的解釋，「一打三反」是「文革」中的一場重要的政治運動，1970 年 1 月 31 日，中共中央發出《關於打擊反革命破壞活動的指示》，2 月 5 日又發出《關於反對鋪張浪費的通知》和《關於反對貪污盜竊、投機倒把的指示》，因此三份文件合而為一，就形成了「一打三反」運動。當然，所謂「三反」只是個陪墊，「貪污盜竊」、「投機倒把」最多是刑事犯罪，而「鋪張浪費」更是工作作風問題，運動的重點在於第一份文件。這場運動波及全國城鄉，由各級地方黨委負責領導，時間長達將近一年。為了在短期內達到震懾的效果，當時全國各省、市、縣都接二連三地召開萬人公審大會，人犯五花大綁，背上插著木牌，由武裝士兵押在台上，審判後立即押在卡車上游街示眾，直接綁赴刑場，執行槍決。街上更是到處張貼布告，少則幾人、十幾人，多則

數十人，每個人的照片上都用紅筆打著勾，各人犯罪的事實雖不盡相同，但「不殺不足以平民憤」則是統一的結論。當時我們雖然不知道這一運動發動的背景，但這一恐怖肅殺的情景，卻在心底留下永久不會忘記的深刻印象。

1965 年我升讀高中，學校是五年制的省重點，雖然各科成績都不錯，但像入團這種事則是可望而不可及。那時學校已強調家庭出身，我是典型的知識分子家庭，父母都是民國時期的大學畢業生。父親 1939 年畢業於上海交通大學機械系航空專業，那時上海已經淪陷，班上十多位同學全都響應政府號召，冒著生命危險，千里迢迢來到大後方參加抗戰，在航空委員會主辦的高級班接受一年左右的訓練，即分派到後方各個飛機修造廠，後來又派往美國實習二年。由於是在空軍機構工作，所以必須加入國民黨，而且也著軍服、有軍銜（機械佐）；而我的籍貫是廣東，家中親戚多在香港，因此家庭出身雖然不算是四類分子，但算是有嚴重歷史問題和海外關係的家庭，「文革」中父親遭批鬥、隔離和抄家自然是必不可免的了。

「文革」開始後先是停課，當時大家都還挺高興，但誰也沒想到這一停對於絕大多數中學生來說就是永遠告別了學校。由於家庭出身的影響，我沒有資格參加紅衛兵，再加上個性的原因，也從未參與破四舊、抄家和武鬥，當然大串聯和傳抄大字報是免不了的，因此「文革」中我算是個逍遙派，大部分時間是與同大院的伙伴們一起度過的。

我父親在南京航空學院任教，南航成立的時間不算長，原來是專科，1956 年正式升格為大學。「文革」前內地主要有兩所專攻飛機製造工業的大學，這就是北京航空學院和南京航空學院，但兩個學校的老師情況不大一樣，北航的老教師基本上是民國時期各大學的教授，院系調整時集中在一起；而南航的老師很多都是與我父親一樣出身，是抗戰期間畢業於清華、中央、交通、浙大等著名高校航空專業的大學生，後來

到大後方擔任各空軍飛機修理廠的工程師，1949 年前後，他們大多數沒有去台灣，而是留在大陸參加社會主義建設，其中有不少人後來就到南航當了老師。

南京航空學院位於原明故宮機場附近，當時在南京還是很偏僻的地方，雖然和那些部隊的大院不太一樣，但我們這些小孩從小就生活在同一個家屬宿舍裏，也算是一種大院文化吧。我們這幫人的家庭來自五湖四海，彼此年齡相仿，出身相似，當然也有一些幹部和工人子弟，但他們的年齡相對要比我們小點兒，而且他們的父母大都也是「走資派」，因此總的來說，「文革」期間大家都在一起玩兒，基本上沒有甚麼因出身而受歧視的感覺。那時候停課了，多數同伴也都不大到學校，整天不是在操場上打球、鍛煉，就是在俱樂部打牌、吹牛。還有就是看書。那時的讀書完全沒有目的，不管是「文革」前的小說，還是外國名著、蘇俄文學，甚至是那些內部出版的灰皮書、白皮書，反正是逮到甚麼看甚麼，而且相互間流通的速度極快，有的時候還結伴大家一起騎車到中山陵、玄武湖等地遊玩。因此若不是家中大人遭到磨難，那段日子過得倒是逍遙自在。但這段時間不是太長，到了 1968 年春天，先是「清理階級隊伍」，父輩們再次受到迫害；接著是部隊徵兵，院子裏那些出身好的紛紛當兵去了；不久就是上山下鄉的高潮，那可是不問出身的一片紅，整個老三屆學生都是插隊的對象。

我下鄉之前患急性肝炎尚未痊癒，因此沒有和中學的同班同學同行，暫緩下鄉。但後來動員下鄉聲浪一浪比一派高，我的身體也恢復正常，所以覺得還是趁早下鄉吧。12 月間我決定先到鄉下看看，原來想到夏集公社與我哥哥插在一起，但他們班組已有六位知青（其中兩對是兄弟），後來我又到沿河公社南航幾個髮小那裏，他們一致勸我和他們在一起，這兒離縣城較近，各方面的環境都要比夏集好一些，所以我就留下來，成了沿河公社興無大隊的一名知青。

我們這一戶知青共五人，都是南航的子弟，除了我是高中生之外，幾位同伴都是光華門中學的初中生，其中楊、鄭的家庭與我差不多，父親也都是原國民黨空軍的技術人員，鄭的父親與我父親還是大學同班同學，抗戰爆發後冒著生命危險一起從上海到大後方加入航空委員會，楊的父親年齡略小些，但學術上頗有名氣，人稱「楊陀螺」，他們在「文革」中都受到不同程度的批鬥；陸的父親雖然也是空軍的地勤人員，但屬於工人階級，50 年代初入黨，在學院擔任中層幹部，「文革」中雖然靠邊站，但沒有受到太大的衝擊（順便說一句，陸的妹妹後來成了我的妻子，因此他的父親就是我的岳父）；呆的年齡最小，父親是老幹部，「文革」前好像擔任南航黨委的組織部長，「文革」初被造反派打成走資派，此時尚未解放。雖然我與他們不是同校同學，但「文革」中我們都是逍遙派，成天都在院子裏玩，彼此之間家長也都很熟，所以大家在一起生活，都能互相關心、互相照顧。

「一號通令」之後

1969 年 10 月，隨著林彪「一號通令」的下達，全國各個重要的單位都開始部署疏散，南航隸屬於國防科委和航空工業部（第三機械工業部）領導，屬於半軍事化的保密單位，自然也在疏散的名單之上。那時候軍宣隊、工宣隊已聯合入駐南航，一聲令下，南航的老師、職工和尚未分配的大學生立即拉鍊到距離南京附近幾十公里外的句容縣天王寺去了，留在南航的除了少數幹部和教師外，主要都是工宣隊和軍宣隊的隊員，再有就是家屬和那些十五六歲的孩子了。因為我們這些稍大些的子弟都下鄉插隊，家中大人又都疏散，院子裏就剩下他們這幫男孩子們稱王稱霸了。

1970 年 1 月，下鄉後的第二個春節前夕，我們這些插隊在各地的

剛剛下鄉時的我

同伴陸續回到南京。那時家長們大都還在外地疏散，學院裏只留下一些工宣隊和軍宣隊的負責人，還有幾位他們認為靠得住的中青年教師。工宣隊和軍宣隊看到那麼多知青一下子都回來了，覺得應該把他們集中起來接受教育，可是我們這些人下鄉都一年多了，心中又都憋著一肚子火，早就不服甚麼人的管教了，經常約著一起到玄武湖、中山陵去玩兒，動不動就一夥人在院子裏騎著自行車呼嘯而過，嘴裏還叫著「李向陽的隊伍回來了」！

我記得負責管我們的那位工宣隊師傅姓畢，常州人，還有一位是體育教研室姓紐的老師，以前經常和我們一起打球，體格健壯，我們都叫他「胸肌」。一次畢師傅召集我們這些知青在職工俱樂部訓話，我們一家的那位楊則頭戴一頂鴨舌帽，一本正經地面對著他，貌似認真聽講狀，一邊抽著煙，吐著煙圈，一邊說著電影《寧死不屈》裏的台詞：「說得好，說下去！」搞得這位畢師傅哭笑不得。等到畢訓完話，楊突然站起來大聲說：「肅靜！」接著就把雙臂抱在懷中喊道，「墨索里尼，總是有理！」於是我們大夥兒就把他舉起來，口中一起叫著「咚蹌！咚蹌」！這個舉動更是把畢師傅氣得夠嗆，我至今還記得他用常州話罵楊：「小

貝［楊的小名］是流氓，帽子麼歪帶起［最後三字應讀 wadaqi］！」

　　那時我們根本就不知道中央下了甚麼「一打三反」的指示，但還是能感覺到周邊已漫延那種肅殺的氣氛。南京地區的領導是軍人出身，「文革」初期曾受到南京地區造反派的衝擊，但不久就翻了過來，成為江蘇地區黨政軍的一把手。1968 年「清理階級隊伍」時他就揚言南京是國民黨的老巢，要大抓特抓國民黨的殘渣餘孽；其實在「一打三反」運動全面打響之前，南京就成了全國最早大開殺戒的城市。1969 年 12 月 15 日，南京市在五台山體育場舉行萬人大會，公審並處決了查全華等多名「反革命分子」。

　　為了壯大聲勢，製造威懾氣氛，江蘇省革命委員會的機關報《新華日報》發行號外，刊登大號黑體字排印的社論，標題就是殺氣騰騰的七個字：堅決鎮壓反革命。這即預示著江蘇及南京地區「一打三反」運動的開始，但也激起一些具有獨立意識年輕人（主要是剛下鄉插隊的知識青年）的不滿甚至反抗。查全華等被處決 60 天後，原南京八中下鄉到蘇北洪澤縣農村的陳卓然、蘇小彬等幾名知青，於 1970 年 2 月 12 日晚上就用剪刀剪下報紙上的字，拼貼成「我們要真正的馬列主義」、「查全華烈士永垂不朽」等多條「反標」，張貼在南京市的幾條主要街道。這一舉動引起社會的轟動，省市各級公安極為緊張，更是將其作為特大反革命案件，嚴令限期偵破，同時也導致「一打三反」運動的全面進行。兩個月後，因一同案犯自首，此案告破，陳卓然等十餘人在五台山萬人體育場公審後被處決。這是江蘇和南京地區在「一打三反」運動中的一件大事，然而我們這時已經被捲進另一場政治案件當中。

　　記得 1970 年那年的春節是 2 月 6 日，就在除夕那天晚上，南航大院裏發生了一件大事，幾個十五六歲的小男孩調皮搗蛋，對一個王姓老師的父親惡作劇，不是故意把水潑到他們家的煤球爐裏，就是從窗戶向他們家中扔炮仗。這位老人平時人緣不是太好，左右鄰居也沒人出來幫

他說話，他本人又患有高血壓和心臟病，等他出來時，那幾個小孩又圍著他大吵大鬧，推來撞去，竟然將老人推倒在地，導致心臟病發作，醫治無效而去世。

人命關天，這可是件大事，可當時家長大都不在南京，這些孩子又都未成年，工宣隊只能按照當時的慣例，先將這幾個肇事的孩子扣起來辦學習班，讓他們交待問題，沒想到，一場大禍就此而爆發。這些孩子平時膽大包天，也可以說是胡作非為，可是一旦出事就嚇傻了。畢竟都是些孩子，抓起來之後立刻就稀里嘩啦，甚麼都往外說，其中最重要的就是講他們打貓的事。

當時南航院子裏有不少野貓，這些男孩子不知是惡作劇還是屬於青少年時期特有的反叛，正好沒人管教，就經常在一起抓野貓，而且抓到後就用繩子綁起來拖在地上亂跑，最後還將野貓吊起來，扒皮剖心。他們的這些殘忍舉動的確令人髮指，但是誰也沒想到有人竟會將其定性為反革命事件，所謂「打貓」就成了「打毛」，最後居然成為江蘇省極為重要的「二號案件」。

到底是工宣隊，覺悟就是高，他們立刻嗅出階級鬥爭的味道，馬上順藤摸瓜，擴大線索，將其他參預打貓的孩子統統抓起來繼續審查。這下子戰果越來越大，他們不但交待了打貓經過，還有偷聽敵台、說反動話的「罪行」。再追問他們這些話都是聽甚麼人說的，那就牽連到我們這些人的頭上。

此時「一打三反」運動尚未公開，但實際已在暗中進行，因為南京城中發現了「反標」事件，全城排查，重點就是回城的知青。我們雖然還不清楚後果，但已隱約感到恐怖即將來臨。過了幾天，我們一家的楊、鄭、杲幾位決定先回鄉下，我和陸因家中還有點事兒，準備遲些日子再走。記得是在 2 月下旬，我們幾個尚未回鄉的人聚在一起給他們寫信，好像還是我執筆的，你一言我一語，首先報告近期南航又有誰

誰誰被抓了，而南京的局勢也是越來越緊張，但我們對將來應有信心云云，信中還有些電影中的台詞，譬如「消滅法西斯，自由屬於人民」之類的話，就好像阿爾巴尼亞電影中的地下黨那樣，真的負上甚麼重大使命般。

「文革」前我們家住的是一套兩大一小獨立單位，「文革」中造反派勒令我們讓出一間大房間給一對年輕教師夫婦居住，但他們夫婦與我們家的關係倒是很好。這位女老師姓黃，因孩子太小未去疏散，她是黨員，應該了解到一些內部消息。我記得很清楚，應該是 3 月 4 日中午，黃老師幾次在廚房見到我好像有話要說，但又吞吞吐吐，最後還是忍不住問我：你和哥哥打算甚麼時候回鄉下呀？我說再過幾天吧。她點點頭，沒說話走了。過了一會兒，她又走過來認真地對我說，家裏要是沒甚麼事，你們兄弟倆還是早點回去吧！我聽了這句話，再看她的神態，心裏咔蹬一下，突然感到一種莫名的恐懼。馬上我就去找陸和另一位插隊在同一個縣城郊公社的曾，說明了這個情況，陸說家裏有事沒辦完，還要再待幾天，我和曾則決定當晚即走。哥哥當時因患胃潰瘍尚未完全恢復，身體不太好，不宜坐夜車，所以他決定第二天一大早乘長途汽車回寶應。

當天傍晚，陸也從他父親那裏聽到一些消息，知道情況不妙，也決定和我們一起走。於是當晚我們三人就從下關車站乘火車先到鎮江，清晨再轉大運河的那班慢班船到柳堡，下船後還要走幾十里路，當天下午很晚才回到生產隊。半個月未見，大家都在聊著別後的狀況，我突然想起來前幾天寄出的信，可他們都說沒收到。不可能呀，已經寄出一個多星期了，難道被扣了嗎？心中又有一絲恐慌。直到兩天後，這封遲到的信終於送到了，拆開後再把信看了一遍，幾個人哈哈大笑，就把信燒了，大家都以為沒甚麼事兒了，沒想到真正的危險正一步步地向我們走來。

禍從天降

就在我們幾個剛回到鄉下的第二天，3月6日，南京市公檢法軍管會就在五台山體育場召開了數萬人參加的公審大會，宣判眾多反革命案犯，其中有11人被宣判執行死刑，萬人大會結束後即被五花大綁在卡車上遊街示眾，押赴刑場執行槍決。我們很快就聽到這一消息，然而我們這時已經深陷在這場運動中了。

開春前農村的活兒不是太多，主要是將冬天漚的肥料散到田裏。那幾天我們非常勤快，每天都跟著老鄉一起出工。我們和生產隊的老鄉關係都不錯，可能是煤油精貴，農村人天一黑就睡覺了，我們來之後，像大順子、小二子、小虎子、四禿子那些歲數與我們相仿的年輕人不願意那麼早就睡覺，平時晚上就喜歡到我們這兒聽我們吹牛，看我們打牌。記得3月7日晚上我們家挺熱鬧，不僅是平時常來的年輕人，就連大隊團支書，還有隊長、會計他們都來了，一直到我們要睡覺了他們才離去。當時我們並沒有發覺有甚麼異樣，後來才知道，南航的軍宣隊當天下午已經到了大隊，並和生產隊的隊長、會計打了招呼，要他們看住我們，防止我們外逃。

3月8日早上我們照常上工，隊長安排我和陸、呆三人往地裏挑肥，楊和鄭在場上叉糞。等到我們挑完一趟肥從田裏返回場頭時，呆眼睛尖，遠遠看見一個穿軍裝的人走到隊部跟隊長說了幾句話，然後楊、鄭就放下叉子，跟著他們回去了。呆立刻頓著腳對我們說：「壞啦，壞啦。那個人姓張，是南航保衛部的，我認識他！」我們都慌了，不知道下面會發生甚麼事，沒有繼續挑糞，但也不敢回去，只是站在場頭看著。我們家離場頭很近，過了一會兒，就看到楊和鄭拿著旅行包出來，跟著那個穿軍裝的人往縣城方向走去，遠遠看到我們時，楊還嘻皮笑臉地向我們揮手告別。我們只是默默地看著他們遠去，不知後面的命運會

是如何。

當天中午收工後我們飯都不想燒，三個人就楞在那兒，楊還留下幾包煙，我原本是不抽煙的，可就是在那天，我們幾個居然把幾包煙都抽光了。隊長和會計對我們說，南航來人說查出他們倆有反動言論，要帶回去接受審查，也要我們老老實實待著，不許亂跑。

楊、鄭被帶回南京後，大隊立刻來人搜了他們的私人物品，其中鄭的一個日記本上抄了普希金那段著名的詩句：「假如生活欺騙了你，不要悲傷，不要心急。憂鬱的日子裏須要鎮靜，相信吧，快樂的日子將會來臨！一切都是瞬息，一切都將過去，而那過去了的，將會成為親切的懷戀！」大隊支書姓周，家就在我們生產隊，他是個回鄉知青，看到這段話立刻大作文章：甚麼生活欺騙了你，甚麼憂鬱的日子！分明就是對社會主義不滿！我們知道他肯定沒有讀過普希金的詩歌，跟他解釋這些也沒用，只能忽悠他說：鄭談了個女朋友，人家把他甩了，他在失戀中感到苦悶罷了，左說右說，好不容易才將此事圓了過去。

此時「一打三反」的運動已在全國各地全面鋪開，寶應縣自然也不例外，恰巧我們大隊的李莊生產隊幾個知青也發生了問題。他們幾個在學校就是造反派，又喜歡打架，南京話稱他們就是「小紕漏」。下鄉後

同家插友素描：生產隊場頭

他們幾個還是經常在外尋釁滋事，打架鬥毆，而且在給其他同學的信中還說他們成立了甚麼地球修理公司，還自封誰誰誰是董事長，誰誰誰是總經理。結果這些信被原中學的工宣隊發現。工宣隊早就想整他們，可是他們已經下鄉，想管又管不著，這下子總算是逮住機會了，於是就把這些信件一層層地轉遞到寶應縣。這還得了！一個大隊竟然發現兩起重大反革命案件，一個有反革命組織的嫌疑，一個則是有重大反動言行。縣革委會立即組織了一個工作隊，帶隊的是縣革委會一個姓季的常委（原來是寶應縣發電廠的造反派），隨行的幾位既有公檢法的，還有上山下鄉辦公室的工作人員，下來之後立即將我們全大隊的知青（包括老插和新插）30多人集中起來，每天早去晚回，美其名曰「辦學習班」。

　　大隊的其他知青能脫產參加學習班，不下地還照樣拿工分，開心都來不及，只有我們三個的心情最緊張。在學習班中除了學習甚麼文件和毛著（如《敦促杜聿明投降書》《別了，司徒雷登》等）外，主要是自己交待問題和檢舉揭發。工作隊那位季常委不經常來，主持工作的是一位姓楊的原公檢法的官員。這位老公安詢問我們時面容嚴肅，一副審訊犯人的模樣，那種神態我至今記憶猶新：他就這麼兩眼盯著你，也不說話，一邊抽煙，但煙並不從口中吐出，而是從兩個鼻孔中慢慢地噴出來，一付不怒自威的模樣，我們哪經歷過這種審訊的架勢呀！

　　幾天後的一個晚上，生產隊的高隊長和王會計悄悄到我們住處，神態很嚴肅，說是楊已經交待了許多問題，性質很嚴重。說著拿出一個大信封，上面寫著「楊某某第一份交待」，然後對我們說：「你們好好看看他都交待了甚麼，凡是他已經交待的，說你們在場的就趕緊承認，反正他自己都交待了，你們也能爭取個好態度。」我們幾個急忙打開，看看他到底交待了甚麼。楊實在是記性太好了，平常隨便說的甚麼話，有些我們早都忘記了，可他連甚麼時候、甚麼地方、有誰在場等等都記得一清二楚。

　　這些所謂「反動言論」確實不少，大部分都是晚上睡覺前躺在床上

聊天時説起的，憑記憶回憶大概有這麼些：

「原來不是説井崗山是朱毛會師嗎？現在怎麼説是毛林會師呀，真不知道是甚麼意思。」

「江青、葉群有甚麼資格當中央首長，還不是靠裙帶關係嗎！」

「人家美國的阿波羅都登陸月球了，我們還在這兒修理地球。」

「現在的公社幹部是土皇帝，生產隊幹部就是地頭蛇。」

「甚麼『一不怕苦、二不怕死』，甚麼『輕如鴻毛、重如泰山』，連命都沒有了，還有甚麼用！」

我們看到這疊材料都傻眼了，不知道説甚麼好，只是從心底裏感謝隊長和會計，要不然我們還真不知道要交待甚麼呢。我還趕快寫信給我哥哥，將交待材料中涉及到他的部分告訴他，也好讓他提前有個準備，果然沒多久縣裏就有人到他那兒去外調了。然而事情過了這麼多年，我又反過來想，這算不算是一種誘供呢？因為如果有了我們的證詞，那就不是孤證，也就可以坐實他的「罪行」了！當然這只是我的猜測，而且就是有這種想法也絕不是隊長和會計能夠想出來的，他們的態度還是真誠的。

有些問題則很明顯是縣裏的人誘供的。譬如有一個「罪行」發生的時間是 1966 年夏天的某一個下午，地點是楊家，當時環境是天氣驟變，要下大雨，楊正準備關窗戶。審訊的人先是將當天的環境説了一遍，然後接著問：這時楊説了一句話，十分惡毒，你們都在場，他到底説了些甚麼話？我們想了半天也想不出來。他又説，這句話要放在平時説並沒有甚麼問題，可是在當時的環境下，説這句話就是反動之極！我們還是想不起是哪句話。最後他們沒辦法，只能告訴我們説，當時楊一邊關窗戶，一邊説「風雲突變，軍閥重開戰」！史無前例的無產階級「文化大革命」剛剛爆發，他就説「軍閥重開戰」，你們説他惡毒不惡毒！

我們當然不敢説不反動，但心裏想，憑這句領袖的詩詞就扣個帽子，未免太過份了吧。

另一個罪行是説楊、鄭對貧下中農懷有刻骨仇恨，揚言要殺了他們，而實際的情形卻是這樣的：某天公社開萬人大會，會議結束後社員們都趕著回家，我們站在大圩的上頭，看著下面烏鴉鴉的農民往家裏跑，這時好像是楊説了一句：我要是有挺機關槍，一梭子下去，要打死多少人啊！這根本就是一句玩笑，可現在卻成了要屠殺貧下中農的罪證！

學習班的時間延續了一兩個月，那個地球修理公司的事最後查明就是一句玩笑，並無其事；但我們家這二位的「反動言論」卻是證據確鑿、鐵板釘釘，於是我們也就成了學習班的重點。

同伴的被捕與判刑

事後我們聽楊、鄭説了他們的情況。當天軍宣隊押著他們回到南航後立即就被分別隔離，讓他們交代自己的問題。他們開始當然甚麼都不承認，並且簽下「若有問題，任憑處罰」的字據。軍宣隊、工宣隊和學院保衛部那幫人對於刑訊偵察手段可是經驗十足，先把他們晾上一陣子，然後故意讓那幫已被隔離的小家伙們不斷在他們的門口走來走去，在心理上先造成震懾作用。幾天之後，等到他們心理產生恐懼時再單獨審問，審問時桌子上放著一疊材料（估計大都是些白紙），像是漫不經心地翻看著，突然提出幾個原先那些小家伙已經交代的問題，甚麼偷聽敵台、甚麼議論中央領導之類的言論，然後大聲喝問，還有哪些沒交代的，坦白從寬，抗拒從嚴！原本就心理緊張的他們突然被這些訊問搞得不知所措，到底還是 20 歲的年輕人，立刻心理崩潰，嘩拉拉地甚麼都説了，就連那些只是心裏想過但沒有説出的話都徹底交代了。這一説可不打緊，保衛部的那些人也都沒想到，據説他們當時都有點緊張，沒想

到問題那麼嚴重，甚至有人還想暗示他們不要再說了，當然他們是不敢這樣做的。

大約兩個月後，南航的審查算是基本結束了，最後的結論是楊、鄭二人長期偷聽敵台，散佈和傳播嚴重的反動言論，攻擊「文化大革命」和中央領導，犯有反革命罪行；由於審查後尚能坦白交待，而且沒有具體行動，即只有言，沒有行，考慮到他們年紀尚輕，建議交回當地監督教育，以觀後效。

5月中旬，因鄭的問題牽涉到他的家人，問題尚未查清，故仍扣留在南航繼續審查，南航工宣隊就先派人將楊送回鄉下。交接時南航的人向當地幹部表示他們還年輕，認罪態度較好，建議還是以教育為主。但寶應縣好不容易才抓住這個典型，哪能輕易放過，因此就對南航來人說，楊某是我們寶應的人，究竟如何處理，那是我們的事，你們的任務完成了，就不要再管了。那天下午我們還在大隊辦學習班，楊先是被帶回生產隊，他原以為沒事了，正準備淘米燒晚飯，可是剛將米放到鍋裏還沒燒，就被大隊派人把他帶到縣裏，關押在縣文攻武衛的指揮部了。等到我們從學習班回來，看到鍋中放滿了水和米，才聽說楊已從南京放回來，但又被縣裏帶走關了起來。兩個月後，一天大隊支書幸災樂禍地對我們說：「哼，楊某某今天進看守所了，以後吃飯就不要交糧票了！」

之後我們聽楊講了他在文攻武衛和看守所的遭遇。那天他剛被押到縣裏，第一個下馬威就是讓他鼻子靠墻，沒吃沒喝，頂著大太陽，從下午一直站到天黑。縣裏的文攻武衛是當時的所謂群眾專制機構，無法無天，草菅人命，楊說真正吃苦主要還在文攻武衛，不僅沒東西吃，遭打體罰更是家常便飯。後來到了縣裏的看守所，雖然那是正式的專政機構，但至少三頓囚飯還是有保證的。

嚴格來說看守所還不是監獄，楊極聰明，記性又好，到看守所後很快就把監規背得滾瓜爛熟，還有甚麼《敦促杜聿明投降書》《別了，司

徒雷登》以及老五篇也都是倒背如流，因此看守所對他的態度還算好。
看管曾對其他犯人說，楊某罪行極為嚴重，但認罪態度好，你們看，
那麼長的監規他一下子就全部背下來了，你們呢，關了多少天也都記
不住！

　　楊出獄後曾向我們講了他在看守所的經歷：凡是提審時都有士兵在
後面押送，每到上台階或拐彎時都要停下來大聲喊：報告！後面押送的
士兵就會說：去！這時你能夠繼續走。在獄中他實在是無聊，一次聽到
廣播中放起《紅燈記》李玉和的唱段，他不由自主地跟著吼了起來：「獄
警傳⋯⋯」，還未唱完，真正的獄警就跑了過來，大聲呼叫：「你在幹
甚麼！這也是你能唱的嗎！」好在此事沒有深究，否則他真會吃不了兜
著走了。

　　楊的「罪行」在寶應縣可以說是極為罕見的，記得當時公社的革
委會主任說過，楊某某反動透頂，對社會主義極端仇視，反革命言論有
三百多條，除了地區和縣裏的領導因為不認識沒有攻擊外，其他上至中
央領導（林彪、江青）和省市領導（許世友），下至公社、大隊書記和
生產隊長（不是地頭蛇就是土皇帝），全都被他罵「交」［此處音應唸
gao，意同遍］的了。

　　楊被關押後不久便開始在全縣知青較集中的公社巡迴批鬥，那次
輪到了我們公社，大隊讓我們三人必須前去參加。我們在台下見到他掛
著牌子彎著腰，雙手被銬著，沒想到短短幾個月時間，人完全變樣脫型
了，原來一米八幾號稱「大洋馬」的大個子，如今瘦得就像一根竹桿，
臉盤看起來還沒有巴掌大。批鬥會上，公社還組織了一個批判小分隊，
我們大隊一個女知青（也是南航子女）也參加了，有個老插也不知道是
要表現自己還是甚麼原因，突然跳上台打了楊幾個耳光。押解他的士
兵也把手銬加緊了幾格，我們三個在下面清楚地聽見「咔咔」的聲音，
就看到楊的臉色頓時刷地變白，汗珠也隨著流下，我們卻只能默默地看

著，心裏卻是五味雜陳，説不出是甚麼滋味。以後他放了出來，給我們看他的手腕，還清楚地看到被加銬的痕跡。

「一打三反」至今已過去了半個多世紀，運動中，誰都不甘落後，因此像楊説過這麼多所謂「反動言論」的現行反革命，在寶應縣這個小縣城來説原本是可以判處極刑的。然而在運動中又抓到一個本地姓梁的供銷社幹部，這個人不僅犯有偷聽敵台、散佈反動言論的「罪行」，當然這些「言論」的水平並不高，但他還犯有貪污公款、猥褻婦女等罪行，結果他就被認定是現行反革命的要犯被槍斃了。後來又有個寶應縣姓白的當地知青，因為和前女友説過的一些話被她揭發，情急之下要殺她（未遂），最後也被判處死刑。而楊因為只有言論但並沒有任何行為，命就保了下來。在這之後可能是運動的高潮過去了，也可能是某些領導的良心發現，總之不知道是甚麼原因，楊最終竟被從寬處理了。

相對而言，鄭受的苦要比楊少得多，他被帶回南航後審訊的時間很長，因為他的問題涉及到他的父母以及姐姐和弟弟，性質更加嚴重，也可能是楊送回後的遭遇使南航的人有了點教訓，因此一直將他關押在南航。直到楊要宣判了，南航才與寶應方面商定，將鄭送回來，還是關押在文攻武衛，只是在宣判之前才履行了一個被捕的手續，算是正式拘留了。

1970 年 11 月下旬，在公社修堤的水利工地上，縣公檢法召開了一個全公社社員參加的公判大會，將鄭、楊二人帶到工地予以宣判。但宣判的結果倒是令人吃驚：鄭以反革命罪被判處五年有期徒刑，交群眾監督執行；楊亦為反革命罪，判處三年管制，也是交群眾監督執行。散會後，他們兩個就跟隨我們一起回生產隊了。

宣判那天我到夏集公社我哥哥那兒去了，所以不在場，過了兩天我回生產隊才見到他們。雖然只有八個多月未見，但彷彿時間過了很久，其間經歷的事真是刻骨銘心。他們回來後雖然説是受貧下中農監督管制，但鄉下的農民並沒有將他們看成甚麼反革命，最初好像還保持點距

離，幾天後大家又打成一片了。記得他回來後神祕地從語錄本的紅塑料封套內取出一樣東西，哈哈一笑後就把它摔在地上。我連忙檢起來，原來是根很細的小木棒，上面鑽了個小孔，原來他就是用這個在獄中縫補衣服的！剛回來的那幾天他們離開生產隊到縣城或公社，還必須要有貧下中農陪同，算是監督，但慢慢地這些事都沒人管了。當然區別還是有的，譬如開甚麼會、傳達甚麼文件不允許他們參加，過段時間還要上繳甚麼交代之類的。

楊是獨生子，按照當時的政策，獨生子女和身邊無子女的知青可以照顧回原籍安排工作，但他被判處管制，不能享受這種待遇。因此直到1973年刑期結束才調回南京，後來分配到一個集體所有制的小廠；而鄭則一直等到1978年知青大批返城時才調到南京鐵路局，他也是我們這個班組最後一個調回城的，他們的問題也是等到「文革」結束後才徹底予以平反。楊在1978年恢復高考後考上了東北工學院，兩年後又轉學回到了南京航空學院，畢業後分配到南京的一個研究所，90年代初即下海。鄭那年也考上了專科，他最後卻沒去上，想參加重考，但第二年考生的年齡有了限制，後來就一直在鐵路局工作。

我曾對楊開玩笑地說：「你可是活著的張志新呀！」他也笑著回答

2006年春節與楊、鄭重回
楊橋，和當年的房東合影

我：「過獎，過獎。」這些年我見到他常會再次提及這些往事，並多次建議他將所經歷的那段故事寫下來。他說，你是學歷史的，還是由你來寫吧。但我寫的這段只是我所了解的經歷，實在反映不出他所經歷的磨難，因此這段往事還是希望他以後自己述說，為歷史留下一個真實的見證。

煤礦工人

王莊煤礦

「文革」中，全國各地都在搞小而全，不管你這個地方有沒有資源，有沒有技術力量，都要建甚麼小鋼鐵、小化肥、小煤礦、小水泥等廠礦，那個時候不是有句話嘛，叫「有條件要上，沒有條件創造條件也要上」。江蘇省那位革委會的主任許司令就揚言，憑甚麼說蘇南沒有煤？我們就是要用實際行動打破劉少奇「蘇南無煤」的謬論。在他的領導下，蘇南、包括蘇中地區都在千方百計地去尋找煤礦，揚州地區也成立了煤炭生產指揮部（簡稱「煤指」），先後在靖江的孤山和南京附近的龍潭找到兩個點，開始挖起煤來。可是開採後的情形卻令人失望，孤山還有點煤的儲量，龍潭卻是一個貧礦，根本就是得不償失。但資金已投下去了，又招了一批工人，正處於騎虎難下之際，「煤指」便把目標轉向徐州。

徐州礦務局是直接隸屬於國家煤炭部的大型國企，歷史悠久，其下有多個煤礦和工廠，其中龐莊煤礦下屬的一個王莊井已開採多年，雖然還有一些薄煤層，但資源已接近枯竭。他們認為這個井已經沒有甚麼儲量了，不如做個人情，就把這個雞肋調撥給揚州煤指，這就是揚州地區王莊煤礦成立的背景。徐州礦務局和龐莊礦的人原以為這個礦已挖得差

不多了，可是他們算是「走寶」，揚州煤指接手後，又在西區附近發現有一個較大儲量的煤田，據說儲量高達 1 200 萬噸！經過與礦務局和煤炭部多次協商（當然包括在那個時候下的各種公關形式），最終上面答應西邊這塊煤田交由王莊礦開採。因此這個礦從 1975 年移交給揚州開始，一直挖到 2016 年 10 月才正式宣布停產閉坑，前後運營了 40 餘年，剛接收時王莊礦年產量為 10 萬噸，後來產量不斷上升，最高達到 30 多萬噸，價格也由每噸 20 餘元上升到 300 餘元。在江蘇省各地區的小煤礦中，揚州地區王莊煤礦的規模和產量可以算是名列前矛，而且在 20 年前煤炭價格高昂之際，王莊礦還有過一段輝煌的歲月。

揚州煤指接收王莊礦後，立即從地區各市縣抽調幹部，正好「文革」初被打倒的幹部此時大部分已被解放，但又沒有位子安置他們，所以派到礦上的幹部大都是這些人。書記是原揚州鋼鐵廠的廠長，姓郭，膠東人，應該是解放戰爭時期參軍的幹部，級別雖然不高，但卻是個肯做實事、敢於開拓的幹將，幾個礦長和副礦長都是新四軍的老人，「文革」前分別是邗江、興化等縣的正副縣長，級別都比書記高，但年歲大，沒甚麼衝勁。後來聽説書記和礦長之間爭鬥得挺厲害，但我們都是小人物，摻和不到他們之間的鬥爭。礦上其他各個科室（如政工、財務、勞資、總務、供銷、生產技術、機電、保衛等）的領導則多是揚州地區各市縣原局長級別的科級幹部，如我們供銷科的章科長就是「文革」前興化縣中國農業銀行的行長，19 級幹部。生產部門主要是掘進、採煤和準備等幾個工區，負責人不是原礦務局留下來的老礦工，就是幾個「文革」期間礦院畢業的大學生，工人主要來自原龍潭煤礦撤下來的人，徐州礦務局還抽調了 50 多名老工人前來支援，但人數還是遠遠不夠，於是揚州地區就決定從興化、高郵和寶應三個縣各抽調 100 多名知青，這將近 400 名知青就成了王莊煤礦的生力軍。這些知青大多是來自南京、揚州、泰州和興、高、寶三縣的本地知青，還有為數不

多的是從上海、北京等地回老家插隊的中學生，其中主要以南京和揚州兩地知青為主，而南京知青人數最多，文化水平相對也最高，應該算是礦上各方面的主力。雖說大家不是來自同一個城市、同一個學校，但都有一段共同的經歷，因此彼此之間關係還不錯，似乎沒聽說有因地域而發生的矛盾。這一年的年底，揚州煤指又將機關內一批幹部子女從揚州招工到徐州，他們有的還在農村插隊，有的剛從學校畢業，年齡都比較小，當然都分配在井上的科室工作，沒有一個下井的。後來煤礦生產上去了，工人明顯不夠，煤指又陸續從泰興、泰縣等地招來幾百個工人。這才是真正的農民輪換工，都是鄉下的農民，來之後戶口也一直沒解決，不像我們這些人，當年年底因為有批招工的計劃，煤指害怕我們人心浮動，就提前將我們這些人的戶口全部遷到揚州，正式招工，我們也就成為身在徐州鄉下的揚州人了。

　　1975 年 6 月 25 日，我們寶應縣十多個公社的 130 多名知青，分乘幾輛客車（後面還有卡車專門裝運我們的行李），浩浩蕩蕩地從寶應出發，直到天黑才到達目的地 —— 徐州王莊煤礦。我們寶應縣的知青大都來自南京市白下區的幾個中學，雖然大家之前並不相熟，但彼此經歷、語言都相同，很快就成為朋友了。在路上我與夏集公社的知青老管同座，他是六中老高三的，比我年長兩歲，一路上交談甚歡，成了朋友，後來更成為同住一個宿舍的同事和好友。

　　王莊煤礦位於徐州北郊 10 多公里外的銅山縣，雖說有一路開往徐州市區的公共汽車，不過班次很少。王莊礦那時就是個鄉下，附近是拾屯公社的王莊大隊和柳新公社的楊場大隊，當地的農民經常到礦裏偷東西，按他們自己說，徐州地處蘇魯豫皖四省交界，他們身上既有北方人的野，又有南方人的刁，不好惹。但我們來的都是知青，也都是些不怕事的主兒，因此雙方經常發生些爭吵甚至械鬥，雖說互有勝負，但最後當地農民還是不敢太猖狂。

　　王莊礦是個老井，雖然破舊，但畢竟基本的生產和生活條件還是具備的。井口是一個豎井，大約有 200 多米深，機修車間、配電房、倉庫以及澡堂、食堂、辦公樓、醫院等建築雖說比較舊，但都一應俱全，礦區還有一個禮堂，可以用來開會和放電影。離礦區一兩里處是職工宿舍，一排排的平房，就叫工人村，條件雖簡陋，但畢竟可以遮風擋雨。我們第一天到煤礦時天色已晚，大家就被隨意分配住在工人村的各個集體宿舍中，我和老管就住在一起。高郵的知青是在我們之後兩天才到的，興化的知青來得更晚，好像已是一個月之後的事了吧。

　　來到礦上的最初一個星期是幹部帶著大家參觀井區的設施，還有組織政治與煤礦生產和安全的學習，其實大家最關心的還是工種的分配。來之前公社幹部老蘇給我報了個車工，但沒參加考試，到煤礦之後的幾天大家都混熟了，我才知道有好多知青都是具有多年經驗的車工師傅，像我這個剛剛在公社五金廠學過兩天車工皮毛的人如何能混得下去？因此那幾天心情忐忑不安，還不知未來的命運會如何安排。

倉庫保管員

　　終於到分配工作的時候了，事先並沒有出現讓我害怕的考試，我們高郵和寶應兩個縣的知青（興化知青還沒到）聚在禮堂聽候分配名單，大家都知道煤礦工人不但工作條件艱苦，更重要的是下井之後生命安全缺乏保障。以前稱煤礦工人是「煤黑子」，但在那時卻說煤礦工人是「特別能戰鬥的人」，這也說明煤礦工人工作的艱苦和危險。招工之前大家雖然也都有心理準備，但還是希望分配到井上，畢竟安全些嘛。當然煤礦的主要工作就是掘進和採煤的井下工作，這大家也都清楚，分配方案也正是如此，大部分知青都分配到掘進和採煤等工區，也有人分配到救護隊和準備工區。除了我之外，還有施、劉兩個老初二的南航子弟也同

我一起被調到煤礦，他們一個分到負責升降吊籠的絞車班，另一個則被分到掘進工區第一線。

在宣讀名單的時候突然聽到我的名字：「鄭會欣，供銷科倉庫保管員。」一顆懸著的心終於放下了，我想這應該是跟老蘇給我報的技術工種有關，也可能與高中學歷有關。後來想想，還有一種可能，就是在我檔案中中學時那段拾金不昧的事跡恐怕起了作用，倉庫保管員自然要求品質高尚，拾金不昧的人總不會監守自盜吧。

我和老管在一起聽宣佈名單，但沒聽到他的名字，也可能讀得太快沒聽到。怎麼辦？我說乾脆你跟我一塊去供銷科報到，去了之後再說。我向科長報到時介紹老管，說他是老高三的學生，剛才分配時沒有聽到名字，不如也把他分到倉庫來吧。科長倒也乾脆，說好吧，我去跟勞資科說說，就到倉庫來上班吧，於是老管就和我從工人村搬進倉庫旁邊的一間小屋。一個月之後，興化知青來了，一位揚州老高三的知青老張也分到倉庫，房間裏又加了一張床，我們三人就住在一塊兒，一起度過了在煤礦的幾年時光。

倉庫位於礦區，我們幾個人都是高中生，年齡比較大，在礦上也有些號召力，於是我們住的這間小屋後來就成了眾多南京和揚州知青聚會的地方，二富、大頭、小二、老李、小弟等好幾個人上井後洗過澡，沒事就常到我們這兒來，特別是分到保衛科一個老初二的知青，原來和我在一個公社插隊，但以前並不認識，到煤礦之後才熟悉。他耳朵奇大，人稱「大耳朵」；又因為他是章伯鈞的長孫，我們又叫他「章孫」。「章孫」平時也沒有甚麼事情幹，保衛科嗎，也就是整天在礦區巡邏晃蕩，往往巡著晃著就跑到我們這兒來了。我們這幫人下班後沒事幹，就在一起打牌、吹牛，還常常聚在一起吃飯，喝酒，生活倒也自在。

工作分配完之後，大家就各自到所屬單位上班，我記得十分清楚，8 月 27 日井下突然發生的一次塌方，我們一起來的三個知青（兩個寶

應本地知青、一個高郵知青）就葬送了生命！這是我們到煤礦剛剛兩個月的時間啊。這次礦難雖然沒有南京知青，彼此之間也還不是太熟，但畢竟都是同時招工進礦的，大家心中十分悽然。以後像這樣的事故幾乎每年都要發生一兩起，徐州礦務局下屬有七、八個煤礦，還有上海的大屯煤礦和其他地區的一些小煤礦，發生礦難也是經常的事兒。為了接待那些遇難礦工的遺屬，聽說礦務局特地在徐州郊外包了一家旅館，盡可能離煤礦遠些，一是防備礦難家屬與外面聯繫，二是害怕引起礦上工人的情緒波動。

　　供銷科在礦上算是個大科，但開始時人並不多，除了倉庫有六、七個保管員，煤場有幾個發貨員，還有幾個採購員，因此我們的工作不僅是保管物資，更多的時間是當裝卸工。煤礦初建，所需物資太多，國家統配物資不敷分配，書記和科長本事還挺大，在他們的活動下，礦務局及屬下幾個廠礦常將他們一些多餘的設備和器材調撥給我們。因此我們幾個保管員常常是留一兩個人值班，其他人都跟著科長乘卡車到各處去裝運物資，更多的任務則是將礦下作坑木的木料從碼頭裝上，再運到礦裏的木場卸下。科長還很得意地對礦務局的人說，別小看我們的這些裝卸工，他們可都是正兒八經的高中生呢！一直到後來科裏人手增加，先後成立了車隊、裝卸班、運料班之後，我們日常的工作才算穩定下來。

　　在倉庫工作大約一年左右，科長看我工作表現得還不錯，就把我調到科室裏來，專門做計劃工作。我負責的工作主要有二，一是批核領料，所有工區科室的領料員要在倉庫領取工具、設備、勞保用品和材料，除了各自工區科室的領導要在領料單上簽字外，還必須由我們科長或倉庫主任核准，他們不在的時候就由我代行，後來基本上就由我來行使簽字權了，因此當時的權力還不小。二是編制採購計劃，這就要對庫存各種物資心中有數，需要組織貨源，提前安排進貨，以備不時之需；但又不能進貨太多，導致物資過多，資金積壓。因此甚麼物資緊俏，甚

麼物資消耗得較快，需要進貨備用，都必須提前安排採購員購買。計劃經濟年代，大批的物資和設備都是按計劃供應的，因此需要提前向上級報告，否則停產待工，責任可就大了。那時省裏和地區經常召開物資調劑會，也就是各單位在一起，將自己庫存富裕的物資或設備拿出來，與其他企業進行交換，我也常參加這類的調劑會和訂貨會，因此必須要對倉庫的庫存情形、常用物資的消耗以及急需物資設備的型號、性能有所了解，並提前作好準備。經過一段時間的工作和實踐，我對企業管理的業務也產生了興趣。

　　在供銷科工作有時會出差，這對我們來說可是一椿美差。記得有次與科裏的同事老孫一起去北京、張家口、石家莊、濟南等地催貨訂貨，這算是我職業生涯中最長的一次出差了。老孫是揚州老高二的畢業生，滿腹經綸，對文史典故更是了然於胸。我們倆去故宮遊覽，雖然他從未來過，卻對每一個殿堂的掌故都如數家珍，見到各個大殿門上的楹聯，他總是一一誦讀，反覆回味，流連忘返，依依不捨。1977年剛剛恢復高考他就報名參加，儘管他的文科成績極佳，但他還是報了理科；儘管77級考試並未公佈考分，但他的成績肯定很高。然而因為出身問題，最後還是因擴招才被揚州醫專錄取。他後來對我說他原本就是害怕當醫

2008年重回王莊煤礦，坐在我30多年前的辦公桌前

生動刀的，但老天卻偏偏讓他學醫，當然他的成績極優，雖然入學時間晚了些，但很快就趕了上去，在全校絕對是出類拔萃。大學畢業後他被分在市局刑警隊當法醫，不知破了多少大案，是公安部掛上號的著名神探。我後來之所以考大學，也是受到他的啟發第二年才報名的。我曾對他說，你才是應該讀歷史的，肯定會成為大家，對此他只是笑笑，沒有回答。他的弟弟與我同年也考上大學，學的就是歷史，後來曾擔任揚州市主管文教衞事務的副市長，我想這恐怕也都是命運的安排吧。

宣傳隊和藍球隊

說起煤礦生活好像也沒有甚麼特別可說的，大家的經歷都差不多，都是知青，但和其他招工回城的知青不一樣的是，我們依然過的是集體生活，從這點上看，似乎與在農村插隊的時候又沒甚麼太大的區別。當然最大的不同就是每人都有一份固定的工資收入，儘管不算高，但維持自己的基本生活倒也夠了。到煤礦有個好處，就是沒有普通工廠的學徒期，一下井就是三級工，這叫做井下「消滅二級工」；井上的工種過了半年實習，轉正就是二級工，月薪三十六塊九。雖然過得還是集體生活，卻要比插隊的生活好，至少經濟上可以自立了。當然一直到離開煤礦，我們的工資標準都沒有絲毫改變。

因為煤礦實行的三班倒，因此各項生活後勤都得相應予以保證，譬如食堂就是 24 小時營業，澡堂也是通宵開放，當然換水是有時間的，幾個池子的水輪流開放。我們一般都是計算好時間去趕「頭水」，因為稍遲一點再去，等到井下工人下班，整個池子瞬間就變為一池黑水了。我們在井上工作，雖說每個星期都要下幾次井，說是科室人員參加勞動，或是了解井下材料需求情況，但那要比在掌子面上工作的第一線礦工要輕鬆得多，而且每次下井還有五毛錢的下井費（井下工下井費每次

好像是一塊一毛）。

　　既是隼體生活，當然很少自己開火，礦區周圍也沒有飯店，因此基本都是在食堂吃飯。食堂的廚師大都是和我們一起來的知青，也不知道他們以前幹沒幹過這行，反正做甚麼你就得吃甚麼，沒得挑，當然時間長了，他們的廚藝也有所長進。那時還是票證時代，糧食是有定量的，記得井下工的定量每月最高是 55 斤，我們井上的好像是 36 斤，基本上夠了。除了主食是米飯和麵食之外，菜都是大鍋菜，一般分為三種，甲菜最好，大概兩毛錢左右；乙菜是沾點兒葷，一毛到一毛五；丙菜就是全素的了，五分到八分，湯免費，不過就是刷鍋水再加一點鹽和味精，灑點兒蔥花和幾滴油而已。後來食堂還開了個小炒部，那價格可就貴了，三毛到五毛不等，我們有時下井了，上來就會到食堂叫個小炒，打個牙祭，算是把下井費給花了。

　　礦上生活單調乏味，不過那個時候別的地方情形也差不多，王莊礦距徐州市區還有 10 多公里，雖然有趟班車，但車次很少，末班車也比較早，因此即使休息日去城裏也只能早上去，傍晚之前就得趕最後一班車，否則你就回不來了。有時我們還跟著車隊到外地拉貨，主要是呆在礦上無聊，想外出逛逛。記得一次車隊要到盱眙的化工廠拉炸藥，我沒

煤礦工人的標準像

事幹，就跟車去了，現在想想還真有點後怕，整車的炸藥就在你身後的車廂裏，那不就是一個火藥庫嘛！礦裏領導看到年輕人太多，也想出一些辦法改善業餘生活，不時租些電影片來放映，但看來看去都是些老片子。郭書記那時應該還不到 50 歲，思想也比較開明，在他的倡導和支持下，由工會牽頭，礦上先後組織起宣傳隊和籃球隊，雖然我都混入其間，但是水平不高，只能算濫竽充數了。

其實我年輕的時候很靦腆，不要說上台表演節目了，就是和陌生人說話都會臉紅。雖然平時也喜歡唱歌，好像音準還可以，可那都是自哼自唱，從來是登不上台面的。在煤礦業餘生活實在是無聊，正好工會組織宣傳隊，領頭的又是我中學低一屆的同學，幾個朋友就撮合一起參加，說反正是參加男聲小合唱，又不是獨唱一個人登台。更重要的是，宣傳隊有女同胞，說不定還能談個對象甚麼的。在他們的忽悠下，我就跟著混了。

礦上為了組建宣傳隊還是下了一番功夫，專門撥款購置了一些手風琴、揚琴、小提琴、二胡、板胡等樂器，可是有了樂器還得有人會用呀。在鄉下插隊時我們一家的插友帶來一把小提琴，沒事時就拉拉，可是他的水平實在不咋的，而且老在拉甚麼開塞練習曲，我們都聽煩了，沒事時我們幾個也拿著琴瞎拉一氣，儘管沒人教授，更毫無章法，但慢慢地也能拉出幾首歌了。宣傳隊一開始沒人拉小提琴，我就廖化當先鋒，當上了第一小提琴。沒過多久，能人逐漸登場，我這個既不會看五線譜、甚至連把位都不會換的第一小提琴地位就逐漸下降，從第一降到第二，再降到第三，最後乾脆就沒有我的席位，我這個「南郭先生」也算是完成了使命，只能承擔男聲小合唱的任務了。

宣傳隊的活動挺頻繁，每星期都有幾個晚上聚在大禮堂排練節目，反正大家都是單身，晚上沒地方去，宣傳隊倒是一個可以消磨時間的地方。有幾個骨幹中學時就是南京小紅花藝術團的成員，領頭的那位工會負責人彈得一手好琵琶，拉手風琴的是一個上海知青，水準很高，還有

一個省揚州中學的高三女生演技特佳，他們在鄉下都參加過宣傳隊，經驗十足，又會編又會演，他們編的幾個小品和舞蹈還是挺不錯的，當然內容都充滿了時代氣息。其中有一個小品叫《差一點》，說的是煤礦的安全生產絕對不能馬虎，差一點兒就會出大問題，情節生動，成了我們的保留節目。而我的任務最簡單，從樂隊撤出後，就是一個男聲小合唱的成員，既輕鬆，又好玩。宣傳隊經常在礦上演出，名聲逐漸傳出，以後還不時應邀到周圍礦務局的其他煤礦演出，甚至還遠征揚州、寶應等地匯報演出，也曾到過煤指下屬的另一個靖江孤山煤礦交流。

籃球隊的成立則是應運而生，並非事先有甚麼計劃。礦上年輕人多，又都是知青，誰還不會打球呀。禮堂旁邊有一個籃球場，下班之後幾個人聚齊了就開打，人少打半場，人多就打全場，人再多就組隊輪流上，輸者下台，籃球隊就是在這個基礎上成立的。礦上的郭書記也挺喜歡打球，有時也跟我們一起玩，看到我們打得還不錯，就建議組織起來，挑選幾個打得比較好的，籃球隊就這樣成立了，既沒教練也沒隊長，平時也沒有正常的訓練，就這麼瞎打，居然也打出一點名氣。我雖算不上是主力，但打打後衛還是可以湊下數，因此也混入籃球隊，領到一身運動服和一雙「大白籃」球鞋，穿起來還是挺精神的。籃球隊成立後曾與附近幾個煤礦，還有茅村電廠、駐地部隊炮團和徐州鋁廠的球隊交過鋒，雖說互有勝負，但是友誼第一，比賽第二嗎，更何況賽過之後還有一頓吃喝，倒是挺實惠的。宣傳隊和籃球隊基本上是兩個不太重合的隊伍，似乎兩邊的人還有些互不服氣，但我卻混跡於二者之間，度過了那些既不是「陽光燦爛」、也不算「激情燃燒」的日子。

從整頓、「批鄧」到舉國歡騰

我們是 1975 年 6 月到煤礦的，那正是鄧小平第二次復出、著手整

頓全國工廠企業生產的時候，在這之前，中央剛剛發出 1975 年的第 9 號文件，其宗旨就是要從整頓鐵路秩序做起，而鄭州、徐州這兩個鐵路樞紐正是全國整頓的重點。當時徐州鐵路局有個姓顧的造反派折騰得很厲害，整頓的結果首先是以壞頭頭的名義把他抓起來，徐州的生產頓時發生轉機，煤礦生產也逐漸恢復正常。然而鄧小平提出的「三項指示為綱」，實質是要否定「文化大革命」的這一作法卻觸碰到上頭的底線，這年年底，開始發動了反擊右傾翻案風的運動，整個形勢又發生了變化。

反擊右傾翻案風是由清華大學的劉冰給鄧小平送信而引發的，我的七姨夫是清華大學人事處的負責人，他平時從來沒和我通過信，這個時候卻突然寫了封信給我。雖然信中沒有明確說些甚麼，但我還是能體會到他的良苦用心。

徐州是當年淮海戰役的中心地，矗立著淮海戰役紀念塔。1975 年初，隨著鄧小平政治地位的上升，位於徐州鳳凰山麓的淮海戰爭紀念館在停館將近 10 年之後又重新開放了。然而在這之後政治風向就變了，這年年底我哥哥來徐州看我，我趕緊帶他去參觀紀念館，並悄悄對他說，快去看看吧，說不定哪天又要關門了。果然沒多久，隨著反擊右傾翻案風的高調越唱越響，紀念館就以整頓修葺為由而閉館了。

1976 年是中國農曆的龍年，這一年也是中國人民悲喜交歡的一年。1 月 8 日，周恩來總理去世，消息傳來，舉世震驚。記得那天原計劃我們宣傳隊是要到龐莊煤礦演出的，因為總理去世，取消一切文藝活動，演出也暫停了。經過那麼多年的動亂，老百姓都希望社會安定，生活富裕，而總理那時則是全國人民心目中的聖人，如今他也走了，今後的日子該怎麼過？那時候開始有不少小道消息四處流傳，矛頭直指江青、張春橋，但還沒有聽說「四人幫」這個稱號。當電視上看見總理的靈堂佈置得如此簡單，大家心中就已經很不滿了，再看到江青悼念時沒

摘帽子，所有人都忍不住了，一條聲地喊道：「脫帽子！脫帽子！」到了 3 月底，先是《文匯報》事件，接著又是「南京事件」，最後爆發了四五「天安門事件」。我們雖在偏遠的徐州郊縣，但對這些消息和傳言都非常關心，一旦有人從外地回來，都紛紛向他打聽各種信息。

記得我正好是 4 月 7 日那天回南京出差，當晚在家吃過飯後，就急匆匆地到院子裏的伙伴家去聊天，正好趕上晚上 8 時中央人民廣播電台的新聞與報紙摘要時間，頭條新聞就是宣佈「天安門事件」是反革命事件，撤銷鄧小平的黨內黨外一切職務，大家聽完都傻了，默默地坐了一會兒，甚麼也沒說就散了。後來礦上也開始清查，主要調查這段時間外出的人有沒有去過北京，傳播過甚麼消息，但總的來說還算好，只是向上交差而已，並沒有認真追查，就連後來的批鄧反擊右傾翻案風也都是走走過場。「文革」都這麼多年了，大家心中都有數，運動來運動去，還不知哪天又翻過來了，誰都不願意當這個出頭鳥。

到了 7 月初，聽到朱德委員長去世的消息並沒有太大的震動，可是這個月的 28 日發生的唐山大地震，雖然震區在華北京津一帶，卻讓全國各地都爆發了一場地震，一時間全國各個地方都說是要發生地震，鬧得人心惶惶。特別是徐州，屬於剡城地震帶，有人說李四光曾預測過幾個地震區如遼東、華北、松藩等處都發生了地震，那麼他預測的下一個震區必定就是剡城地震帶了。這個消息傳得神乎其神，大家也都信以為真，甚至連井也不敢下了。後來又有人說，地震時其實井下要比井上還要安全云云，但大家還是不信。動員來動員去，下井還是照常進行，可是晚上都不敢住在房間裏了。倉庫物資比較齊全，我們幾個就找出油布，在倉庫的院子裏搭了一個帳篷，好在天氣較熱，那些天就住在戶外。過了些日子看看也沒甚麼動靜，睡在外面實在不方便，大家也就搬回去住了，但睡覺時門都開著，以備隨時逃生。

前幾年我們大學同學的微信群突然有人提出一個問題：1976 年 9

月 9 日那天你在幹甚麼？聽到主席去世你是甚麼反應？我們班上 60 多人，來自各個地方，家庭出身、職業經歷各不相同，年齡更是相差 10 多歲，自然會有各自的回憶，我也回想起當天的情景。我記得很清楚，9 月 9 日那天一大早我下井勞動，下午上井後洗過澡吃完飯就躺在宿舍裏休息，突然聽到礦上的大喇叭響起，說下午 4 時有重要新聞播出，要求大家注意收聽。到底是甚麼事，心中還在猜測之時，廣播中響起哀樂，還沒有播出新聞，大家也都猜出是甚麼事了。這一年發生的事實在太多，說老實話，當時聽到廣播後我的反應是麻木的，是茫然的，說不上有甚麼悲痛，只是心中發虛，不知今後我們這個國家、我們的個人生活會發生甚麼變化。後來北京在天安門廣場舉行追悼會，各個單位也都各自舉行追悼活動，我們礦就將靈堂設在大禮堂中。9 月 18 日悼念那天大家都戴著黑袖圈集中在禮堂，我看大家都不說話，也沒有看到有甚麼人痛哭流涕，估計大家的心情跟我都差不多。

　　沒想到還沒過一個月，從北京就傳出華國鋒、葉劍英等一舉抓捕「四人幫」的消息，若用「人心大快」、「舉國歡騰」這兩句成語來形容那時民眾的心情，可以說是一點都不誇張。我們雖說不清今後會發生甚麼變化，但大家都隱隱約約地感到，一個新的時代快要來了。

初戀

　　到煤礦後生活算是基本安定了，擺在我們這些人面前最現實的問題，那就是戀愛、成家。1968 年到農村插隊至今將近七年，我們這些老三屆中年長的已近 30 歲，最年輕的也有 23 歲了。以前在農村生活不能自立，現在不管怎麼說已有了固定工資，而且可能以後這一輩子也就這樣活下去了，是應該考慮個人問題了。雖然基本生活沒問題，但最大的問題就是僧多粥少，男女比例嚴重失調。煤礦條件艱苦，主要工種

都得由男性承擔，只有燈房、配電室和一些後勤機構如食堂、醫院才會有些女性。我們每個公社有 10 個招工指標，但指明只招一名女生，因此從寶應縣招到煤礦的共有 130 名知青，其中女知青只有 10 名。

我們這些新礦工中有人以前在鄉下就已經戀愛，有了對象，此時有了正式工作，雖然分居兩地，但結婚還是沒有問題的。礦上領導對我們這批大齡青年也算照顧，凡是雙職工結婚的，都可在工人村分到一小套住房，這對我們當然也是極具吸引力的。因此進礦一段時間後，不少知青都相繼結婚，我們同屋的老管、老張也都結婚了，老管是經人介紹，找的是寶應縣城一位姑娘，老張則是礦上就解決了。朋友結婚，我們自然都要出份子，記得有個月一下子三個朋友結婚，每人賀禮 10 元，幾乎一個月的工資就花完了。然而多數知青在農村並沒有談過戀愛，此時要想在南京或揚州找個對象絕不現實，找當地農村的你看不上眼，而徐州市的姑娘肯定又看不上你。最理想的婚姻當然是在礦上解決，但競爭實在太激烈，大家都各出奇招，也常出現南京話叫「搗窩子」的情況。

我們倉庫的老張到底是老高三的學生，理論與經驗都十分豐富，他甚至還發明了一套「螃蟹鉗子」的理論。他的理論就是以螃蟹為例，螃蟹最好吃的部分當然是蟹黃和蟹肉，但這畢竟有限，絕對不夠分配；而螃蟹鉗子雖然難啃，但還是有些肉的。因此他的結論是：當大家都在爭奪蟹黃和蟹肉時，你就得認清形勢，先去吃蟹鉗；等到蟹黃和蟹肉被搶光了，你再想起回頭找蟹鉗時，恐怕連蟹腿都剩不下幾隻，那時只有你可以獨自慢慢地享受蟹鉗的美味了。老張不僅講理論，更注重的是實踐，其實在他在發明這套理論的同時，就已經開始向機電科的一個高郵女知青發起猛烈進攻，最後大獲全勝，而他的這套「螃蟹理論」也成為經典，更成了我們礦上同事日後相聚時經久不息的談論話題。

插隊時因為我沒有樹立紮根農村的決心，同時確實也沒有合適的對象，所以從未談過戀愛。到煤礦後年齡一年年增長，1977 年我已經 28

歲了，父母親也為此事操心。但調動工作是不可能的，看來會在這兒生活一輩子了，當然也想在礦上解決個人問題。煤礦配電房有個寶應城郊公社的南京女知青小孫，她是老初二的學生，比我小二歲，父親是南京一個小有名氣的中醫，人長得又好看，當然追她的人很多，但她似乎一個都看不上。我對她的印象也很好，卻一直沒有膽量去追求。我在礦上的人緣很好，許多人都願意幫忙，其中有幾個已經結婚的老大哥，如供銷科的老賣、勞資科的小于、醫院的朱醫生和小賈夫婦等人，都主動提出來為我介紹，我當然是沒有意見，也非常感激他們的幫忙。

我與小孫雖然沒有說過話，但我想她對我的印象應該還是不錯的，因此在于、賈他們幾位的努力撮合下，小孫終於同意與我見面。那時搞得很神祕，我記得第一次是安排在小賈家裏單獨見面，我也不知道該說些甚麼，反正很拘束。後來我們又約著到徐州見面，為了保密，我們分乘兩班汽車，約好到徐州的彭城路見面，然後一起到郊外的雲龍公園遊玩。那一次好一些，彼此談了談以往的日子和未來的工作，以及介紹了各自的家庭，回礦上時仍然是分別乘兩班車。

礦上的女職工住在我們供銷科旁邊一棟小白樓的二樓，這裏可稱得上是礦上的禁區，一般人都不敢貿然上樓，雖然有些人臉皮厚會常常找些藉口上樓轉轉，但我是從來不敢逾越雷池半步的。在這之後不久，突然有一天晚上，小孫自己到倉庫我們的宿舍來找我，這對我來說是意外的驚喜，我把談戀愛的事告訴家裏，他們也非常高興，那也是我在煤礦時最開心的日子。那時我在供銷科作計劃工作，經常出差，有一次回南京，還專門到她住在夫子廟狀元境的家中去看望她的父母和哥哥。

我那個時候很開心，原以為兩人的關係會好好地發展下去，沒想到有一次出差回來後，情況卻發生變化，我再約她見面，她卻屢屢拒絕，最後表示不願意繼續談了。我問她是甚麼原因，是我做錯了甚麼？她也沒回答，只說是她的原因，不是我的責任。那一陣子我很痛苦，也不知

道該怎麼做，後來介紹人告訴我，主要是小孫是她們家唯一的女兒，父母親都希望她有機會調回南京，若在礦上結婚，就永遠沒有回來的可能了，所以堅持要她在南京找對象。幾年後礦上對知青管得鬆了些，凡是有本事能找到調動的機會，礦上也不再阻攔了，因此許多人都各找門路，陸陸續續有人調回老家。我那時早已回南京上學，聽說後來小孫的父母也想盡辦法將她調回南京，在南京自行車廠工作，結婚生子，不過那已是後話了。

這就是我的初戀，一個短暫、清甜而又苦澀的經歷，雖然彼此之間甚至連手都沒拉過，但這也是青春的一段回憶。

終於擠上了「末班車」

1977 年 8 月在教育部召開的高校工作座談會上，鄧公在聽取了各方意見之後一槌定音，決定立即改革高校招生制度，恢復高校招生考試的制度。就這樣，1977、1978 年全國有千萬以上的青年參加了「文革」後的高考，其中數十萬考生通過考試進入了大學，成為恢復高考後的首批大學生，這就是如今人們常說起的「七七」、「七八級」。40 多年過去了，作為當年的一名考生，當時的情景，特別是錄取前後的波折仍歷歷在目。我也常常對人講，我是恢復高考後擠上這趟末班車的最後一名乘客，因為在這之後對於招生的年齡有了較嚴格的限制，我如果 1978 年不參加高考的話，那我這輩子就會與大學無緣了。

上大學是我們這代人的夢想，但是學歷史卻不是我最初的理想，套用瞿秋白先生的一句話，我學歷史就是一場「歷史的誤會」，但自從入了史學大門，我也從來沒有後悔當年的這一選擇。

我是共和國的同齡人，「文化大革命」爆發前我已直升高中，我所在的中學是省重點，又是全省五年制中學的試驗學校，我的各科成績都

不錯，照說憑成績考大學估計問題不大。當然我也很清楚，像我這樣的家庭出身能通過政審，上個一般專業的大學就算不錯了，保密專業肯定是不能上的。然而一年後爆發的「文化大革命」徹底打破了我們這代人的美夢，記得北京四中和女一中的畢業生提出延期高考的呼籲，當時我還沒有甚麼感覺，可是這一延就是十多年啊！因此高中畢業之後，我們的唯一出路就是上山下鄉，到農村去接受貧下中農的再教育。

繼北京大學、清華大學 1970 年試點之後，1972 年，全國各個大學開始陸續招生，說是要在工人、農民、解放軍戰士和知識青年中通過考核，選拔一批具有實踐經驗的學員。當時的招生原則是「自願報名、群眾推薦、領導批准、學校複審」，目的是「上大學，管大學，用毛澤東思想改造大學」。這個消息又燃起了我求學的希望，於是趕緊複習已經丟棄多年的課本，可是很快又出了個「白卷英雄」，上大學要講究出身，要靠推薦，要有關係。我們家住在大學宿舍，那幾年回家探親時看到一批批工農兵學員走進大學，心中真是充滿了羨慕之情。而像我這樣既不是「紅五類」，又毫無後門關係可走的人想上學簡直是癡心妄想，因此多年來只能將求學的願望深深地埋在了心底。

1975 年 6 月，我離開蘇北農村這個「廣闊天地」，招工來到徐州，當上了一名煤礦工人，後來又調到供銷科擔任計劃員。1977 年 10 月下旬，雖然事隔多年，但我記得還是很清楚，當時我到外地出差，旅途中聽到廣播，說是國家將從今年起改革高校招生制度，實行自願報名、統一考試、擇優錄取的原則，通知規定，除了高中畢業生可以直接報名參加考試外，對於其他考生的年齡也應適當放寬，為此特別還提出允許1966-1968 年畢業的中學生（即老三屆）參加考試。聽到廣播的一瞬間，我的求學之夢不禁又重新燃起，然而這只是個閃念，多年來招工、招生中所遭受到的一次次挫折，又很快讓我心灰意冷，心想還是算了吧，何必沒事找事、自找沒趣呢？

　　沒想到幾個月之後，我們礦上居然有五、六個同事考上了大學，其中有不少就是老三屆，而且據我所知他們的出身也不怎麼樣。此時父母親也不斷給我寫信，他們都畢業於名校（父親畢業於上海交通大學機械系航空門，母親是燕京大學國文系的高材生），當然希望他們的子女也能上大學。他們在信中說，以往因為家庭的海外關係和父母的歷史問題影響了子女的上學，感到十分自責；如今國家政策放寬，憑成績錄取，為甚麼不去試試呢？這番話和眼前的實例深深地打動了我，我終於決定報名參加 1978 年的全國統一高考。

　　決心雖然下了，但是考甚麼專業呢？當時我在距離徐州 10 多公里之外的一個小煤礦，不要說無法參加甚麼高考補習班了，就連一本中學的教科書也找不到。我掂量了下自己的情況，十多年來蹉跎歲月，浪跡天涯，數理化早就忘得差不多了，要全面複習吧，時間又太緊張，考理科肯定有問題；好在自己平時喜歡看書，雖然不是那種有目的、有計劃，或偏重於甚麼方向的讀書，但也漫無邊際、雜七雜八地看了不少書，而且我這個人的記性還不錯，於是就決定報考文科。

　　此時距離高考的時間已經很短了，在這期間領導還不斷叫我出差，因此平時根本沒有空閒，只能晚上抽出點時間看看書，有一次到寶應出差，已調到縣廣播站的一個知青朋友將他收集到的幾冊中學教材送給我，這也就是我依靠的所有參考書了。說句老實話，考文科其實就是吃老底，靠的是平時的積累，也沒有甚麼好準備的，於是我將主要的精力放在複習數學上。我那時已經在礦上從事管理工作，具備了一些經驗，也挺喜歡這行的，而且國家正在號召「大幹快上」、致力發展經濟，因此我就想報考文科類經濟或企業管理方面的專業。記得有一天中午休息時間我正在辦公室看數學書，科長見到後有點不以為然地說：「你也想考大學呀？」我連忙解釋，考得玩玩兒唄，誰知道能不能考上呢！

　　1978 年 7 月 20 日（如果我記憶不錯的話），「文革」後第一次全

國統一時間、統一試卷的高校招生考試開始了（1977 年是由各省分別出試題）。我們的煤礦雖然地處徐州，但卻屬於揚州地區管轄，礦上的工人大多是來自南京、上海以及揚州地區各縣市的插隊知識青年，彼此間年齡、經歷差不多，上大學也都是大家共同的理想，因此全礦有不少人報名參加這次高考。礦上還不錯，專門為我們這些考生們準備了輛班車，考試的那幾天，我們幾十名同事就像參加科舉一樣，每天天不亮就從十多公里外的銅山縣乘車趕到設於徐州市第一中學的考場。記得當我第一天走進考場時候的感覺，那真是心潮起伏，思緒萬千，想想離開課桌已經整整十二年了！我再環顧四周，看到像我這樣年齡的老考生還真是為數不少，此時心中似乎又多了一絲安慰。

記得我們文科是先考政治和歷史，政治的試題是與當時的形勢相關，都是大幹快上，要建十多個鞍鋼、十多個大慶之類的內容，平時看看報紙、聽聽廣播就知道得差不多了。歷史主要分為兩大類，除了名詞解釋，就是問答題，我採取的對策是知者儘量多答，記憶不清的則以模糊的方式回答，譬如名詞解釋中有一題鄭和下西洋，我不僅說明了大致時間及其意義，還在開頭就說「鄭和，雲南人，原姓馬」等；另一題「官渡之戰」我卻記不住時間了，因此就模糊地說明「東漢末年」，這總是不會錯的。問答題中最重要的一題是介紹周恩來總理在革命鬥爭中的功績，我就儘量發揮，寫出我所了解周總理一生的豐功偉績，最後還表述了一段個人的感情。第二天考語文，除了一般語法之外，重要的部分則是對一篇政論文章予以縮寫，主要是看你能否抓住重點而已。考完這幾門之後自我感覺還不錯，一起參加考試的還有幾個從農村調到徐州茅村電廠的南京知青，原來並不認識，考試結束後大家在一起對答案，一位姓張的老高二一邊對題、一邊嘴裏不斷地喊著「噢，噢」！當時我們不知道他姓甚麼，就背地裏叫他「老 O」。可是最後臨到考數學，有一道題突然卡殼，耽誤了時間，也影響了後面的考試。幾天考試下來，心

中還是挺懊惱的，沒想到準備時間最多的數學竟然沒有考好，作為「文革」前的高中生更是不應該。後來高考成績下來了，數學真的是沒有考好，只有 50 幾分，所幸政治、語文、地理和歷史幾門考得還不錯，都在 88 分左右，其中歷史分數最高，92 分，五門課的總成績為 409 分，是我們全礦考生中的狀元。

分數出來了，緊接著就是填報志願，這可是個重要的事兒。我同家人商量，因為我考的是文科，選擇的餘地本來就很小，最理想的當然是南京大學，可是南大是江蘇乃至華東地區的名校，肯定有不少人報名，我一來年齡偏大，二來又沒有路子，家人一致認為報南大可能希望不大。當時正好停辦多年的中國人民大學宣佈復校，兩個姨媽都在北京高校工作（清華和京工），她們竭力動員我考人大。我想人大本身就是文科院校，「文革」前的學員又大都是調幹生，也就是說對年齡的要求應該不會太嚴，講究的是有實際經驗，因此最後決定報考人民大學。

還有一件小事就是考試之後有個體檢。那時我們可以說從來沒有進行過全面的體檢，總覺得自己還年輕，除了視力不大好之外，身體其他方面應該沒問題。結果量血壓時突然醫生說我血壓有點高，要我休息休息，放鬆一下再量。結果放鬆之後再量，比原先量得還要高，這下我更緊張了，第三次再量肯定還是高，醫生最後看了看我，說算了，反正是考文科，血壓高點就高點吧。總算高抬貴手，讓我過關了，至今我都感謝那位不知名的醫生。

學校定下了，下面就是填專業了。因為數學考得不理想，所以我不敢填報工業經濟、企業管理這些吃香的專業，最後選擇的是農業經濟。之所以報考這個專業，一是因為農村經濟存在的問題確實太多，也需要化大力氣進行改革，而我曾在農村插隊將近七年，有切身的體會，也有一定的實踐經驗；當然更重要的原因是我認為這個專業較冷門，報名的人肯定不會太多，應該說機會還是挺大的吧。我還清楚地記得，當年

報考學校的志願表中有一欄「是否服從分配」，我當時想只要有學上就行，就毫不猶豫地填上「服從」二字。

過了沒多久，各大學的錄取通知書便陸續寄來了，看到其他同事收到本省和外地高校的錄取通知書，先是重點學校，後是普通院校，我心中當然十分焦急，但總還是在想錄取通知恐怕還在路上，可能明天就收到了。可是一天天過去，最後竟然連淮陰師專、南通師專這些專科學校的通知書也都寄來了，還是沒有我。這時我再也坐不住了，於是就向我們的供銷科科長請假，說我要親自到省招辦（當年江蘇省招生辦公室設在鎮江）去查詢結果。科長原來對我考大學似乎有點不以為然，可是考後成績如此之高他也覺得挺自豪，因此對我非常同情。他說你考了那麼高的分數竟然沒被錄取，簡直是豈有此理。這樣吧，你就直接到鎮江，順便到鎮江橡膠廠催一下貨，算你出差。

當晚我就乘火車從徐州趕往鎮江，找到我父親單位南京航空學院臨時派到招生辦工作的一位古老師，請他幫忙。我哥哥一年前剛從寶應鄉下調到南京郵電學院的圖書館工作，當年也參加高考，第一志願報的就是南郵，分數也很高，但也沒收到入學通知。這位古老師幫我們查了一下，一會兒他出來告訴我說，你哥哥錄取了（後來才知道，哥哥的錄取是因為他們學校的老書記最後拍的板），而我則沒有被錄取。雖然他沒有說明是甚麼原因，但我從眼神中可以看出他的同情。儘管我已經有了思想準備，但聽到這個消息後還是非常失落和難過。這時古老師又向我透露了一個消息，他悄悄地告訴我，由於今年參加高考的同學很多，成績普遍也不錯，省領導已經決定在落榜的考生中擴大招生名額，他鼓勵我不要灰心，趕快回去做準備。

後來我從其他渠道打聽到，因為我的第一志願是人民大學，所以材料最先被人大拿去，考分當然是優異的，絕無問題；可是由於父親的海外關係和歷史問題卻影響了我的錄取，但他們又不想馬上將我的材料退

回。因此等到最後他們決定不錄取我的時候才拋出我的報名資料，可那時就連最後一批學校也都完成了招生工作。我個人的這段遭遇說明，儘管當時「文革」已經宣佈結束，儘管招生的原則說是「分數面前人人平等」，但是講究出身、強調成分、注重政審那一套左傾路線還是很有市場。如果不是後來省裏實施擴招的政策，那我真的就被淘汰了。當然事後回過頭來再想想，幸虧人大那些人把我的材料扣下來，否則我已填寫了「服從分配」，憑成績肯定會被某一師專錄取，那我就會與南京大學失之交臂了。30 多年之後，一次我與當年號稱「京城改革四君子」的朱嘉明兩個人閒聊時又說起這段往事，我不禁開玩笑地說，如果當年人大錄取了我，很可能以後就跟著你們一起混了。嘉明兄聽了後趕緊說：還好沒錄取。說罷兩人哈哈大笑。

我在鎮江辦完事之後趕緊回到煤礦，不久擴招的通知果然下來了，我又重新填報志願。因為我考試的所有成績中歷史分數最高，因此這一次就將南京大學歷史系作為首選。我想肯定是參加招生工作的那位古老師回到學校後反映了我的問題，因此南京航空學院的人事部門很快就派人到徐州，將我父親「文革」期間被審查的一些不實材料抽出來予以銷毀。直到今天，我都一直深深地感謝那位與我雖然只有一面之緣，但卻古道心腸、熱情相助的古老師。

事情辦完了我就回徐州，在南京車站看到同考場的那位「老Ｏ」正在與身旁的人高談闊論，我知道他的分數比我低 10 來分，我以為他已被錄取，就不想去搭訕；可是他卻發現了我，一交談才知道他也是因為出身問題未獲錄取。得知共同的遭遇，他馬上就跟同伴說，人家比我分數高也沒錄取，那我也就沒甚麼可說的了。回到徐州後我與他常有聯繫，互相交流聽到的消息，我決定報考南大歷史系，他則報了南師的中文系，結果都被錄取，畢業後他被分配到江蘇省委的黨史辦公室，一直做到副主任退休，當然這些都是後話了。

　　以後的事兒就很順利了，不久我就收到南京大學的錄取通知，告知已被歷史系錄取。入學後系裏的老師對我說，如果你當時第一志願報的就是南大歷史系，雖然你的分數不是最高，而且年齡也比較大，但你的幾門文科成績都很高，家又在南京，我們肯定會錄取的。當年全省擴招的範圍相當大，但錄取的都是兩至三年學制的專科生，只有南京大學的匡亞明校長有魄力，有遠見，他決定入學兩年後再從擴招的學生中進行考核，按照 10% 的比例擇優選拔。因此 1980 年的夏天，我又通過考試進入了歷史系的本科班。

　　我們入學比本科班晚了兩個月，1978 年 12 月中旬，當走進南京大學歷史系教室的那一刻，我就深深地感到，這將是改變我人生道路的一個關鍵時刻；可是當時我不知道的是，就在我進入大學的那些日子裏，北京正在舉行黨的十一屆三中全會，而這個會議的召開，卻是改變我們整個國家和民族命運的重大轉折。

第九章

南大學子

歷史系新生

1977 年中央宣佈恢復高校招生制度，當年 12 月開始各省市分別出題進行考試，1978 年春天入學。而 1978 級新生只差半年入學，因此 77 和 78 級是同一年入學、也是同一年畢業的大學生。1978 年是全國統一時間、統一考卷，統一評分的升學考試，其中文科考五門：政治、語文、數學、地理和歷史，滿分 500 分，外語算參考分，不計入總分之內。南京大學歷史系本科班共錄取新生 58 名，來自全國十多個省市，當然最多的還是江蘇本省，其中來自鹽城的同學最多，有十幾個，南京的同學次之。據說南大歷史系在江蘇的錄取線是 380 分以上，外省的錄取分可能會稍低些，同班同學中最高分為 439 分，400 分以上的也有好幾個，有一個同學數學竟然考了 99 分，很多人都不理解，為甚麼數學考得那麼好還學歷史？我總分考了 409 分，但因第一志願報的人民大學而不是南大，最後因家庭出身而沒被錄取。幸而後來有了擴招，才有機會擠上末班車，因為歷史的考分最高，所以報了歷史系。

「文革」十年耽誤了多少年輕人的升學夢，所以一旦改革高校招生

南大新生

制度，報名參加高考的考生很多，而且成績都還不錯，國家又正是需要
人材之際，所以各地都有擴招的措施。南京是省會，高校又很多，所以
擴招的名額也較多。但當時最大的問題是學校的設施不夠分配，特別是
宿舍和教室，所以符合擴招的條件就是要自己解決住宿。換言之，擴
招的學生家應是南京的。歷史系擴招的同學共 40 名，除了一個家在江
都（但他父親在南京工作，可以解決住宿問題）外，其他同學都是南京
人，雖然各家住宿的條件不一，但至少都有一個容身之處。擴招同學的
分數好像是 340 分以上，這在當年全國乃至於南京、特別是在文科的
考生中也是挺高的分數。

　　我們入學是 12 月中旬，比本科班同學遲了兩個月，當時南大的校
舍嚴重不足，除了宿舍，教室也根本不夠用。匡亞明等校領導以身作
則，他們的辦公室都極為簡陋，與此同時還搭蓋了一批簡易教室，最著
名的應該就是北平房了，一個教室可以容納一二百名學生，一律是水泥
課桌，水泥板凳。我們上學時正是冬季，屋外寒風凜冽，教室內則如同
冰窖，可是老師上課精力充沛，學生聽課全神貫注，絲毫沒有受到寒冷
天氣的影響。圖書館內更是人滿為患，每天一開門學生們就蜂擁而至，
根本就沒有空位，操場上、道路旁，到處都見到學生默默地背誦英文單

詞，那個時候的大學生活就是這樣一幅場景。

當時規定，上學前參加工作並有五年以上工齡的同學可以帶薪上學，但那時插隊還不算工齡。我 1968 年插隊，1975 年上調到煤礦，滿打滿算工齡也只有三年半，不符合帶薪的要求；而我父母的工資都比較高，想申請助學金恐怕也沒有資格，因為哥哥也是當年考上的南京郵電學院，他已經結婚並生了孩子，但連他都沒有申請到助學金，我想自己更沒戲，因此根本就沒向學校申請。上學那年已快 30 歲了，雖然那時的大學不需要繳學費，但四年的生活費還得由家裏負擔，父母親就希望我們能上大學，對此當然心甘情願，但作為子女來說，這麼大歲數了還要伸手要錢，實在是不好意思。

我們 78 級本科和專科兩個班合起來近 100 名同學，輔導員姓金，是歷史系前幾年畢業的一位工農兵學員，也是插隊在安徽農場的上海知青，年齡比我還小幾歲，人挺好的。大三時換了一個輔導員，是個南京籍的復員軍人，年齡更小，因此對我們這些南京話稱為「老桿子」的大齡學生還是挺照顧的。專科班和本科班南京籍的同學都是走讀生，沒有宿舍住，平時早出晚歸，沒有固定的地方聚集，輔導員就將我們插入本科班的幾個小組（也就是各個宿舍）一起學習。我們晚了兩個月入學，因此學校特別在寒假期間為我們安排補課，在這之後的幾年中除了考古專業，其他課程兩個班都是一樣的，就是少讀一年，而且不要求撰寫畢業論文。但因為大家都不住校，彼此之間來往不是太多，大家也就是上課時在教室見見面，課後除了有甚麼集體事務，平時也都是各自活動。

因為我在班上年齡最大，成績也比其他同學要高一些，因此一入學就被輔導員任命為專科班的班長，成為既成事實後，後來再選舉也就維持原樣了。班上同學對我倒也挺尊重，叫我「老大」，這個稱號一直保留至今。10 年後我移居香港，其後每年回南京都會有同學出面張羅，

說「老大回來了，大家在一起聚聚」，我也非常感謝同學們的熱心。副班長比我小幾歲，卻是一個有多年軍齡和黨齡的復員老兵，待人忠厚熱情，還有一位班委比我小一歲，是南師附中老初三的畢業生，我們幾個採取「無為而治」的方式，大學幾年配合得相當默契，同學們相互之間的關係也都很好。

剛入學不久就趕上聖誕和元旦，系裏組織聯歡，要各個班出節目，大家剛來，還不是很熟悉，我就拿出煤礦宣傳隊的功底，知道有個同學會拉幾下手風琴，於是就找了幾個男同學，借了個手風琴，又練了幾首歌，好像是印尼民歌《哎喲，媽媽》和美國歌曲《鈴兒響叮噹》，隨便練了練就上場，沒想到這個臨時拉出來的男聲小合唱居然一鳴驚人，滿堂喝采。第二年還作為歷史系的代表節目參加全校的演出，這也成了校園生活一段美好的回憶。

當時南大歷史系中國歷史的重點學科除六朝考古外，元史的師資力量和研究水平可以説名列全國第一，明清史（以江南經濟史為主）和近代史中的太平天國史在內地史學界亦享有盛名，世界史在內地領先的有國別史（如英國史、美國史）和國際關係史，另外，新興的中華民國史研究此刻正開始籌備進行。我們入學後除了一、二年級要修讀中國史和世界史兩門通史外，必修課還有古代漢語、英語、史學理論等，到了三

1980 年在南大元旦晚會上表演小合唱

年級主要就是選修課，不僅可以選修本系的課，還可以選修外系的課。印象中南大好像是全國第一個採用學分制的大學，修滿規定學分後即可畢業，我們班上後來就有四位同學因修滿學分，提前半年與 77 級同時畢業。

我常說，我學歷史並不是因為對歷史多有興趣，而是因文科的選擇太少，而當年高考中歷史分最高所致。後來中學老師遇見我曾好奇地問我：「你怎麼會學歷史？你在中學時數理化成績不是挺好的嗎？」我則苦笑笑，無言可答，蹉跎十年，數理化早就忘得差不多了。也有中學同學笑著說，「你忘了，你上初中在班上第一個職務是甚麼？歷史課代表呀！」回想一下，還真是與歷史有點淵源。

我考上大學後，一位鄰居、也是南航的一個中年老師看見我便問：「聽說你考上大學了，哪個大學呀？」

我回答：「南京大學。」

他說：「啊呀，南京大學非常好啊。哪個專業呢？」

「歷史系。」

他的口氣突然變了，吱唔地說：「好，好。」

很多年過去了，他又遇見我，說你學歷史好啊，歷史真是應該好好學。我心想，說這話可能是因為你年齡大了，對過去的歷史有了一種新的認識，才會對歷史產生一種敬畏之心。

師恩難忘

南京大學歷史系是中國採用近代學制以來設立的最早系科之一，它的歷史可以追溯到 1902 年建立的三江師範學堂國史科，1952 年院系調整時，由原中央大學歷史系、邊疆政治系和金陵大學歷史系合併而成，在內地高校中處於領先地位。南京大學歷史系淵源流長，不論其

前身兩江學堂、南京高師、東南大學乃至於中央大學，歷史系都是內地
重要的學術陣地，過去常有「北大南高」之説，而當年東南大學的「學
衡」派，更培育出一代代學子講求實證的學術傳統。相對於其他著名高
校，譬如北京大學歷史系，南大歷史系「文革」中所遭受的破壞較輕，
老教授中除陳恭祿先生於「文革」初期病逝外，其他知名教授如元史韓
儒林、英國史蔣孟引、國際關係史王繩祖、先秦史劉毓璜、中國近代史
王栻等老先生都還健在，雖然他們年事已高，大多沒有給我們這些本科
生開課，但憑藉他們的學術功底，為南大歷史系在內地學術界博得領先
的地位。那些稍年輕的教師，如王覺非、茅家琦、蔣贊初、洪煥椿、呂
作變以及更年輕一些的陳德芝、秦浩、邱樹森、王明中、洪家義、張憲
文、蔡少卿、姜平、張樹棟、伍貽業等老師都已嶄露頭角，在內地享有
一定的學術地位，他們也大都成為我們這一屆學生的任課老師。師恩難
忘，這裏只能簡單地介紹幾位老師對我的教誨。

　　茅家琦老師是多年來指引我前進、關心我成長的一位恩師。大學
期間茅老師是歷史系的副主任，但老主任韓儒林先生年歲已高，實際上
都是由他主持系內的教學工作，茅老師後來升任主任，工作更忙，其間
他還給我們開設「太平天國史」、「史學理論與史學方法」等課程。我
們這些剛剛踏入史學之門的學生，從茅老師和系裏其他老師身上學到豐

系主任韓儒林先生是著名
的元史大師

富的歷史知識，還明白了許多做人的道理，然而我真正接觸和了解茅老師，還是在大學畢業參加工作之後。

　　大學畢業後我分配到第二歷史檔案館工作，與茅老師的來往日益增多，有時一同出外開會，更多的是到老師家去問學，每當我將自己在學習和工作中的一點體會向老師匯報，茅老師都不厭其煩地加以指點。1988 年我去香港探親，臨行前茅老師特地囑我到香港後去拜訪港大校長王賡武和中文系主任趙令揚兩位教授，也正是在他的支持下，我最後決定報讀香港大學研究生，茅老師後來還擔任我畢業論文的校外評委，對論文予以肯定。1990 年我到香港中文大學工作後，他仍鼓勵我一邊工作，一邊深造，並在我撰寫博士論文過程中多次進行指教。

　　茅老師不僅獎掖後學，桃李天下，而且治學嚴謹，著作等身，是國內外知名的歷史學家，尤其是他多年來在太平天國史研究中的貢獻被史學界公認為該領域的權威。但是茅老師並不固步自封，仍不斷開闢新的研究領域，其後他又帶領眾多弟子從事長江中下游區域史和台灣史的研究，並取得了卓越的成就。茅老師也多次對我講，研究歷史思路要開闊，不要為過去的一些所謂定論而束縛住手腳。1994 年 4 月 25 日他在給我的信中說：「我一向認為，中國近代史（包括 1840-1949）需要在

1994 年 12 月，攝於中國第二歷史檔案館，左起：范金民、馬振犢、茅家琦、劉石吉、錢乘旦

2018 年與茅家琦老師合影

總體上作再認識，過去許多成為定論的結論，往往經不起推敲。」在他退休之前（1996 年 10 月 2 日）給我的另一封信中更是表達了他對於史學研究的熱愛與關懷。他在信中談及退休後的工作計劃時寫道：「自十歲懂事，六十年來的變化，頗多感觸，教訓太多，如何加以系統整理，亦在考慮之中。」茅老師的這番話使我反覆思考，它也是永遠鞭策我前進的動力。

　　張憲文老師是中國現代史教研室的負責人，在校期間給我們開設「中國現代史料學」、「中華民國史」等選修課，後來我們才知道，他還是我們那年高考的歷史試題出題人。張老師是內地最早進行民國史研究的學者之一，在校期間對我幫助極大，我的第一篇學術論文就是在他的指導下，後又經他推薦才得以在《南大學報》上發表的。畢業後我與張老師的來往十分密切，曾協助他在南京召開兩次民國史的會議，並參與他的一些研究計劃。張老師與中國台灣地區和國外的學者關係十分緊密，他的組織能力尤強，民國史研究中的許多重大課題和項目都是在他的動員和協調下才能完成的，在他的主持下，南大先後召開過六次民國史的國際學術會議，前兩次我曾協助他籌辦會議，後來我移居香港，但以後的幾次會議都有幸收到張老師的熱情邀請，因而能夠與會，得以見到眾多老相識，也結識了一大批新朋友。

2017 年與張憲文老師合影

2014 年，中華書局向我約稿，要出版我的一本學術文集，我將其取名為《讀檔閱史：民國政事與家族利益》，收錄了新世紀以來發表的若干篇論文。論文輯齊之後，我貿然向張老師索序，他即欣然應承，寫下一篇鼓勵讚揚的文字，對我實為一大鞭策。那一年正是張老師八十華誕，拙著也是我為老師八十大壽奉獻的一份小禮。

教授我們世界上古史的張樹棟老師是參加過抗美援朝的志願軍，1955 年以調幹生的身份考入南大，畢業後就一直留在系裏任教。張老師上課時喜歡坐著講課，說起話來慢條斯理，聲音中帶有一種磁性，至今還記得他在講述古代七大文明時那種神情，好像他都去過一樣，更讓我們產生出一種身臨其境的感覺。給同學們印象最深的是他一次上課時忽然說：「歷史過程中的決定性因素歸根到底是現實生活的生產和再生產，無論馬克思或我都從來沒有肯定過比這更多的東西。」大家聽了之後紛紛愕然相望，竟然將馬克思與他自己相提並論，這位張老師也未免太過張揚了。但張老師並不理會我們的詫異，繼續闡述有關經濟因素為何是唯一決定因素的理由，雄辯的論據與口才更是讓我們聽得目瞪口呆。在說了一大通話之後，他才說了一句：「剛才我所說的這段話，源自恩格斯的某部論著。」全班同學頓時哄堂大笑，但張老師依然不動聲色，蹺著二郎腿，坐在椅子上紋絲不動。

　　邱樹森老師教授我們中國古代史的下半段，他夫人與他是同班同學，而他兩個兒子也都先後畢業於歷史系，老大還與我同班，像這樣全家人不僅同校而且還同系的例子恐怕全國也是獨一份。邱老師思維敏捷，筆頭子很快，經常發表論文，他的口才也很好，上課時邏輯性極強，板書更是整潔清晰，而且時間掌握得恰到好處。每堂課 45 分鐘，中間休息幾分鐘，每當下課前幾秒鐘時，他都會宣佈休息一下，然後從口袋裏拿出香煙，抽出一根在煙盒上頓頓，這時下課的鈴聲必定準時響起。這種情形屢試不爽，讓人不得不佩服。

　　我們畢業後，南大歷史系舉行了第一次系主任的直接選舉，聽說邱老師當選，但學校尚未批准。一天邱老師到二檔館來找我，我也很奇怪，他是研究元史的，與民國史有甚麼關係呢？我又不好意思直接問他選舉的情形，就婉轉地問他最近工作忙嗎？他說，哎呀，自從當了系主任，忙得不得了，這不是還想與你們二檔合作嗎，要不這事跟我有甚麼關係呀。我聽了之後頓時明白了，立即就將他引薦給館長，並隆重介紹說這位是新任南大歷史系的系主任，從而開啟了雙方合作的渠道。後來邱老師先調到寧夏，又調到廣州的暨南大學，其間他曾幾次到香港找我，我也專程去廣州看望過他，他笑著對我說：現在歷史系就咱倆離得

在校時與洪家義（左三）、邱樹森（右二）老師合影，後排右 2 是高華

最近了。記得有一次他到香港來，我約他家中吃飯，兩人閒聊，突然他問我，說我們二檔館的一位同事（也是他大學同班同學）在外面到處說他在寧夏倒賣羊毛，賺了一大筆錢，問我聽沒聽過。我笑著說，這話我真是沒聽過，不過要問我信不信我倒是真信。我說像您這麼聰明精幹的人幹甚麼都會成功，如果有機會讓您當個部長或副總理，我覺得您一定不會比眼下某些人差。邱老師聽了我的話笑笑，並不反駁，看來他也是同意我這個看法的。

　　教授古代漢語的伍貽業老師經歷比較複雜，他的祖先是西北伊斯蘭教教主，明朝初年奉朱元璋之命到南京，為洪武年間的著名回儒。伍老師於南大歷史系畢業後先分配到二檔館前身的南京史料整理處工作，後調到省哲學社科學學部（就是後來的省社科院），困難時期精簡幹部，組織上要他下放，但他拒不從命，遂以離職處分來到街道，此後長期沒有正當職業。為了生存，他拉過板車，撿過破爛，賣過鴨子，甚麼苦都吃過，年近 50 歲才結婚。「文革」後期好不容易有個機會到中學教書，但仍是代課身份。我們上大學時學校師資不夠，伍老師原本成績就很好，系裏的老師和他的同班同學又都出力幫他，讓他先到系裏代授劉毓璜教授開設的古代漢語，而我們就算是他最早的一批學生。

　　記得我們上的第一堂課就是伍老師講授的「古代漢語」，這也是他

與蔡美彪、邱樹森教授
攝於香港青馬大橋

到南大上的第一次課。下課後我與伍老師聊天，他那時剛與表弟沙葉新聯名在《文匯報》上發表過一篇關於論述封建主義的論文，而他另一個表弟過去與我插隊在同一個縣，彼此都認識，因此我和伍老師越談越投機。同學們對伍老師記憶猶深的一件事，是他帶著知識分子痛苦遭遇的神態講述司馬遷的《報任安書》。在讀到「文王拘而演《周易》，仲尼厄而作《春秋》，屈原放逐，乃賦《離騷》，左丘失明，厥有《國語》，孫子臏腳，《兵法》修列，不韋遷蜀，世傳《呂覽》，韓非囚秦，《說難》《孤憤》，《詩三百篇》，大抵聖賢發憤之所為作也」時，聲情並茂，他一邊激動地脫下外衣，一邊對我們講：「你們可能不理解，因為你們太年輕，沒有這樣的經歷！」此景此情，永遠刻在全班同學的記憶之中。

後來沒多久伍老師就正式調到南大，事隔多年他還對我表示感謝，我有點莫名其妙。他說，當初南大要調動他的時候必須要聽取同學們的意見，你是專科班的班長，你所反映的意見很重要。經他這麼一說，我好像覺得是有那麼點兒印象，不過這還是因為他課上得好，以及系裏老師極力幫忙的結果。後來伍老師當上全國政協委員、伊斯蘭教協會的副祕書長，大概 20 年前他來香港訪問時曾告我，他想寫一部回憶錄，就寫他的家族和他本人經歷的這段歷史，書名他都想好了，就叫《家族六百年與個人六十年》。我說太好了，就等著拜讀您的回憶了。多年與

與邱樹森（左二）、伍貽業（左三）老師攝於方駿（左一）家中

伍老師沒有聯繫，也不知道他的這部回憶錄完成沒有。

40 多年來，從南京大學到第二歷史檔案館，再從第二歷史檔案館到香港中文大學，若從地埋距離上來說，我離南大的各位老師是越來越遠了，但從思想上、感情上來說，我卻覺得離老師們越來越近了。師恩難忘，如果說這些年來我能在歷史研究的領域中取得一點點成績，那都是同南大歷史系諸位師長的辛勤教導分不開的。

外出實習

南大歷史系分歷史（中國史與世界史）和考古兩個專業，78 級本科班有 10 多位同學是考古專業的，其他同學及專科班都是歷史專業。考古專業除了基礎課與我們一起上之外，他們還有其他考古方面的專業課，而且還會定期外出考察和實習，讓我們非常羨慕。「文革」期間工農兵學員入學後經常有開門辦學的活動，而到了我們這會兒則大部分時間都在學校學習，唯一只有第一學年結束前的一次實習活動，那就是到蘇州地區尋覓明清時期的碑刻並進行拓片與整理，這對於我們後來的學習和研究都有很大幫助。

江蘇省的蘇州地區（地改市後就是現在地級的蘇州市）即明代的蘇州府，包括吳縣、長洲縣、崑山縣、常熟縣、吳江縣、嘉定縣、崇明縣和太倉州，而清代的蘇州府則包括吳縣、長洲縣、元和縣（三縣同城分治）、崑山縣、新陽縣（二縣同城分治）、常熟縣、昭文縣（二縣同城分治）、吳江縣和震澤縣。蘇州府歷來不僅是江南經濟的重心，也是全國財政收入的重點地區。顧炎武認為，蘇松二府「其田租比天下為重，其糧額比天下為多」，因為全國夏稅秋糧共二千九百四十三萬餘石，而蘇州一府就佔了將近十分之一，達二百八十萬九千石，因此他說，「蘇州之田居天下八十八分之一弱，而賦約天下十分之一弱」。尤其是明清

以來，隨著各種手工業、工商業的發展，人口的增加，城市經濟的繁榮，其經濟地位亦日形重要，因此有關明清以來蘇州地區的社會與歷史自然引起國內外許多研究者的關注。

研究歷史最重要的是史料，特別是第一手的史料，但一般正史對於城鎮經濟的規模及發展卻缺乏詳細的資料。所幸蘇州地區遺存了許多明清時期的碑刻（主要是各會館和各行業公所的碑文），詳盡記載了明清兩代蘇州地區各行業的規模、數量、種類，以及這些會館公所與官府之間既相互依存又彼此矛盾的關係，有些碑刻甚至就是當時地方政府的公文檔案，從而為後人了解明清以來蘇州地區資本主義萌芽的產生、城市經濟的發展、手工業與商業的興盛、市民的來源等方面提供了翔實可靠的資料。

近人十分注意收集和整理明清時期蘇州地區的碑刻資料。20 世紀50 年代中期，江蘇省博物館曾組織力量重點調查了蘇州市以及附近地區碑刻的遺存情況，後在此基礎上出版了《江蘇省明清以來碑刻資料選集》（北京：三聯書店，1959 年），該書所收 370 件碑刻中 86% 以上為蘇州府一地所存。1979 年夏，南京大學歷史系聯合蘇州市歷史博物館等單位又對明清時期蘇州府所屬各縣的各類碑刻資料進行廣泛的調查、收集和整理工作，在洪煥椿、邱樹森等老師的帶領和指導下，南大歷史系 78 級本科、專科近百名學生參加了對蘇州地市及周邊各縣遺存碑刻的調查和拓片。

這是我們入學後參加的第一次外出實習，大家都非常興奮，我們先從南京乘火車到蘇州，住在江蘇師範學院（即今天的蘇州大學），40 多年過去，留給同學們的共同回憶就是蘇州的蚊子又大又兇，咬在身上那可是一點也不客氣。在蘇州參觀學習數天後，便分配到蘇州及周邊各縣進行實地考察。我分配在常熟，因為常熟是個大縣，遺存明清碑刻數量較多，所以這一組同學也是最多的，主要都是專科班的，大概有 20 多

那時同學間的年齡相差較大

名，其中還有本科班兩位學考古的同學帶著我們學習拓片，系裏指派我擔任臨時負責人。前些時班上的同學在微信中回憶起蘇州實習的往事，有同學說起他們曾在實習期間偷偷地到上海、杭州的經過，但我們在常熟的同學好像都循規蹈矩，沒有發生這種「違紀」的事兒。

我們住在常熟第一中學，常熟文管會一位姓王的老師直接指導我們工作，洪煥椿先生和邱樹森老師也輪流到常熟看我們。我們這些人成天走街串巷，到處尋覓遺存的碑刻，先是拓片，然後再對碑文進行抄寫，並嘗試進行句讀標點，最後由洪先生他們編輯成《明清蘇州工商業碑刻集》（江蘇人民出版社於 1981 年）出版，成為研究明清江南社會經濟以及中國資本主義萌芽的一部重要參考資料，我們也從具體實踐中學到了如何採集資料及拓片、分類和標點等治史的基本功，受益非淺。

我在班上年齡最大，年齡最小的是 1962 年出生的張華，別看他上學時只有 16 歲，可是極為聰慧，特別是對明史具有濃厚的研究興趣，深得洪煥椿、呂作燮、羅倫等老師的喜愛。記得是 1980 年暑假，洪煥椿先生委託張華找了我和楊亞非、周連春幾位同學到他家去，洪老師說他計劃根據歷代江南地方志的資料，選編出一部反映蘇州地區農村經

濟的資料集，為此他已歷經多年，收集了大量這方面的地方志。但因時間有限，希望我們幾個同學能幫他承擔些收集資料和抄寫校對方面的工作。我們當然欣然從命，用了暑假中的大部分時間進行抄錄，這就是後來交由江蘇古籍出版社出版的洪先生所著《明清蘇州農村經濟》。雖說後來我的研究方向不是明清經濟史，但這方面的訓練確實為我後來從事歷史研究有莫大幫助。

升本 · 入黨

我們上大學的時候南大校長是著名的教育家匡亞明，1978 年擴招南大招進了大約近千名學生，當時匡亞明校長就決定，擴招進來的新生有些同學成績不錯，決定兩年後再進行一次考試，從專科班同學中選拔 10% 的學生升入本科，繼續學習。這一德政成就了我們這批後進學校的同學，而且據我所知，這好像也是南京地區唯一一所高校採取的政策。

升本考試於 1980 年暑假進行，我當時是專科班班長，在考試之前，系副主任瞿季木老師讓我告訴大家，這次名額有限，出的題目很難，與研究生考試的試卷沒甚麼區別。因為考試的目的是選拔，必須要把成績拉下來，所以錄取沒有分數線，主要是看個人的史學基礎和平時的積累，只按最後的成績，錄取前幾名。我們專科班一共 40 名同學，因而錄取名額就是四名。

試題分兩大類，上午考中國史，包括古代漢語，下午是世界史，包括英語。其實這次考試對我來說並沒有任何優勢，其一，因為在這之前我已決定將學習的重點放在中國近代史方面，但當時我們的中國通史課還沒有教到現代史，所以中國史試題幾乎全都是古代史方面的內容；其二，我的英語是從 26 個字母開始學的，世界史也不是我學習的重點；其三，暑假期間我主要幫助洪老師抄錄地方志資料，沒有時間複習。而

且當時我剛戀愛，考前正與女朋友去杭州和莫干山旅遊，因此我的升本考試是在這一切不順利的情況下進行的。好在最後的成績還不錯，總分仍舊是全班第一，結果我們四位同學順利升入本科，其中第四名就是後來成為著名黨史學家的高華。

本科班原來的老大哥是揚州人，省揚州中學 68 屆高中畢業生，與我中學同屆，生日也是同年同月，但後來再詳細交談，才知道他的生日是陰曆，我是陽曆，那自然我就成了老大了。升入本科班後正好趕上班上進行班委改選，前兩年大家雖然在一起學習，但因我們是走讀，所以與本科同學並不是很熟，名字都還叫不全，沒想到選舉投票時我卻被選入班委，這倒是我始料未及的。選舉之後的班委互相推定各人的職務，因為我年齡最大，原來又是專科班的班長，所以有同學推我當班長。我竭力推辭，說我原本沒住校，與大家還不熟，真不適合當班長；但既然大家看得起，那我就當副班長，為大家服務吧。按當時的規定，系裏的共青團總支書記應是在職教師（先是華濤，後是 77 級的學長丁家鐘），而副書記則由學生出任，不久，系裏又決定讓我擔任系團總支副書記這一職務，與系學生會一起，負責全系同學的日常學習和生活。

77、78 級同學年齡差別較大，很多同學都在基層工作多年，具有較豐富的社會實踐經驗，本科與專科班加起來將近有 10 個同學入學前就已經入黨，因此大學期間班上就有學生黨支部，可以自主發展黨員。80 年代初在社會中普遍存在著所謂「三信危機」，即信仰、信任和信心危機，因此各高校黨組織中的一個重要任務，就是要在學生中培養和發展新黨員，我們這個班的支部在校期間先後發展了五、六批共 10 多個同學入黨，而我則成為被發展的第一批新黨員。

1980 年，剛剛復刊不久的《中國青年》突然刊登了一封署名為「潘曉」的來信，題目就叫「人生的路啊怎麼越走越窄」，一下子在全國青年中引發了巨大的反響，人們紛紛給《中國青年》雜誌去信，表達自己

的意見。記得《中國青年》雜誌社還派了兩名記者到南大來召集部分同學座談，我也被列入名單，但那天究竟説了些甚麼現在已經完全記不住了。後來才知道世上本無「潘曉」這個人，是雜誌社的編輯將兩封讀者來信的內容加以綜合而成，不過這封信確實反映出當時青年們對前途與信心的憂慮。

說老實話，以往因家庭出身，在招工、招生等問題上曾多次受過阻礙，對政治心灰意懶，所以入學之初並沒有入黨的要求。專科班的副班長年齡雖比我小，可他已是具七、八年黨齡的老黨員，有一次他對我說：「老大，有沒有考慮入黨呀？」我聽了一楞，連忙説：「我哪行，底牌不硬呀！」他又説，現在不看家庭出身了，主要看個人表現。我還是連連推脱説不行。這時他才説：「老大，這不光是我的意思呀，這是系黨總支叫我跟你説的呀。」我聽了之後才説，那讓我考慮一下吧。那時全社會正強調幹部要「四化」：革命化、年輕化、知識化、專業化，大力動員和發展知識分子入黨。我覺得知識分子加入黨的組織，對黨的組織成分會發生改變，對國家的發展和強大應該説也是件好事，於是我就向黨支部遞交了第一份入黨申請書，並參加了幾次黨課。很快，支部就有專人找我談話，並讓我填寫入黨志願書，我便和考古專業的魏鳴同學成為歷史系第一批入黨的新黨員，並於一年後的大四轉為正式黨員。

陪住

前些時在微信中看到山東大學為陪讀生一事鬧得沸沸揚揚，回憶起來，我在大學也有一段陪住的生涯，不過那時的陪住與現在可不完全一樣，最大的區別當然就是同性陪住。我當年也曾作為陪住生，與外國同學同居，現在想起來，也是一段美好的回憶

1978 年以後，國家實施改革開放的國策，對外開放在教育方面的

重要表現就是招收了大批的外國留學生來華學習，南京大學是全國重點綜合性大學，也是外國留學生入學的重要高校之一。當時來中國的留學生主要分兩大類，一類是學習工科醫科，包括水利、中醫藥，以南京為例，主要是華東水利學院（今河海大學）、南京中醫學院和藥學院（今中國藥科大學）等，學生主要來自第三世界的發展中國家；再有就是到中國來學習中國的傳統文化，南京大學的文史哲專業國際知名，留學生主要學習這一領域，而他們則大多來自歐美和日本等發達國家。

南大校方為了配合留學生在內地的學習和生活，特地將南院的九舍和十舍讓出，作為留學生住宿的地方，還專門成立了留學生辦公室。當年其他高校對留學生管理得很嚴，將留學生宿舍與其他學生隔離開來，平時也不准外人隨便進出；但南大的情形就不大一樣，留學生不但可與內地學生互有來往，而且還鼓勵他們與中國學生合住，好像是如同意合住的即可以免繳或少繳住宿費。留學生來中國的目的本來就是要學習中國文化，能有這一機會與內地學生同住，既可以了解中國的社會，又可以藉機學習中文，何樂而不為，所以大部分留學生都同意合住；而中國學生就更不用說了，既能和同屋說說英語，了解一些國外的狀況，而且兩人一間屋（那時大學生宿舍大都是八人一間），更重要的是每天還可以洗熱水澡，真是求之不得呀！

因為南大的留學生大都學習的是中文與歷史，因此這兩個系的學生就是陪住的主要對象，尤其是女同學太少，全部陪住都還不夠，還要增添一些外語系的女生；男同學當然很多，但具體名單還是由系裏決定，再徵求留學生本人的意見。我是擴招生，又是南京籍，原本沒有住校的資格，可是升本後被選為班委，就先安排住校，不久又被挑選成了一名陪住生，而且還讓我負責本系陪住生的日常生活。我的陪住對象是一名加拿大留學生 John Burdge，中文名叫卜彰文，年齡與我差不多，這可能也是他願意找我陪住的原因。卜彰文是中國近代史的碩士研究生，

研究重點是國民黨的特務組織，他的漢語水平一般，所看的資料也就是文史資料中的回憶資料，沒有甚麼稀奇的史料。不過他那裏倒是有不少香港的政論雜誌，譬如《七十年代》《爭鳴》《百姓》等期刊，就是我第一次在他那兒看到的。

卜彰文身材高大，面目祥和，平時說話都帶著笑容。留學生到中國來也帶來許多西方的文化，一到甚麼萬聖節、感恩節和聖誕節這些西方的傳統節日，留學生宿舍不是開 Party，就是舉行化妝晚會，熱鬧非凡，我們這些陪住生也常獲邀參加。記得我的同屋就曾穿著一身黑衣，脖子上掛著一個十字架，簡直就像電影《牛虻》中的那位大主教蒙泰內里！後來他們這些留學生還經常被借去拍攝電影，記得卜彰文就先後在《西安事變》《鍾山風雨》等影片中扮演過大使、記者等角色，反正也不要說話，就是站在那兒舉舉酒杯、跳跳舞就行了。

大三時系裏來了一位新領導，要求所有同學每天早上 6 點鐘必須起床，集中到大操場早鍛煉，每天清晨 5 點半就由系體育委員在宿舍的樓上樓下吹哨子，他本人每天都到各宿舍去查房，誰也溜不掉。我們這些陪住生原本不住在宿舍，但也被下令一定要參加，可是我們那兒沒人 morning call，只好從家裏帶了一個小鬧鐘叫起。留學生一般都是夜貓子，每天睡得很晚，因此每當清晨鬧鐘響起，雖然我立即按下鬧鈴，但都會把同屋吵醒，我連忙說 sorry、sorry，一邊趕緊穿衣外出，他雖然沒說甚麼，但我心裏一直覺得對不住他。

我與卜彰文的關係挺好，他不像其他外國人那麼開放，按我看算是屬於循規蹈矩的人。不過我的英文口語並沒有因陪住而提高，這主要是因為我缺乏主動性，詞彙量又少，往往說幾句就找不出甚麼話說了，因此大部分時間還是我跟他說中文，他當然更願意這樣了。我們同住了一年多，其間曾幾次邀請他到我的南京家中來作客，受到全家人的熱情招待，他也很願意了解中國家庭的生活，並享用各種美味的家常菜。畢業

邀請卜彰文到家中作客

後我偶爾還到他宿舍去看看他，那時他已經一個人住了，據他說後來的
同學年齡太小，沒有像我這樣歲數大的了。記得有一次他還請我到南京
剛開張的金陵飯店頂層旋轉餐廳去喝咖啡，讓我開了一次洋葷。以後他離
開中國，開始還有幾封明信片，後來就失去聯繫了。我到中大工作時曾聽
翻譯中心一位同事（她曾擔任過南大的外教，認識卜彰文）說，卜彰文後
來與另一位美國留學生安德遜結婚了，她是位博士生，回美國後在一所大
學任教，他們倆生了幾個孩子，卜彰文也就不工作，成了一位真正的家庭
婦男，專門相妻教子，這在中國人的眼中看來，簡直是不可思議。

有少數南大留學生不僅同意中國學生陪住，甚至還提出要住到中國
學生的宿舍，與他們同吃同住。這個要求後來竟被批准了，我想這可能
在當時內地高校中是絕無僅有的，這也充分體現出當時南大校方的開放
心態。在此德政下，幾位來自西德、日本和美國的留學生就和我們班上
的同學同吃同住了幾年，彼此之間也建立了深厚的友誼，其中最重要的
人物就是潘愛文。

潘愛文（John Pomfret），後來改名叫潘文，我們都叫他小潘。
小潘個頭可不小，身高一米九幾，我們歷史系這麼個小系當年竟能在全
校籃球比賽中榮獲亞軍，其中有一個重要原因，就是那時我們系已擁有
像小潘這樣的外援，雖然他的球技並不怎麼樣，但那麼高的個子矗在球

場上，還是有一定威脅的。小潘是美國人，聽說他的父親是一位著名的報人，他在斯坦福大學上學期間對中國文化產生興趣，於是便休學學習中文，並申請到中國留學。到南大之後，他不願住在舒適的留學生房間，而堅決要求與中國同學同吃同住，擠在八個人一間的宿舍，假期時還與一位四川的同學到他老家去，因此他和大家的關係都挺好，但我沒跟班上同學住在一起，因此與他並不熟。

2002 年夏，我們班同學在畢業 20 周年之際舉行了一次聚會，並製作了一個通訊錄，小潘那時出任美國《華盛頓郵報》駐北京記者站主任，聽到這一消息後，就想與班上的同學建立聯繫。此時他在北京的工作即將結束，按照慣例，過往長住一個國家或地區的記者離任後大都會對這個地方寫點東西，小潘覺得如果照以往寫法，不足以反映中國改革開放變化的面貌，不如從他個人的經歷及與中國同學的交往，以我們班上同學為素材寫一本書，分別寫寫他們上學前、大學期間以及畢業後這麼些年的生活，從中即可看出中國這幾十年來的發展與變化，以小見大，更具代表性。他的這一想法得到美國一家出版社的認同，並預付了一筆稿費，小潘就按照通訊錄的地址給班上每一同學寫信，談了他的想法，並希望得到大家的支持，接受他的採訪。我覺得他的這個想法很好，便回信表示支持，幾年間他曾到香港訪問了我兩三次。

說到訪問還有一件趣事兒。有一次小潘打電話給我，說他又到香港了，想第二天與我見面，但我第二天要去北京開會，他立即問我哪個航班，說馬上改票，當天同我一起回北京，並約我晚上一起吃飯。我說沒時間，因為 77 級的楊冬權（他當時是國家檔案局的副局長）知道我來北京，已經約了所有 77、78 兩個班上的在京同學當晚一起吃飯。小潘問他可不可以參加，我說那是人家請客，我不好自作主張，可是他還是想參加，我只好說打個電話先問問吧。冬權聽說是大學同學，馬上就說一起來吧。

第二天小潘與我同乘一班飛機到北京，到京後冬權兄特別安排汽車

來機場接我，小潘說他要先回家放下東西。他在北京呆的時間長了，對京城文化門兒清，知道晚餐一定會喝酒，因此說晚上不會開車來。當晚小潘興沖沖地來到砂鍋居，冬權兄一見就愣了，立刻暗中拉我出去問我。

「你怎麼帶了一個外國人來，搞得好多話都不方便說了。」

「我說過，他是我們同學呀！」

「那你沒說他是留學生。」

我自知理虧，但也只能說：「那你也沒問啊。」

幾年間，小潘走訪了班上大部分同學，最後他以班上五位同學的不同人生經歷為素材，寫出一部專著：Chinese Lessons，據說這本書在美國還相當暢銷，被許多教授指定為中國研究的參考書，雖然後來他也寄給我一本，但我的英文閱讀能力欠佳，一直也沒有將其讀完。

2007 年冬天，我與太太到美國，先在西岸的斯坦福大學胡佛研究所查閱宋子文檔案和剛開放的蔣介石日記，聖誕前夕再飛到東岸華盛頓附近的表妹家，正好兒子剛由紐約大學提前畢業，就陪我們一起遊玩。聖誕節那天上午我們正在華盛頓四處遊覽，我突然想起，小潘前些時候說他已從洛杉磯調回華盛頓總部，還給我留下電話，不妨試試給他打個電話。電話撥通後，他聽到我的聲音非常驚奇，問我在哪兒，我說就在華盛頓的第幾大街。他說就離他的總部只有幾條街，他正在開會，叫我們一小時後去找他。那天是聖誕夜，中午很多飯店都關門了，好不容易才找到一家快餐店，幾個人匆匆吃了點漢堡包，聊了聊近況，飯後還到他們《華盛頓郵報》的大門前照了幾張像留念。後來我與他失去聯繫，聽說他已離開《華盛頓郵報》，現在也算得上是美國著名的中國問題研究專家了。

學術研究的起步

我中學學的是俄語，十年蹉跎歲月，早就把它忘光了；插隊時雖自

學過一段時間日語，但工作後也丟掉了。1978 年參加高考時外語只算參考分，不計入總分，但我還是考了日語，居然也考了 40 多分。入學後我原來想繼續學日語，但學校規定英文是必修課，我真的是從 ABC 這 26 個字母開始學起的，經過幾個月的刻苦學習，倒也趕上學習的進度。教我們英文的馮卓老師先是不相信我以前沒學過英文，後來她認為我英文語法提高得這麼快，應該是與以往學過其他語種有關，因為她自己就是從學俄文而改教英文的。但我深知自己底氣不足，基礎太差，年齡又大了，反應遲鈍，可能藉助字典英翻中還可以湊合，但聽、說、寫的能力就差多了。

入學後的前兩年主要是學習通史，自三年級開始憑個人的興趣選修本系和外系的專業課，對我來說，這也是要考慮自己以後究竟應從事哪個方向的工作。我自忖自己半路出家，國學底子不扎實，習古史底氣不足；外語呢，中學學的俄語早就忘光了，英語更是半吊子，學世界史也不靠譜。當時內地已開始致力推行改革開放的國策，學術界也處於撥亂反正、思想解放的高潮，許多以往不敢碰的學術禁區也不斷被衝破，而民國史正是一片亟待開墾的處女地。南京是原國民政府的首都，位於南京的中國第二歷史檔案館又是典藏眾多民國時期檔案的國家級檔案館，而且南京大學歷史系又是全國高校中最早進行民國史研究的大學，審時度勢，因此我有意識地將關注點放在中國近代史、特別是民國史的方向。當時系裏幾位中年教師張憲文、姜平、楊振亞、史全生等都致力開設這方面的專業課，譬如「中國現代史料學」、「中國民主黨派史」、「國民黨的政治派系」、「中國近代經濟史」等等，這些都成為我必選的科目。

大三的時候姜平老師教我們中國現代史，後來他又開設一門「中國民主黨派史」的選修課，一次他約系裏兩位研究生和我到他家去，講起「文革」期間種種無法無天、摧殘民主的事例。聊天時姜老師還特別

提到他個人的一段往事，令我至今記憶猶新。1976年初周恩來總理去世後舉國悲痛，又為國家民族的前途憂心忡忡。就在這時，姜老師祕密地以一名老紅軍的名義，匿名給葉劍英元帥寫了一封信，希望他力挽狂瀾，一舉抓捕那幾個禍國殃民的家伙。這封信後來被查獲，公安部將其列為特大的政治案件，在全國特別是在南京市進行層層排查，就在極有可能被發現的緊要關頭，十月驚雷一聲巨響，「四人幫」被捕，姜老師因而逃過一劫。這段經歷讓他更覺得民主憲政對一個國家發展的重要，由此姜老師計劃編撰一部中國民主憲政史，從晚清變法一直寫到共和國成立，並邀請我們三人參加。我們都受到姜老師經歷和設想的感染，同意參加這個計劃，當即便安排任務，我被指派收集和撰寫1927–1949年即南京國民政府時期的這段歷史，那兩個研究生則分別負責晚清和北京政府兩個時期。他們倆當面説得好好的，可是結果一個字都沒寫，而我倒真是利用暑假去圖書館收集和整理資料，並嘗試寫了七、八萬字的初稿，雖然幼稚粗淺，但卻是我從收集史料，到整理、鑒定，最後撰寫史學論文的開始。

大四時撰寫畢業論文，姜老師就擔任我的指導老師。根據前一階段收集的資料，我將論文寫作範圍縮小到抗戰後期，題目就是「抗戰後期國統區的民主憲政運動」。南大圖書館還有南京圖書館均保藏有大量民國時期的報刊，那段時間只要有空，我就呆在圖書館的特藏部翻閱這些舊報紙，除了《中央日報》《掃蕩報》和《新華日報》這些大報之外，我更留意的是重慶、成都、昆明等地發行的那些小報，還有民主黨派出版的刊物，如《華西日報》《新蜀報》《再生》等等，同時還注意閱讀當時人的回憶及其他政論文章。在收集資料過程中，我發現了黃炎培寫的《延安歸來》這本小冊子，看到當時他與毛澤東在窯洞中那段關於對待民主的態度以及如何走出衰敗周期性的對話，振聾發聵，這在過去可從未聽聞，這段對話就是如今大家都耳熟能詳的「窯洞對」。但從這件事

的發生到 80 年代初已近 40 年，卻從未見有人提及，就連黃炎培本人也都再也沒有說過，他 1964 年出版的那部回憶錄《八十年來》就隻字未提當年那段「周期律」的文字，我看到之後自然是極為震動，即將其談話的重要內容摘錄於我的論文之中。

這篇畢業論文最後的成績是優，但我覺得該文寫得還不成熟，並未想到要去投稿。1985 年江蘇省中國現代史學會召開紀念抗戰勝利 40 周年學術會議，要求大家投稿與會，我也是會員，但當時關注的問題還未涉及到抗戰，所以想了想就把這篇舊稿加以修改參會了，沒想到竟得到與會者的好評。會後經朋友推薦，這篇論文發表在《江西師大學報》上，以後主辦單位出版論文集《抗日戰爭史新論》（南京工學院出版社），亦將其收入其中。雖然這篇文章寫得還比較幼稚，而且發表的期刊不是很有名，但這卻是事隔 40 年內地第一篇披露毛黃民主論對話的文章。更重要的是，它讓我體會到從事歷史研究應該如何從收集史料入手，再一步步地進行爬梳、對照、鑒定，最後完成的過程，對我的影響很大。

大學最後一個學期沒有甚麼課程，畢業論文完成後我又不準備考研究生，所以時間還有很多。那時張憲文老師邀請中國第二歷史檔案館的陳鳴鐘、方慶秋、李安慶、陳長河等幾位老師到歷史系共同開設一門「中華民國史專題」的課程，我很感興趣，並因此認識了這些老師。在他們的介紹下，我開始到二檔館去查閱檔案，這對我以後分配工作、以及確定未來的研究方向都具有重要的關係。

中國第二歷史檔案館保管的民國時期檔案可謂汗牛充棟，浩如煙海，最初看檔案毫無經驗，不知從何入手。在陳鳴鐘、李安慶幾位老師指導下，我才開始逐漸入門，有目的地查閱全宗目錄，並申請調閱部分檔案資料。我發現抗戰前夕日本曾對華北地區大規模進行走私，對中國的經濟造成嚴重破壞，就嘗試從這一問題入手，希望能找到一些突破

點。首先我在南大圖書館查閱 30 年代中期的報刊，如《國聞周報》《東方雜誌》《申報月刊》《外交評論》《銀行周報》等雜誌，發現有大量時人的記載和評論，最重要的研究則是姚賢鎬先生戰後初期撰寫的一篇論文，以及日本學者今井駿先生不久前在日本《歷史學研究》上發表的論文，但在內地這些年幾乎沒有人予以研究。因此我在收集了這些資料的基礎上，再有目的地去二檔館查閱相關資料，結果在行政院、財政部、資源委員會、海關總税務司等機構中查閱到一些相關檔案，最終完成了一篇論文《抗戰前夕日本對華北地區走私問題初探》。

論文完成後在老師們的鼓勵下我首次試著向外投稿，但因是無名小輩，前兩次投出後不是石沉大海，就是很快退稿，最後還是在張憲文老師的推薦下，我投給了母校的學報。沒想到投出後很快就有了回音，責任編輯就是本系 77 級剛畢業留校的學長朱劍兄，他向我提出具體的修改意見，幾經斟酌，不斷修改，時隔一年，最終發表在 1983 年第 4 期的《南京大學學報（哲學社會科學版）》上，這也是我發表的第一篇學術論文。在當時學界中能夠引用第一手原始檔案的學術論文還很少，而且涉及華北走私問題的專題論文也是新中國成立後的第一篇。在這之後，有關這個問題的論文甚至專書都相繼出版了，因此我也算是搶了個先吧。

畢業分配

1981 年夏，三年制的專科班同學畢業，他們的畢業時間甚至要比 77 級還要早半年，是改革高校招生制度後入學南大最早畢業的大學生，分配方案不錯。班上的大部分同學都留在南京市，除了部隊和省市黨政機關外，多數是與文化相關的機構，如電視台、電台、出版社、報社、文物局、博物館、檔案館等單位，還有十來位同學分配到蘇州、無錫、常州和徐州幾個省內大城市工作。第二年的夏天到了，本科四年，

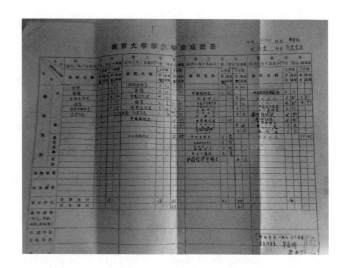

大學學業成績表

也終於到了畢業分配的關鍵時刻，同學們自然關心這個要決定今後人生命運的分配方案了。

那時候高校畢業生的分配全部由國家計委和國家教委統一安排，經過十年動亂，百廢待興，大學畢業生十分搶手，各個單位都急需要人，紛紛向上申請，國家再根據情形予以分配和調劑。一般來說，分配方案一旦確定，就沒有甚麼可以更改的機會，而且「一分定終身」，這個分配結果很可能就成了你終生服務的單位。

我們入學後不久，研究生制度亦已恢復，剛開始研究生考試只是考專業和基礎，聽說試題並不是太難，只要你以前對某個專業有興趣、讀過相關書籍就有希望錄取。事實也是如此，很多人沒有上過大學，卻以同等學力考獲；有的人當年大學沒考取，但轉過來考研究生倒錄取了；也有 77 級同學剛上了半年大學就考研究生，也被錄取了。然而到了我們畢業的時候，研究生制度開始嚴謹起來，考試的形式與內容也規範很多，但班上仍然有不少同學積極準備報考研究生。除了報考本系或本校的研究生之外，也有報考外校外系外專業的。最有意思的是那年北京電影學院要招一名世界電影發展史的研究生，而且明確說明是留學法國，

當然吸引了太多人的注意，其中還有眾多電影學院的高材生，甚至是學院的講師參與考試。我們班上一位南京同學也報考了，他也是走讀生，平時不言不語，最後卻是一鳴驚人，一舉奪魁。顯然北影對錄取外校學生這一結果不甚滿意，但人家的考分確實高呀，所以他們也不得不按正常手續錄取。記得後來北京電影學院人事部門曾派人專門來南京外調，看到這位同學不是團員，就想以此為由不予錄取。我當時是系團總支副書記，聞訊後馬上向他們解釋，說這位同學表現不錯，我們正在發展他入團，已經填過表了，好不容易才算過關。

我們上大學時與現在的情形截然不同，其中最明顯的現象就是男女生比例極不對稱。78 級本科與專科班上近百名同學，而女生只有 9 個，還不到十分之一！也可能真的是「肉少狼多」，競爭過於激烈，畢業時反倒沒有出現一對同學結對的；相反 77 級的同學畢業時竟有五對喜結良緣，以致他們老嘲笑我們年級的男生沒用。還有件事兒現在想起來也挺好笑的。那時的大學畢業生可以說是天之驕子，成為許多家長的擇婿對象，也有老師出面給我介紹，但我那時已與妻子確定了戀愛關係，就不再成為他們的目標了。畢業前夕，系裏負責學生工作的總支副書記熊老師找到我，說他南大一位老同學有個女兒，想在我們這些同學中找一個合適的，他已看上班上的一位南京同學，要我先同他談談。我奉命找那位同學聊天，最後告訴他這件事，他驚慌失措，連忙問我怎麼辦？我問他到底有沒有這個意思，他說年齡還小，目前不想考慮。我說你這麼講肯定不行，你就說你已經有女朋友了，反正他又不可能去調查，結果一個謊言讓他安全過關。以後同學聚會時我一見到他就會說：熊老師找你呢！別的同學不知是甚麼回事，只有我們倆心照不宣地大笑。

本科班原有 58 名同學，加上我們 4 個專升本的，一個 77 級因病休息留到我們班的，還有一個從武漢大學歷史系轉學的，加起來共 64 名同學，其中 4 位已修滿學分提前畢業，另外還有 10 多位同學考取研

因為班上有四位同學提前畢業，所以畢業照也就提前拍攝了

究生，因此分配的單位就有了迴旋的餘地。系裏負責分配的領導還是很講人性的，分配時會儘量考慮安排一些較為合適的崗位。我們班上的同學來自全國 10 多個省市，當然最多是還是本省，其中鹽城和南京籍的同學都各有 10 來名，因此分配時除了中央機關及部隊院校外，部分同學回到原籍，留在南京的名額最多。

至於我嗎，自插隊後離開家已十多年了，如今年齡大了，當然是想留在南京。那時學校雖不贊同在校學生結婚，但 30 歲以上的同學卻不在規定之內，我已戀愛幾年，於是在 1981 年 5 月正式登記結婚，目的其實很明顯，就是不想再離開南京了。後來的分配方案中南京名額近 20 名，班上十多位南京籍的同學中已有兩名提前畢業留校工作，還有三個考取研究生，因此留在南京是沒有問題的。張憲文老師那時正開拓民國史研究的領域，他曾多次動員我考研究生，但我覺得年齡大了，還是早點出來工作，更何況上學這幾年還要家中資助，30 多歲的人了怎麼好意思，所以就沒打算再深造。我聽說那年的分配方案中有中國第二歷史檔案館的一個名額，所以就向系領導提出，希望能將我分配到那兒工作。

匡亞明校長剛剛離任，因
此畢業證上沒有他的簽名

　　為甚麼選擇去二檔館呢？我當時是這麼考慮的。

　　從學術上說，當時我已決定今後研究的方向是民國史，而中國第二
歷史檔案館是典藏民國時期檔案的國家級檔案館，是民國史研究最重要
的研究基地，自己年齡大了，可以靜下心來，在這裏安心工作。我想如
果假以時日，腳踏實地，努力鑽研，應該會有所收穫。而且我在校學習
時已經常常到這裏來查閱檔案，了解檔案館的工作，同時也認識了好幾
位檔案館的老師，他們都希望我畢業後來這兒工作。

　　再從家庭考慮，二檔館離南航很近，從家裏騎自行車大約只有七、
八分鐘的時間。更重要的是，那時住房只能指望單位分配，而住房都是
最緊張的問題，像我這樣剛畢業的學生，無論分配到甚麼單位，根本就
不可能分到住房。但我那時已 30 多歲，雖然領結婚證已經一年多了，
但家裏沒有房子，根本無法成親。我想二檔館是中央的派出單位，級別
高，在住房分配上可能要比其他單位好些，或許會有些希望。這些都是
我當時的實際想法，但後來竟都實現了。

　　經過系領導的平衡以及用人單位的審查，我終於如願以償，1982
年 7 月，我被分配到中國第二歷史檔案館工作，踏入人生另一個重要的
歷程。

民國史研究的重鎮

中國第二歷史檔案館

中國第二歷史檔案館座落在南京明故宮附近的中山東路 309 號，原是由著名建築大師楊廷寶設計、建於 20 世紀 30 年代的中國國民黨中央委員會黨史委員會。1949 年政權更換之際，這裏的資料和人員悉數被撤離到台灣，該處即被新政權接收，成為典藏民國時期檔案和研究民國史的重要基地；而原設在新街口附近淮海路的國史館，則連同工作人員帶資料全部留了下來，後來成為二檔館的家屬宿舍區。

新中國政府對於原政權所遺留的檔案資料非常重視，南京解放後，新政權不僅接收了國民黨的黨史會和國史館，還將國民政府各單位各部門的公文資料以及撤退時一路丟散的資料予以收集，並在此基礎上，於 1951 年 2 月 1 日成立了南京史料整理處，隸屬於剛成立不久的中國科學院近代史研究所。自 1951－1963 年，南京史料整理處先後從南京、上海、重慶、成都、昆明、廣州等地收集並初步整理了民國時期各個政權的檔案 220 多萬卷。1964 年，南京史料整理處改隸由國家檔案局領導，並易名為中國第二歷史檔案館，成為直屬於中央辦公廳的一個下級機構，其編制和級別亦相應提升為正廳級。「文化大革命」期間，這裏

被軍管，成為江蘇省敵偽檔案清理辦公室，原先的幹部和科研人員大部下放農村或調離工作單位，檔案館的主要工作就是接待來自全國各地調查叛徒特務的外調人員查閱敵偽檔案。「文革」結束後，這裏的工作慢慢趨於正常，原先下放和調出的幹部與研究人員陸續調回，亦恢復中國第二歷史檔案館的原名，先是劃歸中國社會科學院近代史研究所領導，但時間很短，其後又重新隸屬於國家檔案局，屬於中央派駐地方的正廳級機構，並由中央辦公廳與江蘇省委共同領導。

1982 年我分到二檔館的時候，館內除了辦公室、人事、財務等行政部門外，還有研究室、史料編輯部、保管利用部、檔案整理部和技術室等幾個主要業務部門。全館共有一百幾十位工作人員，大部分從事檔案的整理、保管、修復、保護，並對外提供利用，其中的業務骨幹多為1960 年前後中國人民大學檔案系的畢業生，史料編輯部和研究室則主要從事民國檔案與民國史的編輯和研究工作，20 多名成員大都是 50 年代各綜合性大學歷史系的畢業生。除了這些大學畢業生之外，二檔館其他的工作人員則分別來自 1972 年分配的一批初中生和 1980 年從農村招工進來的 30 多個南京知青，也就是説將近 20 年都沒有大學畢業生正式分配來館。聽説省人事局前一年要分配一名專科畢業生，但二檔館不要，得罪了省裏，結果半年後 77 級大學生畢業分配時省人事局就不再安排名額，後來一位安徽師大歷史系的畢業生小何還是通過關係才最終分配來館的。今年經過疏通，上面終於分配了兩個名額，因此我和武漢大學歷史系的高紅光應該算是「文革」後最早正式分配來館的大學畢業生。

我和小高都分配到史料編輯部，而報到之後，人事處卻將我留下，幫助他們清理館內幹部「文革」時期的人事檔案。當時中央要求各地限期將「文革」中形成的個人檔案悉數予以清理，因人事處人手緊張，只有處長老戴和幹事小楊兩人，因此一直沒有時間和精力進行這項工作。

我剛分到檔案館，對所有的人都不熟悉，但又是正式黨員，自然是最合適的人選，結果我到二檔館先整理的不是民國檔案，而是館內幹部職工的人事檔案。這項工作用了大約兩個多月的時間，其間還被抽調到省裏參加會議的籌備和接待工作，省裏相關部門的領導對我的工作很滿意，曾多次詢問我願不願意調到省直機關工作，我自然是婉言謝絕，因為我還是想做些具體的研究工作，因此直到這些任務全部完成後立刻回到編輯部上班。

我們史料編輯部當時有 20 多人，是全館知識分子最集中的部門，其中除了個別幾位是原國史館留用和新中國成立初期應聘就職的人員，絕大部分都是五六十年代畢業於北大、復旦、南大、南開、廈大、人大等全國重點綜合性大學歷史系的大學生。我雖然與小何、小高同屬剛剛畢業的大學生，但他們上大學時都是應屆高中生，而我卻浪跡天涯已整整 10 年，年齡要比他們大上一截，對於社會的了解以及珍惜工作的機會，感受與他們自然不同。當時正值改革開放之初，隨著國家對外開放，思想也隨之逐漸解放，長期以來意識形態方面的束縛開始慢慢放鬆，過去人們聞聲色變的民國歷史也逐漸為人所重視。

在全國檔案系統中中國第二歷史檔案館其實是具有多年編輯和研究傳統的，20 世紀 50 年代中，第二歷史檔案館的前身中國科學院近代史研究所南京史料整理處曾根據中央辦公廳（聽說主要是田家英）的指示，在史料整理處處長王可風和著名歷史學家劉起釪等學者的指導下，從館藏檔案中編輯了一套《中國現代政治史檔案資料匯編》（油印本），根據新民主主義革命的歷史發展時期分為四輯（1919–1927，1927–1937，1937–1945，1945–1949），每一輯均根據政治、經濟、軍事、外交等主題劃分若干類目，再下分項目和條目，全書共 224 冊，2 000 餘萬字。但這套匯編印數很少，只印了 100 套，除了專供中央有關部門的領導參閱之外，內地只有少數幾個著名的綜合性大學歷史系才有收

藏。雖然這套書編纂時意識形態色彩很明顯，針對性也很強，那就是為了批判北洋軍閥和國民黨政府的反動性，揭露他們是如何投降帝國主義，又是如何剝削和壓榨工農大眾的，立場鮮明，選材都是有針對性方向、有目的的，但畢竟選編的都是第一手的原始檔案，十分珍貴。然而因為不曾公開發行，能夠看到它的學者少之又少，遠遠不能滿足剛剛起步的民國史研究之需要。

就在我分配到二檔館之前，館領導已經決定在原政治史資料匯編的基礎上，對館藏檔案重新加以整理補充，編輯新的檔案匯編，這就是20世紀80、90年代由江蘇古籍出版社陸續出版那套藍色封面的《中華民國史檔案資料匯編》。這套《匯編》共分為辛亥革命、南京臨時政府、北京政府、廣州武漢國民政府及南京國民政府共五輯，其中北京政府和南京政府是重點，特別是南京國民政府更是重中之重，不僅時間長，收藏的檔案也最多，所以又按其不同時期分為戰前、戰時和戰後三編，下面再具體劃分為政治、外交、軍事、財政經濟與文化教育各個大類，數量極為浩大。這套大型資料匯編就完全由史料編輯部負責，歷經20年幾代人的努力，終於全部出齊，共計90冊，總字數超過5 000萬字。除此之外，編輯部還編輯出版《中華民國史檔案資料叢刊》（即以某一歷史事件或機構、團體為主線，編輯相關檔案資料而成）和《中華民國史檔案資料叢書》（即將已基本形成專書的檔案按照原來的體例，適當加以校勘修訂而成，如日記、會議記錄、法令等）。我們剛到館報到，就參加了這些重要項目的實際工作，這些資料的出版為剛剛興起的民國史研究提供了重要的史料。

史料編輯部主任王濤是40年代初山西大學的畢業生，後來跟著范文瀾先生在華北人民大學工作，新中國成立初期由近代史所派到南京來工作，是二檔館的元老，二位副主任老魏和老鄒分別畢業於復旦和人大，也在二檔館工作了20多年。當時編輯部之下分有政治、外交、軍

民國檔案資料的編輯與出版

事、財政經濟、文化教育等幾個組，根據主編的規劃，擬定編輯提綱，
再在館藏檔案中閱覽檔案目錄，然後調閱卷宗，參照已擬定編輯提綱，
分門別類進行選材、抄寫、標點、註釋、編輯，再根據收集到的檔案不
斷補充和修訂編輯提綱。

　　我到編輯部報到後即被分配到財政經濟組，具體從事財政金融方
面史料的選材和編輯工作。當時正在進行《匯編》第三輯即北京政府時
期的史料編輯，副主任老魏是財經組的頭兒，當時財經組有三人，他與
老于負責金融（貨幣與銀行），老柏則負責財政中的稅務部分，於是他
就安排我搞財政，主要編輯北京政府時期內外債方面的史料。這個工作
可以說是在沒有人指導之下完全獨立承擔，因此只有邊幹邊學，不懂就
虛心請教，慢慢地上了路子。我首先閱讀相關的參考書，了解北京政府
時期財政經濟的大致情形，然後擬制編輯大綱，送呈主編審閱。當然最
重要的工作就是編輯史料，沉在檔案堆裏，成天就是看目錄，調檔案，
從中挑選合適的資料，然後抄寫、標點、分類、註釋、冠名甚麼的，雖
然看似枯燥，但這都是史學研究的基本功，往往可以從檔案中發現許多
珍貴的史料，對我這個剛剛踏入史學大門的初學者來說，真有進入寶庫
之感。

　　事實證明，我的這一選擇沒有錯，我報到工作之時亦正值改革開放之初，1980 年國家通過《檔案法》，各級檔案館也不同程度地對所保管的檔案有所開放，上級領導提出不僅要為研究民國史提供最可靠的史料，檔案館本身也要求和鼓勵自己的工作人員儘量利用其優勢，為民國史研究作出相應的貢獻。

　　經歷過「文革」，痛定思痛，又適逢改革開放的時代變革，80 年代初第二歷史檔案館的領導還是比較開明的。當然，由於檔案數量太多，大部分檔案整理的基礎不理想，特別是檢索目錄過於簡單落後，反映不出檔案的實際內容，確實為查檔的學者帶來許多困難。然而，除了某些被認為是機密的檔案資料（如外交、組織、宗教、資源、邊境、人物等）外，總的來講，當時檔案館的領導，特別是先前的施宣岑（1986 年以前）和後來的萬仁元（1986 年以後）兩位主管業務的副館長，對於學界查檔還是持開放態度，對學術界的要求也是盡可能地予以協助，並與學術界合作，或是共同進行一些研究項目，或是聯合籌辦學術會議。另外，檔案館每年都要向國家申請指標，從各綜合性大學收錄畢業生，同時創造各種機會，鼓勵新來的年輕人或是外出參加研習班，或是撰寫論文，出席學術會議，因此二檔館在 80 年代出現了一股努力鑽研學術的良好風氣。我記得當時一位領導曾這樣說過：「我們這代人已經

與二檔館的兩位老領導施宣岑、萬仁元館長合影

被耽誤了，現在不能讓年輕人再走我們的老路，應該儘量創造條件讓他們進行學術研究。」說起來我在二檔館只工作了六年多時間，時間雖然很短，卻對我日後的研究工作奠定了非常重要的基礎。回顧往事，百感交集，如果說我今天能夠取得甚麼成績，那就是因為我受惠於這一時代，是在這樣天時地利人和的氛圍下得以成長的。

成家與立業

我們這代人也算是命運捉弄吧，說是新中國的同齡人，但正在長身體的時候遇到大饑荒，該讀書的時候又是停課鬧革命，接著就是上山下鄉，等到改革高校招生制度時，我都快 30 歲了，大部分同學都因種種原因並沒有參加高考。我算了算，高中班上 50 多名同學中也只有六、七個最後上了大學，而且都是男同學。我們的中學屬於名校，我們又都是高中生，上大學的比例尚且如此，若是其他一般學校，比例肯定更低。

我上大學時已近而立之年，又回到南京家中，個人問題自然是必須考慮的，不僅我自己，父母親及家人更是關心。就在南大學習的這段時間，我找到了我的終身伴侶，她就是我的妻子陸誠，此後的 40 多年，我

我與妻子陸誠

們倆歷經風雨，相伴相隨，不離不棄，共同走下人生最重要的一段路程。

陸誠和我一樣，也是南航的家屬，她的父親陸智淦是山西人，從小父母雙亡，十五、六歲時便獨自在外闖蕩。抗戰期間他到四川經親戚介紹，加入了航空委員會下屬的工廠，後亦曾到美國進修，回國後在上海的大場機場任機械師，後經堂姐介紹與岳母相識，很快就確定關係。1949 年岳父原本已奉命飛到台灣，當時他剛與我岳母訂婚，但岳母一家人都在上海，不願去台灣，他知道後又偷偷地跑回上海，要是被抓住那可是有生命危險的，可以説是為了愛情甚麼都不管不顧了。回來後不久上海就解放了，新政權開始招聘原空軍技術人員參加工作，他就報名參加，因為是在 10 月 1 日以前報的到，後來就算是離休幹部了。新中國成立初期他先被派到瀋陽飛機廠工作，後來調到南京的 511 廠（原空軍 21 廠），很快再調到新成立的南京航空工業專科學校（即後來的南京航空學院），負責物資設備與材料供應等工作，後任設備科科長。岳母蔡光佩是上海崇明人，新中國成立前高中畢業後曾在上海的國防醫學院工作，新中國成立後隨岳父調到南京，先在市委工作，後來下放到化工機械廠任一般幹部，「文革」中因下放車間勞動時被機件砸斷腿，之後就一直在家休養，直到退休。

陸誠與我的妹妹會瑾自幼兒園、小學和中學就都是同班同學，1970 年分配工作時又到了同一家工廠（南京電爐廠），她們倆和南航另一個教授的女兒趙中明三人整天形影不離，關係特別好，而陸誠的哥哥又是和我在農村插隊在一家的插友，因此我和陸誠兩人雖然不能稱的上是青梅竹馬，但彼此之間包括雙方家庭都是非常熟悉的。當然以前我在農村插隊，後來又在徐州的煤礦工作，而她中學畢業後就一直在南京工作，談婚論嫁肯定是不現實的，大家也都沒有這麼想過。但現在既然已經回南京上學了，彼此又是那麼熟，這層關係也就像層窗戶紙，一捅就破，兩人相戀也就水到渠成了。

妹妹、趙中明和陸誠三
個是鐵桿「閨蜜」

　　因為早已過了晚婚的年齡，而且畢業後不想再分居兩地，雖然那時
大學一般不允許在校學生結婚，但對 30 歲以上的同學還是不反對的，
因此我們倆於 1981 年 5 月就登記結婚了。然而結婚證只是一紙證明，
因為雙方家中住房實在緊張，我又沒有正式工作，所以還是各住各家，
並沒有舉行任何儀式。

　　自 50 年代中期起，國家對大學畢業生的待遇就統一規定為行政 22
級（之前應該是 21 級，反右後降了一級），由於各個地區的生活標準
不同，因此各地工資亦略有高低。按照南京的生活水平（記得南京好像
是四類地區，上海八類，北京六類），22 級的工資月薪為 54 元，但大
學畢業生需要先實習一年，第二年轉正之後才能拿到這個標準的薪金，
而且一般一、二十年都不會改動。我們上學時凡工齡超過五年的可以帶
工資上學，但插隊不算工齡，所以我工齡不夠，未能享受帶薪上學的待
遇；但大學畢業時規定有五年以上工齡的不需要轉正期，這時插隊又
算工齡了，因此我剛畢業就拿到 54 元的工資。不久，上面突然有個通
知，說是具有多少年工齡的大學畢業生工資可以調整為行政 21 級，我
符合這個標準，月薪調到 63 元。當時這個 9 元錢對我們來說可不是一
個小數字，這個從天而降的喜訊著實讓我們高興了一段時間。然而好景
不長，沒多久省裏的人事廳又發來一個通知（很奇怪，前後這兩個通知
據說都是電話通知，並沒有下達正式文件），說是原來的通知作廢，仍

然維持原狀，因此我 21 級的待遇只享受了幾個月就被打回原形。我們館符合這個文件標準的就我一人，因此檔案館的領導說，既然沒要求退還，那麼已補發的幾個月工資就不要退了。在這之後，由於農村率先改革，大幅度提高糧食及副食品的價格，導致城市裏的物價不斷上漲，為了維持城市居民的生活，國家又為城市職工增加了每個月幾塊錢的所謂財政補貼，後來又有甚麼洗理費、書報費、交通費等津貼，但數目很少，聊勝於無而已。一直到 1986 年實行工資改革，因我一年多之前已提升為編輯部的副主任（副處長），工資方有較大幅度的增加。

　　前面曾提到，我之所以不想考研究生，而且一心想到二檔館工作，主要的原因是不想再依靠家中的經濟支持，同時年齡大了，希望能夠儘快成家，並安心作些實際工作。當時二檔館的工作人員不是太多，大約 150 來個員工，其中不少人還是剛招進不久的知青，大都沒有結婚，因此不具備要房的資格；但二檔館是中央派出機構，級別高，宿舍相對來講也較為寬裕。館裏的主要宿舍區位於新街口附近的淮海路，這裏原是國史館的舊址，當年國民黨撤退時，黨史會是連人帶資料都帶到台灣了，而國史館的人和物均未帶走，後來就成了二檔館的宿舍。這裏離新街口很近，但又鬧中取靜，前幾年中央剛撥款在這兒蓋了兩幢五層樓的宿舍，很是氣派。每當我路過那裏時，看到那兩幢樓總是羨慕不已，老是夢想著自己甚麼時候能夠住進去。除此之外，檔案館在公園路的體育里和御道街還有兩處宿舍，在那個年代，二檔館雖然是個清水衙門，但住房還算是比較寬裕的，這也是我畢業時不想再讀研究生而堅持要到二檔館工作的一個重要原因。

　　到二檔館報到工作後不久，我就向館領導遞交了一份申請住房的報告，主要是說明自己雖已結婚、但因家中住房緊張、無法成親的現狀，希望組織上能夠考慮並予以解決。當時有同事對我說，你剛來上班就申請住房，影響不太好。我則回答說，我反映的是實際情形，至於館領導

是否解決、如何處理那就是他們的事了。檔案館的很多幹部「文革」期間都曾下放到農村，他們很熱心，也很負責，接到我的報告後就派幹部到南航去了解情況。當時我們家住的雖然可以算是南航最好的一種甲種住宅，有兩大一小共三間住房，但姑母、父母親、兄嫂及他們的女兒、還有妹妹和我，一家八口住在一起，不要説騰房結婚，就連我的住宿都成問題。館領導和辦公室主任老焦對我的困難都很同情，並説我們下放幹部和下放知青都姓「下」，你的實際困難我們應該想辦法解決。最後決定在御道街的一套宿舍中騰出樓下一間房子給我們結婚用，雖然環境不怎麼好（另外兩間住的是農民工），但在那時能分出一間住房，畢竟是很不容易的。

領到鑰匙，我們只是將房間簡單刷了刷牆，家俱其實早就買了，礦上同事老管的嫂子在中央商場工作，那時南京木器廠生產的一套家俱甚為搶手，家裏就為我和哥哥各買了一套，我的那套沒地方擺，就先寄存在原煤礦供銷科一位朋友的南京家中。1982 年 10 月 24 日，我和陸誠正式結婚，其實也沒有舉辦甚麼婚禮，就是在南航的食堂訂了幾桌菜，我們兩家人，再請了我們雙方的一些朋友一起吃了頓飯，就算成親了。

60 年代初中國科學院江蘇分院曾在御道街闢地建了十來棟宿舍樓，因為當時二檔館的前身南京史料整理處隸屬於中國科學院的近代史研究所，所以也就分配到一幢。這幢三層樓三個單元共 18 套住房，東西兩個單元每戶兩大一小三個房間，中間的單元只有兩間住房，但每個單位都有獨立的廚房和廁所。蓋房的時候正值所謂「三年困難時期」，當時的條件十分困難，建築材料質量很差。但第一，它離我的南航老家很近，離單位也不遠，騎車上班很方便；第二，這裏已經鋪設煤氣管道，燒飯特別方便。當時南京居民大都還在用煤爐，能夠用煤氣罐的都要有一定的關係，而煤氣管道通用的線路很少，因此我能分到御道街的一間房子，雖然是與農民工合住，那已是很不容易的了。

　　不久後，一間大房的農民工搬走，搬進來一戶轉業幹部，兩家人合住，小房間仍住農民工，大家共用廚房和廁所。因為當時建房時材料不大符合標準，後來館裏對這幢房子進行防震加固的同時，在朝南的每間房子前面突出將近兩米，增加了一個陽台（樓上一間封，一間不封，樓下就是兩間封閉的房間，每間大概有四、五平方米），雖然距離前面的住房很近，採光受到些影響，但畢竟住房面積有所擴大，我就把它闢成書房。1984年陸誠懷孕，因為她有習慣性流產史，需要在家臥床休息，正好小時候帶過她的一個老阿姨從外地來到南京，我們就請她來照顧，我向館裏申請，又將那個小房間借給我。再後來，館裏又新蓋了一批住房，對宿舍重新進行分配和調整，我那時已被提升，按照副處長的待遇可以獨住一個單元，所以原先合住的同事搬出，我就一家獨用一套兩大一小的住房了，這在當時我們這個年齡段的人中還是非常罕見的。

兒子 100 天

三口之家

　　1984 年 12 月 9 日，我們的兒子出生，按照鄭家的排行，他應該是「永」字輩，但我哥哥孩子前幾年出生時取名，母親在「永」字旁加了個「口」字，就是「咏」，父親為他取的名，大名就是鄭咏灝，小名灝灝（後來他到香港上學，要起一個英文名字，他就給自己起了一個 Tom 的英文名），意味水勢無邊，前程遠大。於此，我們也算是真正安家立業了。

第三梯隊

　　「文革」之後，很多老幹部得以平反，重新回到工作崗位，但原來任職的人並沒有退，表現為一方面人浮於事（一個正職，可能有七、八個副職），同時又是幹部普遍老齡化，因此中央急於解決這一問題，所謂「四化」幹部、「廢除終身制」和「第三梯隊」等政策都是這個時候提出來的。

　　我剛到二檔館的時候，館長李昌文是省裏派出的一個廳局級的老幹部，施宣岑、唐彪兩位副館長都是檔案館的老人，他們分別是早年由國家檔案局和近代史所派來的業務領導，施館長是新四軍幹部，長期從事電報收文等工作，後來是國家檔案局的主要幹部，他主要負責檔案的整理與保護；唐館長是 50 年代初從近代史所派到南京史料整理處的老人，則分管編研工作，但他們的年齡都不小了。史料編輯部的王主任是 40 年代初的大學畢業生，也是新中國成立之初由近史所派到南京史料整理處的老人，鄒、魏兩位副主任則是 50 年代的大學生，當時編輯部除了我們幾個剛畢業的大學生，其他的同事大都是 50 年代的大學畢業生，年齡在 50 歲上下。

　　我的地位和身份都很特別，按年齡來說，應該居於老同志和新分配的大學生這兩批人中間；但憑學歷，又是剛剛畢業的年輕人。在館領導的眼中，我可能經歷和閱歷都比較豐富，再加上進館以後沒有幾年，就

先後在內地重要學術刊物上發表了幾篇論文，這個情形就是在老同志中也是不多見的，應該是符合「四化」幹部的標準。來館工作後不久，館裏黨總支（因為當時黨員人數不夠，還不能成立黨委）改選，我又被選為總支委員。鑒於館內的年輕人很多，於是安排我擔任黨總支的青年委員，工餘休息時我也常和一幫年輕人在一起打打球，聊聊天，他們大都是前幾年從南京下鄉的知識青年，年齡雖然比我小很多，但也算是有些共同的經歷，對我也都挺尊重。記得館裏還讓我帶隊，以團總支的名義組織大夥兒一起到無錫、琅玡山等地旅遊，因此我和老同志及青年們的關係都還不錯。

1984 年，館領導進行調整，二檔館的編制是正廳級，下面的各個處室以及業務部門如史料編輯部、檔案整理部等則為正處級。那時館領導班子的人選是由中央辦公廳與江蘇省委組織部共同商議而定，而處一級職務則是由國家檔案局和檔案館先行考察，再報上級核准。此次調整的結果是李昌文館長和唐彪副館長離休，暫缺正館長，從南京市人大常委會調來一位祕書長王葆全任副館長，但主持全面工作，施宣岑仍為業務副館長，另由江蘇省檔案局調來一位老處長于鴻模升任副館長。館領導班子確定之後，下面就開始對各個部門的主任、副主任進行調整了。

我對於館裏班子調整的事並不關心，因為自己剛剛工作，編輯部同事的資格都很老，即使聽聞一些消息也覺得和自己無關。那時只顧得完成工作，並抽空寫點論文，而且私人的事兒更多，先是妻子懷孕，接著就是孩子出生，家務事都忙不過來，還管得了那些。不過事後想起來，提拔這件事還是有些先兆的。記得一次在館裏勞動，人事處長老戴有意無意地與我搭訕，問我是哪個中學畢業的，班主任是誰呀？當時我雖一一回答，但並沒覺得這有甚麼問題，後來才想到，那時選拔幹部有一個重要的條件，就是要看你在「文革」中的表現，調查你是不是「三種人」。我在「文革」中是典型的逍遙派，當然不會有事，後來聽說國家

檔案局也頻頻派人從北京南下調查這次調整的中層幹部，並在館裏分別找人談話，了解情況，看來組織上早已有所準備了。

1985 年 1 月 9 日上午（為甚麼時間記得那麼清楚呢？因為那天正好是兒子滿月，家裏燒了一桌菜請兩家人晚上一起慶賀），辦公室的打字員神祕地對我說：你要當副主任了！我聽了感到莫名其妙，原來她已經接到打印任命的通知了，我卻還蒙在鼓裏。下午王館長找我談話，宣佈任命我為史料編輯部副主任。我說年齡還輕，資歷更淺，編輯部裏都是老同志，實在是沒有能力承擔。王館長則鼓勵說，你的經歷比較豐富，而且也符合「四化」幹部的要求，希望在老同志的幫助下，在工作中努力學習。

這次館裏各部室的中層幹部基本上都變動了，我當時剛過 35 歲，算是這批新幹部中最年輕的副處長。史料編輯部有 20 多位老同事，原來的幾位主任副主任都退下，新任部主任是 57 屆廈門大學畢業生方慶秋，他原來在研究室工作，在館內外的學術地位都很高，副主任則就我一個。編輯部雖然還有幾個剛分配來的大學生，但此時先到的那位安徽師大的小何已經去世，與我同時分配來館的小高剛剛考取南大研究生，而後一年分配到部裏的師弟小馬不久之後也調到新成立的《民國檔案》雜誌社了，因此我雖是副主任，卻又是編輯部所有人中資歷最淺、年齡最小的了。

我知道讓我來當這個副主任部裏有些人心中並不平衡，但我也沒有辦法，心裏想反正這個職務也不是我伸手要的，你們願意怎麼想就怎麼想吧。那時館裏為了照顧職工的生活，經常發些甚麼魚呀、雞蛋呀、西瓜呀等等福利，編輯部主任老方主要負責編輯方針等業務工作，這些行政事務就由我來管，我就常常做這些服務性的事兒，為大家分魚分肉，忙得不亦樂乎。當時上面還規定每逢周三下午政治學習，對外不開放，而這事也由我負責。所謂政治學習的主要內容就是學習文件、讀讀報紙這類事兒，我想報紙誰都能自己看，何必花時間再集中學習呢？因此除

了要傳達甚麼文件之外，其他的時間我就主張大家自學，其實就是你想幹甚麼就幹甚麼，當然不能離開辦公室。沒想到這麼做竟然有人還不滿，背後議論，說小鄭只顧自己寫文章，政治學習也不管。這句話傳到我的耳中，我就當著眾人的面直接問他：「如果讓大家集中學習，你們會說我們都是讀書人，誰不會看報；可是安排自學了，你們又有意見，你們到底叫我怎麼做才對呀？」這句話說了之後，以後再也沒人說閒話了。

編輯部是全館業務部門的重點，也是知識分子最集中的部門，館裏給我們的編制有 30 多人，還有七、八個名額可以進，而且還有不少老同志即將退休，因此老方與我都主張儘量多招些年輕的大學生。但我剛上任的時候還沒到分配的時候，正好南京博物院的一位同學向我推薦一個剛分到他們那兒的四川大學歷史系畢業生小戴，因為所學與考古專業不太對口，不是很安心，於是我就把他招到館裏；隨後我又將前一年分到整理部的另一位吉林大學歷史系的畢業生小劉也調到編輯部，讓他們的專業得以發揮。雖然當上副主任，但我的辦公室並沒有調整，還是朝北，而且三人一間；雖然編輯部不斷有新人到崗，但每當有分魚分肉的雜活，還是由我出面負責分配。

1987 年編輯部部分同事合影，這是編輯部最興盛的時期

自 1985 年夏季開始，我每年都向上級要求分配新的大學生，我的具體要求是，第一，細水長流，希望每年都能招進一兩位新同事，但不能一下子來得太多，這主要是拉開差距，避免以後會出現評職稱、分房子等方面的矛盾；第二，五湖四海，不要集中於一、兩所大學，但必須是全國重點大學歷史系的畢業生。幾年來，先後分配到編輯部的 10 多個新同事分別來自北大、南大、南開、復旦、吉大、廈大、川大、武大等著名高校，過了兩年，研究生已成為我們招收的主要對象，譬如著名的學者王奇生、現任二檔館副館長曹必宏等，都是這一時期招到館裏來的。在這之後，編輯部的新同事越來越多，也越來越年輕化了，因此除了自己的本職工作外，我還要指導這些新分配的畢業生一起參與編輯。而且從這時起，北京政府時期的檔案資料已經基本編輯完成，編輯部的重心開始轉向收集和選編南京國民政府時期的檔案資料了。

幾段回憶

我在二檔館工作前後加起來只有六年多的時間，雖然時間並不算長，但卻確定了我之後人生的方向，同時也有幾段工作中的往事值得珍惜和回憶。

80 年代中期，民國史研究在全國已全面展開，急需大量的原始資料出版，然而《匯編》的工作是一項大工程，不僅耗時很長，就是出版周期也很難控制，決不可能一蹴而就。1986 年，為配合抗日戰爭史的研究，特別是上級已批准由二檔館為主，第二年以紀念抗日戰爭爆發 50 周年為名，召開一個規模盛大的民國檔案與民國史國際研討會，題目就是「抗戰中的中國」。為了配合這個會議的召開，更是為了紀念偉大的抗日戰爭爆發 50 周年，我們史料編輯部決定組織人手，集中精力，由部主任老方和另一位負責軍事項目的老陳加上我，再帶著幾個剛

分配來的大學生，從國民政府軍事委員會的戰史檔案中，突擊選編檔案，對八年抗戰中 22 個重大戰役的過程，包括戰前態勢、敵我雙方軍力部署、作戰經過、戰後總結與檢討等等進行選編，所披露的檔案均為第一手的資料。這個任務時間緊，要求高，而參與編輯的大都是剛剛參加工作的新同事，因此責任特別重。到了後來，離會議開幕的時間越來越近，為了趕進度，老方和我便帶著所有編輯人員乾脆住到揚州印刷廠附近的招待所，每天除了吃飯和睡覺，就是看稿子，這樣邊校對，邊編輯，邊印刷，發現問題就地解決，終於趕在會議前印出，這就是那兩大巨冊的《抗日戰爭正面戰場》。這部書公佈的大量史料彌足珍貴，這也是新中國成立後首次對國民政府抗戰史實的公開承認，因而受到國內外學者的廣泛好評，同時也被視為民國史和抗戰史研究中的一項重大突破。

在編輯檔案資料匯編的同時，我們也曾與其他單位合作，利用館藏檔案，編輯相關資料集。譬如與中國人民銀行、中國銀行和交通銀行合作，相繼編輯出版中央銀行、中國銀行和交通銀行的檔案資料選編，與國家稅務總局合作，編輯民國時期稅務檔案資料，與兵器工業部合作，編輯民國時期軍工生產等相關的資料，與中央檔案館和吉林省社會科學院合作，編輯日本帝國主義對華侵略的大型檔案資料匯編等等，我都曾不同程度地參與，後來這些成果都相繼編輯出版，取得了重要的成績，得到學術界的讚揚。我想在這裏只回憶一件重要的工作，那就是參加外債史的整理與編輯。

新中國成立後實施一邊倒的政策，同時宣佈對於清政府與民國歷屆政府所簽定的條約及舉借的外債一律不予承認，西方國家則對新中國政府實施經濟封鎖，並凍結一切境外資產。然而到了 1978 年之後，國家推行改革開放的國策，為了加速實現四個現代化，中央政府亦開始向外借款，尋求援助了。以往與西方世界長期對立，互相封鎖那也就算了，

可是如今突然要向外借款，許多過去忽視的問題就浮出水面，其中最明顯的就是如何處理前政府的借款。而就在中國政府積極尋求借款之際，有外國持券人向美國地方政府提起訴訟，譬如湖廣債券的持券人向美國阿拉巴馬州政府提請的訴訟，就是一個非常著名的案例。

後來我才知道，1976 年 2 月中國政府派專機去美國接送前總統尼克松訪華時，美國就有持券人上訴，要求法院以此為由扣留中國的飛機，有關方面非常緊張。雖然後來這只是一場虛驚，但它也說明，如果不處理好以前遺留下來的歷史問題，那麼一定會對我國日後進行的改革開放帶來許多困擾。

因為中國政府對於前政府舉借外債採取不承認的態度，你不借錢時還好，但你需要向外借款了，這就成為一個不可忽視、同時也是不能繞過的問題。但關鍵的是，當年的中國政府為甚麼借款，條件如何，究竟借了多少錢，又還了多少錢，還剩下多少沒還，簡直就是一筆糊塗賬，然而這對於外交談判來說，卻又是一個必須及時了解的內容。因此，外交部就向國務院提出這個問題，希望相關部門積極予以配合。於是在國務院和財政部的統一協調下，由財政部的財政科學研究所牽頭，組織了一個班子，其目的就是專門調查舊政權舉借外債的情形。因為對外需要保密，不能說是研究外債，那好像就是承認我們要還債了，所以對外稱作「中國近代財經研究小組」。這個小組的負責人是財政部財政研究所所長許毅教授，並由財政部的顧問顏澤夔老先生、中國社會科學院經濟研究所的研究員宓汝成、杭州大學歷史系教授金普森等學者擔任顧問。這個小組之下又具體再分為三個分組，第一個分組在北京，主要是在第一歷史檔案館查閱晚清舉借外債的情形；第二個分組設在南京，就是以第二歷史檔案館的檔案為基礎，深入了解民國時期各屆政府所舉借的外債；第三個分組在上海，則以上海市檔案館為中心，主要是調查中國近代企業間的民間借款。在這三個分組中，以第二分組亦即民國時期這部

分的責任最為重要，因為就是這個時期舉借與未還外債的數額最大，也最不清楚。

我當時剛剛分配到二檔館，又恰巧從事北京政府內外債檔案資料的編輯，所以館裏和部裏就讓我參加這個小組的工作，主要是根據本職工作進行協調。當時雖說是財政研究所出面牽頭，但他們並不進行具體工作，而是委託省財政廳在南京市的銀行、海關、稅務部門聘請了十多位退休的老同志，由他們具體進行閱檔和收集資料的工作。他們都是民國時期的老員工，對那個時代的業務資料較為了解，但他們對歷史學的規範並不熟悉，小組負責人是解放軍通訊工程學院黨史教研室幾位離休的老師，我則以檔案館的代表身份出面，負責與他們之間的聯繫和協調，其間許所長、顏老和其他顧問也常常到南京進行視察，並召開過多次會議予以研究討論。

財經小組最初的工作主要是為我方提供歷史依據，以便在外交談判時有所準備，不至於一問三不知。民國時期的舉借外債主要包括政治與實業兩大部分，以及有確實擔保、無確實擔保和無擔保幾大類別，其中許多實業借款都是鐵路或礦山借款。後來聽說，我們整理出來的檔案資料為外交談判提供了有利的證據，為後來談判中最終能夠一攬子解決發揮了重要作用，為此外交部曾向國務院建議，對於「中國近代財經小組」的工作給予表彰。這個工作完成之後，對於外交談判起了作用，但整理出的這批檔案對於研究中國近代史、特別是近代外交史、外債史、鐵路史和財政史都具有極為重要的意義，因此我們竭力建議將其編輯出版，這就是後來由檔案出版社出版的 12 卷本《民國外債檔案史料匯編》，在學界享有非常重要的學術地位。

我們剛到檔案館工作時，正好遇上日本右翼編撰教科書、竭力否認南京大屠殺罪行之際，從中央到地方都要求予以反駁與抗擊，歷史檔案館更是責無旁貸。因此當時二檔館的一個重要工作，就是從檔案中收

集日本侵略者當年在南京犯下的大屠殺暴行，但這個工作我沒有參加。後來中央檔案館、吉林省社會科學院與二檔館三個單位又聯合在一起，根據各自收藏的資料，計劃編輯一部日本帝國主義侵華的多卷本史料，這就是後來歷時多年，最後由中華書局出版的 20 卷《日本侵華檔案資料匯編》。這項工作最初我也沒有參與，直到 1987 年館內工作進行調整，施館長要我參與，擔任這套大型資料書的編委，為此我曾到北京的中央檔案館參加過相關會議，最後確定由我負責編輯日本對華經濟侵略的檔案資料。然而不久之後我就去了香港，因此就未能正式參加，但在工作中結識了這套書的常務副主編、吉林省社會科學院的研究員解學詩老師，他對我日後的學習和工作給予很多支持。

　　80 年代初，為了加強對歷史檔案的開發和利用，國家檔案局決定由北京的中國第一歷史檔案館和南京的中國第二歷史檔案館合辦一份刊物，名字就叫《歷史檔案》，由兩家委派若干人員共同編輯，除了選編部分明清檔案與民國檔案外，還刊載相關學術論文，檔案與論文的比例亦基本上是一家一半。1984 年以後，隨著民國史研究的進展，原先雜誌的篇幅與內容已不能滿足學術界的需要，於是二檔館就向有關方面請示，原來的《歷史檔案》仍叫原名，由一檔館單獨承辦，主要刊載明清兩朝的檔案與論文；二檔館則再辦一個新刊，名為《民國檔案》，專門發表民國時期的文獻與論文。很快，這個要求獲得上級部門的同意，予以單獨撥款，國家出版機構也為新創辦的雜誌批下了刊號，這就是《民國檔案》創刊的由來。

　　《民國檔案》創辦之初還有一個故事值得一提。當初雜誌的兩位正副主編陳鳴鐘和陳興唐想請劉海粟先生為新刊題寫刊名，但那時劉海老年事已高，住在金陵飯店，平時找他的人很多，若沒有人引薦，想見上一面都很難，更別說想得到他的墨寶了。恰巧我們在檔案中發現一組資料，說的是劉海粟於抗戰期間在東南亞舉辦畫展，募捐支援抗戰，得到

國民政府褒獎。我們即準備將這個檔案放在創刊號上刊載，同時托人將此消息轉告給劉海老。沒想到劉海老聽到這個消息非常高興，這也難怪，新中國成立之初另一位美術界人佬曾以劉海老抗戰期間是漢奸這一莫須有的罪名強加於身，阻止其進入中國美術家協會，這件事對於他來說傷害很大，自然是耿耿於懷，記憶尤深；如今劉在藝術上的地位正如日中天，但他在抗戰期間的那段歷史卻說不清，看到能有檔案為他平反，恢復名譽，自然是高興萬分。我們得到劉海老的首肯後，就帶著這份檔案的複印件專門前往金陵飯店去拜望老爺子，排在酒店等候接見的人眾多，劉海老別人不見，只單獨會見我們，並欣然為《民國檔案》題寫刊名。

當然劉海粟畢竟是九十多歲的老人了，但這是主動請他寫的，不用也不好。思來想去，最後的方法是，《民國檔案》的刊名仍集郭沫若的四字而成（中國第二歷史檔案館的館名亦是集郭字而成的），而劉的題字則放在創刊號的扉頁上，並專門為此撰文說明，這也算是學界的一段軼事與佳話了。

檔案館中收藏有不少重要的個人資料，包括圖片、書信、手跡等等，其中照片的數量極大。後來我到香港定居後，曾將這一情形推薦給商務印書館的老總陳萬雄博士，最終促成兩個單位的合作，編輯出版了七大冊的《中國近代珍藏圖片庫》，我亦擔任責任編輯，選輯的圖片不僅數量眾多，更是極為珍貴，出版後影響甚大。另外再以日記為例，館藏就有馮玉祥、周佛海、邵元沖、陳布雷、曾虛白等眾多民國時期名人的日記，都是極為珍貴的史料。其中有些人物的日記經過整理得以出版（如馮玉祥日記、周佛海日記等），也有些人物的日記則因種種緣故未能出版，就以陳布雷日記來說最終未能出版，就是一件極為遺憾的事。

陳布雷是蔣介石身邊最重要的幕僚與文膽，去世後保留他從政期間的日記相當完整，因而極為珍貴。日記原稿於當年國民黨敗退時未能帶

走而留在上海，「文化大革命」時抄家時被抄走，輾轉流傳到上海檔案館。「文革」結束後落實政策，這部日記歸還給陳的家屬，家屬後來又將這批日記的原件捐贈給第二歷史檔案館。原先二檔館早就有意將其整埋出版，並與江蘇古籍出版社訂有合約，但因種種原因遲遲未能進行，直到 1988 年初方於《民國檔案》公佈了 1936 年 1-2 月的內容，但其後卻戛然中止，引起眾人猜測。關於這件事的經過較為複雜，我雖知道其中一點內幕，但並沒有深入了解，而且此事又涉及到兄弟單位，還是不予敍説了。總而言之，在檔案館工作的時間雖然不是很長，但給我留下的記憶卻是非常深刻，更重要的是，這段經歷確定了我日後的研究方向，讓我終身受益。

第十一章

走進學術研究的大門

從「險學」到「顯學」

1912 年成立的中華民國推翻了延續數千年的專制帝王統治，建立了中國歷史上第一個共和國，也是亞洲第一個共和國；民國的歷史是距今最近的一個歷史時段，也是中國歷史上的一個重要時代。而中華民國史研究則是近年來新興的一門歷史學科，就像中國社會科學院近代史研究所王建朗所長所說的那樣，「民國是個試驗場」，如今海峽兩岸以及世界各地對於民國史的研究可以說是方興未艾，民國史研究經過 40 年來幾代人的辛苦耕耘，已取得豐碩的成果。

然而 1949 年以後，由於長期以來意識形態的影響，海峽兩岸對於民國時期的歷史都缺乏科學的態度，因為都將對方視為仇敵，相互攻擊，因此楊天石先生形象地將之稱為「土匪史觀」，其中大陸的情形尤為嚴重。新中國成立之初，新中國政府從當時的政治情況考慮，面對著一個剛剛被打敗、但仍存在威脅的敵對政權來說，除了政治宣傳（也就是揭露、批判和攻擊）之外，是不可能進行甚麼學術研究的，再加上廣大民眾對於 40 年代中後期國民黨一黨專制以及經濟腐敗的印象記憶猶新，對剛剛成立的新政權抱有無限的憧憬，對這種宣傳式的口號亦逐漸

適應；其後不久，政治運動一個接著一個，歷史學完全被個人迷信、教條主義、實用主義所主宰，影射史學大行其道，歷史必須為現實即無產階級專政服務。其中民國史更成為禁區，無人敢涉足（你怎麼敢為國民黨歌功頌德）。當時史學界對於近現代史的研究主要集中在兩個方面：一是將鴉片戰爭到五四運動這一時段視為近代史發展的主要線索和研究範圍（所謂三個高潮），二是將中國現代史演繹為中共黨史或中國革命史，儘量迴避對民國時期歷史事件或人物的研究，實在無法迴避，就只能作為背景簡單提一下，而且千篇一律，完全是公式化、教條化那一套。譬如在政治史研究方面，只是強調北洋軍閥和蔣介石政權是如何投降帝國主義、實施獨裁專制和特務統治的；經濟方面側重批判統治階級的腐敗以及四大家族官僚資本對廣大勞動人民的巧取豪奪、殘酷剝削；軍事上著重攻擊國民黨軍隊是如何消極抗日、積極反共的；在中外關係方面僅僅提及中蘇、中朝的戰鬥友誼（60年代之後中蘇交惡，連這也不提了），並竭力抨擊帝國主義對中國的侵略活動；在文化史上則對許多知名人士進行了不公正的批判，其中對胡適的批判就是最典型的事例。

　　在內地，國家雖然曾在1956年和1972年二度提出編寫民國史的計劃，同時在機構上也作了一些安排，譬如北京的中國科學院近代史研究所1972年即開始籌建民國史研究小組，亦對民國史的編撰體例及內容有所設計，但在當時的意識形態和政治環境之下，編撰和研究民國史是根本不可能實現的夢想。內地原本沒有民國史研究這一學科，在高等院校歷史系的教學中只是分為中國近代史（1840-1919）和中國現代史（1919-1949）兩大塊，非歷史專業的同學必須要接受的則是中國革命史和中共黨史的教育。因此內地真正開展民國史研究應該是在1980年代之後，隨著國家實行對外改革開放的國策，學術界的思想也不斷解放，衝破禁區，民國史便成為一個新興的研究領域。套用前輩學

者李新先生的一句話，民國史研究已逐漸由「險學」轉變為「顯學」，而最早投入民國史研究這一領域並發揮主力軍作用的，正是原先那些從事中共黨史和革命史的學者。

這代人具有一些共同的特點：他們基本上都是新中國成立後畢業的大學生，多年來從事中國近現代史的教學和科研，具有一定的研究能力，此時又多處於 40-50 多歲的中壯年時段，很自然就成為民國史研究的主力。然而思想解放是一個長期的過程，不可能一蹴而就，由於長期以來意識形態方面的束縛，頭腦中仍殘留著「革命史觀」的影響，同時又受制於當時尚未完全開放的政治環境，加上國門尚未完全打開，檔案資料的開放亦剛剛開始，因而往往在思索、寫作時尚有一定的顧慮和戒心。雖然他們試圖突破某些禁區，也確實在眾多歷史問題上提出了重要的見解，但還是常常以主觀與客觀、動機與效果等言辭撰寫論著（最明顯的事例就是對幣制改革的評價）。一來可能是他們依然受到過去那些傳統觀點的影響，二來是許多檔案資料尚未完全開放，對境外論著的參考亦不夠全面，更重要的恐怕還是心有餘悸，想以此方式來敍述而避免由此而產生的一些麻煩。但不管怎麼說，這一代學者是中國內地民國史研究的先驅，我們應記住他們在開創民國史研究這一學術領域所做出的貢獻。

目前在民國史研究領域中最活躍的學者大多是畢業於 80 年代的本科生和研究生，從年齡段上講包括生於 40 年代末到 60 年代初這一大批人，其中主體是出生於 50 年代的學人，從廣義上講，他們可以算是共和國的同齡人。這代人生在紅旗下，其中有不少人還是老三屆。他們自幼接受的是革命傳統教育，意識形態的影響與烙印很深（譬如「革命化」、「階級鬥爭」等口號），普遍來講，他們的知識較為貧乏，年輕時沒有甚麼書看，所接觸的圖書多是宣傳革命傳統的小說，或是 50 年代的蘇聯文學。「文革」初期年齡大的老三屆中有不少人狂熱地參與運

動，更多的人或許是身不由己地被捲入動亂，也有不少人和家庭深受運動的迫害，年齡小些的更失去上學的機會。其後他們或上山下鄉，或參軍進廠，從而對中國的底層社會有了不同程度的接觸與體會。他們之中有不少人曾經歷過「文化大革命」的全過程，從最初的盲目狂熱，到後來的迷惘彷徨，一直到最後的反思覺醒，在逆境中不甘沉淪，努力思考，經歷了人生重大的考驗。「文革」後，他們又成為改革高校招生制度的最先受惠者，即所謂「新三屆」大學生（一些「文革」中的「工農兵學員」在這個時候又成為新一代的研究生）。80年代之後入學的學生雖然沒有前幾屆學長們的經歷，但他們都很年青，仍延續了80年代那種尊重知識、刻苦學習的精神。

另外，從整體上來看，80年代是一個思想解放的時代，也是一個追求理想的時代，各種思潮活躍，特別是這一時期興起的文化熱和新啟蒙運動對這代學人產生了重要的影響，這與90年代之後整個社會、自然也包括學術界風氣的改變具有很大的不同。由於這一代人經歷過「文革」，接觸過社會，具有豐富的人生閱歷，了解民情，不再輕信盲從，而善於獨立思考，接受新事物、新思想。更重要的是，他們的成長進步與國家的改革開放同步進行，歷史給予他們一個機會，在青黃不接之際接班，讓他們在較短的時期內就開始挑大樑，這在民國史研究領域中就顯得格外明顯。他們大都雖然是倉促上馬，卻很快就成為各個領域中的學術帶頭人。借用老同學陳紅民的一句話：「我們當時做民國史的時候，老師們也剛剛轉入這個領域，因此我們可以說是和他們幾乎同時進入陣地，你可以隨便找個問題就佔山為王，成為專家。」他們在特殊的歷史環境中成長，承擔了歷史交付的責任，同時又恰逢改革開放的大環境，檔案資料也不斷開放與出版，與海外的學術交流亦日益頻繁，因此這代人很快出道，從90年代之後便逐漸成為民國史研究隊伍中的生力軍，如今近30年過去，許多人還活躍在學術陣地上。然而也應該注意到，

這一代人的身上又存在著許多先天不足的毛病，相對來講基礎知識並不
紮實，倉促上陣又讓他們過早承擔重任，缺乏理論知識的訓練，因此從
這代人的經歷來看，他們也是不可複製的一代。從我個人的經歷來說，
與新中國同齡，既是「老三屆」，也是「新三屆」，也應該屬於這一階
層，但若與其中佼佼者相比，差距不可以道里計。

獨立研究

我們史料編輯部的主要工作就是收集和編輯館藏的檔案資料，將其
按時間、門類和專題匯編出版。我被分配到財政經濟組，首先獨自參與
編輯的就是北京政府時期的內債和外債，兩年多之後升任編輯部的副主
任，因此除了自己的本職工作外，還要帶著新分配來館的畢業生一起編
輯。這時第三輯即北京政府時期的檔案資料已經基本完成選編，並送交
出版社準備出版，我們已經轉為收集南京政府時期（即第五輯）的檔案
資料，我仍負責選編財政金融方面的史料，並先從戰前十年開始選編。
除了正常的編輯史料工作之外，我還根據工作特點，給自己確定了日後
研究的方向，即國民政府財政金融政策以及這一時期的中外經濟關係，
並且與編輯史料同步，也計劃先從戰前著手，以後再逐步轉向戰時和戰
後的研究。

在檔案館工作期間，我經常利用休息時到閱卷室去查閱來訪學者
的名單，看看他們所關心的問題是甚麼，並主動與他們聯繫。這一期間
除了經常向母校的茅家琦、張憲文、姜平、史全生等老師問學之外，我
還先後結識了中國社會科學院近代史研究所的李新、孫思白、李宗一、
張振鶤、楊天石、王學莊、周天度諸教授，經濟研究所的吳承明、宓汝
成、張國輝、經君健等先生，中央文獻研究室的金沖及教授，復旦大學
的汪熙、黃美真、楊立強、姜義華教授，上海社會科學院經濟研究所的

丁日初、徐鼎新先生，華中師範大學的章開沅教授，中國人民大學經濟系的王方中教授，吉林社會科學院日本研究所的解學詩先生，南開大學的魏宏運、來新夏、劉佛丁等多位前輩，還有江蘇省社會科學院的陸仰淵、孫宅巍、徐梁伯等老師，得到了他們的熱心指點；另外，大學畢業後除了與陳謙平、汪朝光、陳紅民、高華等幾位大學同學經常往來外，還結識了許多同齡人，如吳景平、杜恂誠、沈祖煒、章百家、王建朗、朱蔭貴、陳爭平、武力、程麟蓀、張仲民、忻平、王冠華、任東來等，以及日本學者久保亨、高田幸男、土田哲夫等，他們後來都成為民國史研究的優秀學者，也是我多年來的學術摯友。

　　我自知能力有限，而且長期以來都是單幹戶，一直是孤軍作戰，因此在研究之初就給自己定下幾條原則：第一，研究的問題需要有代表性，要了解前輩學者研究的情況，要關注學術研究的熱點，既要做到小中見大，但又不能過於碎片，只見樹木，不見森林；第二，對於以往學界研究比較深入的問題，在沒有發現新的資料之前，儘量不予涉足，而專注那些尚未被學者注意的問題；第三，在決定研究一個問題之前，除了先要了解前人的研究成果之外，特別需要了解相關問題的資料、特別是檔案文獻的分佈情況，若沒有新的資料為依撐，那就儘量不要去碰；第四，在收集資料時眼光要遠要大，擴大資料收集範圍，不要只著重與目前研究相關的資料，但是在撰寫論文時則應從小作起，不要貪大求全，這樣由點到線，由線再到面，逐步擴大，逐步延伸，形成自己的研究特點。這裏可舉幾個例子予以說明。

　　我在大學讀書期間就開始到圖書館和檔案館去收集資料，並嘗試撰寫論文。當初畢業論文的題目是《抗戰後期國統區的民主憲政運動》，主要利用的是南大圖書館和南京圖書館特藏部保存的戰時大後方各種報刊和書籍。後來這篇論文公開發表，雖然刊物不是太有名，但文中提及黃炎培的《延安歸來》，引用了如今大家所熟知的所謂毛黃「窰中對」，

恐怕還是新中國成立後的首次披露。

畢業論文寫完後還有時間，正好歷史系聘請幾位中國第二歷史檔案館的老師在學校開設民國史及史料學方面的課，我在聽課之餘認識了他們，並經其介紹經常去二檔館查閱檔案。最初也沒有甚麼明確方向，後來較集中地收集有關戰前日本對華北走私的檔案，在其基礎上再到圖書館查閱當時的報刊，如《申報月刊》《國聞周報》《東方雜誌》《外交評論》等，並參考前輩學者姚賢鎬和日本學者今井駿的論著，最終寫出一篇論文《抗戰前夕日本對華北走私問題初探》。最初試著向外投稿均杳無音訊，後來還是經張憲文老師推薦，發表在母校的《南京大學學報》上。我後來查了查，關於戰前華北走私這個問題自 80 年代中後期開始，有多位學者相繼發表了不少論文，後來還有一位韓國學者著有專書，但我撰寫的這篇論文應該是新中國成立後涉及華北走私問題的第一篇論文，而且還摘錄了大量的原始檔案為依據，同時，它也是我公開發表的第一篇學術論文。

發表論文

到二檔館工作之後，在選材和編輯檔案之餘，我也開始關注和收集我所關心的相關資料。因為我最早涉及到的問題是華北走私，而華北走私又牽涉到另一個重要問題，那就是日韓浪人在瘋狂走私進口的同時，也攜帶大批白銀出境，引發金融恐慌。由這一點我再向外圍擴充，關注因白銀外流而引起的白銀風潮，以及與此相關的美國政府的購銀政策。因此我就順著這個問題開始逐步延伸，首先撰寫了一篇有關 1935 年白銀風潮發生的背景及影響的論文，並以此文參加在南京召開的全國第一屆民國史學術研討會，得到李宗一、張憲文和本館陳鳴鐘等多位老師的好評。會後這篇論文發表在 1984 年第 2 期的《歷史檔案》上，很快

又引起復旦大學歷史系汪熙教授的注意，他給我來信予以鼓勵，並指出論文的不足，要我注意收集同一時期的外國資料。後來他不但推薦我參加中美關係史學術討論會，還鼓勵我支持我翻譯一本美國學者論述 30 年代中期美國白銀政策及其對中國影響的博士論文，這就是後來被列入「中美關係研究叢書」第 8 輯的《院外集團與美國東亞政策：30 年代美國白銀集團的活動》Michael Blaine Russell, *American Silver Policy and China, 1933–1936*。

80 年代初，內地學者已開始對民國時期的某些史實重新展開討論，其中一個重點就是對 1935 年實施的幣制改革予以重新評價，不少學者先後發表論文，對於幣制改革的背景、作用進行分析，對其影響基本予以肯定，這些結論亦多為學界接受。我對這個研究動態十分注意，既然這是一個討論的重點，也是民國史研究繁榮的一個重要標誌，同時又與我的研究方向相接近，很自然地引起我的重視。但另一方面，由於論文發表的比較多，論述的問題又都差不多，我想那就不應該與他們重複，而應從另一個角度去思考。那時我聽說日本的著名學者野澤豐先生新近主編並由多位日本學者撰寫的《幣制改革と國際關係》一書剛剛出版，但那時要想看到此書卻很困難。正好我中學一位同學前幾年剛去日本定居（他的母親是戰後留在中國的日本人，1972 年中日恢復邦交後先回日本，後來子女也都先後移居），這時要回中國公幹，他就幫了借了這本書，我取回後即將全書複印，因此該書給了我重要的啟示。其後我就分別從日本、美國以及英國等國家對幣制改革的不同態度收集相關資料，先後撰寫並發表了多篇系列論文，如《試論 1935 年白銀風潮的原因及其後果》（《歷史檔案》1984 年 2 期）、《日本帝國主義對中國 1935 年幣制改革的破壞》（《近代史研究》1986 年第 1 期）、《中美白銀協定述評》（《民國檔案》1986 年第 2 期）、《關於張嘉璈撤換經過》（《學術月刊》1986 年第 11 期）、《1935 年幣制改革的動因及其與帝

國主義的關係》（《史學月刊》1987 年第 1 期），同時還對 80 年代以來有關幣制改革發表的論文予以綜述，如《近年來國內有關幣制改革問題研究述評》（《中國經濟史研究》1989 年第 3 期）等，這些論文在學界產生一定影響。

在推動中美關係史的研究中，復旦大學的汪熙教授功不可沒，他認為對洋務運動及美國的門戶開放政策需要重新評價，在學界產生重大影響。在汪先生的組織下，1985 年 11 月復旦大學舉行了第一屆中美關係史研討會，在汪先生的推薦下，我有幸到上海參加會議，並提交論文。而且在這前後，汪先生還主編一套「中美關係叢書」，並讓我翻譯一位日本著名學者細谷千博的英文論文《美國與三十年代中期的東亞：棉麥借款》，後收入該叢書的第七輯，即由入江昭、汪熙主編的《巨大的轉變，美國與東亞（1931–1949）》（復旦大學出版社，1991 年）。在汪先生的鼓勵下我曾參加了兩屆中美關係史研討會，並相繼發表了幾篇民國時期中美關係的論文，如《中美白銀協定述評》（《民國檔案》1986 年第 2 期）、《「中美航空密約」辨析》（《民國檔案》1988 年第 4 期）、《1933 年的中美棉麥借款》（《歷史研究》1988 年 5 期）、《尋求西方援助的嘗試 —— 評宋子文 1933 年的歐美之行》（《中國文化研究所學報》新第 7 期）等，前兩篇論文後來亦相繼收入兩次會議的論文集，這也為我在中美關係史研究的領域中留下一點痕跡。

在這期間，江蘇省社會科學院歷史所與我們館合作，準備撰寫一部《民國社會經濟史》，我也帶著幾位剛畢業的大學生參加，我負責撰寫戰前財政金融政策這一部分，但該書後來出版時我已到香港幾年了。另外，中國社會科學院近代史研究所正在進行《中華民國史》的編寫工作，其中擔任 1932–1937 年那卷的主編周天度老師也找到我，邀請我參加該卷財政金融這一章節大約 10 萬字的寫作，我亦撰寫了詳細的寫作大綱，並得到他的同意。然而不久之後我就離開南京去香港了，初到

異地，環境完全改變，實在無法踐約，只能向他說聲道歉了。後來我介紹了一位遼寧師大的老師參加，總算是沒有耽誤他們的工作。

自 1982 年到 1988 年我在二檔館工作了六年半，時間雖然不算長，但在我學術人生中卻是一個非常重要的階段。在這裏，我的主要工作是從事民國檔案的編輯和出版，同時也開始嘗試獨立研究，發表論文，並結識了許多學界前輩和同道，為我日後的研究打下基礎。在這幾年，我也嘗試利用檔案資料撰寫了十幾篇論文，因為當時能利用檔案撰寫學術文章尚不多見，民國史又是一門剛剛開拓的學術領域，學術刊物對此亦很感興趣，因此文章的錄取比例相當高，幾乎沒有遇見退稿的情況。我也不集中在某一、兩種刊物上投稿，即所謂「打一槍換個地方」，幾年來先後在《歷史研究》《近代史研究》《南京大學學報》《史學月刊》《學術研究》《民國檔案》《中國經濟史研究》《社會科學戰線》《歷史檔案》《江西師範大學學報》《民國春秋》等雜誌上發表了十多篇學術論文，產生了一定影響，也得到學界的肯定。

參加學術會議

參加學術會議對一個歷史學者來說是非常重要的學習機會，我的經驗是不參加絕對不行，那你就不能清楚地了解學界動態，無法結識同行，並與他們進行學術交流，因為參會是「以文會友」，這就會逼著你不斷地撰寫論文參會；但參加得太多也不行，那就會整日流於會中，成了一個「會議串子」，無法安靜下來寫點東西。在我的學術生涯中已不記得參加過多少次學術討論會了，而印象最深的恐怕還是剛到二檔館工作的幾年中有幸參加的幾次學術會議。那時的幾位館領導對於年輕學人的學習非常關心，亦經常鼓勵大家寫些論文，盡可能地創造條件，提供參加學術會議的機會。對於我這一個剛剛踏入史學大門的新人來說，既

能有機會聆聽德高望重的前輩學人報告，更能結識眾多學界朋友，同時
又逼迫自己沉下心來撰寫相關論文，這些對於提高個人學術水平具有莫
大的幫助。下面回憶一下這些年參與會議的心得與感想。

江蘇省經濟史學會成立大會

記得我參加的第一次學術會議是在 1982 年 11 月，當時江蘇省經
濟史學會剛剛成立，準備在南通召開學術會議，我們館也有幾位參會名
額，因為我被分配編輯財政經濟方面的檔案，館領導即同意讓我這個剛
剛進館工作幾個月的新人隨同陳鳴鐘、魏振民、李安慶、孔慶泰等幾位
老師一道參加。南通是張謇先生的老家，當年他在這裏創辦的大生企業
集團在中國近代工業史上曾發揮過重要影響，在這裏留下許多歷史遺
跡，而且南通市檔案館也保藏著相當豐富的大生集團歷史檔案，因此在
此舉行首屆經濟史會議自然具有重要意義。與會學者除了來自本省各地
從事經濟史的學者（如南京大學的茅家琦、嚴學熙、史全生，省社科院
歷史所的陸仰淵、徐梁伯等老師）之外，還特別邀請華中師範學院的章
開沅教授和上海社會科學院經濟研究所的徐鼎新老師等參加。章先生是
國內外研究張謇的大家，半年前他作為南大傑出校友在南大建校 80 周
年校慶作報告時我曾在遠處見過，深為他生動睿智的言論所折服，而
徐老師此時正在研究上海總商會的發展歷史，他與我在上海社會科學
院經濟所任研究員的二舅也相識。這也是我如此近距離地聆聽著名學者
演說的首次經歷，雖然我只是旁聽，沒有提交學術論文，但收穫還是很
大的。

中國現代史講習班

1983 年 6 月，中國現代史學會在青島舉辦一個中國現代史講習
班，來自全國各地高校和科研機關的 200 多個會員參加學習，其中大

多是剛剛畢業的年輕學人，派出單位還要負擔學費和差旅費等。講習班聘請了內地多位著名學者輪流來青島講授不同的課程，譬如胡華（中共黨史）、彭明（中國現代思想史）、來新夏（北洋軍閥史）、全慰天（中國近代經濟史）、楊雲若（共產國際與中國革命）、張同新（新軍閥戰爭）、張憲文（中國現代史料學）、黃美真（汪偽政權史）、邱錢牧（中國近代民主黨派史）等等，每位老師大約來講一個星期。能在這麼短的時間，集中聆聽這麼多知名學者講授他們各自的研究重點，對於我們這些剛剛畢業的學生來說，實在是一個極為難得的機會。我當時大學畢業還不到一年，聽到張憲文老師說起有這個講習班的消息，便向館領導申請參加。原來我以為希望不會很大，因為聽課對象主要還是各高校的年輕教師，但沒想到館長們商議後即同意我和另一位武大畢業生小高兩人同時參加，這倒是出乎我們意料之外的。

　　我和小高買的是南京到青島的火車聯票，中間可以下車再改簽。二人晚上在南京上的車，沒有位子坐，就一直站著。天快亮時到了泰安，下車隨便吃了點東西就先去遊覽岱廟，接著就從山底下一級級地爬上泰山，過了十八盤，登上南天門望下看，真是「一覽眾山小」。休整一下再往山下走，在泰安城轉了一圈後，傍晚再乘火車到濟南，隨便找了一個旅館住了一晚，第二天上午先在大明湖、趵突泉轉了一下，幾年前我在煤礦工作出差時曾來過這裏，這次算是故地重遊了。下午再轉膠濟線到達青島，那時年輕，每人就隨身帶一個旅行包，雖然一路上都沒座位，但也不覺得累。回程的時候就從青島乘海輪到上海，這也是我記事以來第一次坐海輪，小高是蘇州人，他就先回家看看，我則在上海親戚家住了兩天再返南京，這是我大學畢業後時間最長的一次出差。

　　講習班設在青島市委黨校，每天上午聽老師講課，下午主要是自學和討論，大部分學員都是年輕人，很快就混熟了。黃昏時大家一起在操場打打球，或者結隊到海濱去游泳，住宿則是在教室裏拼幾張課桌當

床，反正是夏天，也不需要甚麼被褥。我們華東地區的十幾個同伴住
在一個大教室，大都是 78 級歷史系的畢業生，也有幾個工農兵學員，
包括人民大學、北京師大、華東師大、南京大學、武漢大學、杭州大
學、江西師大、江蘇師院（今蘇州大學）、浙江師院等高校，大家的年
齡和經歷都相仿，白天在一起學習，或者打球游泳，晚上則是天南海北
一頓聊天，還以各人的姓名起外號，甚麼「胡傳葵」、「錢守維」、「溫
其久」、「韓小強」、「李有才」等等，大都是當年樣板戲中的人物。同
房間只有一位來自武漢某軍事院校姓王的黨史教員，因為他年齡較大，
又是團職幹部，我們都稱他「王團長」。他與我們經歷不同，為人很隨
和，雖然不大參加我們的談話，可能也不一定同意我們的觀點，但他都
能包容，彼此相處得很好。

　　我在講習班被推舉為生活委員，負責發放講習班 200 多位同學的
飯菜票，因此我可能不認識大家，可班上的其他人卻都認識我，畢竟
「民以食為天」嘛！講習班的時間雖然只有兩個月，但對我們來說收穫
很大，不僅有機會親自聆聽著名學者的授課，而且還結識了許多志同道
合的朋友，如徐思彥（《歷史研究》編輯部，後調到社科文獻出版社）、
忻平（原華東師範大學，後調至上海大學）、胡正豪（上海外國語大
學）、李占才（由安徽調蘇州，最後到上海同濟大學）、何友良（江西

青島中國現代史講習班同
宿舍學員合影

社會科學院）、溫銳（原江西師範大學，後調到江西財經大學）、周興旺（首都師範大學）、丁小強（原寧波市委黨校，後調到上海同濟大學）等等，30 多年過去，雖然大家天南海北，各自一方，平時難得相聚，但彼此間的友誼卻始終未變。

全國首屆民國史學術會（「白下會議」）

為了配合剛剛興起的民國史研究，中國社會科學院近代史研究所、南京大學歷史系、中國第二歷史檔案館、江蘇省社會科學院等多個單位領導經多次商議，最後決定在南京召開首屆全國民國史研究學術討論會，因為會址設在南京市委黨校所在地白下飯店，因此後來大家都將 1984 年這個曾在推動民國史研究發生過重要作用的會議稱為「白下會議」。

會議召開的消息一經傳出，立即吸引了全國各高校和研究機構學者的興趣，紛紛要求參加會議。那時的條件相當簡陋，包括會場、住宿、吃飯，特別是往返交通，都是很難解決的問題。這次會議將近有 200 位學者與會，許多著名的學者，譬如來自北京的李新、李侃、孫思白、彭明、李宗一、王檜林、楊天石，上海的陳旭麓、丁日初、黃美真，天津的魏宏運、來新夏，武漢的章開沅、王宗華，東北的王維禮、解學詩，廣東的陳錫琪、張磊等等，比較多的還是中年學者，年輕人除了南京本地的，外地的很少。

我作為發起單位的成員，又是南大歷史系的畢業生，因此不但向會議提交了一篇論文，而且還負責會議的會務工作。這次會議是內地首次以民國史研究的名義召開的，《人民日報》專門發了消息，因此在海內外產生了很大影響。由於當時的條件限制，會議並沒有邀請外國學者參加會議，但還是有幾位正在南大留學的外國學生旁聽。會議中有幾件小事值得一提，也可以說是民國史研究中的一些花絮。

我作為會務人員，負責到車站接送一些著名學者，其中就包括華東

師範大學的陳旭麓教授。陳先生在「文革」前就已出名，他與李新、彭明、孫思白等學者共同編撰的《新民主主義革命通史》是我們上大學時必讀的教科書。然而「文革」中就因為當時的上海市寫作班了「羅斯鼎」曾請他審閱一些文章，上面曾要求，凡是歷史類的文章都要先請陳教授看看，以免發生歷史性的錯誤。「文革」結束後，這件事就被一些人抓住不放，一直不讓他評教授，還諷刺說：陳旭麓還要評甚麼教授呀，「四人幫」不是早就封他是教授了嗎？我因為以前沒見過陳先生，就在車站外面舉著「陳旭麓教授」的牌子迎接。陳先生幾人看見牌子就向我走來，同行的安徽大學陳善學和《文匯報》記者施宣圓等人大聲說道：「陳老師你看，大家都公認你是教授！」陳先生甚麼話也沒說，只是微笑著坐上了車，我不知道我這一無心之舉是不是對他有所寬慰。

當時會議的經費很少，就是幾個發起單位各自撥款，但很有限，因此只能住在市委招待所，而且還是兩人一間。陳旭麓先生和孫思白先生是老朋友，他們就安排住在一個房間。中午吃過飯大家都回房間午休，等到下午開會之前，陳先生突然發現自己的長褲找不到了，孫先生也幫著找，驚動了會務組和招待所的負責人，有人說已經報警。然而房間就這麼大，就是找不到，真是怪事，小偷來偷東西也不至於看中一條褲子吧。最後你猜怎麼著？原來是孫先生先起床，穿上了陳先生的褲子，然

會議期間參觀二檔館，左
起施宣岑、李新、來新夏

後再在外面套上自己的長褲，難怪怎麼找都找不到呢！這件事傳出後引起與會學者的笑談，一直到現在，只要當年參加過「白下會議」的人聚在一起，這都是個必談的話題。

首屆中美關係史學術會議

1971 年在日本名古屋舉行的世界乒乓球錦標賽中，「小球轉動大球」，中美關係開始解凍，一直到 1979 年中美兩國正式建交，兩國關係也從相互敵視逐漸到互相了解，在這過程中，歷史學者發揮了重要作用，而復旦大學的汪熙教授更為加強中美關係史的研究作出了突出的貢獻。

我自從發表了《1935 年白銀風潮的爆發及後果》這篇論文後，汪熙先生就給我來信，經常予以鼓勵。不久他又告我，說他正在主持出版一套中美關係研究的叢書，內中包括論著、論文集和譯著等。不久前他在美國訪問時在伊利諾大學發現了一篇未曾發表的博士論文 *American Silver Policy and China, 1933-1936*，作者叫 Michael Blaine Russell。汪先生認為這是目前研究美國白銀政策及其對中國影響最全面的一部著作，他計劃將其翻譯出版，介紹給中國的讀者，並希望由我來承擔這項工作。我非常感謝汪先生對我的信任，但自忖英文水平有限，生怕完成不了這一任務，於是就將我的顧慮告訴了他。汪先生接信後很快回信，說這篇博士論文語法不是很難，關鍵是你對這段歷史相當熟悉，相信你可以完成翻譯的工作，隨信並將這篇論文的打印稿寄給我。我就跟汪先生商量，是否先試著翻譯一章，如認為可行就接著翻，若達不到要求，就請他另找合適的人來翻譯。汪先生同意這一作法，並對我試譯的一章表示滿意。在汪先生的鼓勵下，我終於在工作之餘將全書翻譯出來，並請南京大學歷史系的吳世民教授和洪郵生老師幫助校訂，這樣我才放心。由於種種原因，等到這本書出版時我早已到了香

港，這就是後來列入「中美關係研究叢書」第八輯的《院外集團與美國對華政策——三十年代美國白銀集團的活動》（復旦大學出版社，1992 年）。

　　1985 年 11 月，經汪熙先生創議並組織，由復旦大學出面主持召開了第一屆中美關係史學術討論會，來自中國社會科學院的李慎之、丁名楠、資中筠、沈予等大家和內地各高校的學者（當初還算是中青年學人，可現在都是研究中美關係史的大腕，如陶文釗、袁明、時殷弘、章百家、何迪、金光耀、王健朗、牛大勇、徐國琦、任東來等）都出席了這一盛會。前些時有學者在懷念汪熙先生的追思會中提供了一張當年會議的合影，物是人非，看到與會學者的身影，真是一幀值得紀念的照片。

　　會議中有一件事值得一提。從事歷史研究最重要的就是史料，但對於內地研究中美關係史的學者來說，查閱美國外交文件比較簡單，因為美國政府定期公佈並出版外交文獻，甚至到美國一些檔案館去查閱相關歷史資料也相當方便，可是在中國、在自己國家的檔案館去查閱檔案

這張照片能找到我嗎？

卻非常困難。這種情形由來已久，對歷史學的發展極為不利，會上對這個問題討論得十分熱烈。大家說表面上看，你不公佈檔案而對方公佈了似乎佔了便宜，但時間長了，後人看到的歷史全是依據對方資料而書寫的，真正吃虧的還是你自己。我作為與會代表，同時也是二檔館的中層幹部（史料編輯部副主任），也在會上介紹了館中的概況，並談了談我的看法。結果與會學者一致推舉中國社會科學院美國研究所副所長資中筠先生執筆，向中央有關方面寫信，反映這一情況。會後我回到館裏也向館領導作了匯報，沒想到這件事還真有了下文。記得之後不久館裏召開館務會議時，專門傳達了一份中央文件，好像是這封信後來轉到胡喬木手中，他在中央書記處會議上專門有過一個指示，大意是在開放檔案方面要有所作為等等內容。在這之後，各地檔案館確實要比以前有所開放，對此我是有親身體會的，而取得這一進步，則應該與這次會議和這封信有關。

中國經濟史學會成立暨學術討論會

進入 80 年代之後，各個學術領域的研究都發展得十分迅速，中國經濟史研究也不例外。中國社會科學院經濟研究所被公認為是經濟史研究最重要的學術陣地，該所經濟史研究室聚集著全國最優秀的學者，其中嚴中平、吳承明、汪敬虞、李文治、聶寶璋、姚賢鎬、張國輝、宓汝成等著名學者更被稱為經濟史學界的「八大金剛」。

在新的形勢之下，為了整合全國經濟史研究的隊伍，中國社會科學院經濟研究所擬以該所的研究力量為中心，向全國各高校和研究機關發出呼籲，組織成立中國經濟史學會，並召開成立大會及學術研討會。我聽到這個消息後很想參加，因為在編輯外債史料過程中得以結識宓汝成先生，於是便冒昧給他寫了封信，希望能有機會與會。沒想到很快就接到宓先生的來信，說他們也正希望能夠得到檔案館的支持，看到我的來

信便立即給我發來邀請函。

記得這次會議的召開時間是 1986 年的 11 月下旬，那時的會議經費都很緊張，會議召開的地點是河北廊坊石油部屬下的一個學校。大會要求各地與會代表當天上午先到北京月壇北街的經濟所報到，下午再集體乘車去廊坊。這次參會的學者大都是在經濟史研究中卓有成績的學者，除了前面講的經濟所「八大金剛」外，來自北京的還有王方中、叢翰香，上海的張仲禮、丁日初，武漢的章開沅、代魯、趙德馨，山東的孔令仁，東北的孔經緯、解學詩，天津的郭士浩、劉佛丁，四川的凌耀倫、廣東的黃啟臣等等，我記得江蘇一共來了三位，除了我之外，還有省社科院經濟研究所的顧紀瑞和唐文起二位老師。這次會議宣佈成立中國經濟史學會，總會之下再設中國古代經濟史、近代經濟史、當代經濟史和世界經濟史四個分會，會長嚴中平，吳承明、張仲禮、章開沅、丁日初等著名學者任副會長，祕書處就設在社科院經濟所，由魏金玉老師任祕書長。每個分會大概有 30 多名理事，近代經濟史分會會長由吳承明先生兼任，籌委會認為第二歷史檔案館應派出一位理事，因此留下一個名額由館中推薦，會後我向館長們匯報，他們商議後就向學會發函，決定讓我代表檔案館，擔任中國近代經濟史分會的理事。小子何德何能，竟能與眾多德高望重的前輩學者一起忝列理事？趙德馨老師以後見到我就說：你是我們學會最年輕的理事！

當時國家實施改革開放剛剛幾年，底子很窮，投入社會科學的研究經費就更加少。會上有人發言時稱，每年國家對全國社科研究投放的資金只有區區 50 萬元，連修築一公里的高速公路都不夠！與現在相比，這可真是天壤之別了。2018 年 8 月在太原召開的經濟史年會，近 300名學者參加，學會會長魏明孔兄特別邀請我前去參加。我會前曾在微信群中詢問有無保存這次會議的照片，立刻就有人將當年經濟史學會成立的合影放在微信群裏，看到這張照片真是感慨良多，30 多年過去了，

1986 年 11 月 26 日，中國經濟史學會在廊坊舉行成立大會

我數了數，參加當年會議的學者如今只有幾個與會，而且他們那時大多還是會務工作人員（如武力、許檀等）。當年與會的許多學者如今已經仙逝，但他們對中國經濟史學科所作出的奉獻卻永遠記在後人心中。

會議中還有一段小插曲，參加此次會議的代表都是各高校和科研機構知名學者，30 多歲的年輕人很少，記得只有李伯重、陳支平、尚曉元、劉方健、李榮昌和我幾位，還有就是擔任會務的經濟所朱蔭貴、武力、陳其廣、許檀等幾個年輕人。有天晚上，朱蔭貴和武力等人約我們這幾個年輕人在一起聊天，主要是讓大家相互認識，交換地址，並介紹一下各人目前的研究興趣和方向，希望以後經常聯繫，互相交流。但聽說此事後來被經濟所的幾位老同志知道了，還特別向朱蔭貴和武力詢問詳細情況。

珠海唐紹儀生平學術會議

民國史研究興起之後，民國人物研究就是一個非常重要的領域，同樣引起眾多學者的興趣。我大學同班同學陳紅民是南大第一位攻讀民

國史的研究生，他的論文就是分析「九一八」事變後的胡漢民。他在參閱大量資料後完成了論文，對這一時期胡漢民的評價簡單來講就是六個字：「反共、反蔣、抗日」，但也引起一些爭議。這個研究引起民國史大家李新先生的注意，他還專程到我們檔案館，並在這裏召開了一個小型的座談會，就以這篇論文為例，討論如何正確評價民國時期的歷史人物。其後不久，紅民兄的這篇論文即被推薦刊載在《歷史研究》這個全國歷史學界最高級別的雜誌上。

當時各地都在想方設法為當地的歷史名人正名，除了提高本地知名度外，很重要的原因是想藉此帶動當地旅遊業的發展。珠海是全國的四大特區之一，經濟發展很快，近代以來出身於本地的名人很多，當地政府也想以本地名人唐紹儀為對象召開會議，擴大影響。但珠海當地並無高校，政府與學界亦無聯繫，因此就以珠海市政協的名義，委託廣州暨南大學歷史系，希望與他們合作，具體的作法是由暨大負責邀請內地學者前往珠海，參加關於唐紹儀生平的學術會議，而會議的所有經費均由珠海市政府承擔。

暨南大學歷史系籌辦會議的周孝忠老師幾年前曾與我一起參加過青島的中國現代史講習班，他在聯繫各方學者與會時想到了我，並希望我再推薦幾位南京的學者參加。由於這次會議在新成立的特區召開，主辦方不但負責會議期間的食宿，而且還報銷往來機票，真是一件好事，於是我就動員南大歷史系的張憲文老師和我們館剛提升的萬仁元副館長一道參加。

1986 年 12 月初，我們三人一起從南京乘飛機到廣州，這也是我生平第一次乘坐飛機。到廣州後先住在暨南大學，第二天上午我們三人在廣州市區逛了逛，中午與大家集合後再乘車去珠海。那時的路況很差，一路顛簸，到珠海已經很晚了。此次參加會議的人雖然不多，但級別甚高，除了近代史研究所李新、中華書局總編輯李侃、資深編輯劉德麟等大家外，還有來自一檔館和二檔館的領導，以及上海、南京、武

漢、廣州等地的知名學者，更邀請了全國文史館館員、當年負責刺殺唐紹儀的軍統頭目沈醉，以及上海法租界處理此案一位姓薛的巡捕與會，這就是與其他會議相比的特別之處。沈醉在會上説，他以前一直不承認有關刺殺唐紹儀之事，直到近年看到台灣有關軍統人物的回憶説到此事，這才首次承認唐紹儀確實是被軍統暗殺的，但他並沒有講到底是誰下達的暗殺令。

在這之前，我曾在館藏孔祥熙個人全宗內看到一些有關刺殺唐紹儀的檔案，主要是在他被刺前後財政部駐滬的情報人員寫給孔祥熙父子的一批密件，詳細地披露了唐紹儀抗戰之初在上海的活動，包括日本情報部門的拉攏，唐周邊人物的勸誘等等內容，並證實唐之被刺確係軍統所為。我便依據這些相關檔案和其他資料，寫了一篇唐紹儀被刺經過的論文參會，受到與會者的好評。沈醉之女沈美娟陪同她父親同來參會，她當時在全國政協文史資料辦公室工作，會後就將我寫的這篇文章帶回北京，後來發表在《全國文史資料選輯》第 113 輯上。原本文史資料刊載的文字都是親歷者的所見所聞，我的這篇文章竟也被收錄其中，這倒是出乎我之意料。

1982 年 7 月大學畢業，在到單位工作報到前我和妻子陸誠曾到廣州來旅遊了一個星期，也算是度蜜月了吧，而這回應該是我第一次到廣

環澳遊

東開會。會議期間珠海市政協多次宴請，該市的政協副主席是原來長春電影製片廠的演員龐學勤，電影《戰火中的青春》男一號，那可是當年電影圈中的男神呀，沒想到他也到珠海來了。珠海方面帶我們去唐家灣參觀唐紹儀的故居和共樂園，並帶我們去了一個大型遊樂場，同行的學者年齡都比較大，沒人敢坐過山車，只有一檔館的副館長徐藝圃躍躍欲試，說平時坐一次要好多錢呢，免費的還不坐？就強拉著我一起坐了上去，這也是我第一次坐過山車。珠海方面出錢開會的目的自然是希望我們能說些好話，以此帶動當地的旅遊業開發，因此招待得極為周到和熱情。在閉幕式上，李新先生代表與會學者表示感謝，但他依然強調：雖然我們受到了你們的熱情接待，但我們在評論歷史人物時還是必須秉承一個原則，那就是既要歷史地看待他，但又不能違背歷史事實盲目去吹捧褒揚。

　　珠海會後，我和張老師和萬館長又結伴從珠海乘船到蛇口，老萬的一個同學在深圳市委組織部工作，他派車接我們到深圳，住在市委招待所，四個人一間房，但比外邊的賓館要便宜多了。深圳到底是特區，物價就是貴，來之前我們就說好了，三人外出吃飯消費統統由我一人付款，最後再一起結賬，否則你請我請，既不方便，更加浪費。我們在珠海的時候市政府招待得很好，可是到了深圳就得自己花錢了，這裏的物價實在太貴，以我們在內地的工資標準實在消費不起，只能撿些最便宜的東西吃。幾天下來，有點吃不消，我建議奢侈一次，但老萬說，這兒的東西太貴，還是到廣州我們再好好地吃一頓吧。可是到了廣州，老萬又說，廣州的東西還是貴，還是回南京吃吧。我和張老師笑了笑，到南京後那自然是各回各家，不會再在外邊吃飯了。

　　在珠海時會議的組織者還特地帶我們乘著遊艇圍著澳門轉了一圈，上岸當然是不可能的，只能作一環島遊，大概離岸有 100 多米，其實甚麼也看不著。到深圳後老萬又請朋友幫忙，弄了幾張通行證，去了一

趨沙頭角的中英一條街，算是見識到澳門和香港的一絲絲皮毛。沒想到的是，兩年後我竟回到香港，開始了人生的另一個歷程。

民國檔案與民國史學術討論會

對於我來説印象最深的，還是 1987 年 10 月在南京召開的那次民國檔案與民國史學術討論會。

自 1984 年首屆民國史學術研討會召開之後，內地研究民國史已成為一大顯學，《人民日報》開闢了一個「學點民國史」的專欄，普及一些民國史的知識，而且民國離現實生活最近，因此社會間對民國時期的歷史更是充滿了好奇。與此同時，內地學者與國際間的交往日益廣泛，先後有許多國際知名學者到內地訪問，而到南京的第二歷史檔案館來查閱檔案更是他們訪問中國的一個重點。為了加強和促進國內外民國史研究的發展，1986 年由中國第二歷史檔案館發起，聯合了北京中國社會科學院近代史研究所和南京大學、江蘇省社會科學院等多個單位，決定在南京召開一次「民國檔案與民國史」的國際學術討論會，主題就定為「抗戰時期的中國」。

此時二檔館主管業務的施宣岑副館長剛剛離休，他的職務由研究室主任萬仁元接任，鑒於施館長在檔案界與史學界領域中的地位，發起單位代表一致推舉由他擔任籌備會的主任。會前的具體準備工作很繁重，由誰負責呢？施館長在會上點名説：「就讓小鄭幹，他年輕，讓他鍛煉鍛煉。」於是我就負責了會議的具體籌備工作，包括與各籌備單位的溝通、與內地學者的聯絡（外國學者的邀請名單由近代史所副所長李宗一和南大張憲文等老師負責擬定）、論文的收集以及會議的安排等具體工作。由於會議的規格很高，全國各地希望參會的學者更多，籌委會決定組織一個審稿委員會，對所有參會學者提交的論文先進行學術評審，通過者方寄發正式邀請函，這個制度可能在全國還是首創。我當時工作

忙，也是為了讓一位年輕的同事有機會參加會議，就以二人的名義合作
撰寫了一篇論述國民政府抗戰初期財政政策的論文，由我擬定寫作大
綱，標明重點，佈置和提供需要查詢的參考書籍和檔案資料，最後再由
我修改統稿，這也是我至今以來唯一一篇與他人共同署名發表的論文。

　　這次會議是民國史研究發展歷程中的一個重要標誌，說明此刻內地
的民國史研究已經走向國際化，同時此時召開這個會議還配合國家準備
對台灣實施「一國兩制」的國策，因而具有重要的統戰意義。會前施館
長曾以個人的名義在《人民日報》上發表文章，代表中國第二歷史檔案
館向台北的「國史館」黃季陸館長喊話，提出兩岸共同開放民國檔案的
建議，更希望求同存異，與台灣的同行共同研究民國史。國家對這次會
議的召開十分重視，財政上特別為會議撥款 20 萬元人民幣，這在當時
可是個天文數字，而且會議地點定在當時南京（甚至在全國）最豪華的
金陵飯店舉行，這與三年前白下會議的規格相比完全不可同日而語。

　　為了讓大會開得更加圓滿，會前我曾向各與會單位和學者提出贈書
的建議，很快便得到積極的響應：近代史所將剛由中華書局出版的《中
華民國史》第一卷送給與會學者，河南人民出版社贈送張憲文等老師的
新著《中華民國史綱》，復旦大學提供了汪偽政權的研究著作，南開大

張憲文老師是大會的祕
書長，陳興唐與我是副
祕書長

學出版社贈送的是剛翻譯的《江浙財團與國民黨政府》，武漢大學贈送《武漢國民政府史》，西南財大也將他們最新的研究成果《國民政府大後方財政經濟措施》提交大會，全國政協則贈送了多套國民黨軍事將領的抗戰親歷。為了落實這一提議，除了館裏贈送一套剛出版的二檔館全宗指南外，我們史料編輯部也組織人手，部主任老方和我帶著幾個剛分配來的大學生，從國民政府軍事委員會的戰史檔案中突擊選編檔案，最後因時間太緊，乾脆就帶著人住在揚州的出版社，邊排版、邊校對、邊印刷，只用了幾個月的時間，編輯完成 150 多萬字、兩大部頭的檔案資料匯編《抗日戰爭正面戰場》，對八年抗戰中 22 個重大戰役的史料首次予以公佈，特別得到與會學者的稱讚，這也被視為民國史和抗戰史研究中的一項重大突破。

當年 10 月，來自國內外 100 多位知名學者相聚金陵，這次會議討論的主題是「抗戰時期的中國」。會議開得非常成功，不僅來自內地的學術大家如李新、李侃、金沖及、陳旭麓、孫思白、王檜林、蔡德金、章開沅、魏宏運、來新夏、彭明、丁日初、茅家琦、李宗一、張憲文、楊天石、王學莊、王維禮、楊光彥等親臨會議並發表論文，還有來自世界各地 20 多位著名學者，如美國的易勞逸、于子橋、柯偉林、李又寧、麥金農、陸培湧，加拿大的陳志讓、巴雷特，日本的衛藤瀋吉、山田辰雄、姬田光一、石島紀之，法國的畢仰高、白吉爾，澳大利亞的費約翰等等齊聚一堂，真是民國史研究的一次盛宴。

這次會議還有兩個小插曲值得一提。當時開會按照規矩內地學者兩人共住一間，雖然經費比較寬裕，但規矩卻不能破。籌備組當時決定，幾位副部級的學者住單間，包括李新（原中央黨史研究室副主任）、王明哲（中央檔案館館長）、金沖及（中央文獻研究室副主任）等，其他都兩人一間。我還建議發邀請信時，在回執上請大家註明抽煙與否、睡覺打呼與否等問題，以便可以安排得更好一點。那天金沖及老師報到時

金陵飯店會議廳的開幕式

是我接待的，我將他帶到房間，他一看就說，怎麼我是一個人住呀？我
說這是籌委會安排的，您是副部長呀！他說，這絕對不行，我的老師輩
他們都兩人一間，我怎麼能一人住呢！說著就把行李拿出來，隨便走到
一個房間，說我就住在這裏，你們可以隨便安排甚麼人與我同住。我當
時很感動，而且這段記憶也一直埋藏在心中。

　　大家一定還記得三年前孫思白和陳旭麓兩位先生在「白下飯店」找
褲子的趣事吧，這次會議他們倆又住在一起，不過這次不是找褲子，而
是陳先生感冒了。問陳先生怎麼回事，他開始一直不肯說，後來才透
露，原來是孫先生打呼實在太利害，他睡不著，只好將被子搬到洗澡間
去睡，結果受涼感冒了。

　　總之，這次會議召開得非常成功，與會學者都十分滿意，不僅提
交會議的論文內容精彩（會後這些論文經審核後由張憲文、陳興唐和我
三人擔任主編，由檔案出版社公開出版，並請孫思白先生題寫書名），

向與會學者介紹會議籌
備情形

會場一瞥，我前面是陳
旭麓、金普森、馮紹霆
（左1-3），身後可能是
鹿錫俊

而且每個與會者都獲得 10 多本民國史的最新著作，我們還特地安排郵
局到飯店服務，為外地學者解決郵遞的問題。然而美中不足的是，這次
會議未能邀請到港台學者與會。那時國際交流雖然已經開展，但內地對
港、台地區的情形卻並不是太了解，籌委會只是邀請了香港大學校長王
賡武教授和浸會學院歷史系高級講師劉家駒先生參加會議，但他們後來
均因故未能出席；而由於當時台灣當局尚未解除對大陸探親的禁令，雖
然籌委會的各位老師已從不同途徑了解到眾多台灣學者的研究領域，但
卻無法邀請他們與會，這也成為會議的一個遺憾。然而正是這個遺憾，
卻成為我不久之後移居香港的一個契機。

第十二章

重返香港

到香港探親

我出生於香港，雖然還不到半歲就隨父母回到內地，但按照港英政府的規定，凡是出生於香港的人不論國籍，均屬於香港的永久居民，因為其身份證上有三顆＊的符號，香港話即稱之「三粒星」。然而我過去對這個規定並不清楚，因此就是在農村插隊最艱苦的時候，也從未想到還會享有如此「待遇」，可以移民去香港。當然說句老實話，那個時候即使知道有這個規定，我肯定也不敢去申請，那不是明擺著自己要「叛國」嗎？如今生活安定，家庭幸福，事業有成，就更沒想過要拋家離子，再過一次「洋插隊」的生活了。

我去香港探親，是與台灣開放居民前往大陸探親的政策有關；而我最後決定回港定居，則牽涉到前面提及 1987 年召開的會議。

我岳父是山西人，自幼父母去世，很小就一個人四處闖蕩，新中國成立前他在國民黨的空軍中任機械師，戰時也曾到美國接受過訓練，抗戰勝利後駐地在上海。岳母是上海人，與岳父的堂姐是國防醫學院的同事，後來經其介紹兩人相識並訂婚。上海解放前夕，岳父已隨空軍從上海飛到台灣，並將他的堂姐與堂弟送到台灣，原本岳父想安定之後就回

來接岳母一家過去，但突然岳母決定不去台灣了。岳父情急之下，就偷偷地逃回上海，當時要是被抓住的話，後果很嚴重，那時真是為了愛情甚麼也不顧了。新中國成立後岳父即與他們姐弟失去聯繫，完全不知道他們的情況，只覺得堂姐孤身一人，還帶著弟弟和一個孩子，再想到處於「水深火熱」、「飢寒交迫」下的台灣人民，估計他們早就不在人世了。

沒想到改革開放之後，姑姑從美國輾轉打聽到岳父的地址，姐弟倆才得以聯繫。後來才知道，姑姑到台灣後還一直在國防醫學院工作，後來好像是改為榮民總醫院了，獨生女結婚後到美國定居，因此她退休後也隨同女兒去美國了。她的弟弟則一直住在台北，也是軍人，退伍後算是「榮民」，姐姐幫他在台北市的北投區購置了一處房子。叔叔很晚才與一位印尼華僑結婚，沒有孩子，退休後他除了有筆固定的退休金外，自己還做點小生意，生活雖然談不上是大富大貴，但也絕對不是「飢寒交迫」。

1987 年，台灣當局宣佈開放台灣居民前往大陸探親，姑姑和叔叔已離開家鄉近 40 年，非常想念家中的眾位親人，因此計劃回大陸探親。那時台胞回大陸必須經由香港轉機，他們年事已高，在香港又人地生疏，舉目無親，因此希望得到我們的幫助。而我自幼離開香港就從未回去過，因此我們兩家人商量後就決定讓我去香港，一方面在香港幫他們找旅館，聯絡旅行社買機票，負責接機送機和陪同他們香港遊覽，同時也可以利用這一機會去探望香港的眾位親友。在這之前二姑和表弟、表妹曾先後到南京看望過我們，父母親亦應他們的邀請去香港探過親，彼此來往十分密切。

那時去香港探親必須要由香港方面的親人發出邀請，再由受邀人到當地公安局出入境處申請出境證明，父親向香港的二姑及姑父提出這個想法後，他們立刻表示歡迎，並給我寄出一封邀請信。

我收到香港親友的邀請後立即向館領導請假，要求到香港探親，他們詢問了理由後倒是非常乾脆，而且這個時候正好有件工作需要我去聯

繫，這事與幾個月之前召開的金陵飯店會議有關。所以公私兼顧，立即批我三個月的假。

1988 年初，茅家琦老師應澳大利亞國立大學駱惠敏教授邀請，前往澳大利亞訪問和講學，回國途中經過香港，又受到香港大學校長王賡武教授的邀請，順道訪問香港大學。王校長是馬來亞華僑，抗戰勝利後曾考入中央大學外文系，與茅老師同級，雖然不同系，但他們都是三泰同鄉，因此在學校時就認識。王校長中大沒畢業就隨父親去馬來亞繼續完成學業，旋獲英國倫敦大學博士，後來成為國際知名的歷史學家，不久前剛受聘擔任香港大學校長。幾年前王校長訪問內地時就與茅老師重逢相見，金陵會議時我們也曾邀請他赴會，只是因為他另有要事，最終無法到會。

這次茅老師到香港，將金陵會議召開的盛況及其影響都告訴了他，並表示此次會議最為遺憾的是，因為當時的兩岸關係還很緊張，所以未能邀請台灣學者與會。王校長聽了之後立刻說，那不要緊，下次這個會就在香港開，由香港大學出資主辦，香港是個開放的國際城市，屆時不僅是世界各國，就是海峽兩岸的學者都能來參加。茅老師回到南京後將這個信息告訴眾人，大家都覺得這是一個極好的建議。我因全程參與會議的籌備，對此較為熟悉，正好我要去香港探親，可以利用這個機會商洽一下有關召開香港會議的事宜。於是，我就肩負接待親友的任務，並帶著檔案館和茅老師眾人的囑託前往香港。然而沒想到的是，最後這個會議終因種種原因未能召開，而我卻以此為契機，來到香港大學攻讀學位了。

在香港辦的幾件事

1988 年 6 月，我從南京飛到廣州，剛調到蛇口招商局工作不久的九舅親自到廣州機場來接我，然後在蛇口他家住了幾天後，便從羅湖過關進入香港。

　　所有從內地到香港探親的人在羅湖海關都會被單獨詢問，我被叫進一個房間後，正在擔心怕聽不懂廣東話時，沒想到問話的人居然會說普通話。據他說他小時候是在北京長大的，但我覺得他肯定在說謊，因為他的普通話雖說尚算標準，但口音與從小在北京長大的人完全不同，而且別的人都穿著入境處職員的制服，他卻身著便服。我問他怎麼不著軍裝，他吱吱唔唔地說制服拿去洗了，就隨便穿了身便裝。我當時只是感到奇怪，但也說不出甚麼原因，後來到香港之後看了些資料才知道，當時香港政府中有一個叫政治部的神祕機構，說不定他就是傳說中香港政治部的工作人員。

　　二姑家住在九龍城的嘉林邊道，幾個表弟也住在附近，他們家租住的應是建於戰前的一幢舊式洋樓，雖然沒有電梯，但質量很好。二姑家租住在最高一層，面積大約一千五六百呎，室內三房兩廳兩衛，在香港這算是很大的住房了，三表弟一家四口和姑父姑母住在一起，還有一個空房間就讓我住了。50、60 年代姑父一家住在聯合道附近的博愛村，條件十分簡陋，生活也很艱苦，後來經營診所經濟條件有所改善，就在嘉林邊道租住了這個單位。聽表弟講原來姑父是想在附近太子道買一個單位自住的，但結果價格好像有點出入，未能談攏，姑夫為此賭氣就不買了。沒想到以後樓價越漲越高，再想到以前的價格，姑父就覺得更不上算，所以一直沒有置業，就一直住在這裏。九龍城毗鄰啟德機場，飛機起飛和降落的聲音震耳欲聾，他家是頂樓，站在他們家的天台上，飛機好像就在頭頂二、三十米上空飛過。二姑父在附近的九龍城寨開了一家診所，但此時中英雙方已通過正式談判，根據協定，這個三不管的九龍城寨很快就要拆遷，之後就會在原址上興建一座公園，眼下城寨內的住戶正在與政府商洽如何補償的具體事宜。

　　到香港後我先在二姑家附近替台灣來的親戚預定了一個小旅館，第二天就到啟德機場接機，接下來的幾天主要是陪他們逛逛街，到中國旅

行社辦理台胞證等入境手續，同時預定往返內地的機票。此外還有一件重要的事，就是到中孚行去購買各種電器。那時內地生活水平不高，為了鼓勵海外華僑和港澳台同胞回內地旅遊和探親，凡是海外回來的人都可以享有免稅購買一定數量家用電器的優待，就是所謂三大件（彩電、冰箱、洗衣機）八小件（微波爐、錄音機、照像機、手錶等）。這些家電產品不僅質量上乘，而且價格要比內地便宜很多，所以一般海外同胞回內地時都會買一些家用電器贈送給親友，為此香港開設了許多香港買單、內地提貨的電器公司，中孚行就是其中一家有名的公司。

兩天後我到機場送姑姑和叔叔登上了回內地的飛機，他們大概會在內地停留一個月，這段時間我就留在香港，等結束探親後再送他們上機回台灣。而在這期間，我在香港還有三件事要做。

首先是二姑帶著我去各處拜望眾多在港的親戚，我們家在香港的親戚實在不少，但至親的就是伯母和二姑及其諸位堂兄妹和表兄弟，其他一些遠親有的以前聽父親說過，更多的人我連聽都沒聽過。香港一般家庭居住面積都不大，凡是見朋友或看親戚，大多是約在酒樓飲早茶，我反正誰也不認識，就隨著二姑走，讓我怎麼稱呼就怎麼稱呼吧。二姑很熱情，當年她已近 70 歲，可是身體很好，走路風風火火的，甚至比我走得還快。二姑還帶著我到跑馬地我出生的養和醫院外面轉了轉，當年大伯父住在跑馬地的鳳輝台，據說這裏原來是南天王陳濟棠的公館，但現在已破舊不堪，很快就要拆遷了。雖然我對這個地方完全沒有印象，而且伯父一家早已不住在這裏，但我畢竟出生時住在這裏，因此還是在外面看了看，也算是到此一遊吧。

第二件事就是到香港的入境事處去辦理身份證。

我 1949 年 9 月生於香港，根據香港政府的規定，必須在出生之後規定的時間內去生死註冊處辦理出生證。我半歲時隨父母回內地時，出生證及母親的一些首飾就留在大伯父家中，70 年代中大伯去世，堂妹

整理他的遺物時，才在保險櫃中發現了這些物件，但那時「文化大革命」還沒有結束，我們家早與香港的親戚中斷了來往，直到 1980 年前後才恢復聯繫。二姑 1983 年到南京探望我們時，就把我的出生證帶回來交還給我，因此她這次特別寫信，要我將出生證隨身帶回。

雖然這時我已知道自己具有移民香港的條件，但說老實話，我根本就沒有想過要走這條路。香港雖然繁榮富裕，但我年齡已近 40 歲，又身無長技，除了寫過幾篇論文外，可以說一無所長。再說學歷史的不要說在香港，就是在內地也很難找到合適的工作，更何況內地的學歷這裏還不承認。我當時只是在想，如果有可能，我就領個香港的身份證，仍然回去工作，以後往來香港不是很方便嗎？萬一有機會在香港能找到合適的工作，再隨時回來，不是挺好的嗎？後來我才知道，這種想法實在是太天真了。

當時入境事務處位於尖沙咀的麼地道，我按規定向他們遞交了相關的證件及其申請，據說香港的生死註冊處會保留 100 年的相關資料，即使沒有出生證，也可以查出來，當然時間要長得多，我們南航樓上一家鄰居，姐弟倆也是出生在香港的，雖然他們的出生證遺失了，但經反覆驗證，多番調查，最終還是獲批來港。我因為保存有出生證，而且我和父母親的名字從未改變，甚至內地戶口簿上我填寫的出生地也一直是香港，相對來說核對資料比較容易。但畢竟事隔近 40 年，入境處還要我提供其他資料，比如戶口本、從小學到中學、大學的各種證明，以及父母親與香港親戚的通信等等，總之越詳細越好，目的就是要證明「我就是我」。於是我趕緊去信給家裏，請他們儘快將所需要的資料掛號寄過來，我收到相關資料後再送交入境處。香港政府的制度很嚴謹，也很認真，經過一番查閱之後，入境處的職員告訴我，所需證明都齊備了，但他們還要進一步核實，大概需要一個月左右的工作時間。至於你是回內地等也可以，要想留在香港等也可以，他們可以給我出具一個延期

居住的證明。因為我那時其他事情都已辦完，也將台灣的親戚送上了飛機，在香港待著沒事，而且好些事還必須得回去和家人商量，覺得還是先回去吧。

第三件事也是我此行的重要工作，那就是與香港大學聯繫有關召開民國史會議的大事。

來香港之前，茅老師已分別寫了幾封信給香港大學王賡武校長以及主要負責此事的中文系主任趙令揚教授和歷史系高級講師陸人龍博士，主要就是介紹我前來與他們商議舉辦會議的一些細節。可是我到香港之際，正好王校長有事外出，所以我就先行拜見趙教授和陸博士。

趙教授也是潮州人，早年畢業於香港大學中文系，後來在澳洲國立大學獲得博士，他的研究領域是明史，同時也對香港的名人何啟素有研究；而陸博士是加拿大多倫多大學的博士，是研究中共黨史的專家。那時趙教授擔任中文系主任，工作非常忙，他的辦公室位於香港大學主樓的三層樓上，房間很大，到處都堆滿著各種書刊和文件。我事前先與他聯繫好，並在約定的時間提前到港大中文系的辦公室去見他，我堂弟的太太是香港大學校外進修學院的講師，與趙教授很熟，因此這次見面也與她的安排有關。

我見到趙教授首先轉達了茅老師和檔案館領導的問候，接著便向他報告了去年金陵飯店會議的籌備及開會經過，並提出以後開會的設想。他認真地聽取了我的介紹，並提出一些具體建議：下次會議由香港大學主辦，所有費用均由港大負責籌措，再在海峽兩岸各找一個機構作為協辦單位，譬如就由南京的中國第二歷史檔案館和台北的「中央研究院」近代史研究所出面，這樣影響會更大。我覺得他的建議非常好，答應回去後立即向有關單位匯報。

正事辦完了，我們就開始隨便聊聊其他的事。我介紹了我的經歷和目前的工作狀況，並將近年來發表的十多篇論文呈交上去。趙教授一

邊聽我匯報，一邊翻閱我提交的論文，當他得知我是香港出生的，便問我今後有甚麼打算。我說正在申請香港身份證，正好有些問題想向他請教。

我問趙教授：「像我這樣的情形到香港來能找到甚麼工作，如果到港大圖書館作個管理員行不行？」

他馬上說：「那不行，因為你的學歷香港不承認。不過，你要是來讀書還是可以的。」

「讀書？」這倒是我從來沒想過的事兒。我問道：「在哪兒讀呀？」

「當然是港大了，就是中文系。」

「可我是學歷史的啊。」

「文史不分家嘛，我們的中文系不單是文學，也有歷史，我就是研究明史的嘛。」

「需要考試嗎？」

「不要考試，香港大學的研究生制度是英國式的，所謂研究學位就是要看你的研究論文。你畢業的南京大學很有名，我們都承認，而且你又發表了這麼多論文，說明你已經具備了研究能力，所以到港大來讀研究碩士應該是沒有問題的。當然還需要請你的老師寫封推薦信，還需要你大學的成績資料，最關鍵的，是要寫一份詳盡的研究計劃。」

「論文可以用中文撰寫嗎？」

「沒問題，中文系的學生當然可以用中文寫了。」

不用考試，可以用中文書寫，這對我來說這兩件事太重要了，可是最重要的事還應該是經濟上的問題。我那時月薪只有 100 多塊錢人民幣，怎麼負擔得起如此昂貴的學費，還有香港的生活費呢？

趙教授知道我的困惑，立即對我說：「我可以想辦法為你爭取獎學金，數目多少暫時還不知道，但學費是要自己付的，而且你必須要先移民到香港，然後再按正常手續向香港大學申請入學。」

與趙教授的一席談，影響了我後半生的人生軌跡，原來從未考慮過移居香港的念頭，此時卻突然出現了。

親友與師長的意見

過了幾天，姑姑和叔叔從內地回來，我去機場接他們，再陪同他們在香港轉轉，最後送他們到機場，乘上返回台灣的飛機，我到香港的任務至此也算圓滿地完成，我也該回南京了。

母親在香港有好幾位燕京大學成都時期的校友，一位是香港《新晚報》的總編輯趙叔叔，一位是在出版社工作的馬叔叔，還有一位在香港利氏集團任高管的董叔叔，他的姐姐就是潘漢年的妻子董慧。他們幾位年齡相仿，平時經常在一起聚會，我來香港前母親囑我一定要去拜訪他們，因此他們曾好幾次約我一起吃飯，聽他們回憶當年在成都上學的故事，聊聊當前的國際國內局勢，也讓我講講自己的看法。我把趙教授同意我到香港大學讀研究生的消息告訴他們，並徵求他們的意見，趙叔叔說：「你在內地的情形不錯，原來我並不支持你來香港，但現在是要到港大讀書，那情況就不同了，我認為應該來。」董叔叔說：「機會總是圍在你身邊轉，就看你平時有沒有準備，能不能抓住它。現在這個能到港大讀書的機會，實在難得，一定不要放棄。」當時香港的升學率其實很低，能到香港大學上學都是件很難的事，更何況是讀研究生呢？因此姑媽全家當然是竭力勸說我應該回香港唸書。

這次到香港館裏批我三個月的探親假，但我事情已經辦完，實在沒有時間再逗留在香港了。正好哥哥當時也想轉到深圳大學工作，趁暑假期間到深圳了解情形，於是我就與他在深圳會合，再經廣州乘火車回南京。到家後我將香港之行的經過告訴家中諸人，特別是報考香港大學研究院的事同大家商量，哥哥、妹妹和妻子都主張我應該去香港，父母原

先的意見是不要去，説你的根和你的事業都在內地，年齡又不小了，好不容易全家團聚，就不要再出去了。可是後來聽説有到港大讀書這一機會，他們的信念發生動搖，也同意我回香港了。

沒過多久，香港入境處寄來了一封掛號信，裏面有一份香港入境處簽發的入境證，有效時間是三個月。當時港英政府的入境政策已有過修改，像我這樣香港出生的人可以隨時申請入境，也可將自己未成年的子女一同帶出內地，但配偶卻不在此列，需要在內地的公安局排隊申請來港名額。我當時想，就是來香港也只能是我一個人先來，等到工作、生活稍有安頓，才能申請家人來港團聚，因此這次寄來的只是我一個人的入境證。

有了香港的入境證，但還必須得有內地的出境證。我打聽了一下，才知道我過去的想法實在是太天真了，要辦出境證，就必須放棄內地的一切，如工作、戶口、油糧關係等全都要註銷，不可能同時具備兩種身份，那就必須作出抉擇。在與家人商議後我終於作出決定，先移民香港，再爭取進入港大讀書。

我先將這個想法告訴副館長老萬，他原來是研究室主任，平時待我像長兄一般，無話不談。他聽了以後對我説：「如果從工作上考慮，我肯定不同意放你走，現在館裏的人員斷層，你正好是承上啟下的人；但從個人感情上來説，作為朋友，我還是支持你走的，以你的能力到外面闖闖，應該會有收穫。」

回到南京後我也及時到南大向茅老師和張老師報告會議聯絡的情形，同時也將趙教授動員我到港大讀書的事告訴了他們，他們都支持我去香港讀書。茅老師説：「從全世界的範圍來説，香港既沒有意識形態的束縛，又是中西文化交匯的城市，因此是研究中國近現代史最好的地方。你能到香港去深造，對你來説是一個非常難得的機會，一家要珍惜它。」茅老師並答應為我撰寫推薦信，老師們的鼓勵和支持，更加堅定

了我前去香港的決心。

　　我很清楚，開弓沒有回頭箭，此事一旦向領導正式提出，那就必須向前走，沒有回頭的機會了。當時檔案館沒有正館長，主持工作的是從南京市人大派來的一位王館長，我首先向他報告，他倒是十分支持，說學習是好事，歡迎你學好了再回來，可以先辦理留職停薪嘛。可是我到公安局去打聽，那時去香港根本沒有自費留學一說，那自然也就不可能辦理留職停薪了。因此像我這種情況，就必須要先辦理退職、上繳身份證、取消戶籍及所有油糧關係等一系列移民手續，然後公安局才會發給我正式的出境證。

　　決定一旦作出，下面就開始行動了。首先是向館裏提出辭職，因為我是副處長，黨員幹部，同時又具有中級職稱，因此還得到省委組織部和省政府科技廳辦理相關離職手續。我找到組織部的同學代為打聽，他說像我這種情況自出境之日起不再繳交黨費，那就算自動脫黨，不需要再辦甚麼手續了。那時插隊已經承認計算連續工齡，因此我從 1968 年下鄉算起，至今已有 20 年工齡，可以享受最高待遇即 25 個月工資的退職費。我那時的工資在同齡人中算是比較高的，副處級再加工齡津貼等，一個月約有 120 元工資（不包括其他的生活補貼），退職費加在一起近 3000 元。因為是移民，按規定這筆退職費可以按官價兌換港幣，當時的官價匯率好像是 0.43（人民幣）：1.00（港幣），我一下子從中國銀行兌換到 6000 多元港幣，這輩子我還從來沒見過這麼多現金，這也算是我這麼多年為國家貢獻所得到的報酬吧。可是就這麼多錢，也只夠繳香港大學研究生一年的學費！

　　所有手續辦完，包括上繳身份證、註銷戶口、繳還已發的糧票、油票和其他一切票證，公安局出入境事務處就給我簽發了一張出境證，這樣加上香港寄給我的入境證，我就可以堂堂正正地去香港了。在辦證的時候我突然問公安局那位經辦人：「我把戶口甚麼的全都註銷了，那要

是我以後回來怎麼辦呢？」他聽了一愣，想都沒想就說：「出去了還會回來嗎？」但他立刻覺得此話說得不妥，趕快又說：「你甚麼時候真要回來，我們給你補辦就是了。」

館裏的領導對我不錯，因為我是一個人先去香港，所以同意我的妻子和孩子還是住在館裏的宿舍，只是說日後若他們要到香港團聚的話，再將住房繳還。那時的房租很便宜，每個月大約 4 元多吧，我就先預付了一年的房租，也就 50 多元。

就要離開家了，望著年邁的父母，望著妻子和還不到 4 歲的兒子，心中實在不是滋味，畢竟年齡大了，有家有小了，這和 20 年前下鄉插隊時的心情完全不同。母親自 1950 年回內地後，即使在肅反和「文革」中，都從來沒有說過後悔的話，1985 年她和父親到香港探親，回來後雖然觸動很大，但也沒說甚麼。然而在我到香港後她給我寫的第一封信，內中一句話卻是「早知今日，何必當初」！

就要離開檔案館了，面對著諸多老領導和老同事，心中依依不捨。施館長專門寫了一首《菩薩蠻》的詞贈我，由部主任方慶秋親筆書寫，為我送行。老方 1957 年廈門大學歷史系畢業後就直接分配到二檔館，

1988 年 11 月，館領導和編輯部同事歡送我赴港定居

他長我十多歲，原在研究室工作，與我同時任命為編輯部的正副主任，兩人合作十分愉快，他也親筆寫了一首五言詩送我：「域中難奮翼，海上覓知音；長空飛健羽，史館待來人。」雖然在這裏工作只有六年多的時間，卻得到眾多師長的關心與呵護，這是我人生經歷中的一段重要歷程，它也為我奠定了今後學術研究的基礎。

香港的新移民

1988 年 11 月下旬，我離開了南京的家。這次與 5 個月前去香港完全不同，那次是去探親，一兩個月後就要回來，可是這回卻是真的要走了，未來的道路會怎麼樣，真是不好預測。家人都到機場送行，望著父母和妻子，特別是充滿稚氣的兒子，他還不知道我這次遠行何時歸來，我真不知說甚麼是好，雖然我儘量地克制自己，但轉過臉後，眼淚已經不由自主地流了下來。

這次到香港我還是先到蛇口的舅舅家住了兩天，然後再到深圳，我中學同學吳子彪夫婦此時已在深圳工作，他家就住在羅湖口岸附近。11 月 30 日，我拉著箱子，踏上了通往羅湖的關口，子彪一路送我，到了海關不能再往前走了，我們倆相互握別，他向我揮了揮手，我便掉頭前行。

到香港後，我還是住在二姑家，這時最小的表弟已從加拿大留學歸來，因此我就在客廳裏搭了張床，當上了「廳長」。二姑全家對我非常好，我真是不好意思，曾多次表示要交伙食費，但他們卻說「多一個人多雙筷子」，堅決不讓我掏錢。

到香港的第二天，我就去入境處申請身份證，雖然我初來乍到，但因我是香港出生的，所以不需要等候七年，即刻就成為香港的永久居民，接著就到中國旅行社去申請回鄉證，而不像一般剛到香港的新移民，需要在香港住滿一年才能申請，同時因為有香港出生證，所以我又

申請了英國屬土公民的護照。待到一切手續辦完之後，我即向趙教授報告，他說那好，現在你就以香港人的身份正式申請入學的手續，即要向學校遞交大學的成績表、教授推薦信以及身份證、畢業證、學士證等一系列證件的複印件，而其中最關鍵的，則是一份申請修讀學位的研究計劃書。

報考香港大學研究生院的工作相當順利，我到香港一個多月後，趙教授就在電話中告訴我，雖然在例行會議中有人提出異議，但經他說明與力爭，研究院已同意錄取，並要我到學校報到。我按約定時間與趙教授見面，他先告訴了我這個好消息，讓我先仔細閱讀相關文件，然後對我說：香港的研究學位是不需要上課的，因為你已經具備了撰寫論文的研究能力，而且又有了收集史料的方法和方向，今後主要是多閱讀相關著作，廣泛收集資料，同時要注重理論方面的訓練。而我對你研究的領域並不熟悉，只能是在大的方向上把把關。他要我定期與他見面，隨時匯報收集資料和學習的進展，同時經常參加系裏舉辦的學術會議。

聽完這個好消息後，他又告訴了我一個不好的消息，即我研究生獎學金的申請未獲批准，具體理由好像是不會說廣東話，無法承擔助教的工作。這哪是一個不好的消息，對我來說簡直就是晴天霹靂！我聽了之後人立刻懵了。我知道那時研究生的獎學金一個月有 6 000 多港幣，這就相當於我全部的退職費呀！這些錢除了繳付學費和日常食宿等生活費外，還能有不少積蓄。可是沒有獎學金，又要上學，我怎麼才能在香港生存呀！還有就是住宿的問題，原本我是要申請學校的宿舍，文學院的梁院長還親自接待了我，我講述了我的困難和要求，可是他卻告訴我，因為你沒獲得獎學金，沒有在學校負擔相關的教學任務，所以就不會安排學校的宿舍。我不知道這是甚麼邏輯，就是因為沒有助學金、生活困難，才更需要申請便宜的學生宿舍呀，怎麼反倒成了被拒絕的理由？

鬱悶歸鬱悶，生活還得繼續，書還得努力讀。當時港大研究生的學費

好像是每年 6 000 多元港幣，而我在內地的退職費折合成港幣，也就是 6 000 多元，把這些錢繳了學費之後，我又成了一文不名的窮光蛋了！

　　既然宿舍無望，我也不能長期住在姑媽家裏，當務之急就是找到容身之地。恰好有一個遠房親戚申請到政府公屋，原先租住的房子被另一個二房東包租，正在找人合租，於是就介紹給我。這是位於土瓜灣馬頭角道的一個舊唐樓（唐樓就是沒有電梯的舊樓房），裏面分隔成四間梗房（就是用木板相隔、不到天花板的房間）。二房東自己住一間最大的，他也是不久前剛從上海移民來香港，在飯店裏打工，平時很少在家，另外兩間租戶白天也不在家，我則租了其中最小的一個房間，不到 50 呎（大約 4 平方米），月租 600 元。表兄弟們幫我找了一個上下舖的鐵床，下面睡覺，上面放箱子和雜物，還找了一個帶書櫃和台燈的小書桌，就靠在床前，又買了一個塑膠布的簡易衣櫃，這就是我的全部家當了。香港的夏天潮濕悶熱，但梗房不可能裝冷氣（而且就是能裝冷氣我也用不起），只能用一個小電扇成天吹著。好在白天大部分時間就我一人在家，倒是挺安靜的。

　　住處解決了，面對著的最重要問題就是生存了。

　　香港的親友們待我很好，但他們都是一般市民，我非常感激他們在我初來時的照顧，但決不會向他們提出任何經濟的要求，一切問題都必須自己解決。我因為平時要讀書，收集資料，撰寫論文，還要不定期地要去港大與導師見面，因此不可能在香港找一份全職的工作。這時母親的燕大校友為我提供了關鍵的援助，此情此景，讓我終生銘記。

　　前面說過，母親一位燕大同學董叔叔是潘漢年夫人董慧的弟弟，我探親來港時他就非常支持我到港大讀書。當他知道我已被港大錄取亦非常高興，並說香港的生活費用很貴，沒有一些錢在身上是不行的，並決定在我讀書的兩年時間每年借給我 5 萬元傍身，這樣萬一有甚麼不時之需也可以解決。雖然這 10 萬元錢我從未使用，畢業後亦即全數歸還，

但董叔叔的關愛之心永世難忘。

　　還有鄭叔叔和高阿姨夫婦，他們都是新中國成立前後上的燕京大學，高阿姨還是最後一屆，雖然她入學的第二年燕大就因院系調整而永遠消失了，但他們對燕大的那種感情卻從未改變，燕大「因真理，得自由，以服務」的校訓更是銘記於心。他們要比母親一輩年輕 10 歲左右，過去也不認識，但畢竟都是燕大的校友，自從我見了他們之後，他們待我非常熱情。

　　說起鄭叔叔他們一家，還真有一段傳奇的故事。鄭叔叔和高阿姨都是新聞系前後幾屆的學生，鄭叔叔是寧波人，他的父親原本是廣大華行的經理，表面上看這是與中統有關係的一家公司，實際上卻是中共地下黨的祕密據點，負責人盧緒章是中共地下黨的重要成員，「文革」後有一個電影叫《和魔鬼打交道的人》，說的就是這個廣大華行。鄭叔叔大學畢業後在中共中央西苑機關工作，1957 年反右運動中最初他還是五人小組成員之一，可是後來因右派人數不夠，竟把他打成右派而湊數，最後發配到寧夏勞改。高阿姨當時在《光明日報》當記者，反右時因生孩子沒有參加鳴放，所以未出事，但後來也跟著鄭叔叔下放到寧夏，近 20 年來飽受迫害，直到「文革」之後才獲平反。因他父親在香港經商，就申請他們來港團聚，他們到香港後就開了一家經營國貨的貿易公司，兒子和女兒也都一起來到香港，後相繼到英國留學。我聽了他的故事後就好奇地問他：那電影中的《牧馬人》說的不就是您嗎？他說是啊，張賢亮是他的好朋友，後來他們都是寧夏自治區的政協委員，了解他的經歷，《牧馬人》就是以他的故事為原型寫的呀！

　　鄭叔叔他們知道我在生活中遇到困難，就主動提出讓我到他們公司去作一份兼職，每周去三個半天，主要工作就是記記賬、算算庫存等雜事。其實這些事情可作可不作。我明白這是鄭叔叔他們照顧我，因為他們知道若給我資助我肯定不會接受，這樣的話算一份兼職，給些工資

也算是名正言順的了。平時我在公司工作，空閒時常與高阿姨聊聊天，相處非常開心，高阿姨還是香港燕京大學校友會的祕書長，燕大校友會活動時，他們也常叫我一起參加，並作些服務。燕大自 1952 年就停辦了，因此校友們的年齡都很大，他們見到我這個「燕二代」也都非常熱情。在我找到正式工作後還常與他們見面，可惜高阿姨不久就身患重病，與世長辭。我聽鄭叔叔講，就在她生命的最後日子裏，還多次關心地詢問我的學業和工作，讓我非常感動，她的音容笑貌永遠活在我的心中。

初到香港，我還得到許多朋友的幫助。二檔館的同事前兩年到香港舉辦展覽時認識香港中華書局一位姓鍾的總編輯，我來香港後就找到她，她就讓我作書局的兼職編輯和校對，並讓我擔任「中華新文庫」叢書的作者，為中小學生編著了《春秋五霸》《楚漢相爭》《秦皇大帝》《劉邦立國》等幾本小書；中國社會科學院近代史所的孫思白先生是民國史大家，他也是我二舅的大學同學，曾特別寫信將我介紹給香港商務印書館的總編輯陳萬雄博士，因此我也在中華、商務、三聯、萬里等聯合出版集團屬下的出版社擔任兼職編輯和校對，雖然薪酬很低，但生活問題總算得以解決。後來趙教授問我經濟問題如何解決時，我就將這些情形告訴了他。趙教授說：這些左派機構在剝削你。我嘴上沒說，心裏卻在想：剝削那又怎麼樣？總得想辦法活下去呀！再後來趙教授為我申請到一筆九個月的獎學金，又幫我在系裏申請了一個學期的助教工作，就是為系裏的研究生開設一門普通話課程，每周兩次。兩者加在一起大約有 10 萬元收入，這筆錢我一直未動，後來家人來港團聚，我就用這筆錢作為首付，買了一個很小的單位自住，總算是在香港安下家了。

研究計劃與論文大綱

生活問題解決了，以後的首要任務就是完成論文的寫作。我是

1989 年初正式註冊，成為香港大學中文系研究生的，按照學校的規定，全日制碩士研究生畢業的時間最短兩年，最長好像是六年還是更多不記得了，我當然是希望儘快完成論文答辯。

1912 年創立的香港大學最初只有醫學和工學兩個學院，後增設文學院，開設中文課程，聘請前清國史館纂修賴際熙和翰林院編修區大典二位太史公，教授一些傳統漢文課程中的史學和文學，直到 1927 年成立中文學院（後改為中文系），課程才逐漸發生轉變，最終形成中國文學、中國歷史、中國哲學和翻譯四位一體的中文系課程。香港大學採用的是英國制度，每個學系只能有一位講座教授（Chair Professor），其下再分 Reader、高級講師和講師。研究生學位分為學分制和研究制兩種，學分制（MA）是必須修讀規定的科目，取得相應的學分即可畢業，而研究型課程則是在規定的時間內完成課堂、研究、考試、論文和答辯方可畢業。哲學碩士（M.Phil.）和哲學博士（PHD）都是研究型學位，茅老師在推薦信中曾向港大建議，說我雖然沒有碩士學位，但多年來已發表多篇論文，具有一定的研究能力，可以同等學力申報博士學位。趙令揚教授當時是中文系系主任、講座教授，他是研究明史的專家，雖然他認同我的研究能力，但還是讓我從哲學碩士讀起。

研究學位最重要的工作，就是制定一個較為全面的研究計劃。關於這個研究計劃，我也是考慮了很久，因為我這幾年一直從事民國時期財政金融檔案的編輯工作，撰寫的論文亦多涉及戰前國民政府的財政政策，而且也參加了民國外債檔案資料的收集與編輯工作，因此我決定將研究計劃確定為戰前國民政府的外債政策，並以第二歷史檔案館的原始檔案作為撰寫論文的最重要資料。選擇這個題目是因為以往還沒有人涉足，而且我已經收集了不少相關的資料，完全可以揚長避短。我的這個想法立即得到趙教授的首肯，而且很快也就得到香港大學研究生院的同意。

我將工作和學習的時間作了一個較為妥善的安排，每周一、三、

五下午要到公司上班，因為鄭叔叔的公司離港大不遠，所以我都是這幾天的上午先到學校圖書館看書、收集資料，同時預約趙教授見面的時間亦大都安排在這時，中午在學校的飯堂吃個快餐就去上班。平時則在家裏看書或寫作，其實更多的時間還是為幾家出版社作些編輯和校對的活兒，賺些生活費。

根據個人以往的研究基礎，再經過一段時間的閱讀和思考，我先擬定了論文的寫作大綱，除了在緒論中介紹研究的緣起並回顧以往的研究之外，論文大致分為以下幾個部分：

一　中國近代外債的起源、演變及特點，主要對近代中國外債出現的時間及原因進行全面梳理，並分析晚清、北京政府和南京政府時期舉借外債的不同階段及其特點。

二　介紹國民政府成立初期面對的政治與經濟局勢，以及制定對外債務整理政策的背景與內容。

三　整理外債的嘗試，包括整理以鹽稅為擔保的外債，其後提出全面整理外債的措施為何無法實行。

四　中外債務交涉的個案研究，包括「九一八」前後中日債務之間的交涉和中美解決債務公斷專約。

五　討論三十年代初未能舉借外債的原因，並以宋子文訪問歐美及中美棉麥借款為例，分析這一時期國民政府尋求西方援助的努力。

六　分別整理外債方針的確定，特別關注戰前有關鐵路外債整理的經過以及產生的影響。

最後的結論主要包含兩個部分，一是對戰前十年舉借外債的數額予以基本估計，二就是對這一時期的外債政策進行總體評價。

這份論文大綱得到趙教授的同意，其後的工作就是要圍繞這個題目廣泛收集資料。當然這只是一個初步的提綱，還需要不斷地補充、修正與完善，而最重要的資料來源就是我曾經工作過的第二歷史檔案館。

分別與團聚

收集資料

重返香港首先要解決的是入學問題，而當我順利進入香港大學之後，就開始按照研究計劃進行準備。前面曾提及，我撰寫論文所依據的資料，就是我曾工作過的中國第二歷史檔案館所珍藏的民國政府檔案資料，因此等到生活基本安定，學習也漸入軌道之後，就要考慮下一步的計劃，那就是回南京去收集資料。

我認識江蘇省僑務辦公室公派到香港公幹的兩位朋友，他們在香港開了一家旅遊公司，專門承包往返南京和香港的班機。1989 年 5 月下旬，那時香港已經沒有甚麼人回內地了，我就向他們預訂了 5 月 28 日星期天回南京的單程機票，朋友說包機空飛也得飛，因此賣給我的機票價格很便宜，好像只有 500 元港幣。那天上了飛機一看，全機乘客只有 5 個人，除了我之外，其他幾位都是台灣回內地探親的老兵，他們上機後看見乘客就這麼幾個人顯得非常擔心，還悄悄地詢問空姐：你們這班飛機是不是試飛呀？

說到老兵，我想在這裏插一段有趣的見聞與大家分享。

我回香港定居後經常回南京探親或收集資料，有一次乘飛機回南

京，旁邊坐著的乘客是一位台灣的老兵，台灣也稱之為「榮民」。知道他老家是江蘇人，我就跟他搭訕。

「請問您是民國三十八年去台灣的嗎？」我故意用民國紀年問他，他看了看我，但沒說話。

我又接著問：「您原來是國軍哪個軍的？」

這時他突然大聲說：「我是解放軍！」

「啊，那您是三野十兵團的，還是志願軍 60 軍 180 師的呢？」

他看我對這段歷史這麼熟悉，才詳細地對我說了他的故事。他是蘇北人，抗戰期間加入新四軍，參加過淮海戰役，是三野 28 軍的一個排長，1949 年 10 月攻打金門時被俘。說到這兒的時候他還很不服氣地說：「淮海戰役時我們俘虜的國民黨兵，願意當兵的就留下來，不想再打仗的，每個人發兩塊大洋讓他們回家。可我們被俘後卻被關押了好久，最後才把我們分散到部隊，一個連只有兩個人。」後來他年齡大了復員，拿了一筆錢，也算是「榮民」，然後在台灣娶妻生子，自己再做點小生意，這次就是帶著妻子和孩子回鄉探親。

回到南京後見到家人非常開心，雖然只是離開半年，但卻好像是過了很長時間，兒子似乎也長大了不少。我走後陸誠一人帶著孩子，又要上班，又要照顧家庭，十分辛苦，這次我回來主要是收集資料，沒有甚麼別的事，因此平日空閒時間也可以幫幫手，至少可以多和孩子在一起了。

回南京的第二天我就去檔案館查閱資料，剛剛離開單位半年，見到領導與同事，大家都很高興，當然對於我查閱資料的事更是熱情周到。那時大家更關心的是北京的局勢，平時上班總是在討論這件事，沒有甚麼人正常工作。可是我卻不同，因為時間有限，我比以前在這兒工作時更投入、更積極，每天都是開館即來，閉館方走，人家都說，你真比我們工作還積極呀！

回南京一星期之後北京發生大事，謠言更是滿天飛，香港親戚的電話也接踵而來，都是叫我立刻回香港，可我剛回來幾天，任務根本沒完成，怎麼能說走就走呢？我謝絕了親友們的好意，還是成天泡在檔案館裏看資料，有時也到南大去看望茅家琦和張憲文等老師。張老師告訴我，台北中研院近代史研究所的張玉法所長說是要到南京來，屆時他會通知我與他見面。可是後來他又說，看眼下的形勢，估計張先生不會來了。沒想到張先生後來還是來了，但是來去匆匆，因為事發突然，張老師未能提前通知我，使我失去了在南京拜見張先生的機會。

到了 8 月份，我在南京收集資料已經兩個多月，任務基本完成，香港大學 9 月份即將開學，我也必須回去報到註冊了。雖然是依依不捨，但畢竟完成學業是最重要的。

為了省點錢，這次回香港我沒有買直達航班，而是買了中國聯航從南京到佛山的機票，到佛山後再轉乘大巴到廣州天河車站，買了到九龍的直通車票。一路雖然辛苦點，但畢竟比直航便宜很多，沒想到的是在廣州車站邊防過關時卻出了問題。當我手持證件，拉著行李過關時，邊防部隊的一個上尉突然攔住了我，並把我帶到一個小房間去細加盤問。我不知道甚麼原因，只是着急地對他說火車就要開了，再不讓我走就要誤車了，可他根本不理會。後來我在想，是不是我的長相與被通緝的某個人物有幾分相似呢？

他拿著我的回鄉證和香港身份證反覆查看，似乎想發現這些證件是不是偽造的，可它就是真的呀！

上尉問我：「你怎麼普通話說得這麼好，會說廣東話嗎？」

我說，「會說一點點，也可以說是『識聽不識講』。」

他又問：「你到香港多久了？」

「不到一年。」

「那你怎麼會有永久身份證呢？」

「我是香港出生的呀，自然拿的是永久身份證！」

「那你為甚麼要回內地這麼長時間？你來內地的目的是甚麼？」

我告訴他，我是香港大學的研究生，這次回來是為了撰寫畢業論文而收集資料。說著並將香港大學的學生證、護照等證件，還有這次複印的檔案資料都拿出來給他看。他拿著這些證件仔細研究，最後還是不放心，向上匯報，這時又來了一位佩帶上校軍銜的軍官，我再向他重新又解釋了一番，最後總算是驗明正身，予以放行，還好沒有耽誤上車。

在這之後我還於 1990 年的春節和暑假兩次回過南京，一來呢是為了過年和探親，同時也是為撰寫論文繼續收集資料，當然這兩次出入境都很順利，沒再遇到過甚麼麻煩。

師長指導

在我撰寫論文的過程中曾向好幾位師長報告了論文的進展，並將大綱和部分內容寄去，他們都熱情予以指點，不論是文章的結構與佈局，還是內容和結論，都提出了具體意見，使我受益匪淺，終生難忘。

我們入學時茅家琦老師是南大歷史系的系副主任，後來又接替韓儒林教授任主任，在校時他除了負責繁重的系務工作，還為我們開設「史學理論」、「太平天國史研究」等課程，大學畢業後，我與茅老師的接觸更多，也常到他家去問學請益。也是茅老師寫信介紹我到香港大學拜見王校長和趙教授，後來又極力推薦我到香港大學讀書。1990 年 2 月，他獲邀訪問香港中文大學和香港大學，我陪他從南京先飛廣州，在中山大學訪問數天，受到歷史系陳勝粦主任的熱情接待，然後再前往香港。這半個月我有幸陪侍同行，到中大，到港大，還陪老師去新亞研究所看望全漢昇教授，其間經常聆聽教誨，對我來說真是一個難得的機會。

這次茅老師在香港還有幾件小事值得回憶。當時內地知識分子的待

遇很低，不是有句話「造原子彈的不如賣茶葉蛋的，用手術刀的不如用剃頭刀的」嗎？茅老師看到香港教授的生活和工作環境如此優越，不禁感歎地對我說：「在內地教書真沒得意思！」

這次茅老師到香港來訪問的是中文大學，趙令揚教授得知後又邀請他順道訪問香港大學，但當時辦簽證時間來不及，就只先辦了訪問中大的證件，準備來港後再續辦港大的申請。到香港之後打聽相關手續，知道必須要得到香港新華社的同意，才能申請延期，於是我就陪著茅老師到跑馬地附近的新華社去辦理。

香港新華社實際上就是當時中國政府駐香港的最高機構，南大中文系「文革」時期畢業的一位姓胡的學長時任香港新華社的辦公廳主任，我們就先去找他。但胡主任那天正在開會，一位姓張的處長出面接待，當他聽到茅老師的請求後立馬拒絕，說這種申請必須回內地才能辦理，任憑茅老師怎麼解釋，那位姓張的就是不予理睬。茅老師平時非常和藹，這次他也生氣了，說我要等胡主任當面說。因此我們就在接待處等著，直到中午時分胡主任才下來，他見到茅老師噓寒問暖，很是熱情，當他知道茅老師的要求時立即對張處長說，你就幫他辦一下吧。那位處長還想阻止，胡主任馬上說：「茅老師是我的老師，有甚麼問題我負責！」這時那個處長才嘟嘟囔囔地接受了茅老師的證件。

陪同茅老師拜訪全漢昇教授，左二是「中央研究院」劉石吉先生

　　出了新華社的大門後，茅老師對我說：「這位胡主任還不錯，認我是老師；那個甚麼姓張的處長，不是個東西！」30 多年過去了，茅老師當時說話的語氣和神情，至今依然歷歷在目。

　　後來在論文的寫作過程中我經常去信向茅老師報告進展，我還利用回寧收集資料和探親的機會多次到茅老師家中去請教，舉凡論文的構思、章節的安排，茅老師都一一詳加指導，每次都能得到老師的鼓勵。論文完成後，茅老師又被香港大學聘為校外論文評審委員，他既充分肯定了論文的學術價值，同時也中肯地提出應該注意改進的幾個問題，使我受到很大教益。

　　張憲文老師是內地最早進入民國史研究陣地的幾位學者之一，也是我以後從事民國史研究的領路人。在學校時他曾為我們開設「中國現代史史料學」、「中華民國史專題」等課程，畢業後來往更多，有一陣子傳說省裏和北京協商，要調他到二檔館當館長，我們聽了都很高興，希望他來就任。後來想想還好沒來，要不然他早在 20 多年前就退休了，哪能像現在那樣，依然活躍在民國史研究的前沿陣地呢！我到香港後與張老師仍然保持密切的聯繫，他經常鼓勵我幫助我，並多次邀請我回內地參加學術會議，使我獲益良多。

陪同茅老師拜訪我的導師
趙令揚教授（右 1）和陸
人龍博士（左 2）

　　中國社會科學院經濟研究所的研究員宓汝成老師是研究近代中國鐵路的權威，而近代中國的鐵路史實際上就是一部中國近代外交史和外債史，他的那部《帝國主義與中國鐵路》更是這個研究領域的扛鼎之作。80 年代初財政部組織整理外債檔案的小組，聘請他為顧問，因而我有機會與他相識，並經常得到他的教導。我撰寫的戰前中國外債有許多部分都涉及到鐵路外債，因此我曾不止一次去信給宓先生，他也不厭其煩地為我指點迷津，並提供相關史料及線索，對我順利完成論文具有重要的作用。當我的論文完成之後即將全稿寄給他審閱，很快便收到他的回信，謬贊拙文「資料充實，分析精到，具見功力」，已達到博士論文水平，強調在這個問題上還可以繼續研究，首先就好好護住南京二檔館的這個「根」，同時還需要將視野放寬，到境外收集相關資料，並鼓勵我應該繼續攻讀博士。

　　我在前文中曾提及，復旦大學歷史系暨美國研究所的汪熙教授在我剛剛進入史學陣地時曾給予巨大幫助，他不僅推薦我參加全國學術會議，還支持鼓勵我翻譯相關論著，在他的熱情幫助之下，我嘗試撰寫並發表了一系列論文，在學界產生一定影響。後來我移居香港，在香港大學研究院撰寫的論文是 1927-1937 年中國政府的外債，遇到一些問題仍向汪先生請教。那時先生正在美國訪學，但還是抽出時間關注我的學習。他在 1990 年 10 月 14 日給我的信中說：「1927-37 年是中美關係關鍵性的時刻，能把這一時期的外債或經濟關係搞清楚是很重要的。」同時還建議我在撰寫論文的基礎上完成一部專著，他將「明確地把它列入『叢書』規劃之內，並希望再在他主編的《中美關係史》中撰寫相關章節，這樣「就水到渠成了」。然而遺憾的是，之後我的關注點有所轉移，汪先生交付的任務一直未能完成。

　　在我初到香港之時為我指明今後學術道路的還有許多師長前輩，其中一位重要的人物就是台灣「中央研究院」院士張玉法先生。張先生曾

任中研院近史所所長、台灣中國近代史學會理事長等，學界人尊稱他為「法老」，在國際民國史研究領域中的地位極高。

我們上大學時兩岸關係還很緊張，也很難看到海峽對岸學者的著作，但張玉法先生的名字還是有所耳聞。1982 年南大慶祝建校 80 周年，傑出校友章開沅先生來校報告，介紹了剛剛在美國芝加哥參加兩岸學者討論辛亥革命的會議，特別提到與張玉法先生關於辛亥革命性質的爭論（後來學界將其稱為「章張交鋒」），因而有了較深的印象。

大學畢業後分配到中國第二歷史檔案館工作，那時對外已比較開放，館中偶爾也能進些港台出版的史學論著，這時方閱讀到張先生和其他台灣學者的著作。1987 年檔案館與其他單位合作，召開民國檔案與民國史學術討論會，邀請了 100 多位中外著名學者參加，但因台海兩岸尚未開放，我們無法邀請台灣學者與會，實為會議的一大遺憾。我因負責會議籌備工作，所以有機會結識眾多知名學者，但卻不能見到台灣學人。1989 年夏天回南京探親時，原以為能有機會拜見張先生，結果陰錯陽差，錯失這一機會。

不久我回到香港，知道張先生還是去了南京，因為事出突然，張憲文老師沒時間通知我，我為失去這個難得的見面機會而懊惱，但更希望得到張先生的指教，於是回港後便冒昧寫信給張先生，主要是介紹個人的一些情形以及目前的研究狀況，希望得到他的指教。信發出後不久即收到張先生的回信，他熱情地鼓勵我應充分利用香港的優良環境，在民國史領域中繼續努力。張先生的來信給了我極大的信心，我又將正在寫作的學位論文部分內容寄給他，請他指正。張先生很快就回信，不僅提出許多具體意見，還將拙文中結論的一部分推薦發表，這就是刊登在中研院近史所出版的《中國近代史研究通訊》第 9 輯（1990 年 3 月）上的《關於戰前十年舉借外債的基本估計》，這也是我第一篇在台灣的學術刊物上發表的論文。

　　1990年夏天，香港中文大學歷史系籌備召開第一屆百年來中日關係討論會，邀請張先生和蔣永敬、吳天威、劉紹唐、唐德剛、章開沅、邵子平等一大批學界前輩與會。張先生事先告訴我這一消息，並希望我能夠出席，以便能夠見面。接到信後，我即與負責會議籌備的中大歷史系譚汝謙教授聯絡，希望能與會旁聽，並得到他的慨然同意。當年8月，我從南京趕回香港參加會議，第一次見到了張先生和其他學者，唐德剛教授聽說我畢業於南京大學歷史系，因為他早年畢業於中央大學歷史系，便立刻親切地稱我為小學弟。在聯合國工作的邵子平（他的父親是原台灣駐韓國的大使邵毓麟）正在與吳天威教授等人籌備全球華人對日索償的活動，他聽說我來自南京的第二歷史檔案館，便要求我代他們介紹到南京參觀訪問，並希望有機會能與南大合作舉辦會議，我即給萬仁元館長和張憲文老師打電話，推薦他們前往南京。因此在香港的會議中能夠當面聆聽諸位學者的教誨，真是獲益匪淺。沒想到兩個月後，我竟應聘來到中大的中國文化研究所，自此一直在這個充滿學術自由的環境中學習和工作。在這之後，我曾多次與張先生書信往返，將學習中遇到的問題和研究中的心得向他匯報，張先生更是接連回信，對我提出的問題總是不厭其煩地予以回答。

1990年8月，在香港首次
見到蔣永敬、張玉法先生

經過多位老師的悉心指導以及檔案館同事們的熱情幫助，收集資料和撰寫論文的任務完成得相當順利。港大研究生院規定遞交碩士論文的時間至少是二年，而我大約只用了一年多的時間，即於 1990 年中完成了 10 多萬字的畢業論文，下面的事就是等著學校通知畢業答辯的時間，而這時另一件對我來說是非常重要的事，那就是希望妻兒儘快來港團聚。

家人團聚

香港實行的是出生地主義，凡是在香港出生的人士，不論其種族、性別、宗教信仰、國籍等，均可以在香港永久居留。但在我來港之前，港府有關移民的條例有所修正，即具有出生證的本人可以攜同未成年子女一起來港定居，而配偶則需要在內地另行申請。我當時因為是到香港讀書，自己都不知如何生活，怎麼可能將幼子帶來呢？因此只能讓她們母子等我安定後再申請來港。

根據香港政府與內地有關部門的協商，當時每天從內地來香港定居的名額有 75 名（後來增加到 150 名），這就是所謂持「單程證」（來了就不走了）的來港人士，與來港探親持「雙程證」（必須要返回內地）的有很大區別。這個配額的分配權完全由內地有關部門掌握和核准，所有的名額按比例分配給各個省市，然後再由各省市的出入境管理部門根據相關條件，譬如夫妻團聚、繼承遺產、子女投靠父母等原因，排隊輪候。各省市的名額比例不同，譬如廣東、福建等與港澳地區往來密切、親屬較多的省份，配額就較多，反之亦然。江蘇應該算是中流地區吧，名額自然不會太多，但實際上還是要比廣東、福建申請的時間快一些。然而到底有多少名額、這個名額又是如何分配的，那都是祕密，而且也不一定就真的分配給與香港有關係的人，這就看各地領導的意圖了。

　　我已是香港永久居民，因此妻子與兒子來港團聚應當是排在第一類的，因為知道排隊的時間長，所以我到香港之後不久她們也就遞交了申請，先掛上號、排上隊再說嘛。等到我在香港的生活基本安定之後，我們才加緊申請的速度。1990 年夏天，我又回南京探親和查閱檔案，同時亦多次到市公安局出入境部門去查問，他們只是回答說正在審核，應該快了，但並沒有告訴我具體時間。因為我要趕回香港參加會議，無法再等，就先回來了。可是我剛回香港沒兩天，陸誠就打電話告我，說公安局通知申請已被批准了。我沒有時間再趕回去，所以註銷戶口、退職、搬家等一切事都得由她一人處理了。根據與檔案館以前的口頭協議，我讓她將宿舍還給單位，有人說我傻，但我認為做人要講信用，要有誠信，當初領導照顧我，如今我也不能讓他們為難。

　　1990 年 9 月，陸誠帶著灝灝離開南京乘飛機飛往廣東的佛山，父母親也和她們同行，正好利用這個機會到蛇口的舅舅家去看看，下飛機後一家四人乘一輛的士從佛山直奔蛇口。我事先就到舅舅家迎接他們，之後再陪著他們到處轉轉，在蛇口為父親慶賀了 76 歲生日後，我們就要分別了。灝灝那時還不到 6 歲，但似乎也懂了不少事，知道這次的分別意味著甚麼，在羅湖關口前抱著奶奶的腿怎麼都不肯放，此情此景，恍如昨日。

　　在這之前我已向二房東又租下了隔壁一間稍大一點的房間，月租1000 元，又買了一張雙人床和其他一些日用品，加上我這個小間，一個月的房租就是 1600 元了，條件雖然簡陋，遠遠不能與南京的家相比，但不管怎麼樣也算是個家了。灝灝來了就要看電視，可是動畫片裏的廣東話一句也聽不懂，急著要我翻譯。陸誠才來，覺得香港甚麼都有，就是價格太貴了。我對她說，從內地初來香港的人都會有這種感覺，其實除了房租確實太貴之外，其他商品算起來並不是很貴，買東西時你只要把港幣價格除以 10，譬如說一斤青菜賣一元錢，你就把它當

作一毛錢，心理上就會得到一些平衡和安慰，因為那時香港與內地一般職工的工資相比，高得可就遠遠不是 10 倍了。初到香港，條件還很艱苦，但一家三口總算是團圓了。

當時我還沒找到正式的工作，因此家裏略作安頓後，陸誠就忙著找工作。她在南京時是一家電爐廠的技術人員，可是香港根本就沒有這類工廠，只能隨遇而安了。最初的一份工是百佳超級市場的收銀員，她也不會說廣東話，只好邊幹邊學。後來經人介紹，到住處附近的一家電子廠工作，工資雖不高，但離家很近，便於照顧家庭。一年多之後，鄧公南巡，改革繼續，各地又都趁著這股東風到境外包括香港開辦公司，江蘇省外經委也派人來香港開設了一家投資貿易公司，作為省裏的窗口公司。這時陸誠在香港已生活了一段時間，對香港的情形也有所了解，廣東話說得雖然不好，但畢竟香港人大致能聽得懂。公司初辦，也急需一位對兩地的文化包括語言都熟悉的職員，所以經朋友介紹，她就到了這家公司工作，主要的職務是擔任出納，並負責公司的大部分事務工作。公司的幾任經理都是從南京來的，大家都算是老鄉，彼此相處關係甚好，因此這份工作就一直做到 2011 年 10 月退休。

灝灝到香港時還不到 6 歲，他是年底出生的，在內地上學要求必須年滿 6 足歲（即 8 月底前出生），但香港則規定 12 月底前出生的當年都可以上小學。他來香港已經是 9 月中旬，我打電話向教育局了解情況，他們告訴我說學校已經開學，中途插班很麻煩，而且你孩子以前沒學過英文，也不會說廣東話，入學後怕跟不上，所以建議遲一年入學。我們想想也對，反正在內地原來也上不了學，就讓他先在附近的一家幼兒園上學，先適應一年再說。

剛上學的時候老師對我們說：你兒子很乖，在幼兒園甚麼話都不說。回家後灝灝對我說：我甚麼都聽不懂，我能說甚麼呀！孩子接受語言的能力就是快，一個月之後老師就向我們投訴了，說你兒子話太多，

香港話叫「口水多過茶」！我們原來還怕孩子廣東話説得不好，要他平時都要説廣東話。可是後來發現不對，他連夢話都是用廣東話説了，因此趕快又叫他在家裏一定要説普通話，不能把它忘了。因為我們要上班，每年暑假都要把他送回南京住兩個月，所以他不僅普通話説得很溜，還能説一口道地的南京話呢！

　　妻兒來港第二年，就面臨著灝灝報讀小學的問題，我們也不太清楚香港學校的情形，只是按規定將填寫表格交了上去，結果派位被派到附近一家叫東莞同鄉會小學。後來陸誠的同事告訴我們説，有一家天主會的小學雖然成立的時間不太長，但聲譽挺好，更重要的是每年升中學有很多人升到名校，於是我們又再到這個學校報名，學校要求我與兒子一起分別參加面試，結果終獲錄取。這個學校每個年級有 8 個班，其中 A、B 兩個班是快班，我們也沒有太多時間管他的功課，也沒有讓他參加甚麼補習班，只是要求他每年都能進入快班就行了，他雖然成績不是名列前茅，但倒是一直堅守在快班上，沒有掉班，讓我們省心不少。

　　香港的中學有公立、政府津貼及私立三大類型，其中前兩類學校都享受政府資助，參加全港的電腦派位。小學畢業生要參加一次學能測驗，根據得分多少及平時成績將所有學生劃分為五類，然後按類分批，成績好的可以優先選擇學校。我們住的這個區的校址網很好，有很多名校，最好的有拔萃、喇沙、華仁，次一級的英華、華英、何明華等學校也挺好，能夠選擇的學校也比較多。因為灝灝一直在快班，因此他的成績應該屬於 A 類，也就是可以優先選擇學校。到底選哪個學校呢？我們也很糾結，記得那時我們還與附近武漢來的一對夫婦到各校去考察了一番，當然最後也沒有得出甚麼結論，決定還是聽老師的意見。我是比較保守，覺得選擇英華或華英這類學校比較保險，班主任卻説，根據你兒子的表現，他在班上的成績雖然不是前幾名，但他的領悟能力較強，我建議

還是應該搏一搏，報考男拔萃，因為拔萃的教育特點是比較開放，不是傳統那種填鴨式的教育，你的兒子應該可以適應。我們聽從了老師的意見，第一志願就報了拔萃男書院，結果真的就考上了！如今拔萃早就從津貼中學改為直資中學，不再參加政府系統的中一派位了，要是再過幾年想考也考不上了，因此對灝灝來說，這也是一個非常重要的機遇。

妻兒來港後不久我也找到正式工作，生活較為安定，就要考慮改善居住的環境了。香港地少人多，房地產業十分發達，而且房價高得離譜。人們早就說超過正常的承付能力了，可是房價還是一路上漲。政府雖然提供公屋（廉租屋）和居屋（居者有其屋），但那都有繁瑣的申請手續（譬如申請家庭人口的多數要在香港住滿七年），而且對收入和積蓄都有嚴格的限制，對於我們來說既是遠水解不了近渴，而且就是等到條件夠了申請也不是長久之計。所以真正要解決問題，還是得自己購買房產，俗話不是說「安居才能立業」嗎。

陸誠母子來港團聚時正是伊拉克入侵科威特之際，1991 年 3 月，海灣戰爭結束，暫時平靜的香港樓價又忽然高漲起來。那時我們倆已有較穩定的工作，雖然工資不高，但維持基本生活還是沒問題的，而且我手邊還有一些積蓄（就是港大幾個月的獎學金和一學期助教的薪金），於是我們決定長痛不如短痛，還是自己買一個小住宅安身。可是我們對購樓可是一點經驗也沒有，因為陸誠上班和灝灝上學都在土瓜灣，對這附近比較熟悉，而且這裏是舊區，樓價相對也便宜些，因此注意力也就集中在這個區。我們白天要上班，只有晚上吃過飯才能出去看房，最初是將孩子放在家裏，我們倆自己去看，回來後看到他一個人在家，很害怕，電視機開得很大聲，覺得這樣不行，因此每晚都帶著他一起周圍看房。我也不記得看了多少房，不是因為價格超過我們的預算，就是面積太小，不符合我們的標準，到最後頭都看暈了。不過陸誠在這方面倒是有特異功能，多少年過後她還記得看過哪些房子，佈局結構如何，說得

頭頭是道。

　　最後我們看中了北帝街的一處樓房，建築面積雖然不大，還不到
400 呎，客廳、廚房和衞生間都很小，但相對來講兩個房間還比較大，
一個房間放張大床，另一個房間還可以放張碌架床（下層是大床，上面
是小床），這樣父母親和岳父母他們冬天輪流來香港探親就住得下了。
因此從 1991 年開始，以後每年冬天兩家老人就輪流來香港住三個月，
一來全家團聚，還可以照看一下灝灝，同時也可避免在南京過那寒冷的
冬天。當然最重要的是房子價格為 54 萬元港幣，在我們的預算之內，
我們的收入尚能承擔得起。於是我就將所有積蓄 10 多萬元付了首期
（20%），剩下的 40 多萬作了按揭，每月按期付款（好像是三、四千
元），這也權當是繳房租吧。

　　以前我們在內地工作雖然工資不高，但從來沒有向外人借過錢，現
在積蓄都用光了，而且一下了又欠了銀行 40 多萬元的債，債台高築，
心裏頭還是挺慌的。尤其是我們對於購房更是一點經驗都沒有。後來我
們才知道這個房子炒過幾次，前面有一手屬於「贈契」，就是業主贈送
給某人的，如果原業主兩年內宣佈破產，債權人有權將房產收回，因此
實際上是有很大風險的。但我們對此卻一竅不通，而經紀人和律師事先
都瞞著我們，直到我們向銀行申請貸款時才發現，為此銀行差點不予貸
款，但我們的訂金都已經繳了，萬一到時繳不了餘款（香港話叫「撻
訂」），不但訂金拿不回來，還得賠款。這下我們可慌了，好在堂弟那
天一直陪著我們找律師，找銀行，最後終於解決了貸款的問題。通過這
件事讓我們弄清了一個道理，香港雖然是個法治的社會，但是要像買房
子、作理財甚麼的，還是必須找放心的律師才行。不管怎麼說我們總算
是「上車」了，以後至少就有以小換大的資本了，在這之後我們曾經兩
次換房，住房面積有所擴大，而買房的手續都是請陸誠她們公司的律師
幫助辦理的。

求職與答辯

陸誠和灝灝要來香港的時候，我的論文雖然已經完成，但還沒有答辯，眼下的當務之急就是要找一份長期而穩定的工作。我平時很少看報紙的廣告，不知那天怎麼鬼使神差，隨手買了一份《星島日報》，無意間看到香港中文大學的一則招聘廣告，說的是中國文化研究所擬招聘一位研究助理，應聘者的條件是必須具有歷史學或藝術史的學位。我自忖畢業於南京大學歷史系，又正在香港大學中文系攻讀碩士，應該是符合條件的，於是便按照廣告上的地址，寫了一封應聘信，並附上自己的簡歷。沒過幾天，中文大學人事處就回信，要我在規定時間到中文大學中國文化研究所進行面試。

中文大學我以前去過兩次，第一次是歷史系逯耀東教授邀請茅家琦老師來中大訪問，我陪他去的；第二次就是一個多月前參加中大歷史系舉辦的「近百年中日關係史學術研討會」，其中一個分會場就設在中國文化研究所。我沒想到香港竟然還有這麼一個充滿人文氣息的地方，更沒想到它就成了我後來一直工作的場所。如今雖已退休數年，但仍在研究所擔任名譽高級研究員，繼續從事研究。

在這之前我從來沒有自己求過職，更沒有面過試。高中畢業下鄉，那是全國一片紅，不下也不行；招工到煤礦，是公社分配的名額，也不是個人能做的選擇；大學畢業後分配工作，那更是上面下達的指標，個人是無法決定的。然而這一次找工作卻是我自己選擇的，同時也是我平生第一次也是唯一的一次求職，以後再沒有找過其他的工作。

面試那天我提前來到中國文化研究所，祕書先叫我在所務室等候，原來面試的人有好幾個。等到我了，祕書將我帶到 108 室，我敲門進去一看，赫然見到坐在辦公室的是一位長者，原來面試我的竟是饒公饒宗頤教授！

與饒公合影於大學圖書館前

　　關於饒公面試的經過以及後來追隨他近 30 年的情形下面我會專門介紹，這裏說一下有關面試的一個小故事。

　　以往我從未有過任何面試的經驗，那天面試時看到有好幾個人在排隊，才知道競爭的對手很多。後來我將面試的消息告訴我認識的一位中大歷史系老師，他告訴我說，香港有些面試實際上私下已經內定了人選，不過事先還是必須要在報紙上刊登廣告，以示公平。他說的話我當時還將信將疑，但不久後發生的一件事就證實了他的判斷。

　　我上班之後不久，原上海圖書館的沈津先生也慕名來拜訪饒公。沈津兄比我年長幾歲，但他少年時即跟隨顧廷龍先生問學，此時已是國際知名的善本古籍專家了，後來我才知道，他的舅舅是楊振寧。我們兩人年齡相仿，經歷又差不多，因此交談甚歡。他告訴我不久前在國外訪問時曾見到中大圖書館的館長，這位館長知道他即將移民香港，就邀請他到港後與他聯繫，圖書館即會聘他整理館藏的古籍和善本。然而就在他來港之前不久，館長突然病故，新任館長並不知道之前的約定，因此沈津來港後未能立刻應聘到中大工作，而只能先到中國旅行社去打份工。後來新館長到國外開會，外國同行們都在問起這回事，這才知道沈先生早已來港，回港後趕緊通過人聯繫到他。新館長讓沈津留意兩星期後

《南華早報》的廣告，説上面有一份中文大學圖書館和文化研究所要聯合
聘請一個從事善本學目錄學的工作人員，要他報名，並屆時參加應聘。

　　那天面試之後，沈津兄又找找聊天，説同時面試的有好幾個人呢。
我説我知道啊，因為就在那天上午，有一位廣東暨南大學中文系的碩士
畢業生到我的辦公室來，數月前他曾應聘我這份工作但未成功，特地來
取上次留下來的一些資料。他告訴我今天又來應聘圖書館的一份工作，
我問他懂不懂古籍和善本，他説上學時學過，後來上課時也涉及到一
些。我告訴他，你知道這次應聘的一位原來是上海圖書館古籍部主任，
他經過手的古籍善本可以説是數不勝數了。他聽了之後一楞，接著苦笑
地説：這次我又成一個陪綁的了！但我心裏想，上次面試你可不是陪
綁的喲，因為我並沒有任何背景，完全是自己誤打誤撞的。沈津兄上班
後午間休息時常與我一起聊天，不過中大圖書館的古籍善本藏書實在太
少，根本不能發揮沈津兄的作用。不久之後他就應哈佛燕京圖書館的邀
請赴美工作，以後沈津兄回港時曾有過幾次短暫相見，那時他早已成為
馳名國際的古籍整理專家了。

　　不管怎麼説，我第一次的面試算是成功了，但我肯定不是內定的，
同時那次面試看來事先也沒有內定名單。幾天後，我接到中大人事處職
員的電話，她誤以為我是內地的訪問學者，説這個工作只能提供給香港
居民。我告訴她沒問題，因為我就是香港的永久居民，她趕緊説對不
起，沒有注意，那你就沒有問題了。不久我又收到中國文化研究所陳方
正所長的通知，讓我到所裏與他見面，他告訴我被正式錄用了，合同期
為兩年，並告知我薪酬及待遇，當然更重要的是我的工作安排。他對我
説，你的工作是一半時間擔任饒教授的學術助手，另一半時間則承擔所
內的其他工作。我問他這一半時間怎麼掌握呢？他説具體安排不重要，
重要的是要讓他能體會得到我有一半時間在為所裏工作。最後他問我甚
麼時候可以上班，我説隨時都可以。這樣，1990 年 10 月 22 日，我正

初到研究所上班

式來到中大的中國文化研究所工作。

　　既然我已有了一個較為穩定的工作，那麼之後最重要的目標，就是應儘快完成論文答辯。根據港大的規定，全日制碩士研究生提交論文至少要二年時間，當時我在香港除了平時讀書和寫作外，其實大部分時間都是在工作，除了鄭叔叔公司的兼職，以及後來在港大教授普通話外，其餘的時間主要是為幾家出版社擔任社外編輯和校對，反正只要有活兒我就會去接，待遇雖然不高，但不管怎麼說，生存是最重要的。而這期間我曾三次回南京，一方面是收集資料，同時也是集中精力撰寫論文。由於過去有一定的研究基礎，而且在南京查閱資料又得到諸多老同事的幫助，所以一切都很順利。在香港期間我也經常到趙教授那裏去匯報論文的進展，實際上到 1990 年 8 月，也就是入學一年半左右，我的論文初稿業已完成，共分七章，並附有 10 幾個統計表，全文約 10 幾萬字。

　　論文完成後，我就把論文原稿呈交給趙教授，自己也複印了一份留底。可是趙教授的學生實在太多，他指著辦公桌上擺著的一疊疊文件說，你看有那麼多的論文等著答辯，我還沒時間看。你入學的時間最晚，還是慢慢等著排隊吧。那也沒法，只有等唄。直到第二年夏天，我入學時間已超過兩年，可是論文答辯之事還是沒有消息，我心裏很急，又抽空到港大打聽。

趙教授問我：「你論文呢？準備甚麼時候交給我？」

我心中一楞，忙回答說：「論文不是早就交給您了嗎？」

「甚麼時候交的，我怎麼一點印象都沒有。」

我一聽也傻了，只好說：「沒關係，我這兒還有一份複印本。」

「那不行，這要說清楚，沒有交就是沒有交，你再回去找找。」

我心裏想，論文對我來說可是頭等大事，我怎麼可能會記錯！可是我又不能對他那麼說，只好說回去再找找看。

過了幾天再見到趙教授，他告訴我說論文找到了，說是那些工人打掃辦公室的時候把東西搞亂了，費了好多時間才找到。經過這段小插曲，趙教授答應儘快看論文。果真沒多久，他又叫我去見他，對論文提出一些修改意見，然後將論文原稿交給我，並囑我將論文送到外面謄印社，先行打印校對，再裝訂成冊（那時還很少有個人電腦），分別送繳研究生院和中文系。按照他的指示，我的碩士論文《1927-37 年國民政府外債政策研究》終於在 1991 年 10 月呈交學校。

論文呈交之後進展便順利了，次年 3 月，港大通知我進行畢業答辯。答辯在中文系的會議室進行，主席是單周堯教授，答辯委員還包括指導老師趙令揚教授、歷史系的一位連教授和中文系的楊永安博士，校外委員是我的老師茅家琦教授（未出席）。首先由我介紹論文的主旨和內容，然後回答各位老師的提問，過程都很順利。其中茅老師首先對論文予以肯定，並提出兩點不足：一、外債如何促進經濟發展只強調了鐵路方面的作用，還應注意到資源委員會引進工業設備所發生的影響；二、應對引進外資與發展經濟的不同觀點予以介紹及分析。其他的老師也對論文提出一些意見，我一一作出回答。有一些小問題可能就是兩地文化語言的差異，譬如我寫到「太平天國起義」，有老師就說：不能叫「起義」，而應該叫「起事」；我寫了一句成語「三番五次」，他說應該是「三番四次」；另一句歇後語「君子一言，駟馬難追」，廣東話卻是「君

碩士畢業了

子一言，快馬一鞭」。對於這些問題我都表示回去修改，答辯結束後我就先出去靜候他們的決定，過了一會兒，單教授出來對我説：恭喜你，論文已獲通過，只是有幾個小問題修改一下就行了。我還記得那年的學位典禮頒授儀式是在紅磡體育館舉行的，以前在內地大學畢業時根本就沒有甚麼儀式，更談不上穿戴甚麼了，因此這也是我平生第一次穿上學位袍，倒也是挺有意義的。

從零開始

中國文化研究所

香港自開埠以來，英國政府實施殖民統治，直到 1912 年才創立香港大學，而創辦大學的目的也主要是為政府培養公務員和一些專業人士，實行的是精英教育，因此能夠入讀港大的學生非富即貴，人數很少，而且長期以來香港就只有這一家大學。1949 年以後，很多內地民眾移居香港，其中有許多是失學的年輕人，以錢穆為首的南下學人在香港相繼成立了新亞、崇基、聯合等書院，就是想讓更多的學生有機會接受高等教育，但這些學校的學位香港政府是不承認的。直到 1960 年代，隨著香港經濟的起飛，社會的需求，港英政府才有意在香港創辦第二所大學。英國政府並派遣了一個以富爾敦爵士為代表的調查團來香港考察，最終決定將新大學的校址設在沙田的馬料水，並將校名定為香港中文大學 The Chinese University of Hong Kong。

1963 年香港中文大學宣告成立，新大學採取英國大學的學院制，由新亞、崇基和聯合三個書院合併而成（20 世紀 80 年代後又成立了逸夫書院，進入新世紀之後，又陸續設立了善衡、和聲、敬文、伍宜孫和晨興等五個書院，因此現在的中大共有九個書院），但最初只有崇基書

香港中文大學成立將近一甲子

院在馬料水，新亞和聯合書院還在市區。在這之後香港政府便將原崇基書院附近的 100 多公頃的山坡劃撥給新大學，於是中文大學便開山填海，建設新校園，70 年代初開始，新亞和聯合書院相繼遷入新校園。有人開玩笑地說，中文大學就是每個書院各據一個山頭，佔山為王，各自為政。而且中大的每個書院都有其特點，譬如新亞書院是由錢穆、唐君毅、張丕介等南下學人創立的，教授大多講國語；聯合書院是由原香港和廣東的多個小書院聯合成立的，因此說廣東話；而崇基書院是個基督教大學，教學語言則是英語。崇基書院成立之初正是內地欲關閉所有教會學校之時，所以「崇基」就是「崇仰基督」的意思，至今崇基學院的教堂中還保留著燕京、聖約翰、金陵、嶺南、華中、東吳、齊魯、華西、協合等十三家基督教教會大學的校牌。

　　中文大學成立不久，內地就爆發了史無前例的「文化大革命」，為了保存和繼承中國的傳統文化，中大先賢嘔心瀝血、殫精竭慮，於 1967 年創建了中國文化研究所，並由中大的創校校長李卓敏教授兼任所長，其創所宗旨就是「結合傳統與現代，融會中國與西方」。

　　中國文化研究所成立之後先是在北山堂等機構和個人的支持下創辦了文物館，收集和典藏各種文物，後來又在周法高教授的領軍之下成立

中國語文研究中心，在宋琪等先生的建議下成立翻譯研究中心，由鄭德坤教授創設考古藝術研究中心，有人說這都是「因菩薩設廟」。其間鄭德坤、全漢昇、陳荊蓀、王德昭、李田意、王爾敏等眾多教授都曾在所裏任職，使研究所真正成為研究和傳播中國文化的重要陣地。以往研究所所長大都是由中文大學或海外高校剛退休的知名教授出任，而我到所時的所長陳方正博士則是第一位專任所長，他父親是原國民政府行政院參事，也是國民政府在大陸的最後一任立法院祕書長。陳博士畢業於哈佛大學，專攻物理學，博士畢業後就回到香港，在中大物理系任職。他不但專業精湛，中英文字俱佳，還具有卓越的行政管理才能，所以被中大的第二任校長馬臨教授聘為大學的祕書長，在他任期結束後並未再回物理系，而是被校方任命為中國文化研究所的所長，前後長達 16 年，在 20 世紀末和 21 世紀初為研究所的學術發展作出重要貢獻。我的下半生能在這個充滿自由的環境中繼續學習和工作，實在是我的榮幸。

余生也晚，我到研究所工作的時候，上述這些學界大師大都已離開本所，但還有幾位重要人物仍在所裏擔負學術工作。我來所時饒宗頤、

中國文化研究所內景

劉殿爵、鄭子瑜等幾位著名的教授均出任本所的名譽高級研究員。關於饒公的經歷我以後再專門介紹，這裏只説説劉殿爵和鄭子瑜兩位教授。

劉殿爵教授（1921-2010），國際著名的語言學家、翻譯大家和哲學家，西方漢學家若提及他的英文名字 D. C. Lau，可以説是無人不知。劉教授祖籍廣東番禺，生於香港，父親是詩人，長期在港英政府華民政務司署任職。劉教授幼承庭訓，早年入讀英皇書院，1938 年獲政府獎學金入香港大學中文學院，1941 年 12 月因太平洋戰爭爆發、香港淪陷而提前畢業，並回內地服務。戰後獲英國文化協會「勝利獎學金」赴英國留學，入讀蘇格蘭格拉斯哥大學，主修西方哲學，以優異成績獲文學碩士。其後長期在倫敦大學亞非學院教授中文及中國哲學，歷任講師、高級講師，並於 1971 年任講座教授。他翻譯的《道德經》《孟子》《論語》英文版被國際學術界公認為標準譯本，西方漢學家多以其譯本作為漢學研究的入讀課本，對他推崇備至。1978 年，香港中文大學聘請他出任中文系講座教授，並曾任文學院院長，退休後一直擔任中文系榮休講座教授、中國文化研究所榮譽教授，並先後獲中大、港大榮譽博士學位。

劉教授在中國文化研究所先後擔任中國語言中心主任、《中國文化研究所學報》主編，並與所長陳方正博士聯名申請，多次獲政府撥款和基金會贊助，先後將先秦兩漢和魏晉南北朝的全部傳世文獻完成計算機化，並編纂出版《先秦兩漢古籍逐字索引叢刊》和《魏晉南北朝古籍逐字索引叢刊》，將先進的科學技術運用到中國傳統文化上，極大地便利和促進了中國文史哲方面的研究。

劉教授性情儒雅，喜歡清靜，我的辦公室就在他旁邊，每天在走道或休息室見到他時，我都會恭敬地向他鞠躬問好，他也會微微含笑點點頭，但彼此之間很少有過長談。他熱衷圍棋，經常在休息室或研究室與友對弈，然而我對此藝一竅不通，因此亦未及旁觀。劉教授終身未娶，

與劉殿爵教授攝於研究
所辦公室前

並無子嗣，去世前的遺囑是將其所有家產及版權收入全數捐獻給文化研究所。為了紀念劉殿爵教授為研究所所作出的巨大貢獻，大學特將原古籍整理中心更名為「劉殿爵中國古籍研究中心」，將其未竟事業發揚光大，並以此紀念他在推動中國傳世文獻研究方面的成就。

鄭子瑜教授（1916-2008）可稱得上是一位傳奇的教授，也是國際著名的修辭學家。鄭教授生於福建漳州，自幼家境清貧，未能接受良好的高等教育，甚至高中都沒有畢業，但他卻在清貧中自學成材，無師自通，20 多歲時就在各種文學期刊上發表文字。由於他年輕時受到當地惡勢力的迫害，不得已南渡婆羅洲，此後就在南洋一帶定居。他在逆境中自強不息，堅持奮鬥，一生中撰有多種著作，還與于右任、郁達夫、周作人等諸多名人時有書信來往。60 年代初，鄭子瑜被聘為日本早稻田大學語言學教育研究所研究員，並為六位日本教授講授「中國修辭學」，以後他一直以此為榮，稱自己是「教授的教授」。其後他又受聘日本大東文化大學教授，開始撰寫《中國修辭學史稿》，該書出版後，引起學界轟動，將其稱之為「中國第一部修辭學史」。

80 年代末，鄭教授來到研究所任名譽高級研究員，其研究經費據說是新加坡某人出資贊助。鄭子瑜教授身材魁梧，樂於與人交往，我到

與鄭子瑜教授合影

研究所工作不久就與他相識。那時他正在撰寫個人的傳記，但似乎是以別人的名義署名的，他還經常約我到他的辦公室聊天，談他的經歷，並讓我幫他抄寫並修改他的傳記文稿，從中我了解了他的坎坷人生與奮鬥歷程。這本書就是 2007 年復旦大學出版社出版的《鄭子瑜傳稿》，所以我也算是這部傳記最早的一個讀者。

鄭子瑜教授一生曾與許多著名學者有聯繫，來往書函甚多，《北京大學學報》的主編龍協濤先生曾建議將其整理出版，他也問過我的意見，我當然認為這是一件功德無量的好事。後來他也讓我幫他整理文稿，但我對他的整理方式卻有一點不同的意見，我認為所有書函必須原文註錄，即使有一些涉及隱私或其他方面的事不便刊載，則應以適當的方式予以說明，不好擅自修改或予刪節。後來這部書稿出版，取名為《鄭子瑜墨緣錄》（作家出版社，1993 年），他也贈送了我一本。

90 年代末，不知甚麼原因，所裏要讓鄭教授騰出辦公室，他不同意，雙方陷於僵局。所長知道我與他關係還不錯，就要我去勸勸，並幫他解決搬家的事。我剛進他的辦公室，他就緊緊拉著我手，雙手發顫，激動得說不出話，我連忙勸他，不過一大房間的書處理起來也確實是個問題。我給他提了個建議，先將書分成幾大類：自己平時隨時需要查看的，準備送回新加坡家中保存的，打算捐獻給圖書館的，剩下的就是可以隨意處理的。這樣一來，所有的書一下子分門別類，再請工友幫忙打

包裝箱，問題也就解決了。他對我提出的這種方式也很滿意，並讓我挑些書自用，可是凡是被我看中的書他馬上又捨不得了，說是他還要留著有用。後來我變得聰明了，看到想要的書也裝出一付不稀罕的樣子，結果反而拿到了。

　　我到研究所時還有多位研究人員從事不同的研究工作，來自四川大學的楊建芳先生在考古研究中心，還有文物館的王人聰先生，原來是故宮博物院的研究人員，他們倆先後於 50 年代北京大學歷史系畢業，分別是研究玉器和印章的專家，我與他們也常有來往。中生代中的張雙慶主持的方言學研究，在學界頗具影響；鄧聰正在推動的南中國考古，此時已顯露頭角；而何志華在劉殿爵教授的指導下，傳世文獻工作也正全面展開，孔慧怡主編的《譯叢》將中國作家的作品介紹到世界，聲名享譽國際。不過當時所裏最有名的人物，還是來自北京中國科學院的金觀濤和劉青峰夫婦。

　　觀濤和青峰「文革」期間畢業於北京大學，他們只比我年長幾歲，但當時的名氣卻很大。1989 年上半年，他們夫婦倆應邀到中國文化研究所進行短期學術訪問，可是就在這期間北京發生政治動亂，不能返回北京，最終被中文大學校長高錕教授挽留下來，並在研究所正式任職。就在我剛到研究所的幾天後，觀濤、青峰他們主辦的《二十一世紀》正

與陳方正、金觀濤合影

式創刊，目的就是「為了中國的文化」，期刊創辦至今，影響頗大，尤其在 20 世紀末的中文世界中為推動中國文化的進展作出了重要貢獻。其後不久研究所又成立了當代中國研究中心，這才更加符合「結合傳統與現代，融會中國與西方」的創所宗旨。

新的工作

我應聘的最初職務是研究助理，根據所長的安排，我的工作是一半時間擔任饒宗頤教授的學術助手，一半時間為所裏的學術工作服務。至於這個尺度如何把握，那就要在日後的工作中慢慢體會了。

1990 年 10 月 22 日，我第一天上班，辦公室有兩張桌子，一個長沙發，屋裏邊還有一個小間，堆放著饒公的各種著作，我就和饒公面對面相坐。那時饒公已經 73 歲了，但他身體很好，精力旺盛，每個月都要到外地去開會或講學。饒公家住在港島的跑馬地鳳輝閣，到中大的路程很遠，他一般每周來一次中大，除了有人開車順便帶他來學校之外，平時他都是先乘的士到灣仔乘地鐵，中轉幾次後到九龍塘，再轉火車到大學站，然後再坐校巴到研究所，雖然很麻煩，而且時間也很長，但他卻每次都很早就到學校。第一天上班，饒公交待我主要的工作就是幫他

張玉法、張夫人、劉青峰、金觀濤和我攝於研究所

查尋資料，校對文稿，以及代他處理日常電話、來往函件等對外聯絡的事務，平時有甚麼事就在電話中吩咐。饒公的記憶力極強，每次電話中要我到圖書館或研究所資料室查詢資料，都清楚地告訴我書名、版本、出版時間等具體要素，有時甚至將大致頁數都告訴我。我心裏常在想，饒公的這個童子功可真是不得了，我的國學基礎本來就很差，但是有饒公這麼詳細的指引，我才能準確無誤地幫他查到所需要的資料。

此時饒公已退休 10 多年了，可是他厚積薄發，退休後出版的論著一本接著一本，光是這些年我為他編輯校對的著作大致就有《文轍：文學史論集》《藝顏：藝術史論集》《梵學集》《饒宗頤史學論著集》《新加坡古事記》《中國史學上之正統論》《老子想爾註》《文化之旅》《符號 · 初文與母字 —— 漢字樹》《古史之斷代與編年》等等，至於論文之多就更加不用說了。

除了饒公的學術助手之外，所長交付給我的任務主要都與出版有關，日常最重要的工作就是負責所內中國語文中心主辦《中國語文研究通訊》期刊的編輯校對，還有所裏專刊的編校與出版，以及與印刷廠聯繫出版事務。當時所長正在主編一套叢書，包括土耳其、西班牙、俄羅斯等國家歷史上如何崛起的譯著，譯者都是他從內地找的專家和學者。我的工作就是與譯者聯繫，並參予全書的編輯。但不知是甚麼原因，這套叢書後來不要我參與了，以後這套叢書在內地出版，不過裝幀、紙張和版面都很簡陋，所長對其似乎很不滿意。

饒公當時在研究所任職已十餘年，為了慶賀他的生辰，由王賡武、余英時、汪德邁、屈志仁、馬幼垣、清水茂、陳方正、陳學霖、趙令揚等九位教授發起，組織了一個編輯委員會，計劃為饒公出版賀壽文集，具體聯絡工作由陳方正所長和西雅圖華盛頓大學的陳學霖教授（數年後他就到中大歷史系任系主任兼講座教授，並長期擔任《中國文化研究所學報》的主編）兩位負責，香港潮州商會則慨然出資贊助。因為這

與饒公及陳方正所長合影

時正好我剛來所任職，所以具體的編輯工作就完全由我來承擔。為饒公祝壽撰文的學者皆為國際知名的大家，或是饒公的門生故舊，他們中的中國學者（包括外籍）有季羨林、柳存仁、周紹良、宿白、李鑄晉、李學勤、王堯、王賡武、劉子健、冉雲華、羅忼烈、童恩正、趙令揚、陳學霖、馬幼垣、陳炳良、何沛雄、馬泰來、蕭虹等，以及日本學者岡村繁、田仲一成、池田末利、川口久雄、清水茂、福井文雅，還有歐美學者 Noel Barnard（巴納）、Donald Holzman（侯斯孟）、David R. Knechtges（康達維）、Victor H. Mair（梅維恆）、R. A. Stein（石泰安）、Leon Vandermeersch（汪德邁）、Kristofer Schipper（施舟人）、Andre Levy（雷威安）、Daniella Eliasberg（艾里）、Jen A. Lefeuvre（雷煥章）等等，論文更是包括中、英、日、法等多種語言，這也說明饒公已成為當時國際公認、「導夫先路」的學術大師。雖然我對各位大家的學問可以說是茫然無知，但能在編稿過程中經常有機會與他們通信聯繫，亦是我學術生涯中一段難得的回憶。

　　1992 年，論文集基本編輯完成，恰逢饒公七十五歲大壽，所以遂將其命名為《慶祝饒宗頤教授七十五歲論文集》，並恭請季羨林教授題寫書名，柳存仁教授撰述序言。這部大紅顏色封面的文集喜氣洋洋，又有那麼多海內外著名教授撰文為饒公祝壽，更是學術界的一件盛事，記

得饒公為此曾親自在香港著名的素菜館功德林設宴，感謝潮州商會各位會長及在港學人的鼎力支持，我亦忝陪末座。

　　20 世紀 90 年代是中國文化研究所發展歷史上的一個重要時代，這一期間研究所曾召開過多次學術會議，聘請知名學者來所裏訪問，創辦《二十一世紀》雙月刊，同時還出版了不少書籍。因為所裏要我負責出版的一些事，所以我亦擔任了多部著作的責任編輯，包括金觀濤、劉青峰合著的《開放中的變遷》、陳學霖的《明代人物與傳記》和《金宋史論叢》、王爾敏的《晚清商約外交》、鮑紹霖的《文明的憧憬——近代中國對民族與國家典範的追尋》、徐友漁的《形形色色的造反》、唐少傑的《一葉知秋——清華大學 1968 年「百日大武鬥」》等等。在這期間，我還幫助香港商務印書館編輯出版過王德昭的《歷史哲學與中西文化》、姜義華選編的《毛澤東集》、耿雲志選編的《胡適集》，並聯繫中國第二歷史檔案館與商務印書館合作，編輯出版《中國近代珍藏圖片庫》，其中包括《孫中山與辛亥革命》《袁世凱與北洋政府》《汪精衛與汪偽政府》《蔣介石與國民政府》《上海抗戰——一二八、八一三戰役》等大型史料畫冊。而由我擔任責任編輯、影響最大的一本書，恐怕還是《紅太陽是怎樣升起的：延安整風運動的來龍去脈》那部巨著。

1992 年與林毓生夫婦、陳方正、熊景明攝於香港淺水灣

　　《紅太陽》這部書的作者高華是我大學的同班同學，他大學畢業先在市文化局工作了兩年，後考取南大歷史系的研究生，畢業後留校任教。記得 1990 年春節我從香港回南京探親，他到我家來聊天時就提及他正計劃撰寫一本延安整風運動的書，問我有無可能在香港聯繫出版。我告訴他我與香港幾家出版社有些聯繫，需要時可以代為介紹。沒想到數年之後，他的這本洋洋 60 餘萬字的巨著竟已完成，而我更成為這部大著的責任編輯。

　　在編輯過程中，高華正好應邀到研究所來訪問，因此我們有很多相互交流的機會，我坦率地提出了一些個人的看法，他亦大都能夠接受。其後我回南京開會或探親，均將校對稿帶回，第一時間與他商議修正，因而加快了出版速度。這本書的原名是《延安整風運動的來龍去脈》，記得最後定稿時陳方正所長提議將原書名作為副題，主題就改成後來大家耳熟能詳的《紅太陽是怎樣升起的》這個書名。關於這一書名的形成前些年網上有各種流傳，但作為責任編輯，我的記憶應該不會有錯，前些時我也問過陳方正，他對此事也有印象。

　　《紅太陽》一書出版後立即引起學術界乃至民間的巨大反響，作為本書的第一讀者，我寫了幾篇介紹文字予以推介。我在廣州的《開放時代》中寫了一個出版簡訊，而在香港 2000 年 3 月出版的《亞洲周刊》上發表的一篇《解讀歷史：毛澤東這樣成為「太陽」》，可能是該書最早的書評。在這之後我又寫了一篇 7000 餘字的正式書評，題為《對歷史的重新解讀》，發表在台灣「中央研究院」近代史研究所主辦的《近代中國史研究通訊》第 30 期（2000 年 9 月），對高著予以較為全面的介紹。

　　我在書評中指出，作者多年來一直從事中國近現代史的教學和研究工作，具有相當深厚的研究功底，特別是他的觀察力很強，經常從一些回憶錄語焉未詳、點到即止的話語中追根尋源，探索歷史的真蘊；而

且他善於捕捉每個細節，讀者閱讀此書會產生一種身臨其境的感覺。雖然由於環境使然，撰寫本書依據的都是公開出版的檔案及回憶，未能參閱中央檔案館的資料，但我相信未來公佈的檔案資料大都會進一步證實或補充本書的基本論斷，而不會推翻其主要觀點。當然本書在寫作過程中還存在一些遺憾，諸如無法看到中央社會部、組織部等核心機構有關延安整風運動的檔案，未能採訪延安整風運動的親歷者，聽取他們的回憶等等。在我看來，第一個遺憾至少在相當長的一段時間內是無法解決的；但第二個遺憾應該說當年若多花些精力，還是可以做到而且也是必須做到的。發動延安整風運動距該書出版已近 60 年，當年親身經歷過這場運動的人已大多謝世，留在世上的人越來越少，如果我們再不去搶救史料，對於歷史來說，那才將會成為真正的遺憾。

在編書的過程中有一件事或許可以提一下。高華在「後記」中有這麼一段文字，大意說「文革」開始時他看到一份大字報，內容是葉劍英說毛主席身體非常健康，可以活到 120 歲。看到這個「特大喜訊」，高華說他頭一下子「轟」地炸了，心想難道我們這一輩子都要生活在毛時代了！我對高華說：「高華，我比你癡長五歲，『文革』開始的前一年我已上高中了，你還是小學五年級的學生。我們當時都看到過這張大字報，但說老實話，我看完之後的感覺是既沒有無比興奮，也沒有沮喪傷心，因為在那個環境裏，在那種意識形態統治之下的年代，大多數人是不可能有甚麼獨立思想的，更不要說是一個年僅 12 歲的小學生。」可是高華對我說，他當時就是這麼想的，堅持不予修改，最後當然還是要尊重作者的意見。後來我經常將此事問及年長或同齡的朋友，如金觀濤、劉青峰、沈志華、朱學勤、楊奎松等等，他們的想法都同我一樣，那麼看來高華確實是先知先覺了。

高華的書出版後引起轟動，有個北京的律師從香港攜帶這本書回京時被機場海關予以沒收，引發一起官司。那時高華正好在中大訪問，

2005 年大學同學與張憲文
老師合影，右一為高華

一天早上他到我辦公室來聊天，説今天這場官司就要開庭，顯得有點緊張。他説這件事發生後這個律師曾找過他，讓他也參與進來一起上訴，被高華一口拒絕，並勸他撤訴。因為這本書出版後南大並沒有給他穿小鞋，反而還評上了教授，他害怕因此而引起些不必要的麻煩。但那位律師卻執意上訴，並揚言説不管法院最後怎麼判，反正我都是贏家。結果這個案子一審敗訴，但上訴後二審得直，而且這件事傳開後，對高華本人及這本書的影響就更加大了。

　　2011 年底，我收到維也納大學魏格林教授的邀請參加在她們學校於第二年年初召開的一個國際會議，我想正好藉聖誕節假期，先與家人一起到歐洲旅遊。記得 12 月 27 日那天凌晨剛到巴黎，就收到同學郭必強的電話短訊，説高華已於 26 日晚去世。聽到這個消息感到非常震驚，雖然前幾年大家都已經知道他罹患肝癌，但他的精神狀態一直很好，對戰勝疾病充滿信心，然而如今他還是走了，他也是我們本科班上第一個離世的同學。他才 57 歲啊，他還有許多計劃未能實現，天不假年，這將成為永久的遺憾。因為我在歐洲，無法參加他的追悼會，只能委託必強同學代我向他的家人表達深切的慰問了。

一件往事

　　就在寫這篇回憶的時候，偶然看到上海义史館主辦的《世紀》中有一篇陳忠人先生撰寫的《外婆陳潔如口述史料問世始末》一文，不禁勾起我近 30 年前的一段回憶。好在當年的信件還完整保存，因而就根據這幾封信件説一下我所了解有關這部英文回憶錄出版前後的情形。

　　1992 年 1 月，台灣的《傳紀文學》第 16 卷第 1 期突然開始連載陳潔如的回憶錄，這期還刊登了一份「編者」說明，説該回憶錄的出版是緣於前一年 10 月收到來自南半球一封署名「提供者」的來函，然而寫信者既無留下真實姓名，又無聯絡地址和電話，只説是他手中有一份從未發表過的「蔣介石夫人回憶錄」英文原稿，原來並未準備發表，「但人壽幾何，我已將它照像影洗三全份，分交英國與美國某大學及南半球某大學圖書館『特藏室』密存」，原稿仍在他手上。因考慮到以後任由外國所謂「中國通」亂譯亂寫，不如還是「由中國人自己處理為是」。這位「提供者」還認為，這部陳潔如的回憶不單只敍述蔣陳之間的感情與關係，更涉及北伐前後蔣介石與其他民國要人及蘇俄顧問之間的故事，因此是一部「改寫民國歷史的書」。

　　《陳潔如回憶錄》一經在《傳紀文學》連載出版，立即引起海內外學界及台灣政壇的熱議。有人閱讀後如獲至寶，對其內容津津樂道，認為披露了眾多祕辛；也有人覺得此書寫得類於野史，根本就不值一提。作為一名從事民國史研究的學者，我自然對這本回憶錄的出版十分注意，但卻怎麼也不會想到，後來與此事也會沾上一點兒關係。

　　1992 年 7 月一個星期日的早上，我突然接到張憲文老師的電話，他要我幫他辦件事，實際上就是找到陳潔如的女兒，並徵得她的同意，出版其母親的英文回憶錄。當時國際電話費用很貴，張老師也只是在電話中簡單説了幾句，並説已將詳細的內容寫在信中寄給我了。幾天以

後，我就收到張老師寄來一封厚厚的來信，除了他寫給我的三頁信紙之外，還附有陳瑤光的丈夫陸久之先生的來信，以及易勞逸教授寫給陳潔如的女兒陳瑤光的英文傳真和信件。

張老師在信中說，不久前他訪問美國斯坦福大學胡佛研究所時曾複印了藏於該館的陳潔如回憶錄英文原稿，並將其轉交給美國伊利諾大學的易勞逸教授。易勞逸教授當時正在計劃撰寫蔣介石的傳記，因此就打算出版這部英文口述，但胡佛研究所表示，必須得到陳潔如的家屬同意，否則不能出版。陳潔如本人已於 1971 年去世，她與蔣介石結婚後並未生育，只收養了一個華僑的女嬰，取名蔣瑤光，與蔣分手後便更名為陳瑤光。易勞逸教授只是聽說她後來定居香港，但苦於沒有她的通訊地址，一直無法聯繫。張老師好不容易打聽到居住在上海的陳瑤光第二任丈夫陸久之先生，便去信詢問，陸久之即回信告知陳瑤光在香港的地址，並說她最近已從美國返回香港，但張老師去信後並無回音。易勞逸為此事很着急，曾與他多次來信，希望能儘快找到陳瑤光，於是張老師想到了我，就讓我從中代為聯繫。

易勞逸教授（Lloyd E. Eastman）是美國研究中國史、特別是民國史的著名教授，他也是費正清教授（John King Fairbank, 1907-1991）的學生，在國際上享有盛名。20 世紀七八十年代他先後出版的 *The Abortive Revolution: China Under Nationalist Rule, 1927-1937* 和 *Seeds of Destruction: Nationalist China in War and Revolution, 1937-1949* 被公認為是當時研究國民黨歷史的經典著作，這兩部書後來都譯成中文，即《流產的革命》和《毀滅的種子》。易勞逸教授 80 年代經常到中國訪問，也曾多次到中國第二歷史檔案館來查閱資料，1987 年 10 月，以二檔館為首發起舉辦「民國檔案與民國史學術研討會」，除了中國學者外，易勞逸教授與其他 20 多位外國學者亦應邀參加，誠為當時學術界的一大盛會。我當時在二檔館工作，並

參與會議的籌備，亦多次見過他，雖然沒有時間單獨向他請益，但他的聲望卻早已聽聞。後來張老師又將我的電話告訴了易勞逸教授，他也專門從美國打電話給找，委託我辦理此事。

兩位老師囑託的事作為學生自然是義不容辭，我隨即就按照陸久之先生提供的地址，於 7 月 23 日給陳瑤光女士寫了一封信。信中首先自我介紹一番，並說自台灣《傳記文學》刊載您母親的回憶錄之後，引起學界極大的重視，而這份回憶錄的英文原稿現存於美國斯坦福大學胡佛研究所，美國伊利諾大學的易勞逸教授為了讓世界上更多的人了解這段歷史，計劃將其英文原稿在美國出版，但這需要得到家屬的同意。他說曾多次去信給您，但一直沒有回音，現通過我的老師張憲文教授委託我儘快與您聯繫。我在信中還介紹，易勞逸教授是美國第一流的民國史學者，為人正直，學問淵博，不僅在美國，就是在中國大陸和台灣都享有盛譽，南京大學歷史系主任張憲文教授是易教授的好友，也是內地著名的民國史專家。同時易勞逸教授還再三強調，該書出版後的所有稿酬將全數交給家屬，他不會收取任何報酬。最後，我留下了我的通訊地址和聯絡電話。

7 月 28 日上午，我在辦公室接到陳瑤光女士的次子陳曉人先生的電話，說我寄給他母親的信業已收悉，因其年邁，行動不便，故讓他與我聯繫，我們隨即約定當日下午在九龍塘附近的一家咖啡店見面。

當天下午，我與陳曉人先生見面，他西裝革履，相貌堂堂，年齡大約 50 歲左右，從他遞給我的名片中得知，他是香港敏孚有限公司的董事總經理。我首先將易勞逸教授寫給他母親的信與傳真交給他，並詳細介紹了易、張二位教授的學術地位與道德文章，以及出版英文回憶錄的目的。陳曉人告訴我，他母親從未收到易教授的信件及傳真，但張教授的信倒是收到過，之所以沒有回信，主要是不了解對方的情形，加上對於台灣《傳記文學》單方面連載回憶錄的作法有保留。然而收到我的信

之後，知道我在香港，很多事可以當面問清楚，而且通過我的介紹也了解了兩位教授的為人，是值得信任的，所以同意相互聯繫，他也對我居間聯繫表示感謝。

陳曉人說，台灣的《傳記文學》出版他外婆的回憶錄事先從未徵求過他們的意見，從已發表的前幾期來看，有些地方不像出自他外婆的語言，因為他自幼即與外婆生活近 20 年，一直到她 1962 年赴香港定居才分開，因此對她的生活及語言習慣非常熟悉，而且這篇回憶譯文的水平也不高，刊載的圖片亦太少。他還說，他外婆保留了很多照片，並確認她是寫過回憶錄的，時間是她來香港之後不久。因為寫回憶需要找一些資料予以核對，曾去信向他母親索取，後通過祕密途徑從上海寄到香港。他還隨身帶了幾封陳潔如到香港後寫給蔣介石的信件複印件，可惜我當時沒有帶照像機，未能將其拍攝下來。

陳曉人表示，聽了我的介紹，他們對易、張兩位教授有了了解，也絕對信任他們的學術地位及名望，對於這部英文手稿在美國出版原則上沒有甚麼意見，但有兩個問題需要弄清。首先，他們希望了解這部英文手稿是通過甚麼途徑傳到胡佛研究所的；第二，他們希望能提供給他們一份英文手稿的複印件，這樣才好依據手稿及內容來確認這部回憶是否真的是其外婆所作，同時也希望易教授能夠通過其他方式對該手稿的真偽予以論證。也就是說，只有確定這部手稿真的出自陳潔如之手，才能具體洽談今後的出版問題。

正事說完之後我們又聊起其他的事，陳曉人應該比我年長七、八歲，也基本上算是同齡人，我們彼此談了談各自的經歷，他簡單地敍說了自幼與外婆在一起生活的往事，「文革」爆發後，他們家因與蔣家關係所遭到的苦難，他的哥哥陳忠人因此而入獄。「文革」結束後，在有關部門的斡旋下，他們兄弟倆批准來港與母親團聚，以及到香港後如何奮鬥的過程。我們大約談了兩個多小時，臨行前陳曉人說他會直接與易

勞逸教授聯繫。第二天，我即將與陳曉人見面及談話的情形寫了一封長信傳真發給易勞逸教授，同時亦將此信複印一份寄給張老師，這樣，我的任務也就算完成了。

在這之後，我就沒有再關心此事，也不太清楚他們之間是如何聯繫的。半年多之後我突然收到陳曉人約我見面的來信，但不知為何，這封信在香港竟走了好幾天，當我接到信時早就過了約會時間。後來我再給他去信，卻再也沒有得到答覆，因而也不知道他原來約我見面要談些甚麼。只是 2003 年宋美齡去世後，我在網上曾看到陳曉人先生接受過英國 BBC 專欄的實名專訪，披露他的外祖母到香港後曾受到來自台灣宋美齡方面的威脅，標題就叫《慈容背後的兇殘》。

當年陳潔如回憶錄的出版是件大事，除了治民國史的學者之外，社會上其他各界人士對此也都很感興趣。最早刊載回憶的《傳記文學》在連載六期後即以《陳潔如回憶錄 —— 蔣介石陳潔如的婚姻故事》為名出版了單行本，全文約 21 萬字；台灣的《新新聞》周刊亦在連載後迅速推出節譯本，書名為《我做了七年的蔣介石夫人》。內地的出版社也不遑多讓，相繼出版有《陳潔如與蔣介石：改寫民國歷史的陳潔如回憶錄》（中國華僑出版社，1992 年）、《陳潔如回憶錄：蔣介石的第三任妻子》（中國友誼出版公司，1993 年）等，後來又有日文、韓文版譯著問世，一時洛陽紙貴，眾人皆以先睹為快。

陳潔如的回憶錄除了中文版最先出版外，由易勞逸教授編輯出版的陳潔如回憶錄英文原稿亦於 1993 年 9 月在英國和美國同時由 Westview Press 出版，書名為 *Chiang Kai-shek's Secret Past: The Memoir of his Second Wife, Chen Chieh-ju*，然而可惜的是，易勞逸已在前一個月因病去世，未能看到這部書的出版。但是易勞逸在出版前寫了 13 頁紙的序言，披露了這部回憶錄發現及出版的經過。他說大約是在 1990 年前後，台灣有位年青學者在胡佛研究所檔案館閱覽時，

無意中在典藏張歆海檔案中發現了這部回憶錄，並將此消息告訴他。易勞逸聞訊後立即趕去斯坦福大學查閱原件，緊接著又赴台灣收集相關資料，沒想到在台北期間突患腦病，不得已只好先行返美就醫，但此消息已在學界中透露，台北的《新新聞》周刊和《傳記文學》雜誌便爭著翻譯並連載，並搶先出版了這部回憶錄。由此看來，《傳記文學》編者所說的那位神祕的「提供者」和所謂「信達雅」的「翻譯者」，恐怕都是子虛烏有的人物。

《陳潔如回憶錄》出版之後，關於其內容真實與否，曾在學術界中引起熱烈討論。但不管是正式的還是非正式的，陳潔如確實曾經與蔣介石在一起共同生活了七年，而且陳潔如晚年到香港後也確實與人合作寫過一部回憶，後來受到台灣方面的干預，最後私下予以了結，這些都是無庸置疑的。《陳潔如回憶錄》出版至今已近 30 年，易勞逸教授已於 1993 年去世，陳曉人和陳瑤光亦先後於 2009 年和 2012 年去世，如今斯人已去，寫上這點回憶，藉以懷念過去的一段往事。

與香港學人的交往

我回到香港時已快 40 歲了，大學畢業工作已有六、七年，在這期間已相繼在《歷史研究》《近代史研究》《學術月刊》《史學月刊》《社會科學戰線》《南京大學學報》《歷史檔案》《民國檔案》《中國經濟史研究》等重要期刊上（按目前的標準都算是 C 刊了）發表了十多篇學術論文，在檔案館任史料編輯部副主任（副處長）也有幾年，業務職稱為館員（相當於講師），應該說在內地學術界已有了一點地位。如果我以公派的身份來香港進行訪問，那香港的學術機構都會承認你的學術地位；可是如今你是移民來港，那就完全不同了，你過去所擁有的可以說全部歸零，一切都得從頭開始。

研究所同人餐聚

　　剛到香港時我可以說是兩袖清風，只有從內地帶來的一點退職費，可是等到入學後繳了學費，我又被「打回原形」，變得一無所有了。來香港之初主要任務是學習，因為沒有獎學金，所以還要為自己的生存找點事兒做；兩年後妻兒來港，更要為全家人的生活和溫飽而操心。因此來港的最初幾年主要還是適應生活環境的轉換，除了完成畢業論文之外，沒有時間、同時也沒有精力繼續從事研究，所以不得不放棄原來已答應撰寫《中華民國史》的任務。

　　我到中大工作時還沒有取得港大的學位，我之所以能到研究所工作，不能說南大的學歷沒有用（要不根本就不會聘用你），但從所給的待遇來看，說明大學並沒有真正承認你的學位和資歷。起初所長對我說，這個工作要先試用幾個月，如果合適了，就可以做下去，但最多只有兩年。也可能是我的工作態度比較認真，做事中規中矩，所長和饒公均表示滿意；也可能是觀濤兄曾對所長建言，說我們所以後若要發展，像鄭會欣這樣的人才應該留下來。總之一年後所長對我說，你在所的工作可以長期作下去，研究所的待遇相對較低，而且都是合約制，不可能簽長約，但好處是比較自由，有時間可以做些自己喜歡的事。當然，如

果有更好的發展機會，你可以隨時離開。正好我剛獲得港大的學位，因此在簽第二個合約的時候，待遇開始有了較明顯的提高。

　　工作基本穩定之後，就開始考慮個人今後的前途。香港照理說是一個經濟都市，內地的改革開放更加為香港增添了許多作生意的機會，那時很多人都下海經商，但我自忖沒有這方面的能力，我常笑稱自己是「四無」：無背景、無關係、無資本、而且還無膽量，因此不可能下海。在研究所工作雖然待遇不高，但勝在安定自由，而且在如此講究功利的香港，能夠有這麼一個充滿自由寬鬆的環境，做些自己能夠勝任的工作，也真是極為難得的了。我記得饒公曾多次對我說，50 年代初他能夠到港大工作，是他一生中重要的學術轉變，「港大不但讓我作我自己喜歡做的事兒，而且還給了我一份不錯的薪水」。而且饒公也鼓勵我不要半途而廢，應該堅持以往的基礎，做些個人的研究。

　　90 年代初，所裏經常請些內地中青年學者來所裏短期訪問，譬如華中師大的朱英、中山大學的樂正、近代史所的虞和平、還有上海來的朱學勤、許紀霖等等，我們以前雖未見過面，但大家都是 77、78 級的大學生，過去也都看過彼此發表的文章，可以說神交已久，相見恨晚。朱英對我說，怪不得這幾年看不到你發表的論文了，原來你跑到香港來了！閒談中他們還介紹了內地學術界發展的狀況，特別提及經過這些年的磨練，10 年前走出校門的那批大學生，現在已大多在各自的學術領域中有所成就。他們也鼓勵我不要放棄，應該充分利用香港的有利條件，發揮自己的特長，為中國近代史研究作些事情。

　　80 年代中，在香港有一幫志同道合的同仁創辦了一個香港中國近代史學會，成員基本上都是香港戰後出生的一代知識分子，他們中大部分都是 70 年代初在香港完成大學教育（很多人畢業於香港中文大學歷史系，是全漢昇、王德昭等前輩學者的學生），然後到歐美或日本等國家的著名大學攻讀博士，學成後再回到香港，現在又多在香港各大學或

與楊念群、童世駿、雷
頤、張亦工、杜恂誠
1995 年攝於香港尖沙咀

專上學校任職。他們年齡相仿，經歷相同，興趣相投，回到香港後感到
應該創設一個機構，可以讓大家凝聚起來，於是就成立了香港中國近代
史學會。學會成立後多年來不間斷地接待各地來港的學人，定期舉辦一
些學術活動，並出版學會的會刊。近代史學會完全是個民間組織，除了
爭取到不多的贊助之外，大部分經費都是靠會員自己捐助而維持的。

　　來香港不久，我就經朋友介紹，參加了香港中國近代史學會，經
常參加他們組織的活動，也曾應邀向大家介紹過二檔館的情況。後來學
會與香港商務印書館合作在香港歷史博物館舉辦了一個報告會，分別由
學會幾位成員介紹日本、美國等國和中國大陸、台灣研究中國近代史
的現狀，我報告的題目是《近年來中國大陸有關民國史的研究及出版概
況》，後來刊於香港中國近代史學會編輯出版的《中國近代史研究新趨
勢》（香港教育圖書公司，1994 年）。

　　有一個問題我一直感到奇怪，改革開放後，曾有大批外國歷史學者
到南京的二檔館來查閱檔案，台灣學者因為政治原因來不了，所以我離
開二檔時尚沒見到台灣學者，這還情有可原；然而香港學者並沒有受此
限制，為甚麼在我的印象中卻從沒有人來過呢？其時正好黎志剛兄在香
港的一次學會活動中遇見我，他那時還在美國加州大學跟隨劉廣京教授
撰寫博士論文，題目就是「李鴻章與輪船招商局」。我告他南京二檔收

藏有清末以來招商局的檔案，並可以介紹他前去查閱，我事先與萬館長
打了招呼，結果他到南京後受到館裏的熱情接待，為他撰寫博士論文提
供了重要幫助。志剛兄畢業後來到澳大利亞的昆士蘭大學任教，在這之
後我們成了好朋友，他可以説是空中飛人，幾乎每年我們都會在香港、
台灣和內地等不同的地方見上幾面，而幾乎每次見面他都要向朋友介紹
我們倆的這段學術淵源。其後香港中文大學歷史系的梁炳華博士在撰
寫「九龍城寨與中英關係」的博士論文期間，我也介紹他去二檔館收集
資料，同樣也得到萬館長他們的鼎力幫助，而那時也正是香港回歸前的
關鍵年代。進入二十一世紀後，許多中大歷史系的博士生都來自內地的
各個名校，其中很多同學還擔任我教授「中華民國史研究」等幾門課的
助教。平時他們都喜歡到我的辦公室與我聊天，他們在撰寫論文中若需
要查尋資料，因為我認識的朋友較多，也都會熱情替他們介紹，包括二
檔館、上海檔案館和台灣的「國史館」等，儘量為他們提供一些幫助；
畢業後他們求職，我也盡自己所能，向內地的一些大學和學術機構予以
推薦，這些年輕學人如蔣寶麟、孫明、楊衞華、賀江楓、承紅磊、黃春
艷、張岩、李子歸等等，如今均已成為史學界的後起之秀，明日之星，
我為他們取得的成績感到高興。

　　中國文化研究所成立後不久就得到香港永隆集團等機構的贊助，創
辦了一份學術期刊《中國文化研究所學報》，先後由全漢昇、劉殿爵、
陳學霖等學術大家擔任主編。學報出版極為嚴謹規範，並一直堅持嚴格
的匿名評審制度，在海外漢學界享有崇高的聲望，也可以説是香港名列
前茅的中文學術刊物。我那時抽時間正在學電腦，也沒人教，自己摸
索，權當就把它看作是個打字的工具。在學習的過程中，我嘗試著將碩
士論文的一章輸入電腦，並不揣冒昧，將論文交給學報的編輯朱國藩博
士。國藩兄告訴我説，學報出版的論文雖然涵蓋中國的文學、歷史、哲
學及翻譯等範疇，但長期以來主要涉及的還是古代史領域，此事他還要

再請示一下主編劉殿爵教授的意見。

　　劉教授看過拙文後認為尚可堪用，同意依例寄出外審，沒想到兩篇外審對拙文評價甚高，因此我的這篇論文《戰前國民政府整埋鐵路外債的經過及其成效》就發表在 1993 年第 2 期的《中國文化研究所學報》上，這也是我在香港學術刊物上發表的第一篇文章。在這之後，學報也打破了很少刊發近代史方面論文的慣例，以我為例，這些年我在學報上先後共發表了 8 篇論文，而且後來我也成了學報一名不掛名的編輯，協助國藩兄編輯稿件。

重返學術領域

　　自 1984 年的白下會議和 1987 年的金陵飯店會議之後，民國史研究方興未艾，1994 年初冬，南京大學決定在南京召開第三次民國史會議，除了內地和國外學者之外，這次還邀請了眾多台灣學者與會，因此規模要比前兩次的會議還要大，而且張憲文老師也給我發出了會議邀請。到香港之初的幾年，我與內地學術界失去聯繫，有時雖然也收到一些會議的通知，但因種種原因均未成行。而這次會議卻不同了，不僅是我參加過前兩次民國史的會議，而且這次會議也是我重返民國史研究隊伍的一個重要契機，因此決意爭取參加這一盛會。我向所長提出參會的請求，他不但批假同意，而且還允許報銷往返機票，對我而言，這也是一個極大的支持。

　　到南京開會後見到許多過去認識的老師和朋友，更多的是那些新朋友，特別是來自台灣那些神交已久的老師。老同學陳謙平、陳紅民忙於會務，相見格外歡喜；我剛報到，吳景平就到房間裏來找我，10 年前他在上海讀研究生時就曾到二檔館找過我，因為他研究的範圍與我相近，年齡又相仿，所以有許多共同語言。10 年過去了，他在取得人大

博士學位後已在復旦大學任職，更成為國內外宋子文研究的專家。我們倆別後重逢，有很多話要說，在後來的日子裏，我經常得到景平兄的熱情幫助。

　　我向會議提交的論文為《戰前國民政府舉借外債的數額及其特點》，這也是我碩士論文結論中的一個重要部分，在會議宣讀後得到與會學者的好評，記得就是景平兄擔任我這篇論文的評論人。會後該文就刊於南京大學中華民國史研究中心剛剛創辦的《民國研究》第一輯（南京大學出版社，1994 年），這也是對我重返民國史研究隊伍的一種肯定。

　　與以往兩次民國史會議最大的不同是，本次會議邀請了許多台灣學者如張玉法、蔣永敬、陳三井等參加，張先生此時剛剛卸任台灣中研院近史所的所長，也剛當選中研院院士，並擔任台灣中國近代史學會理事長。張先生在台灣的聲望極高，人稱「法老」，經他發起並籌款，計劃於 1995 年抗日戰爭勝利 50 周年之際，在台灣召開一次盛大的學術會議，對象則是來自兩岸的學者。在南京開會時張先生找到我，問我對這個會有沒有興趣，我說當然有興趣了。他說，那好，我還是把你算在內地學者一邊。回到香港後不久，我就收到會議籌備委員會寄來的邀請函。

　　我想正好利用這個機會攜家人一起到台灣探親和旅遊，於是就向

與二檔館老領導合影，左起：陳興唐、萬仁元、楊天石（近史所）、施宣岑、方慶秋

台灣駐香港的中華旅行社遞交了到台灣旅遊的申請。那時台灣當局對有大陸背景的人入境控制得很嚴，規定凡從大陸出來的民眾要在所謂「自由世界」居住滿五年，才有資格申請入境。我們到香港已經超過這一期限了，按理說應該很容易吧，其實不然。我按照規定填完各種表格，然後將申請遞交到金鐘的台灣中華旅行社，其後不久就接到一個陌生的電話，說他是中華旅行社的職員，要對我進行家訪。我很奇怪，旅遊還要搞甚麼家訪呀！就推說平時都要上班，沒時間。但這個人說，他可以周末來家裏看看，那我就無話可說了。於是一個周末的上午，一個說話和穿著都很奇怪的中年人來到我家，這位言必稱「兄弟」的人問了一些莫名其妙的問題，我問他台灣難道不歡迎我們旅遊嗎？他連忙說，「不是，不是，只是台灣太小了」。我心裏想，看來台灣當局還是將大陸人視為「共諜」呀！

我沒有與大部隊同行，那年的 8 月中，我們一家三口就乘上了飛往台北的航班，在桃園中正國際機場一下飛機，迎面看到的都是青天白日滿地紅的旗幟。以往只是在電影和電視上才能看到，這次親眼所睹，感覺確實不一樣，後來還在中正紀念堂看見衛兵的交接儀式，那個陣仗也是頭一遭所見。

陸誠的堂叔家居住於台北市的北投區，是一座二層的小樓，我們在台北的這段日子裏都住在他家，正好姑姑也從美國回來，7 年前在香港相見，今天又在台北重逢，要說的話自然很多。在台北期間，我還專程去南港中研院拜見張先生，參觀了胡適紀念館和故宮博物院，同時也見識了士林夜市，遊覽了陽明山和基隆的野柳等景點，還參加當地旅行團，去花蓮的太魯閣國家公園玩了幾天，當年的台灣老兵退伍後在這裏鑿山開路，打通了台灣東西之間的道路，如今則成為著名的旅遊聖地。到了月底，孩子要上學了，我先將他們母子送到機場回香港，然後我就先到中研院報到。

　　這次邀請的內地學者除我之外共有 32 人，但其中有一名學者因故未能成行（聽説是他在申請表格的職務一欄上填寫的是某大學歷史系黨總支書記，因而未獲台灣批准），學者中既包括章開沅、張憲文、楊天石、王檜林、黃美真、陳鐵健、解學詩、張同新、蔡德金、陳勝粦、楊光彥、周啟乾等眾多老師輩學者，也有馬敏、楊奎松、謝放、何一民、陳謙平、陳紅民、申曉雲、馬振犢等這些後起之秀，這麼多的內地學者一起到台灣，創下了海峽兩岸學術史上空前也可能是絕後的歷史紀錄。

　　我是自己先行到台灣，其他 31 位學者可就辛苦了，那時從內地到台灣必須途經香港轉機，因此大隊人馬頭一天先集中住在深圳，第二天一大早從羅湖入境，集中之後再趕到金鐘的台灣中華旅行社換取入台的證件，所有一切手續辦好後天色已晚，才能前往機場辦理登機證乘搭飛機。那天香港正颳颱風，掛起八號風球，他們乘住的那班飛機是最後一班離開香港的。飛機升空後不久就遇上強大的氣流，飛機忽然上升，又猛地下降，顛簸了好長時間，終於有驚無險，到達桃園的中正機場。在第二天會議的開幕式上，華中師大前校長章開沅教授代表所有內地學者致詞，他半開玩笑半認真地説，昨天夜裏我們可是經歷了九霄驚魂，萬一飛機出事，對中國和世界的民國史學界來説，那可真是一個極為重大的損失！

　　那時我已報讀中大歷史系的博士，我就將研究計劃的一部分撰寫成文，題為《從南鎮、敍昆鐵路的談判與修築看抗戰初期的中法經濟合作》，會後論文被收入台灣中國近代史學會、聯合報系文化基金會主編的《慶祝抗戰勝利五十周年兩岸學術研討會論文集》（台北：聯經出版事業公司，1996 年）。不知道是不是主辦方有意安排，我們那天報告的一組陳謙平、陳紅民、我還有馬振犢，四人竟都是南大歷史系畢業的先後同學。紅民兄報告時先是開玩笑地説：今天我們四人在這兒報告，就好像當年在學校中接受老師的畢業答辯。我的報告因為寫的是抗戰初

期中法間的合作，時任近代史所所長的陳三井教授曾留學法國，對拙文的內容予以鼓勵。

　　我們這批人大都是第一次來台灣，因此會議結束後，主辦方就組織我們乘車沿高速公路南下，政治大學文學院院長張哲郎教授親自陪同，先後遊覽了台中的日月潭、高雄的佛光山等名勝，並參觀中國鋼鐵公司、中國造船公司這幾個當年台灣經濟起飛的標誌性企業。回台北後他們再繼續參觀市內的景點，我因為之前已經大多去過，而且請假時間已經夠長，就沒有再留下來，而返回香港上班了。這次台灣之行我的收穫很大，既參加了規模盛大的學術會議，認識了許多新老朋友，而且還參觀了「中央研究院」和「國史館」，為以後去台灣查找資料打下了基礎。

　　在去台灣開會之前的幾個月，由中大歷史系牽頭，與中國海關史學會聯合在香港召開「第三屆中國海關史國際學術研討會」，然而中大歷史系卻沒有學者提交論文，這對於一個主辦單位來說似乎有點說不過去。那時我剛剛報讀歷史系的博士生，系裏就問我有沒有論文可以提交，我就依靠以前收集的相關檔案資料，撰寫了一篇題為《日偽強佔東北海關及其對中國財政的影響》的論文提交會議，後來該文收入吳倫霓霞、何佩然主編的《中國海關史論文集》（香港中文大學崇基學院，1997 年），也算給歷史系長了點臉面。

大會報告，同時報告的還有同學陳紅民和馬振犢

　　香港商務印書館旗下的香港教育圖書公司主要出版中學的歷史教科書，為了推動香港的學術研究，他們與香港中國近代史學會合作，出版一套「亞洲學術文庫」。公司總經理李家駒也是中大歷史系的畢業生，主動向我約稿，我就將以往在內地出版的十來篇論文結集，因為當時關注的領域主要是戰前國民政府的財政政策與中外經濟關係，所以就將書名定為《改革與困擾：三十年代國民政府的嘗試》，這是我在香港出版的第一部學術專著，也可以算是我重返學術陣營的一個見證。

　　1998 年初，中國社會科學院經濟研究所的宓汝成老師寫信告訴我，上海社會科學院為慶祝成立 40 周年，擬與中國經濟史學會聯合舉辦慶祝大會暨第四屆經濟史年會。我曾參加過 1986 年在廊坊召開的中國經濟史學會成立大會，但第二和第三屆年會召開時我因初來香港，雖然接到會議邀請，但都沒有機會前去參加。此時香港已經回歸，聽到這個消息後，我想這也應是我回歸經濟史研究隊伍的時機，於是就主動寫信給學會的祕書長江太新老師和上海社會科學院經濟研究所沈祖煒兄，希望能出席大會。信發出後不久就收到陳爭平兄代表祕書處的來信，歡迎我出席會議。他在信中說，經與沈祖煒兄聯絡，如果作為外賓邀請，手續會很麻煩；但若以會員的身份參加，那就簡單多了。我也算是老會員，對此當然沒有任何異議，因此很快就收到了他們的邀請。

　　1998 年 9 月，上海社會科學院、中國經濟史學會聯合舉辦的「中國經濟史學會第四屆年會暨中國城市發展與社會經濟國際學術研討會」在上海召開，我應邀參加，大會還安排我在開幕式後舉行的第一場主題演講中報告論文。這時我的博士論文已在中大通過答辯，我就將其中的一章改寫成專題論文，題為《中國建設銀公司的創立：官僚與財閥結合的一個實例》。會後該文發表在《改革》1999 年第 2 期上，其實我根本就不認識該刊的編者，也不知是誰推薦的，但承蒙器重，能夠在吳敬璉先生擔任主編的這個刊物上發表，自然感到十分榮幸。後來該文又收

入張仲禮、熊月之、沈祖煒主編的《中國近代城市發展與社會經濟》（上
海社會科學院出版社，1999 年），亦被人大複印資料《經濟史》1999
年第 4 期予以全文刊載。

　　這次年會有理事改選的任務，經濟所的朱蔭貴、陳爭平二兄是近代
經濟史分會的正副祕書長，他們曾在會前預備會上提出將我列入理事候
選名單。但因我是香港身份，有些理事認為香港雖已回歸，但在學術上
如何與內地融合尚無依據，還是看看再說，所以最後就沒有將我列入名
單。後來有理事告訴我，他們不知道我早在學會成立大會上就被二檔館
推為學會的理事，否則增補理事那應該是毫無問題的。承蒙理事會成員
的厚愛，我於下一屆理事會再次當選為近代經濟史分會的理事，這也代
表我又重新回到學術界的研究隊伍了。

會議期間與老朋友朱蔭
貴、陳爭平在上海外灘
合影

繼續學習

師長的鼓勵

1990 年 10 月我正式應聘到中大任職，算是有了一個較為穩定的工作，其後不久，我在港大又獲得碩士學位。今後路怎麼走，這又是擺在我面前必須要考慮的問題。

我是老三屆，如果不是「文化大革命」，我本應該 1967 年高中畢業就可以參加高考的。然而老天捉弄人，高中畢業後，擺在我們這代人面前的只有上山下鄉這一條道。幸虧鄧公決定改革高校招生制度，給了我們這代人一個機會，直到 29 歲那年才考上大學。等到大學畢業時已 33 歲，因為考慮到年齡太大，就想做些實際工作，不再讀書了。可又是命運使然，在我快到 40 歲的時候回到香港，再次當上學生。

由於剛剛找到一份算是正式的工作，再加上家人來港團聚，所有的積蓄又剛買了一個小房子，每月要還按揭，生活負擔很重，更重要的還是覺得年齡太大了，對於是否繼續攻讀博士信心不足。其實在此之前，茅家琦、宓汝成等老師就曾多次來信鼓勵我繼續攻讀博士，

我在參加財政部清理外債小組工作時就認識了中國社會科學院經濟研究所的宓汝成研究員，他是研究中國近代鐵路發展及外債史的專家，

到香港後我一直與他保持聯繫，向他問學，他也常常來信鼓勵支持，並對我提出的問題悉心指教。最近在查閱收藏的師友來函中，發現宓先生90年代以後至少給我寫過20封信。我的碩士論文完成後即寄去請他指教，他在回信中一方面對我的碩士論文予以肯定，認為「資料充實，分析精到，具見功力」，同時希望我「更上一層樓，攻讀博士學位」，認為這樣會「對前途較多好處」。（1992年3月18日）

　　當年是茅家琦老師推薦我到港大讀書，後來他又是我論文答辯的海外委員，對我更是關懷備至。到中大工作，特別是碩士論文通過後，對於如何選擇今後的道路我感到有些彷徨，即將這些想法如實向老師匯報。茅老師立即來信加以鼓勵，他說：「我個人認為，從長久計，你還是繼續攻博為上策」。「你年齡還不算太大，將來發展，有無 Ph.D 頭銜，恐大不一樣也。」（1992年3月17日）1994年4月，他和張憲文老師到澳門訪學，雖然未能來香港，卻立刻想到了我。回到南京後他即寫信給我，再次鼓勵我攻讀博士。茅老師在信中說，「從長遠考慮，有無博士學位，對個人發展是很不一樣的」。他還說已與張憲文老師商量了，如果在香港就讀不方便，就建議我重回母校，採取在職方式，攻讀博士課程。這一切都使我深受感動，在茅老師和其他師長的關心和鼓勵下，我又重下決心，繼續攻讀在職博士研究生。

　　90年代初，內地高校中的博士點越來越多，學校對教師學位的要求也越來越高，許多留校任教的大學同學如陳謙平、陳紅民、高華、龐紹棠等，都在南大申請在職攻讀博士學位，其他高校亦大都如此，這對我也是一個激勵。我們研究所有個來自天津姓朱的同事，他與我年齡差不多，這時也正在港大讀博士，我們倆聊天時說起這件事，他就拿他的例子開導說：「我們如今都40多歲了，再過幾年就要奔五。可你要是不讀博的話，過幾年照樣是50歲，但你要是辛苦幾年讀了博士，那後來的情形就不同了。」師長們的鼓勵，朋友們的榜樣，以及現實工作的需

要和改變未來生活的嚮往，所有這一切都促使我下決心繼續讀書。

決心已下，接下來的就是方向和目標了，研究方向自然還是中國近代史，但究竟到哪個學校去讀博呢？如果回南大，那每年必須要回去上一定時間的課，我在香港工作，還得養家供樓，不可能脫產學習；而去香港大學也不可能，因為我曾嘗試問過趙教授，但他說他的學生太多，排不過來，當年我論文答辯排隊的情形還歷歷在目。我在中大工作，因此最理想、也是最方便的學校自然就是中文大學了。

中文大學是由新亞、崇基和聯合幾個書院合併而成的，大學成立之初，原來各書院的歷史系依然獨立存在，後來大學成立了文學院，各個書院的歷史系才真正合併在一起。我到中大工作的時候全漢昇、嚴耕望等前輩學者早已退休，原來在歷史系教授中國近代史的王德昭教授前兩年已經去世，另一位王爾敏教授也剛剛退休返回台北的「中央研究院」，此時在中大歷史系中國近代史領域中最負盛名的就是梁元生教授了。梁先生與我同年，中大歷史系畢業後即在王德昭教授指導下攻讀碩士，其後再負笈美國，跟隨加州大學聖巴巴拉分校徐中約教授深造，獲博士學位後長期在新加坡和美國各大學任教，不久前剛返回母校任高級講師。梁先生早期專注研究林樂知和傳教士的歷史，後來致力於上海史及城市史的研究，以及中西文化、特別是基督教、新儒家之間的交融與互動，在學界頗具影響。

90 年代初梁先生從美國回到母校歷史系任高級講師，他到中大時間不太長，我和他雖然見過幾次面，但還不是很熟。我既然決定報考中大歷史系博士，便先給梁先生打了一個電話，説是要去辦公室拜訪他。見面寒暄幾句後，我即對他説要拜他為師。他聽了一愣，問我這話是甚麼意思？我就將自己的想法告訴他，並希望請他擔任指導老師。他聽了沉思一會兒之後説：「按理説你已是一個卓有成績的歷史學者，但既想要讀博士，那這也是必須要走的程序，在國外有許多年齡比你大得多的

人讀博，這不是問題。」接著他就將系裏負責研究生事務的蘇基朗博士找來，大家商量怎樣辦理相關手續。基朗兄也答應盡力幫忙，但時間很緊張，必須抓緊時間辦理。

中大報讀博士的相關手續基本上與當年港大的要求差不多，當然還要嚴格一些，畢竟是博士嘛。因為我還要維持一家的生活，不能脫產學習，所以申請的是在職博士，這就必須要向饒公和所長報告。饒公對此竭力支持，所長也表示同意，前提是必須做好本職工作。我又請求茅家琦老師、趙令揚教授和金觀濤先生擔任我的推薦人，也都得到他們的同意。在梁、蘇二位老師的幫助下，申請手續很快就辦妥了，下面要進行的就是考試了。

考試分為兩種，筆試部分為古文斷句、標點和釋文，再有就是將部分英文著作翻譯成中文。記得古文句讀是一份官府的呈文，因我長期整理檔案，對我而言不是難事，我不僅將全文標點斷句，而且還根據內容大致推斷出這是甚麼時代、為何事、由甚麼部門向甚麼部門呈報的文件。口試則由歷史系的多位老師參加，有一位老師在口試中向我提了個問題：陳光甫在中國近代史上的地位與影響。我以前寫過有關陳光甫的論文，這個題目正好撞上了我的槍口。一般人都知道陳光甫是中國近代著名的銀行家，但他還是中國旅行社的創辦者，我知道他問這個問題的目的肯定是想看看我知不知道後者。於是我回答說：「陳光甫先生不僅是中國近代著名的金融家、銀行家，他親自創立的上海商業儲蓄銀行從小作起，慘淡經營，最終成為中國著名的一家商業銀行。除此之外，陳先生還創辦了中國旅行社，也可以說他是中國近代旅遊業的開創者。」接著我又往下繼續說：「不僅如此，陳光甫先生還是一位出色的民間外交家。1935 年幣制改革後，白銀收歸國有，為了保持幣制穩定，政府必須考慮白銀的出路，於是陳先生便作為國民政府的特使，到美國洽談售銀協定，與美國財政部主要官員建立了良好的關係，從而奠定和鞏固

了幣制改革成功的基礎；抗戰爆發後，他又接受政府派遣，前往美國尋求借款，最終克服一切困難，採用易貨借款的方式，先後與美方簽定了中美桐油借款和華錫借款，為中國抗戰爭取外援作出了重大貢獻。」我的回答令那位老師非常滿意，同時也得到其他老師的好評。博士口試順利通過，1994 年 10 月，我正式成為中文大學歷史系的博士研究生。

邊工作邊學習

1994 年是中文大學研究生院實施研究生舊制的最後一年，第二年就要採用新制了。所謂新制，就是在讀學生必須要選修若干指定課程，獲得規定的學分，才能進行博士生的資格考試；而舊制則不需要上課，只需在相關領域中提交數篇論文就可以了。譬如我主修中國近代史，那麼除了要交一篇涉及近代史的論文外，還要分別交一篇古代史和世界史的論文。但不管是新制還是舊制，中大規定博士研究生還必須要修讀中、英文之外的一門外國語，所有這一切通過後，才可參加博士的資格考試。我因為是兼讀制，平時還要正常工作上班，沒有時間修讀那麼多的課程，因此舊制對我來說是最合適的。

說到上課還有一個小故事，原來在美國華盛頓大學任教的陳學霖教授這時已回到香港，任中大歷史系講座教授兼系主任。有一天我接到系裏通知，要我去聽陳教授給研究生開設的史料學這門課，當晚我就如期出席了。下課後陳教授問我：你怎麼也來了？我說是系裏通知我來的呀！承蒙陳先生厚愛，他對我說你在檔案館工作了很多年，具有一定的史料學基礎，這門課以後就不要來上了，說不定哪天我還要叫你幫我上幾堂課呢。在這之後，我還真的給研究生介紹過民國檔案典藏和利用的情況。

1972 年 9 月中日兩國恢復邦交後，內地興起了一股學習日語的風

氣，新華書店出售學習日語的課本，電台也開始廣播日語課程。我中學學的是俄語，多年不用，丟得差不多了，我想以後肯定也是用不上的了。那時還在農村插隊，平時沒甚麼事幹，就想自學日語。正好母親一位老同學「文革」前從北京調到南京港務局工作，她的先生任伯伯年輕時曾留學日本，因此我和哥哥那年春節回家探親時就拜他為師，先後到他家去了幾次，學了一些日語的發音和簡單的語法，然後到農村就完全是自學了。我心裏想，日文中有很多漢字，只要弄清楚語法，其他的猜也能猜出幾分。當然在農村也是三天打魚，兩天晒網，並沒有認真學，只是訂了一份日文版的《人民中國》，沒事時就藉助辭典，將其中的文章翻譯成中文，後來我到煤礦工作，就把它完全丟掉了。1978 年參加高考是「文革」後首次全國統考，外語雖不計入總分，但也算參考分，俄語是忘光了，於是我就報了日語，沒想到竟然還考了 40 多分。如今要學外語，而且近代史中涉及到日本的史料實在太多，所以日語自然就成了我的第一選擇。

中文大學並沒有為研究生專門開設日語課，只是日文系為全校本科生開了一門日語選修課，因此我必須和本科同學選修同樣的課程，每個星期要上兩次課。離開學校多年又進入課堂，心裏的感覺還是有點怪怪的，選修的學生都是些不到 20 歲的本科生，看到我這位大叔來上課也感到很奇怪，好在我以前還有點基礎，因此讀音、書寫還有基本的語法還能應付，就是聽、說能力不行。教我們語法的是一位日本籍的女老師，很是認真負責，看到學生進度跟不上，有時還主動給學生補課。我問老師是否需要參加，她說，你的成績很好，不需要補課。不過她上課時會有意拿我開玩笑，譬如練習會話時故意叫我回答是哪年出生的。我就用日語說我是 1956 年出生的，儘管已經少說了七、八歲，但還是引起班上老師和同學們的驚叫。

我的這點日文水平只能應付最基本的內容，那些同學畢竟年輕，沒

有多久他們的後勁兒上來了，聽力和會話很快就超過了我。好在這門課程只有一年，而我的成績卻是逐漸下滑，上學期的成績是從 A 到 A-，下學期則跌到 B+、B，如果再學下去，我肯定要个及格了！但我這個成績還是挺給力的，基朗兄曾笑著對我説，你的成績給我們系增光了，你要知道，有不少同學就是因為外語成績不過關，最後不能參加資格考啊！聽説後來學外語的時間延長到兩年，我心裏想，好在我蒙混過關了，否則很有可能也要被淘汰。

至於撰寫三篇論文相對來説要容易些，近代史就不用説了，我可以在研究計劃中選取一節就可以，問題主要是古代史和世界史，我可是從未寫過這方面的論文。後來我與陳教授和梁先生商議，因為我上大學時曾在洪煥椿和邱樹森老師的率領下參加對蘇州地區明清碑刻史料的收集，就想以這方面的內容寫篇論文；那時饒公正在提倡潮學，而泰國則是潮州人移居海外的重要地區，我想如果以潮州人在泰國創辦的報德善堂為題寫篇文章，因為泰國是東南亞的國家，可不可以就將其算作是世界史方面的文章呢？我的請求得到他們的同意。

那時陳教授已接任《中國文化研究所學報》的主編，有一天他突然對我説，怎麼樣，你給我一篇文章吧。我以為他是叫我給學報投稿呢，於是就把博士論文中的一節寫成《尋求西方援助的嘗試 —— 評宋子文 1933 年的歐美之行》交給編輯朱國藩兄了，這也算是課程中近代史的一篇作業。過了幾天陳教授看到我説，我向你要的文章是準備給歷史系編的《史藪》呀，你怎麼給學報了？我説您沒説清楚，我以為您是要我交給學報呢。他又説，算了，你給的那篇文章已送出去外審了，你就再交篇文章給《史藪》吧。結果先前那篇文章被外審通過，後來發表在《中國文化研究所學報》1998 年出版的新第 7 期，而另一篇文章《中國建設銀公司的創立及其各界反應》，也發表在同年中大歷史系主辦的《史藪》第三卷上。另外根據規定呈交的其他兩篇作業後來也提交參加

相關會議，並予公開發表，它們分別是《恤死・救生・興學：泰國報
德善堂的發展路向及其成功經驗》（陳三鵬主編：《第三屆潮學國際研討
會論文集》，廣州花城出版社，2000 年）和《蘇州地區明清碑刻的史
料價值》（菅沼雲龍、唐曉峰主編：《中國歷史文化研究》，香港 2001
年），這也算是意外的收穫吧。

　　在讀博士的這幾年我不僅擔任饒公的學術助手，處理相關事務，完
成他的論著編輯和校對以及其他查尋資料的工作，還要擔負所裏出版等
一些事務，因此平時只能見縫插針，忙裏偷閒，儘量找些時間讀書和寫
作，並利用休假時間到外地收集資料。一旦有些甚麼感受，或看到甚麼
資料，趕快坐到電腦前敲打兩下，輸入些文獻。雖然工作比較緊張，時
間也零碎，很難抽出完整的時間去寫作，但生活得有目標，倒也沒有感
覺到累。

收集資料的過程

　　關於研究的方向以及博士論文的選題，我當然還是要揚長避短，盡
可能發揮自己對檔案較為熟悉的長處。過去我在中國第二歷史檔案館工
作時主要是從事編輯財政經濟方面的檔案資料，結合本職工作，我給自
己定下的研究範圍是三四十年代國民政府的財政經濟政策以及同一時
期的中外經濟關係，大學畢業後的幾年中先後在內地發表了 10 多篇
這方面的論文。後來在港大撰寫的碩士論文主要是分析和評價戰前國
民政府外債政策的演變及其作用，在論文的寫作中我發現，戰前中國
在引進外資的進程中有一個機構曾經發揮了極為重要的作用，這就是
宋子文親自創辦並聯合眾多國家資本和商業資本而成立的中國建設銀公
司。關於這個公司的創立與經營以及公司股份的演變、與政府之間的關
係諸方面，均可視為中國近代經濟發展的一個縮影。然而這個問題長期

以來一直都沒有引起學術界的注意，於是我就將這個課題定為我的博士論文題目。

　　我的這個想法得到梁先生的認可，他對我說，這個選題很好，但前提是要收集大量資料，特別是第一手的原始檔案，這對你來說是有條件的，當然在理論上也要有所創新。收集資料，撰寫論文主要靠你自己努力，我可以在其他方面予以協助。在老師的鼓勵下，我克服一切困難，一邊工作，一邊學習，認真收集資料，特別注意的是收集第一手的原始檔案。

　　我確定這一題目後首先是閱讀相關學者的論著，因為中國建設銀公司是宋子文親自創辦的一家公司，自然也引起不少學者的注意，譬如當年國民政府聘請的美籍財政顧問楊格（Arthur N. Young）、美國學者小科布爾（Parks M. Coble. Jr）、復旦大學教授吳景平等學者在他們的論著中都曾有所提及，陳真等人編輯的《中國近代工業史資料》，以及《中華民國貨幣史資料》等資料中亦有零星記載，但終因資料的缺乏與分散，尚未有學者對這個問題深入進行研究。景平兄是國內外研究宋子文問題的專家，也是我多年相識的好朋友，我即向他請教，他說他也曾關注過這個問題，但後來由於沒有收集到相關資料而放棄。他支持我把這一問題研究清楚，並將其新著《宋子文評傳》《宋子文政治生涯編年》和《宋子文經濟思想》等寄贈與我。宋子文去世後家人即將其平生收集和保存的資料捐贈給美國斯坦福大學胡佛研究所典藏，台灣中國文化大學陳立文教授為撰寫《宋子文與戰時中美關係》，曾親自前去查閱。我因當時沒有條件親自前往，故而寫信向她詢問相關情形，立文立即回信告訴我，她所研究的領域主要是戰時中美兩國的外交關係，但在她的印象中，似乎在胡佛研究所收藏的檔案中並未發見有甚麼銀公司方面的資料。多年以後我也曾親自到胡佛研究所查閱宋子文的檔案，確實沒有發現太多有關銀公司的資料。

　　我亦曾向上海、重慶等地檔案館的朋友查詢有關檔案收藏的情形，

收穫不是很大。當然我最重要的目標還是放在南京的中國第二歷史檔案館，這裏不僅是全世界典藏民國檔案最豐富的檔案館，也是我曾工作多年的地方。二檔館典藏的民國檔案可謂汗牛充棟，但相對來說整理及利用情形比較落後，當時電腦尚未普及，也沒有甚麼機構或關鍵詞等查詢工具，只能依靠笨辦法，一本本翻閱各全宗的目錄，看看是否能從中查到些線索。在這幾年中，我經常利用假期多次回南京查閱檔案，先後在行政院、財政部、經濟部、資源委員會、中央銀行、中國銀行、交通銀行、全國建設委員會、全國經濟委員會、中國國貨銀行等全宗的目錄中查尋到一些有關中國建設銀公司的重要線索，但還是比較分散，仍未達到預期效果。經過認真查尋，總算皇天不負有心人，我終於在一個不甚起眼的全宗中發現了中國建設銀公司的蹤跡，這就是全宗號為「二八九」、標題是「國民黨政府各銀行檔案匯集」的檔案。從整理檔案的說明文字中得知，這部分檔案是「文革」期間從上海移交而來的，由於數量不是很多，就沒有單獨確立全宗，而與其他一些中小型銀行的檔案合併在一起，共用一個全宗號。其中共有建設銀公司中英文檔案近400卷，雖然還不是很完備，但畢竟是目前保存中國建設銀公司數量最多、價值最高、也是內容最集中的檔案，同時也是至今從未有人利用過的重要資料。這些檔案中包括建設銀公司各個時期股東名冊及股份變動的表格、歷年公司資產負債、董監事會議記錄、公司與政府及有關銀行還有個人之間的來往信函、公司投資及經營屬下各企業的狀況、上海解放初期接管公司的文件以及留守人員關於公司成立以來業務發展的報告等等。除此之外，第二歷史檔案館還收藏有銀公司屬下的揚子電氣公司、首都電廠、淮南礦路公司等重要企業的檔案，這樣加上前面提到的與公司相關一些機關和部門的資料，以及上海檔案館典藏的相關檔案，資料方面已有重要突破。

由於歷史上的原因，民國時期的檔案分別保管於海峽兩岸，給史學

研究帶來許多困難。當時內地學者不可能到台灣去查閱資料，我則可以利用身居香港這一有利條件，多次前往台灣收集資料。1996 年 12 月，我獲香港中文大學「台灣學術交流計劃」的資助，到台灣進行為期一個月的訪問，其間不僅訪問了台灣大學歷史系、政治大學歷史系和「中央研究院」近代史研究所，更重要的是前往「國史館」、「中央研究院」近代史研究所檔案館和國民黨中央黨史會等機構收集有關檔案資料，包括財政部、實業部、經濟部、建設委員會，全國經濟委員會、資源委員會，以及國民黨中央政治會議及國防最高會議等部門的檔案，這樣既彌補了之前收集資料的不足，又結識了許多台灣學者，為日後撰寫論文奠定了基礎。

在台灣訪學之際，我特地前往「中央研究院」近代史研究所拜訪了研究員王樹槐先生。王先生以前著有多篇論文，專門討論建設委員會及其屬下幾家國營廠礦和電力公司的經營活動，而這幾家公司又多於抗戰前夕轉讓給中國建設銀公司，與我研究的問題具有重要的關係。王先生不僅熱情接待我，對我提出的問題一一賜教，還將他收集多年的中日文資料轉贈於我，令我獲益匪淺。

這次訪問還有一個有趣的故事值得一提。我在台北時住在中研院的學術交流中心，正好香港《百姓》雜誌的社長陸鏗先生在中研院訪問，也住在那裏。此時他正在撰寫後來出版的那本《陸鏗的回憶與懺悔錄》，我們倆經常在一樓飯廳吃飯時見面，張玉法先生邀請他吃飯時還特別讓我坐陪，於是我就與他有過多次的訪談。陸鏗 1947 年曾任《中央日報》副總編輯兼採訪部主任，就是他決定在 1947 年 7 月 29 日的《中央日報》上刊登那篇有關孔宋子弟所經營的揚子建業公司、孚中實業公司和中國建設銀公司利用與政府間的關係、大肆套購外匯的報導，引起朝野上下甚至海外輿論的一片譁然。我就此事向他詢問真相，並向他提供了一些我所掌握的資料，他也將其經歷的往事告訴我，這對我研究中國建設銀公司具有重要的意義。

1996 年 12 月在台北訪問陸
鏗先生

　　當時北京由中共黨史學會創辦了一份《百年潮》的期刊，社會影響極大。北京中國社會科學院近代史研究所的楊天石老師任總編輯，我與他相識多年，他每期都會寄給我，我在心懷感激的同時，也總是在想應該投篇稿子支持他的工作。正好從台灣回來後，就把從陸鏗先生那兒聽到的故事，再加上我收集到的一些資料，寫了篇文章寄給了他。楊老師收到後很快就回信告訴我，說「尊稿拜讀，很精彩，已決定刊用於 1998 年第 1 期」，並希望我以後「時賜鴻文，以光篇幅」。可是後來這篇小文卻一直沒有下文，我也不知道是甚麼回事。直到半年後，我又收到楊老師的來信，說我這篇文章史料價值很高，業已排出清樣，準備發排，「但忽然在一個環節上被抽下了，其理由和閣下及稿件質量均無關，是個意想不到的問題」。他說他曾力爭而無效，「但大文實在好，應有與內地讀者見面的機會」，所以他就代我決定，發給北京另一份著名的雜誌了。這就是後來發表在《炎黃春秋》1998 年第 7 期上的《孔宋違法結購外匯案五十年後曝光》。

　　不久之後楊老師到中大來開會，見面時才告訴我詳情。拙文發排前最後要給社長鄭惠看一遍，鄭惠認為作者是香港人，最好給國務院的港澳辦及台辦看一看。結果他們審稿時提出，該文涉及到陸鏗，而凡是與他有關的文字都不要發，結果我這篇文章也就殃及池魚，受到他的牽連

而被撤稿了。

關懷與指教

　　檔案資料收集大致齊備之後，我又開始對這些收集到的檔案、報刊資料以及前人論著進行認真的梳理、鑒定和對比，在此基礎上擬定寫作提綱，並抓緊時間，抽空開始嘗試動筆撰寫。在我撰寫論文的過程中，除了梁元生先生時刻關心論文的寫作，還得到很多前輩老師的關心和指導，使我能較快地完成論文的寫作，此情此景，更讓我永生銘記。

　　我剛進入中大讀博，就將準備撰寫論文的題目和大綱寄給宓汝成先生審閱。1995 年元旦，他即給我寫了一封長信。宓先生早就動員我讀博，因此信中首先鼓勵我攻讀博士的計劃得以實現，認為「計劃很好，邊工作，邊攻讀博士學位，何樂而不為呢」？「固然人要辛苦些，但這麼幹有價值，辛苦中得到的樂趣也才是真正的樂趣」。接著就對我的整個計劃提出意見，對我論文的觀點、佈局、結構乃至資料的收集諸方面提出了非常寶貴的意見。並對今後尋找資料的去處提出重要的線索。

　　2 月 26 日，宓先生又寫來一封長信，還是對我的論文選題提出建議。他以為我過去的文章「近乎歷史學，所論述是對過去的經濟生活，從歷史學的角度來進行分析」，因此建議我換個角度，「以經濟學的角度來分析歷史上的經濟事情」，由是便「可以另起爐灶，可大作文章」。關於我信中提及銀公司的性質原想予以迴避，他卻認為大可不必，人家愛怎麼說就讓他怎麼說，「自己惟憑扎實的史料，根據科學的理論，給以理論的分析，用最能反映其實質的用語 —— 概念來描述，該怎麼說就怎麼說」。

　　1997 年 3 月 19 日我的論文初稿大致已完成，即將全文寄給宓先生。10 多天後（3 月 30 日）就收到他的回信，不僅對各章的章節提出

宓汝成先生給筆者的部分
來信

詳細的意見，還予以重要的鼓勵：一、寫這個問題在思想上不要存在任
何的框框，只要「找全資料，由我判斷」，該說甚麼就說甚麼；二、「發
一宏願，既研究這個公司，就責成自己，務求研究透、研究全」，「至
少就事實方面說，可以讓別人不必再費心了。至於評論，那是可以無
止境的」。

　　茅家琦老師一直鼓勵我繼續攻讀博士，他也是我讀博的推薦人，因
此我在確定論文選題前就將撰寫大綱寄去，得到他許多指教。論文初稿
完成後，我又將部分內容寄給他審閱，很快就收到老師的回信（1997
年 5 月 8 日）。茅老師在信中說：「收到來件，知道你的論文很有進展，
十分高興。從章節目錄看，內容十分豐富。附來第十一章已閱，你提出
的問題很有意義，應該從學術角度重新認識歷史。」同時他對我的一些
觀點也充分表示支持，茅老師在信中還說：「從有關公司的資本來源部
分看，可以確定為初期是國有銀行資本與民有銀行資本共同投資的金
融機構，後期則是民有銀行資本與私人資本共同擁有的金融機構，其經
營權則控制在官僚財閥手中。官僚財閥都是人，把宋氏弟兄列為官僚財
閥，不會有甚麼問題；如把公司性質訂為『官僚財閥資本』，我想不太
貼切，因它沒有把國家銀行的資本與個人資本包容進去」。老師的鼓勵
讓我充滿信心，論文的寫作也很順利，終於按計劃提前完成。

　　前文曾提及，我到香港後不久即主動寫信給台北「中央研究院」的張玉法院士，他即刻回信並予以熱情鼓勵，之後我們在香港、台北和內地多次會議經常見面，每次他都對我鼓勵有加。我在撰寫博士論文的過程中經常去信叨擾，亦承他予以指點。博士論文答辯後，我即將全文呈上，他在回信中告我，他個人認為拙著「論述頗為深入」，「學術性甚高」，並應承會「邊讀邊將意見寫在論文上」，作為修改的建議。後來論文在中文大學出版社出版，張先生又應我之請，為拙著撰寫前言，這也是對我學術工作的最大鼓勵，先生的提攜護愛之心永銘心中。

　　「中央研究員」近代史研究所另一位資深研究員王樹槐先生多年來潛心研究建設委員會及其屬下多個工礦和電氣企業，成就卓越，而這些企業後來又多為建設銀公司所接管，與我的研究正好接軌。我在台灣收集資料時曾多次到他辦公室聆聽教誨，他不僅熱情相助，指點迷津，還將其收藏的珍貴資料轉贈給我。我在寫作過程中也經常去信向他請教，他亦不厭其煩，悉心講解。我的博士論文出版後，我即寄呈請他審閱，他在謬贊拙著的同時，也對其中若干筆誤及其分析不清或可補充的地方，逐條予以指出。王先生這種關愛後學的精神，使我深為感動。

論文的答辯與出版

　　1996 年中，我在提交相關作業並結束外語的學習後，算是完成了博士資格的學習，接著在陳學霖教授的主持之下，順利地通過了博士研究生的資格考試，下面重要的工作就是撰寫學術論文了。

　　由於檔案資料收集得相當順利，又受到多位師長的指導與鼓勵，我在初步擬定寫作大綱後，便開始嘗試分章撰寫。我要撰寫的論文既是一個實證研究，也是一個個案研究，因此我計劃史論結合，將全文分為上下兩編，上篇主要介紹中國建設銀公司創立的背景、各方反應，以及

公司創立後各個階段的經營活動，下篇則以上篇介紹的史實為基礎，分別對建設銀公司的組織架構、經營模式、贏利數額，以及公司股東的身份、股份的轉移及其與政府之間的關係等問題予以深入的分析和探討。那時手頭的工作雖然比較雜亂，不大容易集中時間，而且我也是剛剛學會電腦，但我還是忙中偷閒，邊學邊作，只要有點時間，或者突然想到甚麼問題，就趕快坐到電腦前敲兩下。就這樣邊寫邊改，大概到 1997年的春夏之交，論文初稿終於完成了。

初稿完成後，我即呈送給梁老師，他閱讀之後作了些修改，並對我說可以呈交研究生院，準備答辯吧。儘管我對撰寫的論文有信心，但聽了梁先生的話還是感到吃驚，連忙說這還只是初稿呀！他回答說，我已認真看過了，作為一篇博士論文，答辯應該是沒有問題的。遵照他的指示，我趕緊抽出時間，對全文進行認真的修改，並按要求打印多本，於1997 年 9 月前提交給研究生院。

當年 12 月聖誕節前，我的博士論文進行正式答辯。當時梁老師正在美國休假，為了我的論文答辯，專程從美國飛回香港；系主任陳學霖教授原準備回美國度假，因擔心梁先生有事趕不回來，特地將行程拖後了兩天，以便若梁先生趕不回來的話，就由他出面擔任答辯委員會的主席。答辯委員會由指導老師梁元生以及葉漢明、劉義章等三位本系老師參加，另外最重要的一位則是海外委員，我不知道梁先生會邀請哪位教授出任海外委員，但我知道這位海外委員的意見至關重要。直到那天上午進入答辯會場，經過介紹我才知道這位海外委員就是台北「中央研究院」近代史研究所的資深研究員李恩涵先生。之前我雖然沒見過李先生，但他在學術界的地位和影響卻早已知道，我深幸有這麼多名家擔任答辯委員，也對即將開始的論文答辯有些緊張。

答辯開始，先由我簡單地介紹寫作論文的背景，主要依據資料的來源，論文的主要內容與特點，以及最終在結論中對某些問題所作出的分

與梁元生教授為李恩
涵教授送行

析。我說完後，就由各答辯委員提出問題，首先是李先生發言。他說：
「我認真地看過這篇論文，該文依據的史料十分扎實，所作出的結論也
是從大量的史料中得出的，因而有理有據。照我看，這篇論文已基本達
到出版水平。不過既然是答辯，我還必須提出一些意見，就算是吹毛求
疵吧。」李先生的話可以說是一言九鼎，葉漢明老師接下來說：「這篇
論文雖然還沒有出版，但我會將它列入參考書目，作為學生們的必讀
書。」劉義章老師也對論文的一些細節提出具體意見，我則分別對各位
老師提出的問題一一作了解釋。感謝李先生和歷史系的諸位老師所提出
的意見以及對我的鼓勵，終於讓這篇論文順利通過。

　　按照中文大學的規定，兼讀制的博士課程提交論文的時間最少也要
四年，學費按年平攤，每年交兩次，完成論文一般都要六至八年，像我
這樣不到三年就取得學位的例子還是極為罕見的，甚至全日制的學生能
夠按期畢業的也不多。答辯通過後我就先將論文修改呈交研究生院和圖
書館，隨後又將內中部分章節撰寫成系列論文，參加各個學術會議並予
以報告，希望先聽取各方意見，然後再整理成文。因此這幾年先後在內
地、台灣和香港的重要雜誌上發表了多篇系列論文，如《從南鎮、敍昆
鐵路的談判與修築看抗戰初期的中法經濟合作》，載台灣中國近代史學
會、聯合報系文化基金會主編：《慶祝抗戰勝利五十周年兩岸學術研討
會論文集》（台北：聯經出版事業公司，1996 年）；《揚子電氣、淮南礦

路公司的創立與國有企業私營化》，載《歷史研究》1998 年第 3 期；《孔宋違法結購外匯案五十年後曝光》，載《炎黃春秋》1998 年第 7 期；《尋求西方援助的嘗試 —— 評宋子文 1933 年的歐美之行》，載《中國文化研究所學報》新第七期（1998 年）；《中國建設銀公司的創立及其各界反應》，載《史藪》第三卷（香港：中文大學歷史系，1998 年 12 月）；《中國建設銀公司的創立：官僚與財閥結合的一個實例》，載《改革》1999年第 2 期；《中國建設銀公司股份的演變》，載《歷史研究》1999 年第 3 期；《揚子電氣公司的接收與復業，1945–1947》，載《近代中國經濟史研討會 1999 年論文集》；《引進外資的新模式及其特點 —— 以成渝鐵路借款為例》，載上海檔案館主編《檔案與史學》2000 年第 4 期等等，受到學界的好評。

　　在這之後，我又對論文進行全面修訂，呈交金觀濤先生審閱，承蒙同意，將其列入香港中文大學中國文化研究所當代中國文化研究中心專刊，並由香港中文大學出版社出版。我將書名改為《從投資公司到「官辦商行」：中國建設銀公司的創立及其經營活動》，出版前我又冒昧給張玉法先生去信，請他賜序，張先生立即應允，寫下一篇熱情漾溢的序文，認為拙著「對國民政府時期官僚資本的研究，提供了新的方向」，而

博士畢業後與饒公合影

世界各國「在經濟發展的過程中，政府與商人扮演著極為重要的角色，政商關係如何釐清？如何靜化？是中國能否真正建成現代化國家的重要關鍵。相信讀者看過鄭先生的這部大著，亦有同感」。張先生的這篇序言指出了國家資本與官僚資本的不同特點，同時也是對我的最大鼓勵。

　　拙著出版後，專門研究上海資本家與國民政府關係的美國著名歷史學者小科布爾（Parks M. Coble, Jr）、中國社會科學院經濟研究所武力研究員等多位學者都曾分別撰寫書評，對拙著加以介紹；上海復旦大學歷史系朱維錚教授收到拙著後也立即給我來信，他在信中指出，「官僚資本如何藉特定體制生成，反之又成為特定體制之經濟支柱，以為非明此，則二十世紀中國之主流文化底蘊，難以索解也」，並謬贊拙著出版「可為現代欽助公司史之個案研究立一表率」。師友們的批評和讚揚，對我今後的研究方向鼓勵極大。回首往事，百感交集，我深深地體會到，這些年來我所取得的每一點進步，都是與諸位學術前輩的關懷與愛護分不開的，我會永遠記住這一切。

朱維錚函

饒公與我

導夫先路，學藝雙攜

我是 1988 年的年底回到香港的，至今已 30 多年，自 1990 年 10 月到中文大學工作後，就一直擔任國學大師饒宗頤教授的學術助手，2013 年 9 月雖然退休，但依然為饒公作些事。近 30 年來一直追隨左右，余生性愚鈍，對饒公博大精深的學問知之甚少，但多年來能有機會為他服務，並在這麼近的距離內觀察饒公，對我的影響至深且大，尤其是他老人家勤勉超人的治學精神和卓越精湛的學術思想永遠銘記於心。

饒宗頤教授（人們都親切地稱他「饒公」）是享譽國際的漢學大師，日本學者讚揚他是當今漢學界導夫先路的學者，實乃名符其實。饒公不但一生專攻學術，涉及領域極為寬闊，而且擅長詩詞與書畫創作，學藝雙攜，是集學術與藝術於一身的一代奇才。

饒宗頤，初名福森，字伯濂，又字伯子、固庵，號選堂。1917 年 8 月 9 日（農曆丁巳年六月二十二日）出生於廣東省潮安縣（今潮州市）一個聲名顯赫的家庭。祖父興桐，字子梧，曾任潮州商會會長，一生勤德簡樸，蓄德為本。父寶璇，又名鍔，號鈍庵、純溝，排行第三，早年

就學於上海法政學校時曾參加「南社」，接受新思想；畢業後回到原籍，曾任《粵南報》主筆。據饒公自己回憶，他的祖父與父輩都在當地開設錢莊，發行銀票，在潮州可稱為首富。他的父親不僅是個商人，而且還是當地著名的學者和藏書家，他的「天嘯樓」藏書有三萬餘卷，是粵東地區最大的藏書樓，饒鍔老先生還著有《天嘯樓文集》七卷以及《〈佛國記〉疏證》《漢儒學案》多卷（已佚）等等。饒公與其他同齡的孩童不一樣，生活在這樣的環境裏，他自幼就徜徉於書海中，也不管懂不懂，成天就在藏書樓裏看書，並追隨金陵楊栻習畫。日積月累，少年時的他就對中國古代文獻學、目錄學及其分類與特徵瞭如指掌，對於歷史與詩詞更是爛熟於胸。

1932 年，饒鍔先生不幸病逝，享年 42 歲。此時饒公還不到 16歲，作為家中長子，他必須承擔起家庭的重任，既要管理父親的產業，又要完成先父的遺作。饒公後來對我說：「我只能在兩方面選一件事才能做好，那就是能夠把父親的學術繼續下來，但是生意我就沒辦法管了。」嗣後饒公就沒有繼續上學，而是專心致志，旁徵博採，集佚鈎沉，整理先父遺作。兩年之後，終於完成了《潮州藝文誌》的補訂工作，並連載於《嶺南學報》第四至第六卷（1935–1936 年）上，署名為「潮安饒鍔鈍庵輯、長男宗頤補訂」。

在此前後，饒公還先後撰寫和發表了《韓山誌》《廣濟橋誌》《海陽山辯》等一系列文章，由於他在地方志方面的卓越表現，1935 年年僅 18 歲即受聘於中山大學廣東通誌館專任纂修。這樣，饒公就從潮州家鄉來到廣州這個華南的最大都市，在中山大學這個南方最重要的學術重鎮中，他結交了許多學者，接觸到一個全新的世界。在這期間他還發表了多篇論文，加入了顧頡剛先生創辦的禹貢學會，成為學會最年輕的成員。

1937 年 7 月，抗戰爆發，次年 10 月，廣州失守。饒公為避戰亂

返回潮州，第二年 5 月，潮州又淪陷。饒公是以作《馬屎賦》記下當年之悲情，並在序中曰：「潮州淪陷之一年，大饑，民至拾馬糞，瀹其中脫粟而食者，予聞而悲之。」同年 8 月，饒公以通志館纂修的資格，被中山大學聘為研究員。當時中山大學已遷往雲南澂江，接到聘書後，饒公即應聘啟程，取道香港，再轉赴雲南。沒想到途中竟染上惡性瘧疾而無法赴任，因而滯留香港，從而與香港結下因緣。

此次初臨香港，在饒公的學術史上是一個極大的轉變。其間經明友介紹，他認識了幾位學術界重要的人物，其中有兩位廣東籍的元老對他日後的學術影響至深且大，這就是時任商務印書館總經理的王雲五和曾任交通部總長兼交通大學校長的葉恭綽。在此之前，應該說饒公只還是一個熱心鄉邦文獻、有相當功底的青年才子，但他的眼界尚不開闊，思緒亦有所局限，然而是時代的機緣使他在香港得到這兩位學界先驅的指點，他的視野一下子放寬了。饒公後來對我說，他一生中幾乎沒有生過甚麼病，可就是這次卻偏偏病了而滯留香港，從而與香港結下不解之緣，也可以說香港之行是饒公一生中的重要分水嶺。

1941 年 12 月，日軍發動了太平洋戰爭，香港很快即遭淪陷，饒公亦隨大批逃難的人群離開香港回到故鄉，其間曾任揭陽縣文獻委員會主任，並於金山中學任教。1943 年秋，饒公應聘前往廣西桂林，任無錫國學專修學校教授。無錫國專是國學大師唐文治創辦的以傳授中國文化為宗旨的著名學校，教學嚴謹，國學根底紮實，曾先後培養出如王遽常、唐蘭、錢仲聯、蔣天樞等一大批優秀學者。抗戰爆發後，無錫國專內遷到大後方繼續辦學，而饒公能被該校聘任，這就說明他的學問與功力此時已經得到學術界的承認。

抗戰勝利後，饒公先是回到廣州，出任廣東文理學院教授，不久又返回汕頭，擔任華南大學中文系教授、系主任。在當地官員和富商的倡導與贊助下，開始重修潮州志，饒公既被譽為「潮州才子」，又在地

方志研究上作出重大貢獻，因而理所當然地被聘任《潮州誌》總編纂兼廣東省文獻委員會委員。在此期間，饒公組織編撰人員收集各方資料，勘查史前遺址，研究出土文物，既繼承和發揚了歷史上修志的傳統體例，又採用了新型的觀點和方法，先後修成部分志稿，如沿革、疆域、地質、礦物、氣候、水文、物產、交通、實業、兵防、教育、戶口、職官、藝文等等，並交汕頭藝文印務局印行。

　　1949 年，饒公為《潮州誌》是否繼續編纂一事再次來到香港，聽取主要贊助人方繼仁先生的意見。此時國共兩黨內戰打得十分激烈，在這決定國家兩種命運、兩個前途的歷史選擇面前，饒公也面臨著他一生中的重大抉擇：是回故鄉與家人團聚，還是留在香港靜觀局勢的變化？在這關鍵時刻，方繼仁先生起了決定性的作用。他不僅竭力勸說饒公留在香港，而且還在經濟上予以適當的資助。饒公後來不止一次地對我提及此事，說方先生是改變他人生命運一個十分關鍵的人物。

　　留港期間，饒公一方面收集各方史料，鑒定出土文物，發表和出版了一系列文章，同時他還在剛成立的新亞書院擔任教職。1952 年，饒公被香港大學中文系主任林仰山教授聘請為港大專任講師，對於饒公來說，這是他學術生涯中的一個極為重要的轉變，此後他可以在一個優越的生活條件下和自由寬鬆的環境中從事自己所熱愛的研究。在此期間，饒公在港大中文系開設詩經、楚辭、漢魏六朝詩賦、文選以及文學批評與古文字學等多門課程，後來又教授《老子》《莊子》及道教方面的課程，同時還參與中文學會和《東方文化》的主要編輯工作。這也是饒公學術成就收穫豐盛的時期，他不僅發表和出版了大量的學術論著，同時還不斷出訪歐美、日本及印度等地，或是參加國際學術會議，，或是擔任訪問學者，既結識了眾多當時國際著名的學者，又親眼目睹了歐美博物館珍藏的許多古物與文獻，眼界大開，視野更寬，日後他之所以被尊稱為國際漢學家就是由此而奠定的基礎。回憶這段往事饒公曾感慨地

說：「是香港造就了我，使我得以接通世界學術界的窗口。」

1968 年，饒公接受新加坡大學的聘請，出任該校中文系創系系主任。當時新加坡剛剛脫離馬來亞獨立，饒公擔任的又是中文系的首名講座教授，可見當時饒公在國際漢學界學術地位之重要。是年 8 月，饒公舉家遷往新加坡，暫時離開了香港。

饒公原先與新加坡大學簽的是九年合約，但是由於新加坡過於規範化，使得饒公自由的天性得不到發展，因此約期還不到一半他就待不住了。1973 年饒公又返回香港，繼續獻身於香港的學術和教育之中，不過這次他不是回香港大學，而是來到成立剛剛十年的香港中文大學，擔任中文系講座教授，並一度兼任系主任，帶領全系師生致力於中國文化研究，建樹良多。

1978 年，年逾花甲的饒公自香港中文大學榮休，旋先後被聘為香港中文大學中國文化研究所名譽高級研究員、香港大學中文系榮譽講座教授、香港中文大學中國文化研究所暨藝術系榮譽講座教授、香港中文大學偉倫講座教授。退休後的饒公非但沒有退出學術陣地，反而退而不休，更加勤奮地從事學術研究。饒公退休之際，正值內地改革開放之初，正可謂天時地利人和，他經常前往各地參加學術會議，進行實地考察；他還利用香港這一有利的環境以及他個人的聲望，籌集資金，舉辦國際會議，組織研究中心，邀請內地學者訪港，進行學術交流，創辦並主編大型學術刊物；饒公本人更是厚積薄發，撰寫和發表了大量的學術論著。

饒公幼承庭訓，學養精深，博涉古今，一生從事學術研究和教書育人。他治學的範圍極為廣泛，包括古文字學、敦煌學、考古學、金石學、史學、經學、古典文學、詞學、音樂史、藝術史、中印關係史、宗教史、楚辭學、目錄學、方志學等等，著作等身，已出版的各類專著逾八十種，發表論文近九百篇。2003 年出版的《饒宗頤二十世紀學術文

集》（14卷共20冊），收錄了先生上一世紀發表的主要論著。饒教授學藝雙攜，常以學人之筆，游心藝事，詩書琴畫，無所不精，不僅創作多部詩詞集，還先後在日本、韓國、法國、澳大利亞等國家和中國的北京、上海、廣東、香港、澳門等地舉辦個人書畫展，出版五十餘部大型書畫冊。

　　饒公非常重視學術與文化方面的交流，自20世紀50年代開始，廣與中外學者締交。1963年，先生應印度班達伽東方研究所之邀，赴天竺作學術研究，成為該所永久會員，並跟隨白春暉（V.V.Paranjepe）父子二人學習婆羅門經典，他後來從事東方學研究，其梵學知識便植根於此，當中悉曇學更是獨繼絕學，成就過人。自1965年起，饒公多次赴法國從事教學和研究，1971年由法國國立科學中心出版、法國著名漢學家戴密微（Paul Demiéville）作法文翻譯的《敦煌曲》，乃此時期最重要著作之一。此外，他亦曾往日本、韓國、英國、美國、新加坡、台灣等地進行教研工作，積極於海內外推動漢學研究，為中國與海外漢學研究重要的橋樑人物之一。

　　自中大退休後，饒公曾多次前往內地參加學術會議，實地考察各地最新出土的歷史文物，對中國古史進行深入研究。他以域外新知，廣徵博引，厚積薄發，大量的論著不斷發表，真知灼見比比皆是，成為他學術史上最豐碩的收穫季節。饒公還利用香港這一有利的環境以及他個人的聲望，籌集資金，舉辦國際會議，組織研究中心，邀請內地學者訪港，進行學術交流，在他的指導下，他們現多已成為蜚聲國際的著名學者。饒公還領銜主編《補資治通鑑長編稿系列》和《香港敦煌吐魯番研究中心叢刊》，創辦及主編大型學術期刊《華學》和《敦煌吐魯番研究》，並於中文大學主持竹簡、帛書出土文獻資料庫和甲骨文金文資料庫的研究計劃，採用現代的科學技術，將傳統文化發揚光大，取得重大成績。

初識饒公

初識饒公那還是 30 多年前的事了。

1988 年年底，我從南京回到出生地香港，不久便進入香港大學研究院學習，遵導師趙令揚教授之囑，我經常參加中文系召開的學術會議，好幾次在會議上都見到一位精神矍鑠的長者侃侃而談。那時內地與海外學界隔絕多年，再加上我這個人又孤陋寡聞，竟不知道眼前這位學者是誰，還是港大的同學告訴我，他就是聞名遐邇的饒宗頤教授，但當時我還只能在遠處仰視。其後不久，一次北京中央文獻研究室的金沖及教授讓我帶本書面呈饒公，我才第一次近距離地跟饒公見上面，說了幾句話，不過真正零距離的接觸還是一年多之後的事。

1990 年 9 月，我在港大的畢業論文已經完成，此時妻兒來港團聚的申請已獲批准，下面的大事就是必須在香港找工作了。我平常不太關注報紙上的廣告，一天順手買了份《星島日報》，無意間看到一則廣告，說是香港中文大學中國文化研究所要聘請一位研究助理，條件是需具備歷史學或藝術史的學位。我想自己雖然此時港大研究生尚未畢業，但我是南京大學歷史系的畢業生，又曾工作過多年，應該符合條件吧，於是就按要求向中文大學人事處投寄了一份申請，並附上個人簡歷，沒想到幾天後便接到面試的通知。

那時在內地大學畢業生是由國家統一分配工作，根本就沒有面試一說，因此這是我生平第一次面試，也是唯一的一次面試。規定面試的那天我提前來到中文大學的中國文化研究所，一個多月前我到中大參加中日關係史的學術會議時，其中一個分會場就在這裏舉行。我當時曾驚歎香港這個事事講求功利的地方，竟然還會有這麼一個景色優雅、環境怡人，而且還是研究中國文化的研究所，更沒想到一個多月之後，我竟會來這兒應聘，並成了我後半生一直工作的地方！那天應聘的人有好幾位

人選，我到了之後祕書叫我先在隔壁的辦公室裏等候，輪到我的時候，祕書就帶我走進 108 室的辦公室，進門一瞥，呵，赫然發現饒公端坐在辦公桌旁，原來要聘請助埋的是他老人家！

我趕緊趨前向饒公請安，並簡單地介紹了自己的經歷，然後將之前在內地發表的 10 多篇論文呈送給他審閱。饒公面目慈祥，和藹可親，他一邊翻閱著這些論文，一邊問我一些簡單的情況，突然不經意地問我：「你對中國文化還懂些甚麼？」

我趕緊回答：「在您面前，我真的是甚麼也不懂。如果說是工作的話，以往只是作過一點兒近代史方面的研究和檔案史料的編輯。」

饒公笑著說：「我甚麼都研究，就是不曾研究近代史。」

就這樣，我這個與饒公學問毫不相干的人就成為饒公的學術助手，而且一做就做到退休，就是退休之後仍幫著饒公做些事。

饒公是當今世界上著名的國學大師，常與錢鍾書、季羨林並稱為「南饒北錢」或「南饒北季」。當上饒公的學術助手之後，我想對他的學問不熟悉，是不是也需要改行。有一次我就問他，「饒公，您的研究領域我真的是一竅不通，既然之後要做您的助手，我是不是也要改行，學一些敦煌學和甲骨文方面的東西呢？」饒公果斷地打消了我的疑慮，他很直接地說，「你的年齡也不小了，改行並不是件容易的事，何況你在民國史的研究方面已經有了一些成績，不要半路出家，更不要半途而廢」。他建議我在幫助他完成日常交代的工作之後，可以繼續走自己的學術道路。在這之後，他更鼓勵並支持我在中大一邊工作，一邊攻讀博士學位。如果說我今天在學術上能夠取得一些成績的話，那都是和饒公對我的大度與寬容分不開的，對此我無比感恩。

饒公 1978 年自香港中文大學中文系榮休，旋即先後被聘為香港中文大學中國文化研究所名譽高級研究員，研究所為饒公特別安排有一間研究室，並配備一名研究助手，算起來我可能是第三個擔任這一職務的

人，而且在我之後就再沒更換過人。饒公家住香港跑馬地，離中大很遠，他一般一星期來所裏一到兩次，除了有朋友或熟人順便開車帶他到學校之外，最初他都是自己一個人來，先從家中乘的士到灣仔轉乘地鐵，到九龍塘站換乘火車到大學，再搭校巴到研究所，一路上倒車幾次，還是很辛苦的。因為饒公同時是新亞書院和崇基書院的院務委員，書院的歷任院長對饒公都十分尊敬，後來我就與兩位書院的院長聯絡，說饒公年歲已高，能否請他們兩個書院輪流安排車輛接送饒公到校，他們立即欣然允諾。因此後來饒公每次要來學校，我就為他提前安排車輛，這就為饒公省卻了許多時間和精力。

作為饒公的學術助手，我的工作主要就是幫助饒公整理著作，包括謄寫、編輯、整理和校對他的論文與手稿，查證引文，收集資料，統計出版論著和外出訪學等記錄，還注意收集其他的相關資料及學術資訊，再有就是接聽電話，所有往來信件代拆代行，隨時電話向他匯報，有些信件就直接替他回覆。除此之外，還要負責他各種對外事務的聯絡，接待各地來訪學者，並安排他外出開會講學等事宜。饒公年事雖高，但記憶力極好，讀過的書可謂過目不忘，看問題更是一針見血，這麼些年隨侍饒公左右，雖然對他老人家的學問知之甚少，但他的做事態度和研究方法卻讓我深受啟發，而他勤勉的治學精神和精湛的學術思想更永遠銘記心中。

饒公每周到中大來一兩次，平時若不外出，都會在家中撰寫論文，十分勤奮，寫作中若遇到要查詢甚麼資料，便打電話給我，要我到圖書館或所裏的參考閱覽室去查找。饒公記憶力驚人，這可能是與他從小就練就的一身童子功有關，平時他要查找資料都能清楚地指出版本、卷數，甚至出版地及年月，否則憑我這點國學的基礎，很難完成他的要求。饒公雖然退休，但他真是退而不休，厚積薄發，我曾替他統計過，退休後發表的論文及著作，遠遠要比退休前多得多。這是與他日積月累

的真功夫有關，又正好趕上國家對外開放，他有機會回內地參觀大量新出土的文獻與實物，這就為他撰寫學術論文提供了最得益的資料。因此我的另一個工作，就是為他編輯和校對眾多開會的文稿，整理和出版各類文集。

我到研究所工作一年後，原來在安徽博物館工作的沈建華小姐從日本應饒公之召喚，也來到研究所工作。建華的父親是原上海博物館館長沈之瑜先生，精通古文字，早就與饒公相識並合作。建華自小就在父親的指導下自學甲骨文，1983 年曾應饒公之邀，來中大協助饒公工作過一年。後來她到日本遊學，並與饒公合作編輯《甲骨文通檢》。1991 年 10 月她再度來到中大，就是得到利榮森先生的資助，繼續他們之間的合作。

此後長達 17 年，我就與建華一起為饒公工作，兩人配合得十分默契。在古文字與其他學術問題上，建華發揮了重要作用，我則主要還是收集資料，編校文稿，同時負責饒公的對外聯絡，凡是饒公的電話與來信，均代拆代行，遇有重要的事情便按饒公的指示執行，同時還負責接待到訪學者，為饒公安排外出開會或訪問等事務，還要統計每年他參加的學術活動，並編制出版目錄。

饒公每周來中大時與我們談話都是談笑風生，對我們而言，他就

沈建華與我都是饒公的學術助手

是一位慈祥可親的長者。在我與饒公接觸的這麼多年時間裏，從未見過他生氣，他總笑稱自己是「老頑童」，因為生性對所有的新生事物都充滿好奇心，都想嘗試去做。而且他還擅長詩書琴畫，眾人贊他「學藝雙攜」，誠為當世學人中罕見的國學大師。然而有兩樣饒公不曾去做，那就是不刻印，不下棋。饒公並沒有告訴我們他為何不鈐印的原因，但為甚麼不下棋呢？饒公説，那是因為下棋有輸贏，心中就會有反應，不好。

我的研究領域是近代史，與饒公所涉及的學術範圍相距甚遠，所以在工作上只能是為他收集資料和整理文稿，作些輔助工作，這些在前面業已提及。由於我對饒公的人生與學術經歷以及學界交往比較熟悉，亦曾寫過幾篇小文並以此參加學術會議。如《聞風相悦的知音 —— 記饒宗頤、蕭萐父的學術交往與詩詞唱和》（《鏡報月刊》2003 年第 7 期，頁 44-46，又載郭齊勇、吳根友編：《蕭萐父教授八十壽辰紀念文集》（湖北教育出版社，2004 年）；《饒宗頤教授與香港的學術淵源》（《廈大史學》第 2 輯，2006 年 3 月，該文曾提交香港浸會大學近代研究中心與香港中國近代史學會主辦「香港史家與史學研討會」論文）；《饒公與敦煌吐魯番研究》（《華學》第 9-10 期合刊第三冊，上海古籍出版社，2008 年，該文係提交香港大學、香港中文大學等主辦「慶祝饒宗頤教授九十華誕國際學術討論會」論文）。並整理及編製了饒公歷年撰寫有關敦煌吐魯番的學術論著，發表在《敦煌吐魯番研究》第八卷（中華書局，2005 年）；後來又經王鵬增補，再刊《敦煌吐魯番研究》第十八卷（上海古籍出版社，2019 年），這些只能説是我為饒公作的一點點工作。

2006 年，港大、中大等香港八家大學為慶祝饒公 90 華誕，準備在香港召開一個隆重的學術會議。我也想藉這個機會，為饒公祝壽做點事兒，雖然在學術上幫不了甚麼忙，但我對饒公的經歷以及學術論著還是比較熟悉的。饒公平時論著極豐，出版前多會撰寫序或跋，為出書的

背景及目的作一說明；同時他又經常應後輩學者的請求，為他們的著作撰寫序言。這些序跋本身就是一部極為生動的學術史，因此我向饒公提議，盡可能收齊他曾發表過的序和跋，饒公非常贊同我的提議，支持我收集並編輯出版，這一建議又得到北京中華書局總編輯徐俊兄的支持，終於趕在饒公的祝壽會前出版。饒公對這部《序跋集》的出版還是十分滿意的，經常對人提及此事；對我來說，這也是我為他 90 華誕所做的一點貢獻。

饒公平時的文字寫來都很隨意，經常想到甚麼就隨手寫在一張紙上，尤其是是詩詞，常常心有所思，便信手寫來。我就盡可能將他隨意寫下的詩詞、楹聯等文字收集起來，存入電腦中。後來我與深圳海天出版社聯絡，將他以往出版及尚未發表的詩詞輯為一書，書名即叫《清暉集》，其中也刊登了我日常為饒公收集保留的 60 多首詩詞。

學術推手

饒公退休之時，正是內地結束「文革」動亂之際，國家不僅在經濟上實施改革開放的基本國策，在文化教育方面也開始面對世界，歡迎來自世界各地的學者到中國進行學術文化交流。饒公作為國際著名學者，首先就被列入邀請名單。

1979 年 9 月，饒公首先應中山大學之邀，前往廣州參加全國第二次古文字學會議，這是他闊別內地 30 年後第一次踏上故鄉的土地，廣東省的領導吳南生書記還親自設宴歡迎，希望他今後多到內地走走，這一切都是那麼美好，這一切又都是那麼親切。會後他真的迫不及待地前往湖南，參觀和考察出土不久的馬王堆文物，並前往汨羅江，憑弔仰慕已久的偉大詩人屈原。第二年 9 月，饒公又應邀赴成都參加全國古文字研討會，接著又往武昌參加全國語言學會議，在會議中饒公結識了許多

內地優秀的學者，而他在會議中宣讀的論文更引起內地同行的讚譽。

　　這次回到內地對饒公來說收穫最大的就是在各地的參觀訪問，在國家文物局的安排下，由中山大學中文系曾憲通老師陪同，饒公得以在會議期間和會議之後暢遊神州大地，歷時三閱月，行程數萬里，足跡遍及十四個省市，飽覽祖國大好河山，更看到眾多新出土的珍貴文物。新中國成立以來，全國各地考古文物不斷被發現，饒公此行先後參觀了 33 個博物館，所到之處，都受到熱烈歡迎，各地博物館都將最新出土的文物展示出來。饒公常說「地不愛寶」，祖國之行使饒公大飽眼福，大開眼界，同時更讓他煥發了學術青春。新出土的文物和史料進一步證明了傳統文獻中的記載，饒公廣徵博引，提出史實的三重論證，大量的論著不斷發表，真知灼見更比比皆是，因而這一時期也成為饒公學術史上最豐碩的收穫季節。

　　在這之後，饒公更是經常到內地參觀遊覽，足跡踏遍大半個中國，許多地方還不止一次前往。與此同時，饒公的學問及成果亦越來越為內地學人所了解，自 1982 年起，他就被聘請為歷屆國務院古籍整理小組顧問暨全國高校古籍整理委員會顧問，先後被北京大學、南京大學、復旦大學、浙江大學、中山大學、武漢大學、廈門大學等內地一流的高等學府聘為名譽教授，中國社會科學院歷史研究所、敦煌研究院亦相繼聘請他擔任客座研究員，就連北京續修《四庫全書》、上海編纂《全明文》、四川編輯《甲骨文獻集成》、甘肅整理《簡牘文書》、浙江出版《敦煌文獻》、北京大學《儒藏》等大型文獻，都聘請他出任編委會名譽主編或顧問。2000 年 7 月，國家文物局和甘肅省人民政府向他頒發「敦煌文物保護研究特殊貢獻獎」，以表彰他在敦煌學研究領域上的卓越貢獻。

　　饒公在內地受到學術界的推崇，他也同樣致力於推動內地的學術研究。香港作為一個國際大都市，中西文化融匯貫通，同時又是通往國際的窗口，因此饒公特別注意發揮香港這一特殊的作用。他還利用個人的

魅力及其影響，親自籌款策劃，在香港召開各類國際學術研討會，並擔任大會的主席，如敦煌學（1987、2000）、古文字學（1983、1993、1998、2003）、潮學（1994、2001）等，廣泛邀請海內外學者與會，這對於剛剛打開國門的內地學者來説影響極大，使他們得以了解學術界的最新動態。

　　饒公退休之後除了進行個人的研究外，更將精力轉移到推動內地學術研究的進展上。他利用香港這一有利的環境，充分發揮他個人的魅力和聲望，籌集資金，舉辦國際會議，組織研究中心，邀請內地學者訪港，進行學術交流，創辦並主編大型學術刊物。建華和我接待過的就有胡厚宣、鄧廣銘、劉起釪、唐振常、李學勤、裘錫圭、周勛初、朱維錚、姜義華、陳允吉等眾多內地著名學者。為了推動敦煌學的研究，饒公先後在香港主編了兩期《九州學刊‧敦煌學專號》，發表了國內外眾多學者的論文；其後饒公又聯絡了香港中華文化促進中心等機構，再與內地學術部門合作，主編《敦煌吐魯番研究》，在學術界產生深遠的影響，目前它已成為衡量國際敦煌吐魯番學研究學術標準的重要刊物。

　　早在 80 年代初，饒公就有計劃通過邀請內地學者來港工作，對新出土的文獻資料進行有系統的深入研究，其中最著名的事例就是他在中文大學主持古文字學的研究計劃和設立敦煌吐魯番研究中心。

　　饒公在他個人多年的學術生涯中逐漸形成了一個設想，那就是將中國近百年來古代出土文獻（甲骨文、金文、簡牘、吐魯番文書、敦煌文獻等）中的有關史料加以收集匯編，以補充當年司馬光所著《資治通鑒》之不足，同時再出版有關敦煌吐魯番學的系列著作。這一宏大的學術構想終於得以實現，饒公發揮他的影響力，得到香港中華文化促進中心等單位和個人的贊助，香港中文大學新亞書院更是全力支持饒公的這一計劃，將香港敦煌吐魯番研究中心設在新亞書院，饒公並將他自己多年來珍藏的有關敦煌吐魯番學的專書和刊物存放在中心。

與郝春文、李零、沈建
華和饒公合影於辦公室

　　20 世紀 90 年代初，這項宏大的計劃開始實施，饒公以香港敦煌吐
魯番研究中心為基地，每年定期邀請內地的優秀學者來香港進行三至六
個月的訪問，充分發揮各位學者的研究特長，分工編撰。這樣既可以讓
他們能夠在一個安定的環境下靜下心來專研史料，同時更可以耳濡目
染，在饒公的具體指導下從事相關的學術研究。在這期間先後擔任新亞
書院院長的梁秉中教授和黃乃正教授都不遺餘力地支持饒公的事業，書
院的其他同仁也為每位來訪的學者創造了良好的工作環境和生活條件。
實踐證明，香港敦煌吐魯番研究中心的成立對於推動香港與內地的合作
和學術發展是一種極為有效的方法，因而得到學界的一致讚譽，同時它
也更加密切和加強了香港與內地學者的學術聯繫。

　　10 多年來，內地的學者輪流更換，其間來訪的學者包括資深教授
如中山大學的曾憲通、姜伯勤、陳偉湛，中央民族大學的王堯，四川大
學的項楚，武漢大學的陳國燦；更多的則是年富力強的中年學者，如北京
大學的朱鳳瀚、李零、唐曉峰、榮新江，吉林大學的吳振武，浙江博物館
的曹錦炎，國家文物局的胡平生、李均明、鄧文寬，故宮博物院的劉宇、
王素，北京理工大學的趙和平，陝西省文物研究所的王輝，浙江大學的
張湧泉，首都師範大學的郝春文，廈門大學（後調到復旦大學）的劉釗，
中山大學的劉昭瑞、陳偉武，湖南博物館的陳松長；還有更年輕的後起

之秀如北京大學的陳明、復旦大學的余欣等等，如今他們都早已成為享譽國際學界的著名敦煌學或古文字學的專家。隔行如隔山，我雖然與這些學者年齡相仿，但所研究的專業不同，原本並不相識，只是因為饒公的關係，他們經常到中大進行學術訪問，短則三個月、長則半年或一年，因此我與他們之間也建立了深厚的聯繫，以後凡是我到北京，也會與敦煌吐魯番學會的眾位成員抽時間一聚。而他們在香港的這段時間裏，饒公亦必定每周到大學來，我與建華就通知他們提前在辦公室恭候。饒公既談學問，又談人生，中午大家又一起到范克廉餐廳用餐，那些日子，我們每星期都盼望這一天的到來。

與此同時，饒公還得到他的老朋友泰國著名銀行家鄭午樓博士和台灣出版家高本釗先生的鼎力支持，由饒公親自掛帥，主編出版《香港敦煌吐魯番研究中心叢刊》及《補資治通鑑史料長編稿系列》兩套大型叢書，由台灣新文豐出版公司出版。饒公為研究的總體思路及框架設計方案，悉心與到訪學者切磋學術，他不僅親自參與其中部分專書的撰寫，還認真地閱讀每位學者的著述，指明研究的重點以及需要重視的問題，並為他們的每一部新著撰寫序言，這並非普通的應景之作，而都是一篇篇充滿新知灼見的學術論文。這兩套大型叢書的出版在史學界引起了極大反響，同時也開創了兩岸三地合作的一種嶄新模式。

知交知己知音

饒宗頤教授是當今世界上公認的國學大師，治學範圍十分廣泛，他還工詩詞、駢散文、擅書畫、習琴藝，真可謂「業精六學，才備九能」，季羨林先生在饒公詩詞《清暉集》的序言中讚揚道：「選堂先生讀萬卷書，行萬里路，世界五洲已歷其四；華夏九州已歷其七；神州五嶽已登其四。先生又為性情中人，有感於懷，必發之為詩詞，以最純正

之古典型式，表最真摯之今人感情，水乳交融，天衣無縫。先生自謂欲為詩人開拓境界，一新天下耳目，能臻此境界者，並世實無第二人。」不僅如此，饒公還經常與學人唱和，其中我就親身經歷過他與武漢大學蕭萐父教授之間的詩詞唱和。

　　著名中國哲學史學者蕭萐父教授祖籍四川井研，1924 年 1 月生於成都，1947 年於國立武漢大學哲學系畢業後相繼於成都華陽中學、華西大學任教，並主編《西方日報 · 稷下副刊》，50 年代中重返母校執教。半個多世紀以來，蕭教授勤耕不輟，著作等身，主要編著有《中國哲學史》（上下卷）、《中國辯證法史稿》（第一卷）、《哲學史方法論研究》《王夫之辯證思想引論》《大乘起信論 · 釋譯》《玄圃論學集》《眾妙之門》《傳統價值：鯤化鵬飛》等，還先後出版了《船山哲學引論》《王夫之評傳》《明清啟蒙學術流變》《中國哲學史史料源流舉要》《吹沙集》《吹沙二集》《吹沙紀程》等專著；與此同時，蕭教授更是言傳身教，誨人不倦，經他指導的學生如今大多已成為中國哲學界和教育界的骨幹。值茲老師八秩華誕之際，各地的弟子們早就有所準備，紛紛建議以各種形式為老師祝壽，但均為蕭先生所婉拒。最後經學生們再三勸說，蕭教授才同意由武漢大學中國傳統文化中心出面，邀請各界友好及門生故舊依各自興趣撰文，藉為紀念，並促進學術交流。但蕭先生提出一個要求，那就是希望主辦者向饒宗頤教授索要一首詩詞。

　　饒公雖然年齡僅長蕭萐父教授七歲，但蕭先生對他的道德文章敬佩有加，尊稱饒公為老師，而蕭先生的論著也早已引起饒公的注意，聞風相悅，神交久矣。80 年代初他倆在北京召開的「首屆道家文化國際討論會」中經北京大學湯一介教授介紹而相識，自此更加深了彼此間的情誼。後來，當蕭先生的弟子吳根友博士造訪中文大學時，蕭先生特別囑他趨前向饒公致意，饒公即揮毫書下對聯「道出古人轍，心將靜者論」相贈，蕭先生裱懸書室座右。更加難得可貴的是，蕭先生不僅是一位正

直不阿、儒道釋兼容的智者，也是一個敢恨敢愛、能哭能歌的詩人。兩大卷《吹沙集》收錄了他的大量詩詞，意境幽深，讀後令人有道骨仙風之感。因此饒、蕭二位更是學界與詩壇上難得的知音。

1998 年 12 月，蕭萐父、盧文筠教授伉儷應饒宗頤教授邀請來香港出席由香港中文大學、中華炎黃文化研究會及香港中華文化促進中心聯合舉辦的「中華文化與二十一世紀國際學術研討會」，饒公與蕭先生多年未遇而在香江重逢，切磋學問，暢敍情誼，喜不自勝。這個會議由饒公擔任主席，他還在會議開幕式上發表主題演講，題為《從出土資料追蹤先代耆老的「重言」── 儒道學脈試論》。嗣後不久，國際道聯又在廣州羅浮山新建之黃龍觀舉行「道家文化學術會」，饒、蕭二位又都應邀赴會，再次握聚羅浮，並於黃龍古觀前合影留念。

1999 年 10 月，武漢大學中國文化研究院主辦的「郭店楚簡國際學術研討會」在武漢隆重召開，國內外著名學者應邀與會，饒宗頤教授也帶著他最新撰寫的兩篇論文《從郭店楚簡談古代樂教》和《詩言志再辨 ──以郭店楚簡資料為中心》來到珞珈山下，參加這一盛會。蕭先生見到眾多知名學者雲集武漢，心情格外激動，特寫下七律一首，以為祝賀。

> 神明呵護墓門開，楚簡繽紛出土來；
> 學脈探源儒道合，人文成化古今諧。
> 不傳而禪公心美，道始於情六德恢；
> 嘉會珞珈矚新紀，東方旭日掃陰霾。

十月的武漢，金秋送爽，陽光燦爛，在會議期間，饒公還受聘為武漢大學名譽教授，並在受聘典禮上發表了熱情洋溢的演講。開會之餘，饒公又得以會友觀景，不亦樂乎。特別是香江、羅浮分別不到一年，又在武漢與蕭先生重逢，並見蕭先生詩，興奮之情，溢於言表。在辭別宴上饒公詩興大發，即席賦詞一首：

水龍吟

　　珞珈山楚簡之會，蕭父先生先有詩。余以不克赴荊門，別筵之頃，依東坡韻，譜此闋辭行。座上有任繼愈、龐樸、陳國燦、郭齊勇諸君。時己卯重陽前一日也。

　　自無創見驚人，休論故紙爭雄處。窮泉啟櫝，蒼天雨粟，興會標舉。黃鵠依然，朱甍賓至，八方譯語。看滔滔江漢，煌煌勳業，馳玉軟、逐鸞馭。　　樹復青青如此，笑遊蹤、宛如飄絮。天涯尊酒，故人高躅，心期同許。風雨重陽，黃花對客，清吟箕踞。且忘機白首，明朝翠靄，又征驂去。

　　陳同甫詞有「大家創見成驚人」及「故紙裏是爭雄處」，戲拈其語。

　　在場學者莫不為饒公敏捷的睿智、雋永的詞句所折服。饒公回港後又用行草將全文書寫下來，饋贈武漢大學，留下一段膾炙人口的學壇佳話。

　　為慶祝澳門回歸，饒公特於 1999 年冬在澳門舉辦《清涼世界》個人書畫展，並囑主辦單位澳門教科文中心務必將請柬寄給蕭教授。蕭先生因道遠不克前往而寫信向饒公致謝，同時又賦詩一首曰：「己卯冬澳門回歸大慶之日選堂書畫展開幕，謹綴蕪句，以表賀忱。」

　　海上鵬飛宿霧開，饒公筆底起風雷；
　　百年精衛于歸賦，萬頃詩情向未來。

　　2003 年 3 月，蕭萐父教授的弟子、武漢大學哲學系教授郭齊勇博士來信，講述了他們計劃為老師賀壽出一部論文集，並將蕭先生的請求如實相告。平時饒公的信件都由我代拆代行，因此我收到後立即將信傳真給饒公，很快饒公就打電話來說：「蕭先生作壽要我寫篇詞，我是很樂意的。」

　　沒想到第二天一大早我剛上班，饒公就在電話中告我，說昨天晚上他已將為蕭先生賀壽的詞寫好了，讓我先抄錄後寄去，並囑我告訴蕭

先生，過些時候他會親手將賀詞書寫後寄贈。我為饒公的才思敏慧而驚訝，更為饒公對蕭先生的一片誠意而感動。當即我就以電郵方式將饒公的這首《滿江紅》傳到武漢：

滿江紅

壽蕭教授蓳父八十

與子論交，記秋老、可人風物。喜提挈、船山師友、文瀾壯闊。已化神奇從臭腐，更開雲霧見新月。問何來，玄旨澈微茫，心如髮。　瀟湘恨，波澄碧。參洙泗，異端息。漫登山臨水，道家風骨，俯仰扁舟天一瞬，商量絕學胘三折。借長江，作酒進冰壺，春無極。

王而農《蝶戀花》詞有「渺渺扁舟天一瞬」句，君究心王氏學，所造尤卓越。

蕭蓳父教授在中國哲學史特別是明清哲學的研究中建樹卓越，早在 60 年代初他就因發表《王夫之哲學思想初探》和《淺論王夫之的歷史哲學》二文而以船山學研究的倡導者名世，嗣後又相繼發表了多篇論文，全面考察了船山哲學思想的理論體系，系統梳理了船山哲學的諸範疇與範疇間的聯繫，對王夫之的思想及辯證法進行了多層次、全方位的剖析，從而將船山哲學的研究推向一個新的高度。饒公在這首詞中藉船山之詞來稱讚蕭先生的學問，可謂名至實歸。

蕭蓳父教授收到饒公的壽詞後很快便於 3 月 25 日回信，內稱：「承電傳賜示華章《滿江紅》一闋，意蘊情真，殊蒙賞勵，感愧莫名。環誦再三，謹步原韻，拜和一闋」，

滿江紅

奉得饒公電傳雋詞，獎譽有加，感愧莫名。謹步原韻，敬和一闋。

父母乾坤，予茲藐，安能絕物。悵回顧、蓬山路邈、江湖浪闊。幸

知音知己，詩詞唱和

有芳情吟橘頌，偶存卮酒邀明月。笑吹沙覓鼇印泥塗，飄華髮。　萇弘血，真成碧？嵇康灶，果堪息。感清暉恆照，礪我詩骨。涓子琴心公獨理，淮南桂樹誰攀折。問蕈齋，何事最關懷？立人極！

　　蕭先生和詞緊步原韻，而用典自然。首句活用張載《西銘》語入詞，頗具新意，對饒公的詩文欽佩不已，並對饒公的博學給以由一顯多的概述。所謂「涓子琴心」指的是饒公不久前在《中國學術》創刊號上發表的《涓子〈琴心〉考——由郭店雅琴談老子門人的琴學》，讚揚他特重絕學、從最新出土的考古發現中結合傳統文獻所做出的獨特貢獻；而「淮南桂樹」一句則暗喻饒公將賦的研究救活，不愧為當今賦學大家，且寓有尊賢、招隱、惜才之意。

　　在中國歷史上學者之間常有相互唱和詩詞以作酬答，到了近代以後，以這種傳統方式來表達學者間情誼的就越來越少，特別是彼此間以詞唱和、切磋學問之事更為罕見，因此饒宗頤、蕭萐父這兩位德高望重的學者彼此敬重、相互了解、以詞敍情的故事就成為當今學界、詞壇的一段佳話。作為一個晚輩，我能就自己所知，將兩位大師學術交往及詩詞唱和的經過加以記述而感到十分榮幸。如今兩位學者均已仙逝，但希望這段佳話能在當代中國學術史上留下精彩的一頁。

陪同饒公的幾次出行

　　在擔任饒公助手期間，我曾有幸多次陪同饒公外出參觀和訪問學術機構，以及出席他在北京、上海等地舉辦的個人書畫展，其中有幾次印象特別深刻。

　　90 年代以來，內地有許多高校和學術機構都曾向饒公頒授過名譽職務，南京大學是我的母校，我自然也想為此出點兒力。我曾將此意向南大歷史系的茅家琦和蔣贊初等幾位老師提出，他們即為此事與校領導溝通，立即得到蔣樹聲校長和其他校領導的積極響應。1999 年春天，南京大學為表彰饒宗頤教授在國學研究中的卓越成就，特來函聘請他擔任南京大學的名譽教授，並決定於校慶前夕的 5 月 18 日在南大舉行隆重的頒授儀式。

　　自 80 年代以來，饒公已來過南京多次，與南大中文系的程千帆、周勛初、卞孝萱以及歷史系的茅家琦、蔣贊初等許多知名教授時常聯繫，互有來往。1998 年也是在這春光明媚的日子裏，饒公曾到南大訪問，南大歷史系的教授出於他們對饒公的景仰，破例將珍藏多年、久未示人的國寶《勘書圖》（又名《挑耳圖》）拿出來請饒公觀賞。勘書圖是五代南唐畫家王齊翰創作的絹本設色畫，畫中人物形神兼備，畫法高超，畫上還有宋徽宗趙佶親筆題字，以及蘇軾、蘇轍、董其昌、文震孟等歷代名家之題跋，極為珍貴，可以說得上是南大博物館的鎮館之寶。饒公觀賞之際詩興大發，即席詠歎：「金陵流連，飽覽寶物，最後得見勘書圖，二蘇兄弟、王晉卿題跋皆在焉，喜賦。」其詩曰：「磚鐫搔背溯南齊，挑耳還驚滿宋題；連日摩挲雙至寶，墨緣長願此幽棲。」

　　這次訪問南京的時間雖然很短，而且只有饒公的女兒清芬小姐與我陪同，但是饒公卻顯得特別興奮。5 月 17 日下午抵寧後剛剛下榻南大專家樓，饒公顧不上休息，就由南京大學歷史系教授、著名的六朝考

古學者蔣贊初教授陪同，先去參觀顏魯公祠，接著就到清涼山公園遊覽。清涼山的掃葉樓是清代著名金陵畫家龔賢的舊居，饒公自幼就習金陵畫派，對龔賢十分仰慕。聽蔣教授說虎踞關就在清涼山附近，饒公笑著說，「怪不得龔賢自稱是『虎踞關前客』，原來虎踞關離掃葉樓這麼近」。他即興擬出對聯一首：「重尋虎踞關前客，喜作雞鳴寺裏人。」這正道出饒公此時此刻的心情。而且，饒公回到香港後即寫下這幅對聯，並將墨寶書贈南京大學留念。

第二天上午蔣老師又陪同饒公參觀南京市博物館。此時南京市博物館為慶祝南京解放五十周年而主辦的「出土文物展」和「六朝風采專題展」剛剛開幕，在市博領導的陪同下，饒公興致勃勃地參觀了近年出土的大量珍貴文物，其中絕大部分都是首次展出。南博還將館藏竹林七賢磚畫的拓片贈送給饒公，這也是南博的鎮館之寶呀！

當天下午，南京大學在知行樓為饒公舉辦了隆重的頒授名譽教授儀式，校領導宣讀聘授決定，並頒授聘書，南京大學著名學者程千帆、茅家琦、蔣贊初、周勛初、董健等教授和文學院的百餘名師生出席儀式。頒授儀式結束後，饒公又以《繪畫藝術與佛教的因緣 —— 明清之際禪畫南傳與海外文化交流》為題發表就職演講，饒公風趣的言語，淵博的知識，將宗教與藝術有機地結合在一起，博得了全場聽眾一陣陣的掌聲。演講結束後，南京大學又準備了筆墨，請饒公留下墨寶。只見饒公略一思忖，拿起筆來，一氣呵成寫下這首《念奴嬌 再至金陵用陳同甫韻》：

龍蟠虎踞，佳麗地、豈比尋常遊賞。看鬱蒼蒼，更寂寞、沈霧諸陵相傍。江闊天長，冶城新柳，依舊神京樣。祠堂喬木（黃昏謁顏魯公祠），池邊時聞清唱。　　來去學海浮槎，地靈人傑，自作千秋想。形勝山川今邁古，登覽未應惆悵。燕子不來，石頭無恙，信美生悲壯。六朝風采，更饒盛事還往。

演講後饒公即興揮筆，為南大留下墨寶

　　我一直陪侍饒公左右，更用照相機將饒公演講及書寫的情景拍攝下來，成為一個珍貴的歷史影像。

　　2000 年為了紀念敦煌藏經洞發現 100 周年，在香港中華文化中心的大力支持下，饒公在香港召集和舉辦了一個國際學術研討會，邀請來自世界各地的著名學者匯聚香江。會後原班人馬再飛到敦煌，參加由甘肅省與文化部聯合舉辦的紀念活動。我有幸在香港會後陪同饒公去西安和敦煌，在會上甘肅省政府和國家文物局特向他頒授「敦煌文物保護、研究特別貢獻獎」，文化部孫家正部長也親自會見饒公，由此可以看到他在敦煌學界所享有的崇高地位。會上來自國內外學者向饒公祝賀問學，提交的論文更是百花齊放，顯示出敦煌學研究的一片新氣象。饒公興奮至極，隨手寫下一首七絕：「老去彌知考信艱，重舊待問三危山；百年事業藏經洞，光焰長留天地間。」會議期間又到鳴沙山遊覽，饒公也興致勃勃地一起去了，還和我們一起爬上山，回來後即信筆寫下一首「重到鳴沙山」：「北寺能容百丈佛，西關曾貢雙頭雞；情牽欄外千絲柳，不怕鳴沙沒馬蹄。」我即將他寫的詩保留下來，成為他此次重遊敦煌的歷史見證。

　　在會議期間，樊錦詩院長特地安排了一輛車，送饒公到榆林窟去參觀，車上除司機外，還有饒公、清芬、單周堯和我四人。榆林窟距離敦煌 170 多公里，位於甘肅瓜州縣城南的榆林河峽谷中，與莫高窟並稱

與饒公和清芬小姐攝於
敦煌莫高窟

為姐妹窟，也隸屬於敦煌博物院，但因交通偏僻，遊客極少。那時的交
通極不便利，電話線也沒有鋪設，手機更沒有信號，與外界聯絡只能依
靠電台。我們一路上在一望無際的戈壁灘上行駛，不要説人，就連一輛
車都看不到。我當時還想，萬一車在半道上出點事，連求救信號都發不
出去。中午車到榆林窟，下車後只見一片荒漠，只有一塊石碑，上面寫
著「榆林窟」三個大字，直到下了河谷，才見到榆林窟的真面目。

因為事先無法通知，榆林窟的職工見到我們這群不速之客都感到
很驚奇，但一見到饒公，負責人馬上就認了出來，立刻迎上前來表示歡
迎，並立刻安排炊事員下了一鍋手擀麵，可見饒公在敦煌學界的地位是
多麼有名。飯後饒公不顧旅途勞頓、興致勃勃地跟隨導遊觀賞那無與倫
比的壁畫和美輪美奐的雕塑，要不是司機多次催著天色已晚，必須趕回
敦煌的話，他還真的不想走呢！

為饒公作口述史

作為饒公的學術助手，親眼所見他在退休之後仍致力於學術，厚積
薄發，退休後所發表的論著數量之多，質量之高，令人贊歎。同時我又

常想，饒公如果能將自己一生的學術經歷和追求，以及對如何繼承和發揚中國傳統文化的設想寫出來，那對於學術界的影響和作用，為後代學人指引方向，恐怕要比發表幾部著作重要得多。我也曾多次向饒公説出我的想法，希望他能抽出時間，對自己的一生學術道路作一回顧，但他只是笑笑，並沒有應承。也有不少學人曾毛遂自薦，要為饒公寫傳，但他同樣也是予以婉拒。我想，這可能是他以為自己身體仍十分康健，對於未來的學術還有更多的計劃尚未完成，還沒有到總結學術史的時候，也可能是他還沒有找到一個認為能為他寫傳記的合適人選。

1995 年夏，華東師範大學胡曉明博士得到香港的大學基金會贊助前來香港訪問，他選定的題目就是對饒公的學術思想作一深入的採訪。曉明兄是王元化先生的博士，他不僅深諳中國文化的傳承，而且文筆功夫十分了得，饒公欣然接受他的訪問，先後進行了多次錄音，我和建華亦予以配合，終於完成《饒宗頤學記》這部訪學記，這也是學界對饒公學術貢獻所作的第一篇全面記錄。除此之外，饒公還應北京和台北學者的邀請，分別寫下《我與敦煌學》和《我與史語所》等幾篇文字，對自己的學術史予以回顧。

台北的新文豐出版公司的老闆高本釗先生是山東人，非常豪爽，對饒公的學問十分欽佩，亦承擔《香港敦煌吐魯番研究中心叢刊》及《補

饒公畫展

資治通鑒史料長編稿系列》兩套大型叢書的出版。新世紀初在一次晚宴中，他聽說饒公有意將其 20 世紀所發表的各類文字統統收集出版，便慨然應允。這個文集的工作量極大，專門有一批人擔任編輯和校對，但饒公仍不放心，很多事都要親力親為，結果在異常忙碌之下，饒公突然中風。雖然之後經醫生及時治療及良好的休養，健康恢復得亦較順利，但他那時畢竟已是 86 歲的老人，一場大病之後，身體狀況明顯不如以往了，自那以後，饒公來中大的時間也比以前少了。

中文大學圖書館前些年就開始進行一項口述史的研究計劃，饒公自然是他們早就想訪問的對象。2009 年底，大學祕書長梁少光先生籌措到一筆經費，計劃為饒公進行口述採訪，大學圖書館和研究所決定，這項採訪就由我來負責。大學的這番好意得到了饒公和他的女兒清芬小姐的贊同，他們也認為由我來承擔這一工作較為合適。

我自 1990 年開始擔任饒公的學術助手，說來慚愧，對饒公博大精深的學問知之甚少，然而與饒公接觸多年，平時言談身教，耳濡目染，對他的學術生涯、學界交往較為了解，因此我想口述史就從這方面入手。先擬定了一份比較詳細的訪問提綱，以問學、聊天的形式進行，輕鬆隨意，不拘形式，希望能以各種方式激活饒公的記憶，讓他有興趣、有耐心回答和講述他的故事。每次採訪之前要做好各項準備，熟悉饒公的學術經歷、人際交往以及治學特點，預先確定一個訪談範圍，當訪談過程中出現其他話題時，可隨機應變，不一定強求按照既定內容進行。採訪內容基本上以饒公的學術生涯為線索，特別注意對饒公的治學特點、學術交往、學術貢獻等方面進行全面的總結。訪談以本人為主，必要時亦邀請相關學者一道去進行採訪。

我擬定的採訪大綱大致分為以下幾個部分：

一、學術歷程。包括家世與早年生活，廣州中山大學，與香港的初次結緣，廣西無錫國專時期，抗戰勝利後的活動，定居香港，就職香港

大學，任教新加坡大學，香港中文大學，重返內地的學術之旅；

二、學術交往。包括禹貢學會與顧頡剛，王雲五與葉恭綽，與香港學者的交往，與日本學界的交往，在歐洲的學術活動，在美國的學術活動，與印度的學術淵源，與台灣及內地學者的學術交往，如何推動學術發展；

三、學術成就。分為歷史學、敦煌學、宗教與禮制、考古與金石、文學史及文學評論、中外文化交流、治學方法與特點、二十世紀學術文集、對中國文化的展望；

四、學藝雙攜。包括詩、詞、賦、句，書法，琴藝，學者畫等。

口述史的採訪自 2010 年 3 月開始，平均每月進行二至三次，每次事先與清芬商議決定，一般都是我下午 4 點鐘左右到饒公位於跑馬地的家中，此時饒公剛剛午睡起身，精神尚佳。每次採訪清芬都在場，她不僅可以隨時提及訪問的要點，而且還能糾正一些史實的判定。

饒公是當今國際著名的學術大師，他是一個百科全書型的學者，不僅是他學藝雙攜，而且傳統的國學幾乎每一個種類都有很深的造詣。對饒公進行口述史的訪問，目的就是希望將饒公的治學經驗向後代予以介紹，讓他們看到饒公的治學道路後會有所啟發，將他的治學經驗與體會傳給大家，包括他的學術交往、學術成長。採訪的目的就是要研究饒公在中國當代現代學術史上的地位，為什麼有出現這個現象，饒公與現代的歷史承傳有什麼關係，更重要的是，饒公是中西文化交流的重要人物，不單單是西學東漸，而且還發揮了東學西漸的巨大作用。實際上也正是 20 世紀乃至於當今的學術發展歷史，完全可以成為饒學研究的一個重要組成部分。

然而口述訪問的內容未能達到預期的效果，首先是時間上不能保證每周一至二次，後來大約只是每月一至二次。其次是無法完全按照預定大綱內容進行，基本上是隨意性的訪談，有時會出現多次重複的回憶，雖然每次我都想儘量將話題拉回，但往往控制不了。第三是因為饒公年歲已高，特別是饒公的聽力嚴重衰退，雖然中大的威爾斯親王

為饒公作口述史

醫院為饒公安裝了助聽器，但效果並不明顯。開始時饒公還能主動地說些問題，但後來所說不多，主要是我與清芬的對談，饒公只是在旁邊傾聽，有時插幾句話。從 2010 年到 2014 年，前後共進行了 60 多次的訪問，每次大約有一個多小時，雖然都有錄音，事後亦進行整理，但說到要整理出版，尚存在很大的距離，這也是一件非常遺憾的事，而且更無法挽救。

關於對饒公所作口述的經過，我曾寫過一篇短文《關於饒公口述史進展的簡介》，提交由香港大學、香港中文大學等香港高校聯合舉辦之《饒宗頤教授百歲華誕國際學術研討會》（香港：2015 年 12 月），後載鄭煒明主編：《饒宗頤教授百歲華誕國際學術研討會論文選集》（香港：紫荊出版社，2016 年，頁 202−208），可供參考。

中國美術館舉辦畫展

饒公不僅是一位享譽國際學界的國學大師，他還是著名的書畫藝術家，自 20 世紀 80 年代以來，他就經常在各地舉辦個人書畫展。尤其

是進入新世紀以來，他的藝術生涯更達高峰，我也曾跟隨他出席過在北京、上海、廣州、深圳等地舉辦的多次書畫展，而令我印象最深的，則是他在中國美術館舉辦的那次畫展，這也是他一生中最後一次舉辦並親自出席的公開展覽。

自 2016 年起，饒公的「蓮蓮吉慶」荷花作品開始在各地巡展，2017 年 6 月 27 日，畫展在巴黎古色古香的彤閣開幕，饒公以百歲高齡親自前往法國出席，誠為藝壇一段佳話。我當時正在美國探親，未能陪侍前往，亦為憾事。著名雕塑家、中國美術館吳為山館長與饒公相識多年，對饒公的學術文章無比欽佩，其創作的饒公塑像栩栩如生，饒公極為欣賞，因而步杜詩韻書贈為山，詩云：「為我塑幽姿，妙手臻靈境；獅山兀相向，池月印微影。胸寬象緯近，心同壺冰冷；留像對但丁，前事堪重省。」為山兄與我也是多年好友，他聽說饒公新近在法國舉辦畫展，便有心要在中國美術館為饒公舉辦一次畫展，囑我一定要將此意面告饒公。

9 月 29 日我到饒公府上，將吳館長的邀請告知饒清芬小姐，我說饒公雖然已在北京的故宮博物院和國家博物館等處舉辦過畫展，但中國美術館是中國美術界的最高殿堂，饒公畫展應在這裏舉辦，這也是為山館長的盛意。清芬深以為然，在與鄧偉雄博士商議後即作出決定。關於

2009 年 11 月 12 日，中文大學為吳為山雕塑之饒公銅像舉行揭幕禮

畫展日期，最初商議為 2018 年的金秋時光，後又說可以於春季進行，最後還是吳為山館長當機立斷，10 月份北京要召開十九大，那就安排在 11 月中下旬舉行。經過雙方的共同努力，中國美術館臨時撤換原有安排，決定在最寬敞的三樓大廳布展，在短短的一個多月時間，就將各種手續辦妥，饒公還饋贈「蓮蓮吉慶」四聯幅等十幅珍貴作品予中國美術館作為永久珍藏。

　　11 月 17 日下午，饒公飛往北京，饒公家人以及香港各界數十人陪同前往，我也忝居其列。北京已入初冬，氣候較香港寒冷許多，吳為山館長等早已在首都機場貴賓處迎候。在機場迎賓室我正在與為山兄談話時，他突然接到劉延東副總理的電話，說是明天她有公務外出，不能參加開幕典禮，所以特地趕在今晚前往美術館看望饒公。這樣我們就改變了原訂到酒店休息的計劃，直接前往中國美術館，劉延東副總理、中宣部黃坤明部長等一行已在門口迎候，向饒公到訪北京表示親切的問候，並預祝展覽舉辦成功。接著劉延東副總理和黃坤明部長還興致勃勃地參觀了畫展。

　　11 月 18 日上午，饒公的「蓮蓮吉慶」畫展在中國美術館三樓大廳開幕，饒公端坐中間，全國政協、文化部、國務院港澳辦等機構的多位領導親臨出席，饒公的新交舊識及各界觀眾擠滿整個大廳。吳為山館長

2017 年 11 月 17 日，饒公從香港飛往北京，吳為山親臨機場迎接

的開幕辭充滿激情，盛讚饒公畫展「荷風清香，文意浩蕩，人藝俱老，詩情漾溢」，而饒公此次在北京舉辦畫展，這不僅是「藝界盛事，文壇佳話」，更是「新時代文化凝聚力的表徵」。

與饒公最後的兩次見面

著名數學家、哈佛大學的丘成桐教授與饒公是潮州同鄉，亦是清末愛國詩人丘逢甲（字滄海）後人，其父丘鎮英先生早年畢業於廈門大學，抗戰爆發後投筆從戎，20世紀50年代初曾在香港崇基等專上學院教授哲學，與饒公詩文往來，相知相熟。21世紀初，中文大學聘請丘教授出任偉倫講座教授，並兼任中大數學研究所所長。

丘教授不僅是享譽全球的數學大師，而且對中國傳統文化也是情有獨鍾，特別是古代詩詞造詣精深。他到中大後不久便輾轉找到我，希望能當面拜訪饒公，經我聯絡，得以成行。記得那天是曉陽慈善基金會創辦人林健忠博士親自派車到中大，接上丘教授和我一同到跑馬地的英皇駿景與饒公吃飯，席間饒公回憶了與丘鎮英先生的交往，回答了丘教授的許多提問，一頓飯竟用了三個多小時，大家盡興而歸。其後不

2017年12月21日，丘成桐教授在跑馬地寓所拜望饒公

久，丘教授為其父生前遺存文稿編了一部文集，付梓之際，懇請饒公為之作序，饒公亦欣然應允。在序中饒公首先回憶他「執教香海，識滄海後人鎮英教授，以詩論交，既欣德之有鄰，又喜其能嗣家聲，為斯文彪蔚」，既感歎其一生坎坷，更贊其晚年「振鐸香江書院，造就英才之暇，沽酒談經，傲睨時流」。序文最後特別提及：「余既佩成桐之成就，復感其孝思之篤，嘉成桐之能繼志述事，他日文事大成，與數學交輝，天人之業，相得益彰，當以洛下閎張平子期之。」

饒公在北京舉辦畫展的那幾天，丘教授正好也在北京清華大學訪問，他很想在北京拜望饒公，但時間實在安排不了。後經我居間商定，待丘教授 12 月底回港期間安排時間專程拜訪饒公。

12 月 21 日下午，我陪丘教授一行來到跑馬地饒公家中，原先計劃是共進午餐，但丘教授行程實在太緊，中午已約定與特區首長見面，當天下午就要飛離香港，只能抽空去機場之前拜望饒公。本來饒公飯後是要午睡的，但為了與丘教授見面，他就在客廳中等待，而且還在前幾日特地為丘教授書寫了一幅五聯：「尋孔顏樂處，拓萬古心胸」。上聯集的是丘鎮英先生詩句，下款則為陳獨秀年輕時為自己寫的座右銘。饒公雖已百歲高齡，但其書法仍秀骨自在，蒼勁有力，更難能可貴的是，這可能也是他老人家留給世間最後的墨寶了。

2018 年 1 月 25 日，饒學聯匯在跑馬地的馬會會所舉辦 2018 年新春聚餐暨《蓮蓮吉慶 饒荷盛放圖冊》新書發佈會，畫冊收錄了饒公的在內地、港澳及法國各地巡展的精彩畫面，餐前並播放了一段饒公出席中國美術館畫展的影片。當晚饒公也出席宴會，並與眾多來賓握手合影。這些年我每次到饒公家都會拿手機與他合個影，但當晚人太多，我就沒有湊上去，只是在遠處給饒公照了幾張像。

餐後饒公先行離座，陳醫生推著輪椅送他回家，在他經過我們這一桌時見到我即向我伸出手，我也像往日一樣與他握手，感覺到他雙手還

是那麼有力，我在他耳邊說道：「過兩天我去看您。」他對我點點頭，輪椅漸行漸遠，沒想到這竟成了永訣！

2018 年 2 月 6 日凌晨，饒公在睡夢中逝世，走過了他 101 年輝煌的學術人生。雖說饒公已是期頤之年，可謂福壽雙全；安祥離世，亦可稱功德圓滿，但聽聞噩耗，仍悲痛不已，饒公的音容笑貌頓時浮現在眼前。饒公去世後，電台、報社等媒體不斷來訪，香港和內地各界都相繼發來唁函輓聯。我自知不通平仄格律，但請好友王素兄代為撰寫輓聯，以寄託無盡哀思，並緬懷近 30 年來向饒公求知問學的這段恩澤。

> 追隨卅載，晨昏聞道，幾多謦笑音容，宛然成記憶；
> 徂逝瞬間，天地遺芬，無限情懷思念，惟自付欷歔。

第十七章

研究與教學

幾次會議的回顧

重返研究隊伍後的一個重要標誌就是得以參加各種學術會議，而為了要參加會議，又逼著自己必須限時完成提交會議的論文。在會議中不但老友重逢，還能結識許多新朋，更可以了解學界最新的研究成果，這既是提高學術水平的良機，當然也為自己增加了壓力，而所有這一切又都成為美好的回憶。

前文已介紹過參加一些會議的經過，這裏主要說說進入新世紀前後參加幾次會議的感受。

與季羨林、任繼愈同赴台灣

1998 年香港回歸祖國一周年之際，由台灣中流基金會、中國社會科學院和香港中文大學三個單位（後來有人笑稱這是「三中全會」）聯合舉辦了一個研討會，討論香港回歸對中國乃至世界所產生的影響。會議在中大舉行，校方和研究所讓我參加會議的組織和具體安排，因此與會議的主要策劃人「中央研究院」副院長楊國樞、蔣經國基金會執行主任李亦園和台灣大學政治系教授胡佛等幾位中研院院士等接觸較多，

會後他們回到台灣曾來信表示感謝，不久楊國樞院士又親自致函，邀請我參加由法鼓學院聖嚴法師舉辦的「人文關懷與社會實踐系列學術研討會：人的素質（1999）」。

　　台灣法鼓人文社會學院的創辦人聖嚴法師為了結合他提出「提昇人的品質，建設人間淨土」這一理念，特別規劃以「人文關懷與社會實踐」為主題，舉辦一系列會議，並決定 1999 年召開第一屆會議，討論的主題即定為「人的素質」。聖嚴法師特別委託李亦園、楊國樞、胡佛幾位「中央研究院」院士作為會議的籌備委員，負責策劃會議的內容，當然更重要的乃是確定與會學者的名單。參加會議的除了台灣學者外，主要是內地 10 多名學者，我是唯一一位來自香港的學者。然而籌委會的目標則集中在邀請季羨林先生、任繼愈先生以及中國社會科學院副院長汝信、原北京大學副校長郝斌、中國人民大學方立天等幾位著名學者身上，當然季老和任老是他們邀請的最重要對象。

　　應該承認，會議的籌委會成員公關能力非常強，因為季老和任老是屬於「國寶」級的大師，特別是季老，當年已近 90 高齡，北京大學對於他的出行非常慎重，一般情形下絕不允許季老遠行。當時季先生的關門弟子錢文忠正在中大讀研，我將季先生要到台灣開會的消息告訴他，他決斷地回答說不可能，因為他也認為北大是絕對不會同意讓季老遠行

與方立天、沙蓮香、任繼愈、季羨林、林德明合影

的。可能是楊國樞他們打聽到季老一直有到台灣為胡適先生掃墓的心願，因而多次發出邀請，由於季老的一再堅持，最後北大也只能破例放行了。幾天後文忠又告我，説季先生這次真的要去台灣了，北大特別讓李玉潔老師照顧他的日常起居，原副校長郝斌亦一路隨行。

　　我起初對是否參加這次會議還有些猶豫，因為我畢竟不曾研究過這個問題，不知該説甚麼好，但後來張玉法先生（他也是籌委會成員）給我電話，催我來開會，特別是聽到季先生和任先生等前輩也會參加，最終決定與會，並提交了論文《關於「人的素質」的培養與社會的關係》，從而有幸能得此一機會，陪同季、任等幾位大師在台灣度過了難忘的一個星期。

　　和前幾年參加兩岸慶祝抗戰勝利 50 周年會議一樣，這次我也沒有與內地學者同行，而是提前幾天從香港飛到台北，藉此機會先去「國史館」查些資料，而季先生也是提前一天到台北的。因此內地學者還未到埠的那天早上，我就在酒店的餐廳先見到季老，他同李玉潔老師正在用餐，我趕緊站在季老面前向他鞠躬，並自我介紹説我是饒宗頤教授的學術助手，這次到台灣來之前，饒公一再囑我向他問好，季先生也站起來與我握手，並讓我坐下來和他們一同吃飯。我仔細端詳著季先生，他真是一位慈祥的老人，説起話來眼睛微微瞇著，不急不慢，還是一口

與季羨林先生於台北合影

鄉音，特別是他穿著那身藍色中山裝，那可算得上是二三十年前的「國服」啊。幾年之後，我奉饒公之命給季先生打電話，是李玉潔老師接的，她說不僅她還記得我，就連季老也都記得，說有一次她告訴季老說有位姓鄭的要見他，季老馬上就問：「是不是香港的那個鄭啊？」我聽了後實在感到受寵若驚。李老師還說你甚麼時候來北京提前告訴我，我就安排你來見季先生，可惜其後不久季先生住進了 301 醫院，我再也沒有機會晉見季先生了。

這次去台灣完成了季先生多年的夙願，他堅持在病中去南港的「中央研究院」，親自來到了胡適先生的墓前，向他所尊敬的學者三鞠躬，完成了他的夙願，並寫下了那篇不朽的文字《我站在胡適之先生墓前》。2009 年 7 月 11 日，季、任二老竟又同一天離開這個世界，這是不是上天的一種有意安排呢？而 10 年前那次有幸陪同二老訪問台灣，更成為我一生中難忘的回憶。後來《明報》月刊的潘耀明兄約稿，我就將這一難忘的回憶寫成文字，以寄託我的深切緬懷與無盡哀思。

因與會而撰文

以往研究雖然主要關注南京政府的財經政策與中外經濟關係，但平時收集史料亦會旁及其他，譬如在研究中外經濟關係合作時，即曾注意到歷史上中國民用航空事業的中外合資，因此對此予以注意，並收集相關史料，撰寫了論文《簡論三、四十年代中國民航事業的合資經營》。論文完成後正好接到中國經濟史召開年會的通知，本屆會議由華中師範大學與中國經濟史學會聯合主辦，主題為「經濟組織與市場發展」國際學術研討會，時間是 2000 年 8 月，地點在湖北的十堰市。我就將此文帶到會上宣讀。那年暑假先是陪饒公到敦煌開會，會後在西安與他分手，我就直飛青島與家人會同一起旅遊，然後回南京，再飛往武漢與會。到武漢先到華中師大集合，晚間與章開沅先生和王笛兄等乘坐同一

軟臥車廂，一路閒談，乘夜車前往十堰，再換乘客車上武當山。會議結束後大會再組織登山遊覽，欣賞怡人的風景，豈不快哉！會後這篇論文即刊於 2001 年出版的《中國文化研究所學報》第 41 期。

還有很多論文是因接到會議的邀請而被逼著完成的，因為參加會議是「以文會友」，必須提交相關的論文。有一些會議因與過去的研究有一定的關係，所以還有些研究的基礎。譬如 2001 年 9 月，中國社會科學院中日歷史研究中心為了紀念「九一八」事變爆發 70 周年，計劃在北京召開學術會議，我也收到邀請，但寫甚麼論文呢？因而依靠過往的研究，並從中挑選相關史料，撰寫了《步向全面侵華戰爭前的準備——論「九一八」事變後日本對中國財政的破壞》，從「九一八」事變後日本強佔東北海關、對華北實施大規模的走私，到名目張膽地對中國幣制改革進行破壞諸方面，分析日本帝國主義以破壞中國財政來配合其軍事侵略的步伐。該文先刊於《抗日戰爭研究》2002 年第 3 期，並為《人大複印資料》收錄，後又收入中國社會科學院中日歷史研究中心編：《「九一八」事變與近代中日關係》（北京：社會科學文獻出版社，2004 年 7 月）。

2001 年又是辛亥革命爆發 90 周年的紀念，在這之前的一年，國民黨在台灣的大選中失去政權，擬以在野黨的身份在台灣的圓山大飯店舉行一個大型的國際研討會，我也收到邀請。我以往研究的時間範圍多在 1927 年之後，對於辛亥革命沒有任何研究，但為了參加會議，就必須得完成一篇論文。寫甚麼呢？雖然以前沒寫過相關論文，但我一直對辛亥革命後中國資本主義的發展原因有所疑惑。以往學界都承認一次大戰期間中國資本主義有所發展，而且對其發展的原因都有共識，那就是帝國主義捲入歐洲戰爭，暫時放鬆了對中國的經濟入侵，從而使中國的民族資本主義有了一個喘息的機會；可是一旦大戰結束，各國列強又捲土重來，中國資本主義的發展也就曇花一現，一去不復返了。由是我統

計了相關的資料和數據，從而證實中國民族資本主義經濟在辛亥革命之後就開始有了顯著的發展，並不是隨著歐戰的爆發而產生；同時，這個所謂資本主義發展的「黃金時代」也並非由於世界大戰的結束而完全消失。因此我的結論是，第一次世界大戰的爆發確實為形成中國的資本主義「黃金時代」帶來重大的契機，但是若要尋找這一時期中國資本主義發展的真正原因，還必須從中國內部的深層結構去分析研究，其中包括辛亥革命後民眾心理及觀念的變化，政府的支持與推動，民族主義情緒的高漲，資產階級力量的壯大以及內地投資環境的改變等諸多方面的原因。我將此論點寫成論文《辛亥革命與中國的經濟轉型 —— 兼論中國資本主義發展的內在原因》提交會議。這次會議雖然是在台北著名的圓山大飯店召開，但不知是不是因為國民黨剛剛下野，缺乏經費，這次會議的論文最後並未和以前會議一樣結集出版，只是將提交會議的幾篇論文先行刊於中國國民黨文化傳播委員會黨史館主辦的《近代中國》總第145 期上，並於會前發給與會學者，拙文有幸也被選入。後來《二十一世紀》主編劉青峰又向我索稿，該文再經壓縮，又以《辛亥革命後中國的經濟轉型及其內在原因》之名，刊於本所出版的《二十一世紀》第68 期上。

　　2005 年是中國同盟會成立 100 周年的日子，為了紀念這一壯舉，南京大學中華民國史研究中心與中山陵陵園管理委員會決定在中山陵舉辦會議，張憲文老師也向我發了邀請。與辛亥革命研究一樣，以往我也從未涉足這一研究，為此我又不得不考慮題目，撰寫論文。我在閱讀相關文獻時發現一個問題，就是關於同盟會成立的時間、地點以及參加人數，可以說是眾說紛紜，沒有確定的答案。我認真地查閱了國民黨黨史會珍藏的檔案以及當事人撰寫的日記和回憶錄等資料，再一一予以排列對比，撰寫論文《也談同盟會第一次籌備會議人數》，對參加創立同盟會的人數作出了初步結論。開會時我的這篇論文得到與會的民國史大

紀念同盟會成立百周年會
議，左起張憲文、謝俊
美、鄭會欣、呂芳上、胡
春惠、張玉法

家、原台北政治大學蔣公永敬的謬讚，會後刊於《歷史檔案》2006 年
第 2 期，亦為《人大複印資料》刊載，幾年後再以《參加同盟會第一次
籌備會議人數考》之名，收入南京孫中山紀念館編的《大同道路 ——
孫中山研究》（南京出版社，2010 年）。

新世紀的中國歷史學

　　2001 年 6 月，香港浸會大學、二十世紀中華史學會（北美）、香
港中國近代史學會在香港聯合召開了一個「二十世紀中國之再詮釋」的
國際研討會，我即將正在研究的課題寫成一篇論文提交會議，題為《從
調整到統制 —— 論抗戰初期國民政府的貿易政策》，後刊於台北國民黨
黨史館主辦的《近代中國》總第 148 期。

　　中國社會科學院張亦工先生也應邀參加這個會議，亦工兄與我相
識多年，他此時剛出任《歷史研究》主編，一直想聯合港台學者一起為
新世紀的史學研究作點事，但他與香港的史學圈子不熟，我就介紹中文
大學文學院郭少棠院長及歷史系和研究所的幾位同事與他相識。眾人相
見後極有共識，都認為最近 20 多年來兩岸三地的史學界無論是學術思
想、學術環境，抑或是學者本人的知識結構、理論方法等方面，都發生
了極為明顯的變化。以內地史學界為例，如果將上個世紀 80 年代稱為

「撥亂反正」時期、90 年代為「醞釀繁榮」時期的話，那麼如今在新世紀之初中國的史學界正具備著「走向繁榮」的條件，這些條件的主要表現在於：可以相對自由發展的學術環境和社會環境；一批素質優異的中青年學者逐漸步入學術主導地位；大量的公私檔案資料陸續公佈出版；與海內外學界的交流日益活躍和方便；學者進行學術研究的興趣、方法以及學術發表的多樣性趨向等等。與此同時，大家也發現目前史學界發展變化中所出現的不平衡，包括各個地區和機構的發展空間、學術資源的利用條件、從業人員的學術思想及其素質等等。為了促進史學界進行一定程度上的「學術整合」，共同推動中國歷史學走向繁榮，眾人都認為有必要召開一次會議討論這些問題，並探索如何提高中國歷史學國際學術地位的方法與途徑，最後決定第二年在香港由中文大學出面，召開一個歷史學的高峰論壇。

沒想到不久之後，郭少棠先生未能繼任中大的文學院院長，原先承諾的資金安排無法兌現，而北京這邊已經行動起來，決不能因此而半途而廢。亦工兄問我有沒有辦法解決，我就找了我們所的陳方正所長和金觀濤，以及崇基書院梁元生教授（他即將接任院長）、歷史系蘇基朗主任，最後大家同意各自分頭出資贊助，繼續合作，這就是 2002 年 11 月由《歷史研究》編輯部、中山大學歷史系、香港中文大學歷史系和中國文化研究所聯合主辦的「新世紀的中國歷史學 —— 挑戰與思考」學術研討會召開的由來。

這次會議的籌備工作由《歷史研究》、中山大學和中文大學三單位的學者組成，我也是成員之一，事先曾召開過多次籌備會議，討論會議的主題並確定與會者的名單。組織者準備邀請兩岸三地從事中國古代史、近現代史、世界史和史學理論研究的知名學者，也都是當下 50 歲上下生力軍，因此會議的出席人數雖然不是很多，但規格很高。以中國近現代史方面來說，到會的內地學者就包括桑兵、虞和平、汪朝光、馬

敏、吳景平、楊奎松、陳爭平、陳紅民、楊念群等，古代史有葛劍雄、
王子今、商傳、葛兆光、謝維揚、陳春聲、趙世瑜、劉志偉、王禾、張
國剛、彭衞等，世界史有于沛、錢乘旦、徐藍、沈志華、陳志強等等，
可以說與會者都是中國史學各個領域中的領軍人物，也是經常在《歷史
研究》上發文的作者，《歷史研究》的編輯徐思彥、仲偉民等也都參加
了會議。

　　組織會議其實有時也挺麻煩的，就是有時你想請人來他卻不來，但
有時你沒邀請他那就得罪了他，我們這個會應該是屬於後者，因此內地
學者的邀請名單皆由《歷史研究》提名。按他們的話說，第一，我們不
怕他們不來參加，因為他們只要看到邀請名單就明白了；第二，我們不
怕得罪人，言下之意是，除非以後他們不想在《歷史研究》上發稿。《歷
史研究》就是牛，事實也是如此，除了個別人（如朱鳳翰、羅志田、熊
月之、茅海健、閻步克、榮新江等幾位）有要事實在無法脫身外，其他
受邀學者大部分都參加了。

　　至於香港和台灣的學者，籌備會說希望由香港方面決定，但我們可
沒有這個本事，說請誰就請誰的。好在香港的學者不是很多，後來我們
商議，用電郵方式發給香港各高校歷史系所有學者，邀請他們參會，但
有一個要求，就是要在會前提供論文予以評審。到最後，除了中大歷史
系和文化研究所共有 8 位學者（包括郭少棠、梁元生、蘇基朗、朱鴻
林、葉漢明、金觀濤、劉青峰和我）報名並提交論文外，外校只有香港
大學的一位學者報名參加。但台灣的情形比較複雜，學者也比較多，採
用這一方式肯定不合適。於是我們就確定名單，即以「中央研究院」幾
位史學研究所的領導人王汎森、黃寬重、梁其姿、呂芳上和陳永發為邀
請目標，這個任務就由我來完成。我先是一一給他們打電話，說明此會
的宗旨，並告訴他們內地與會學者的名單，希望他們務必參加，如果沒
有時間撰寫論文，報個題目也可以。在我的不斷催問下，除了王汎森因

會期與他出國訪問衝突未能參會外，其他幾位所長都如期來港。然而在會上發言時他們都不約而同地「控訴」我，說這次來香港開會都是被我誆來的（那時候「忽悠」這個詞還不流行），因為我不斷地打電話：先是說只要人到了就行了，然後說還是報個題目，接著再說寫個提綱，最後說還是交篇論文吧，就這樣一步步地落入「圈套」。雖說是「中了招」，但他們都認為這次會議的召開，對於未來史學的發展具有重要的意義，所以能來參加，還是深感榮幸的。

　　由於會議經費有限，學者到港後的住宿由中大崇基書院負責，但他們提供的房間條件不同，如何分配也是個問題。於是我決定按照與會者的年齡長幼安排，即所謂「序齒不序爵」，年齡大點兒的，所住宿的條件就略微好些，反之亦然，這個結果大家都能欣然接受。不管怎麼說，這次會議舉辦得十分成功，對推動中國歷史學的進步也產生了重要的影響，我那本《從投資公司到「官辦商行」》的書剛剛在中文大學出版社出版，因此我就以此課題為例，寫了一篇論文，題目就叫《對「官僚資本」的再認識》提交大會，後來發表在《民國檔案》2003 年第 4 期。然而最令人遺憾的是，會議的倡導人張亦工兄因患病未能參會；更想不到的是，他於第二年竟英年早逝，使吾輩學人痛失良友！

知識分子研究

　　以往我研究的關注點主要集中在財政金融等經濟問題上，對於其他問題較少涉及，但有時卻因其他原因，讓我注意到其他領域，譬如有關知識分子的研究。

　　2003 年，香港歷史博物館聯合中國國家博物館召開中國近代留學生會議，我也收到邀請，還讓我推薦學者出席。我雖然推薦了北京近代史所的王奇生參加外，但我自己以前卻從未留意過這個問題。這時我突然想到父親的經歷，其實除了留學海外這一形式外，還有一種是由政府

選派科技人員到國外實習。這種實習與正常的留學有異，也與一般的參觀訪學不同，派出的對象都是富有經驗的工程技術人員，實習單位則為國外的工礦企業和軍事單位，一般實習時間為兩年，實習期滿必須回國服務。留學期間國內的薪金待遇及職務升遷均不受影響，國外生活則發給相應的津貼。而且這種形式一直沿續到新中國成立後的 50 年代初向蘇聯和東歐國家以及改革開放後大批派往歐美國家的實習人員，這種方式不僅為國家培養了具有實踐經驗的技術人員，而且還為國家的建設發揮了積極的作用。

家父曾於抗戰後期經考試合格派往美國空軍基地實習將近兩年，我原想就以他們的實習為例，寫一篇論文，但航空委員會的檔案根本就找不到，實在無法進行這項研究。相對而言，資源委員會的檔案就比較完整，台北「國史館」還曾出版過相關史料，於是我就以民國三十一年資源委員會派遣的 31 名工程技術人員（即所謂「三一會派」）去美國實習的經過撰寫論文，而且特別注重調查他們實習結束回國後的不同遭遇，從中可以看出愛護人才、關心人才對於一個國家的經濟建設究竟會發生甚麼樣的作用。會議期間徐州師範大學（現改名為江蘇師範大學）學報主編周棉教授看中此文，就向我索稿，由於該文篇幅較長，後來即以《資源委員會與人才培養 —— 關於抗戰期間「三一會派」人員赴美實習前後的追蹤調查》為名，連續兩期刊載於《徐州師範大學學報（哲學社會科學版）》2005 年第 1 期和第 2 期上，後又以《培養人材　重視人材：以資源委員會派遣技術人員赴美實習為例》，收於丁新豹等主編的《近代中國留學生論文集》（香港歷史博物館，2006 年）。

我在研究戰時統制經濟的過程中，注意到戰前國內經濟學界有關統制經濟的討論，以及國民政府對統制經濟的態度以及所採取的行動，為此撰寫了《戰前「統制經濟」學說的討論及其實踐》，提交由中國社會科學院近代史研究所民國史研究室、《歷史研究》編輯部、四川師範大

學歷史文化學院聯合主辦的「1930 年代的中國」國際學術研討會（2005
年 8 月，成都），後相繼發表於《南京大學學報（哲學、人文科學、社
會科學）》2006 年第 1 期和中國社會科學院近代史研究所民國史研究
室、四川師範大學歷史文化學院編：《一九三〇年代的中國》（社會科學
文獻出版社，2006 年）。

　　而我在收集貿易委員會及其屬下三大國營貿易公司檔案的同時，還
關注戰前學術界關於統制經濟的這場爭論，結果發現有一個團體在這場
討論中具有重要的領導作用，這就 20 世紀 20 年代由多位留學歐美回
國的經濟學者創辦的中國經濟學社。當時學界對同一時期成立的中國科
學社、中國史學會等學術團體已展開相當深入的研究，但對中國經濟學
社卻沒有相應的研究，後來我才知道四川大學歷史系的博士生孫大權也
在關注這一問題。於是我就集中精力，專為中國經濟學會的成立、學會
活動以及社會影響等問題撰寫了數篇論文，如《簡述中國經濟學社的年
會及其特點》，這是參加香港嶺南大學等單位主辦「歷史經驗：中國經
濟史」學術討論會（香港：2006 年 6 月 9-10 日）論文，後刊於《中
國社會經濟史研究》2006 年第 3 期；《論中國經濟學社的歷史地位及其
作用》，提交「第五次中華民國史學術討論會」（奉化：2006 年 7 月）
論文，後刊於《民國研究》第 9 輯（南京：2007 年 5 月）；以及《無
黨無偏，不激不隨：論中國經濟學社的歷史地位及其作用》，刊於《中
國文化研究所學報》第 46 期（2006 年）。以往我對民國時期知識分子
缺乏深入的研究，這也是在研究戰時統制經濟問題時取得的一些額外
成果。

　　2011 年辛亥百年之際，各地都在召開紀念大會，我突然收到奧地
利維也納大學發來的邀請，約我於 2012 年 1 月參加該校主持的一個辛
亥百年研討會。我當時很奇怪，怎麼會邀請我參加呢？到了維也納才知
道，朱嘉明博士當時正在維也納大學任教，並負責籌辦這個會議，因為

他正在撰寫中國貨幣史大著，曾看過我寫的論著，因此推薦我參加，與會的有許多學者都是認識多年的老朋友，如楊天石、袁偉時、吳景平、沈志華、桑兵、朱英、許紀霖、雷頤、吳國光、唐啟華、吳翔君，還有日本的久保亨、韓國的裴京漢等著名學者，因此能出席這一盛會，實為幸事。而且趁參加這個會議，我們一家三口還提前出發，遊覽了法國、西班牙、德國和捷克，也算是公私兼顧吧。

2019 年春，中國近代文化史學會計劃暑假期間與蘭州大學歷史系聯合召開一個文化史的學術討論會，地點就在蘭州。承蒙近代史所的馬勇和左玉河二兄邀請赴會，可是我以前從未參加過文化史方面的會議，然而盛情難卻，而且蘭州是我唯一一個未曾去過的省會，所以就答應參加。既然應承，就必須完成一篇論文，寫甚麼呢？退休這幾年我有較多的時間去閱讀民國時期的名人日記，其中大多為知識分子的日記，收益頗大，前兩年撰寫的戰時大後方知識分子生活狀況，就是依據多位高級知識分子的日記為重點的。我又想到前幾年南京大學演出的一場話劇《蔣公的面子》，心想不如即以諸多知識分子以及蔣介石本人的日記為依據，撰寫一篇蔣介石與知識分子之間的關係，既由蔣的立場看他對民國學人的態度，更從知識分子的角度，分析他們對政權與強人的看法及其立場的轉變原因。後來我撰寫了《蔣介石與民國學人》在大會上宣讀，後亦刊於本所《二十一世紀》總第 177 期（2020 年 2 月）。

學術中介

香港中文大學位於新界沙田，依山傍海，是羅湖至紅磡鐵路（東鐵）的一個中間站；中國文化研究所則地處大學中央，旁邊就是大學圖書館、百萬大道和行政中心。身居這一位置，但凡海峽兩岸學者到中大或香港訪學，必然會到中大的中心轉轉，而我這個辦公室也往往成為學

者聊天聚會的一個地方。

　　90 年代，研究所經常會邀請一些學者前來進行短期訪問，或是召開研討會，也會邀請年輕學人前來參加。記憶中這些年來訪的學者人數眾多，年長一輩的學者包括鄧廣銘、湯一介、章開沅、張玉法、朱維錚、姜義華、袁偉時等，更多的是同齡人如朱英、羅志田、熊月之、樂正、汪暉、雷頤、沈志華、楊奎松、桑兵、高華、秦暉、胡曉明、陳紅民、朱學勤、許紀霖、馬敏、牛大勇、章清、蕭功秦、歐陽哲生、馬勇、楊念群、董國強、錢文忠、高超群等中青年學者。還有一些學者是到中大的大學服務中心查閱資料，更多的學人是到香港其他學校開會或訪問，順道參觀中大，其中有些過去就相識，有些雖未見過面，但亦相互聞名。他們到中大時也都常常到我辦公室來交談侃山，既交流學術動態，有時也會談些學界趣事，許多消息就這樣不經意間傳播出去。好多人都笑著說，到你這兒聊天能了解不少新鮮事兒，有些消息甚至我們在內地都不知道，真是「只緣身在此山中」啊！

　　那時內地已經對外開放，常常有學者應邀出國或前往台灣進行學術訪問，然而申請簽證卻很不容易，機票都不敢提前預定，往往要折騰到臨出門前才拿到簽證，可謂苦不堪言。然而香港此時卻有一個入境可以短期居留的規定，即持有往返機票者途經香港時可以免簽逗留一個星期，這就給許多學者訪問香港帶來了機會。我在中大歷史系和研究所人微言輕，並沒有任何邀請學者訪問的權力，但我的優勢是認識不少內地的學者，除了介紹和推薦一些學者到香港參加學術會議之外，有時還為他們訪問中大牽線搭橋。歷史系和研究所也希望利用這一機會，邀請更多的學者進行訪問，因為單獨邀請學者訪港的簽證甚為困難，但接待外訪學者回國時順道訪問就方便得多了，而且學者的機票已由原邀請單位負擔，中大只需發出邀請，並承擔他們在香港一周的住宿和生活費用（記得當時每人每天生活費標準是 300 港元）就行了，條件是到訪學者

必須在中大作一個學術報告。這樣的安排可以說是雙贏，中大既不需花費太多的精力去申請簽證及購買機票，卻能邀請到知名學者進行交流；而內地學者則可利用這一機會到香港進行訪問，加強學術聯繫，並順道遊覽市容，結識學界朋友，而所有的食宿費用均由中大負擔。這些年印象中我曾利用這種方式，為歷史系和研究所邀請過許多重要的學者訪問中大，如中國社會科學院的余繩武、張海鵬、張振鵾、楊天石、陶文釗，復旦大學的姜義華、吳景平，南京大學的張憲文、陳謙平，中國第二歷史檔案館的萬仁元、馬振犢、郭必強等等，可以說是為兩地的學術交流作出過一點貢獻。

進入新世紀後，隨著內地的經濟起飛，知識分子的待遇也大幅提高，很多學者手中握有相當的學術經費，他們希望能到香港來收集資料，費用可以自理。於是我又擔當中介，將他們推薦給歷史系或中國研究中心，請其出具邀請信，學者則自行辦理所有簽證及出行手續，中大並為他們預定賓館，聯繫學術交流及查閱資料等便利，而不承擔任何費用。

上述學者大多均從事中國近現代史研究，其中大部分與我過去就相知相識；然而還有不少研究其他領域的學人，特別是研究古文字學和敦煌學的學者，可以說與我毫無學術關連，但我也與他們建立了較密切的聯繫，而這一切又都是因饒公推動與內地學術交流的活動而起。

1990年10月我到中大任職，擔任饒公的學術助手，除了幫助饒公收集資料、編輯出版論著之外，還有一項重要的工作，就是替他老人家和外界、特別是與內地各單位的學者進行聯繫。就在我剛到中大一年左右，饒公在香港中華文化促進中心和潮州商會等機構的支持之下，在中大的新亞書院成立了一個香港敦煌吐魯番研究中心，每年邀請多位學者前來香港，與饒公合作研究；同時饒公又得到利榮森先生的資助，深入進行甲骨文、金文與簡帛等古文字研究，後來還相繼獲得香港政府的

資助，完成甲骨文和簡帛的數字化工程，為此經常邀請內地的著名學者來訪。這段時間到訪中大的古文字學者除了胡厚宣、劉起釪、李學勤、裘錫圭、曾憲通等著名的大家之外，更多的是當時還年富力強的中青年學人，如李零、吳振武、曹錦炎、劉釗、王輝、李均明、劉昭瑞、陳偉武等，而到訪香港的研究敦煌吐魯番方面的學者更多，如項楚、姜伯勤、王堯、陳國燦、胡平生、鄧文寬、王素、趙和平、榮新江、郝春文、徐俊、張湧泉、陳明、余欣等等，如今可都是學界的翹楚和中流砥柱。他們到香港來之前都攜帶個人的初步研究成果，時間一般是三個月到半年，在香港期間排除一切雜務，直接在饒公的指導下完成研究，成效特別顯著。在港期間他們常到辦公室來，與我和建華聯繫，因為年齡都差不多，雖然我的研究與他們的領域相距甚大，但這並不會妨礙彼此之間的友情。後來我到北京公幹，敦煌研究的一夥人就常聚在一起請我吃飯，説是平時大家雖然都在北京，但也難得相聚，你來了就算是我們敦煌研究召開編委會，藉這個機會大家聚聚。我當然非常感謝眾位朋友的盛情，更加珍惜我們之間的友誼。

　　我在香港時間長了，與本地的出版社老總之間關係也比較密切。香港由於實行「一國兩制」，在出版方面的優勢就格外明顯。我也經常利用香港的這一優勢，介紹和推薦一些內地學人，將他們的著作拿到香港出版，多年來，經我介紹，中文大學出版社、城市大學出版社、還有聯合出版集團屬下的中華、三聯和商務印書館都出版過一些由我推薦的學者著作，這也算是我為兩地文化交流作出的一點中介作用吧。

參與《中國近代史》的翻譯

　　2002 年我曾為徐中約先生的《中國近代史》一書的翻譯出版作過一些聯絡工作，後來陰差陽錯，我還參與了下冊部分章節的翻譯。事隔

多年，回想往事，感受仍很深刻。

《中國近代史》這本書的英文原名為 *The Rise of Modern China*，是英語世界中解讀和介紹中國近代歷史發展的一部極為重要的著作。作者徐中約（Immanuel C. Y. Hsu, 1923-2005）生於上海，戰時在大後方求學，抗戰勝利後於燕京大學政治系畢業（徐先生應該與我母親是成都時期燕大的同學，可惜他到中大報告時我未能當面向他詢問），即被派赴中國政府駐日代表團工作。不久國共內戰爆發，徐中約便赴美留學，先後獲明尼蘇達大學碩士、哈佛大學歷史學博士學位，自1958年起即任教於加州聖巴巴拉分校歷史系，直至1991年退休，30多年來的教學研究生涯，桃李天下，著作等身，其中影響最大的就是這部《中國近代史》。

這本書1970年由英國的牛津大學出版社出版，甫一出版，即受到學界的一致好評，1971年榮獲加州「共和獎」（Commonwealth Prize），1978年牛津大學出版社紀念成立500周年活動時，曾列舉該社歷年來出版的數十部代表著作為其代表，徐先生的這部大著即赫然在列。作者不囿一家之言，更無意識形態的束縛，寫作時參考了眾多中外學者的論著以及大量的檔案資料，對中國近代歷史的發展予以全面的回顧與解說。

該書發行量極大，亦不斷再版，作者每次再版時不但對內容有所修正，更重要的是跟隨中國社會歷史的發展，並運用新近刊布的歷史資料，增寫新的內容，延續時間的發展，多年來一直為歐美諸多大學列為研讀中國近代歷史的指定參考書。然而遺憾的是，這樣一部以英文講述中國近代歷史發展進程的重要著作，卻一直沒有中文譯本，因而絕大多數中文讀者無法從中受益。

1998年，徐中約教授應邀以偉倫訪問教授的身份訪問香港中文大學，其時香港剛剛回歸祖國，社會上對於了解中國近代歷史的興趣更加

濃厚，徐教授訪港期間亦有感於此，即萌生將其著作譯成中文、介紹給更多中文讀者的願望，而中文大學出版社更是早就有翻譯該書的計劃，這樣，由中大歷史系的郭少棠、梁元生、劉義章諸教授從中牽線，雙方一拍即合，這就是中譯本出版之緣起。

出版之事既成，下面的工作就是尋找合適的譯者。該書內容博大精深，譯者不僅要具備良好的中英文水平，更重要的是，他還必須是優秀的歷史學者，否則很難譯出原著的精髓。恰好此時我的老師、南京大學歷史系茅家琦教授來香港參加學術會議，藉此機會我將茅老師介紹給大學出版社社長陸國燊博士。茅老師是蜚聲國際的歷史學家，以研究太平天國和晚清歷史聞名中外，最近二十年又將研究的視野擴展到 1949 年前後的台灣，著述豐碩。他早就閱讀過徐教授的這本書，也十分願意將它介紹給中文讀者，因此很快就對翻譯的事情達成共識。茅老師回到南京後便立即推動這項工作，很快便推薦了兩位年輕有為的學者擔任翻譯，他們都算是我的學弟，一位是後來曾任南大圖書館館長的計秋楓，可惜天妒英才，小計前兩年竟英年早逝，臨終前留下來那篇「大笑三聲，送我上路」的文字在微信中廣為流傳，曾讓眾多學人讀後泣淚；另一位則是曾任南大黨委副書記、如今是江南大學黨委書記的朱慶葆，茅老師和南大世界史的著名教授錢乘旦教授則負責校審譯稿。

自 2000 年開始，計、朱二位就開始翻譯該書，出版社的編輯始終與他們保持密切聯繫，並隨時將譯稿呈送徐教授閱覽，一切都進行得非常順利。不過，在這過程中也發生過一段鮮為人知的小插曲。

《中國近代史》是根據徐中約教授的最新修訂本、即牛津大學出版社 2000 年的第六版翻譯的。在第六版中，徐教授將中國近代史的下限一直延伸到 20 世紀末，有些內容在內地還是比較敏感，因此譯者曾提出最後幾章是否可以略去不譯。然而出版社和原作者卻堅持無論是文字還是內容，譯文都必須保持原著風格，不應予以任何刪節或修改。最

後，還是陸國燊社長出了個主意，他認為內地學者既不便翻譯，但全書內容又不能節略，那麼最後幾章的文字就由香港學者承擔。這一提議立即得到雙方的認同，而我就這樣被推了出來，承擔下冊第 40-42 章的翻譯。於是我只能勉為其難，好在譯文先由茅、錢兩教授審閱，最後再得到徐教授的認可，也算是完成了這一任務。

徐著中譯本《中國近代史》上下兩冊於 2002 年在香港面世後，立即引起廣大中文讀者的關注和興趣，香港和台灣的許多大學都將該書列為歷史系或通識教育的必讀書目，本書同樣在內地引起讀者的廣泛注意，我曾多次在網上看到內地讀者的推薦文章，並將此書列為最值得收藏的著作之一。這部《中國近代史》不僅成為中大出版社的暢銷書，而且還獲得香港地區的出版大獎。值得一提的是，2008 年北京的世界圖書公司也出版了中大出版社譯本的簡體版，書名為《中國近代史：1600-2000，中國的奮鬥》，出版後同樣獲得內地的大獎。簡體版出版時作了不少刪改，我所承擔的最後三章更是全部刪去，所以譯者中自然就沒有我的名字。對我來說這並不是件大事，但對中大出版社來說可就涉及到版權與知識產權的問題了。接任陸國燊社長的甘琦女士曾專門向我提及此事，《亞洲周刊》亦對此進行過採訪，但此事後來究竟是怎麼處理的我就不清楚了。

參與《中國近代史》一書的翻譯引起我許多感受，記得 1988 年我離開南京準備移居香港前曾諮詢茅老師的意見，當時他就對我說，香港是最適宜研究中國近代史的地方，希望我能利用這個環境有所作為。然而遺憾的是，30 多年來庸庸碌碌，未能完成老師的期望，但他的這番話卻時刻記在我的心上。

香港雖然長期以來一直受英國的殖民統治，但在學術上卻享有相當寬泛的自由，尤其是在海峽兩岸相互敵視的年代中，香港的學人並未受到來自意識形態方面的束縛，香港政府雖然談不上如何支持學術活動，

但基本上對學者的研究不加干預；而且香港的學者可以自由進出內地與台灣，不僅可以看到雙方的出版物，還可以前往各地檔案館查閱原始檔案；再者，香港是個國際大都會，中西文化交匯，學者又大都受過西方的教育訓練，具有良好的外語能力，較容易吸收外國最新的研究成果。因此，撰寫一部資料翔實、觀點公允的中國近代史，應該是香港學者義不容辭的責任。令人遺憾的是，這個任務卻始終未能完成，但是值得慶幸的是，香港仍有不少出版社堅持出版中國近代及當代歷史的著作，特別是中文大學出版社多年來堅持這一理念，出版了許多這方面的學術著作，其中就包括在中文世界中兩部最為人稱譽的中國近代通史，除了徐著之外，早年還出版了台灣「中央研究院」近代史研究所首任所長郭廷以先生的《近代中國史綱》，從而亦奠定了中文大學出版社的聲譽。

接受採訪

這些年來在工作之餘我還先後接受過不少媒體的訪問，包括內地的中央電視台、上海電視台以及騰訊傳媒，台灣的公共電視台、東森電視台，當然更多的還是香港的鳳凰衛視、無線電視台和已經關閉的亞洲電視。訪問的次數不下數十次，內容則主要是民國的歷史，除此之外，因為我長期擔任饒公的學術助手，同時我又是董浩雲日記的整理者，所以有時內容又側重於饒宗頤、董浩雲等人物的生平介紹。其中影響最大、也是印象最深的恐怕還是 2003 年接受台灣公共衛視的那次採訪。

進入新世紀，當初叱咤風雲的民國人物多已去世，惟有跨越三個世紀的蔣介石夫人宋美齡女士依然健在。台灣的公共衛視為了採訪這位傳奇人物的生平，特別組織了一套拍攝班子，並聘請台灣天下出版公司總編輯林蔭庭女士擔任這套電視紀錄片的總策劃。然而宋美齡從不接受外界的採訪，因此歷經兩年多的時間，公共衛視只能通過收集史料，以及

對各方面人士進行訪問，希望能夠全面地追溯她的一生，從而展現近代中國 100 多年以來風雲變幻的歷史。而我卻不知為何，竟被選進他們要採訪的名單。

2003 年初，我突然收到來自公共衞視的一封電郵，説是他們要專程來香港訪問我，希望我能對宋美齡的生平提供一些材料。我感到非常詫異，第一，我對宋美齡從未有過任何研究，為甚麼會找我接受訪問；第二，他們怎麼會知道我的？我即將這些疑問集中起來回信詢問，很快就收到蔭庭的來函。她説之所以找到我，是因為他們認為香港地區的學者在對民國歷史及人物的評價方面應該更加公正和客觀；至於為甚麼要採訪我，則是因為眾多台灣學界的朋友都不約而同地向他們推薦了我。我趕緊回信感謝他們的邀請，並解釋説我對宋美齡並無研究，只是以往在研究中對她的哥哥宋子文及姐夫孔祥熙的生平有所涉及。蔭庭説，那就希望我談談他們的家族，這也是整個電視片中一個不可缺少的部分。

既然他們的態度如此真誠，我也不好意思再行推辭，就接受了他們的邀請。至於訪問時間呢，他們説將於 3 月間動身到內地，準備回程時路過香港專程來中大訪問我。但 3 月上旬我正好接到日本中國現代史學會的邀請，要去東京參加一個抗戰史的討論會，會後再準備到奈良、京都等地遊覽幾天，因此時間上恐會有所衝突。最後雙方決定，日期改變，他們從台灣先飛香港，訪問我之後再去內地。記得那天他們乘早機從台北飛往香港機場，剛下機就搭計程車直奔中大，到了研究所之後也顧不上休息，就立刻裝上設備，架起燈光。好在之前我與蔭庭已對採訪的內容有過交流，按照大綱詢問，十分順利。我主要對宋、孔輪流執掌中國財政 20 年的功過予以評價，並以個人的研究重點，專門介紹了孔、宋及其子弟在經營自己公司的業務時，如何依靠政府的關係而牟利，從而引起朝野及輿論的不滿與憤怒。

採訪順利完成，吃過中飯後他們便匆匆趕去香港機場飛往內地，

兩天以後我也按計劃如期去日本開會。然而我們大家當時都不知道，此時香港的上空正瀰漫著一種致命的傳染性病毒 SARS，等我剛從日本回來，香港就被宣佈成為疫區，不要說我去不了日本開會，公共電視的記者們也無法再前往香港和內地進行採訪，整個電視片的完成就會拖延時間了。

2003 年 10 月，台灣公共電視經過兩年多的策劃和採訪及後期加工編輯，終於完成了五集大型電視片《世紀宋美齡》的攝製，並在台灣正式播出，立即引起轟動。更加戲劇性的是，就在這部電視片播完剛剛兩天，橫跨三個世紀、享年 106 歲的宋美齡女士就在美國家中病逝，她也是迄今為止第二次世界大戰中最後離世的大國領袖夫人，而公共電視拍攝的這部電視片又是唯一一部反映宋美齡一生經歷最具權威的記錄，所以更加受到全球媒體的極大關注，他們紛紛向公共衛視購買版權，僅香港，就有鳳凰衛視和無線電視先後購買播出，影響很大。後來蔭庭又寫了一本書，專門記錄這部電視片拍攝的過程，十分詳盡。雖然內地並無電視台播放這個節目，但不少地方可以收看到鳳凰衛視的轉播，而且不久之後大陸開放居民赴台灣旅遊，遊客從北部到南部旅遊大都會安排乘車前往，而在高速公路行馳的客車上時間長，導遊又多會放些錄影帶給旅客解悶，而這部《世紀宋美齡》就是常備的一個片子。後來我曾遇到不少朋友、親戚或同學、鄰居，他們說到台灣都見到過我，我說怎麼可能，他們就會笑著說是在汽車上見過我的形象，我就是通過這個形式而被大家認出來，這倒是始料未及的。

2019 年是新中國成立 70 周年的大慶，香港無線電視為了紀念這個節日，早在半年前就策劃拍攝一部《建國七十年》的八集電視片，我也意外地收到首席記者黎穎然小姐發來的電郵，說是準備採訪我。我感到很奇怪，問她為甚麼會採訪我？我可是從來沒有研究過新中國歷史的。她說她們知道我曾長期在內地生活，經歷過大躍進、大饑荒和「文

接受香港亞洲電視訪問

化大革命」，本人又是歷史學者，所以請我以一位歷史學者的身份，並以家庭與個人的經歷來談談關於大饑荒和「文革」的過程及其體會。收到來信後我就給她回信，信中說：「我出生在香港，但與新中國同齡，自幼在內地長大，雖然大饑荒時只有十來歲，又是在大城市生活，但也同樣有飢餓的經歷，後來插隊時更了解農民當年的遭遇，而『文革』的過程則全都親身經歷。我平時在課堂上也經常會講述這些經歷，若能通過媒體向年輕的一代介紹這段歷史，也正是我所希望的。」於是我同意接受採訪，在採訪過程中講述了家庭與個人的經歷，還提供了一些照片，並對新中國成立以來的歷史予以反思。

接受採訪的過程讓我想起了許多往事，作為一個歷史學者，我認為有必要將家庭和個人的歷史寫出來，實際上這也是促使我撰寫這部個人回憶的一個重要推動力。

在胡佛的日子

自從斯坦福大學胡佛研究院 2006 年宣佈分批開放蔣介石日記以來，世界各地的學者紛紛前往斯坦福大學「淘寶」。同他們比起來，我可能是到胡佛時間最短的了，雖然只有半個月時間，但收穫確實很大。

我的研究領域是民國史，特別關注的是國民政府三四十年代的財

政經濟政策和中外經濟關係，前些年曾以中國建設銀公司為對象撰寫過一部專著，當時最感到遺憾的就是未能到胡佛研究所的檔案館去查閱宋子文的檔案。如今蔣介石日記亦已開放，我要是再不去那可又不僅僅是遺憾，簡直就是落伍了。2006 年 6 月我應邀參加復旦大學舉辦的「宋子文與戰時中國」國際學術研討會，在會上有幸結識胡佛研究院的郭岱君博士、宋曹俐璇女士和林孝庭博士，這就更加促使我作好去胡佛的準備。然而我除了在中文大學的中國文化研究所從事個人研究外，還同時在歷史系兼任兩門課程，平日脫不開身，只能利用兩個學期之間的空閒時間外出，於是我提前和岱君聯繫，希望能在 2007 年的 12 月間訪問胡佛。承蒙她熱情關照，很快便接到馬若孟教授發來的正式邀請函，我和太太終於在那一年的 12 月初飛往舊金山。

我去胡佛的這段時間不太巧，馬若孟教授和岱君、俐璇、孝庭要到日本和台灣參加會議，而北京近代史所的建朗、奇生二位又恰於我抵埗那天離開斯坦福，與我擦身而過。所以在胡佛的那些日子裏每天能見面的主要是中山大學的袁偉時老師，因而未能享受每天傍晚富有傳統的「咖啡聚會」，這對我來說算是此行的一大遺憾。

孝庭離美前已幫我預訂了旅館，舊金山又有不少親戚和朋友，因此接機、住宿一切都很順利。孝庭安排的旅館離斯坦福大學不遠，而且可以煮食，這就解決了我們吃飯的問題。後來我才知道，這個旅館曾經接待過不少內地學者，像我住的那間 19 號房，二檔館的振犢兄不久前就住在這裏。

到美國的第二天是星期日，朋友接我們外出遊覽，回來時順便到超市買了一大批蔬菜、水果和食物，朋友不僅將家中的廚具、餐具借給我們，還帶來米、油和佐料甚麼的（要在超市買數量太大，用不了也是浪費）。在這之後的日子裏，每天晚上我們基本都是自己開伙，同時也可以準備第二天中午的飯菜，節省了很多時間。

　　12 月上旬的那個星期——大早，景平兄的一位學生（她正在斯坦福大學攻讀博士）就來旅館陪同我們到附近的車站，然後乘坐大學的 Shuttle Bus 前往胡佛研究院，沒有多久就看到那座著名的胡佛塔了。

　　到胡佛研究院查閱檔案非常方便，只要提供個人的有效證件，填寫一份表格就可以了。不過因為蔣介石的日記剛剛開放不久，記得還需要簽署一份類似「未經批准，不得擅自公佈」的允諾書。

　　胡佛研究院的檔案館收藏了許多民國時期重要人物的資料，但我的目標主要集中在宋子文檔案。我先大致瀏覽了一下目錄，目前開放的宋檔共有 60 幾箱、1,000 餘夾，其中有相當部分是宋美齡女士去世後正式開放或是由宋氏家族新近捐贈的。我因為時間實在太短，只能在宋檔中著重挑選中文部分先看，主要是宋子文擔任駐美代表及外交部長期間在美國與各方來往電報，也有一些戰後時期的檔案，但戰前部分甚少。我的閱卷方法是由我先行挑選，決定取捨，篇幅長的我讓太太去複印，其他部分我們就全文抄錄或摘抄重要文字。儘管是爭分奪秒，每天早出晚歸，中午從不外出，隨便吃些帶來的盒飯，但也只能是相當粗略地查

查檔後休憩

閱了不到三分之一的宋檔。

在胡佛的最後幾天，我開始轉向查閱蔣介石日記，難得到胡佛，總得看看日記的內容吧。當年蔣介石的日記只開放到 1945 年，而我目前正研究抗戰勝利前後這段時間國民政府的財政政策，因此我主要將蔣介石 1945 年日記中有關外交和財政部分的內容作了較為詳細的摘抄，同時也大致翻閱了一下 1942-1944 年的日記。

時間真是太快，一眨眼半個月就過去了，在我們結束閱卷的前夕，岱君和孝庭回到胡佛後立即來檔案館問候，俐璇更是從家中特地趕來相見。隨著聖誕假期的到來，我們也依依不捨地離開了胡佛、離開了斯坦福，飛往東岸與兒子相聚（他當年 12 月於紐約大學提前畢業，這也是我們選擇此時赴美的一個原因）。

我到胡佛的時間雖然很短，但因有太太幫我抄寫和複印，因而大大提高了效率，等我們離開胡佛的時候，抄錄的卡片和複印的資料還真是不少。回到香港之後，我即認真將所有的資料進行分類和整理，再結合其他方面的檔案和資料，對我的研究課題具有重大的幫助。

舉例來說，過去我研究中國建設銀公司，此次我查閱宋子文檔案，雖然沒有發現多少與銀公司有關連的重要資料，但通過對宋子文 1940 年以後與國內來往的電報，對他這段時期在美國的活動有了較全面的認識。利用這些資料，我曾撰寫了《宋子文的人際關係與戰時重慶官場異動》（載《史林》2009 年第 6 期）、《有關宋美齡訪美期間的幾份電報》（載胡春惠、陳紅民主編：《宋美齡及其時代國際學術研討會論文集》，香港珠海書院亞洲研究中心，2009 年）、《宋子文與九龍城寨事件》（載《史學月刊》2009 年第 2 期）等論文，還寫了幾篇小文章，如《宋子文的「認錯書」》《宋子文政治生涯的最後時刻》《王雲五與 1945 年商務房產接收》等。

我閱讀蔣介石的日記主要是集中在 1945 年一年，雖然時間很短，

但閱後還是能感受到他的一些內心活動。1945 年是抗戰即將勝利的關鍵時刻，作為國家最高元首、又是中國戰區總司令的蔣介石，需要面對的外交和內政問題實在太多，日記中對這一時期的內政和外交有大量的記載。回到香港之後，我曾根據蔣日記中的內容，先後撰寫了《「忍氣吞聲，負重致遠」：從蔣介石日記看他對雅爾塔協定的態度轉變》（原載《社會科學》[上海]2008 年第 7 期；又載中國社會科學院近代史研究所編：《民國人物與民國政治》，北京：社會科學文獻出版社，2009年）、《蔣介石日記中的香港受降》（載《歷史學家茶座》2008 年第四輯）等論文，較真實地描述出抗戰勝利前夕面對美、英、蘇大國強權政治下蔣介石內心那種既憤恨又無奈的複雜心情。

　　我那時的研究工作主要有兩項，一是研究戰後具有強大政治背景的幾家「官辦商行」即孔、宋子弟創辦的公司，重點在於收集這些公司在經營過程中與政府之間的關係，他們又是如何利用這種特權和關係賺取超額利潤的；其次便是對抗戰中後期幾件重大的貪腐案件進行深入的調查，而蔣介石日記和宋子文檔案正為我的研究提供了重要的線索和有力的證據。

　　前些年，陸鏗先生曾撰寫回憶錄，並多次在電視採訪中披露孔、宋家族以權謀私的行徑。他以當事人的身份重提 1947 年 7 月 29 日《中央日報》刊登的有關孚中、揚子公司套購外匯數一事，說這兩家「官辦商行」依仗特權套購了國家接近 88% 的外匯，事件曝光後，國民黨當局則以「漏記小數點」，將數額縮小了百分之九十九，從而延緩了一場即將爆發的政治風波。儘管揚子、孚中公司確實曾以其特殊的政治背景在進出口貿易中賺取超額利潤，但在套購外匯這件事上（根據當時政府開放外匯的政策，所有進出口公司均可合法向中央銀行購買外匯）於情於理都具有許多疑點，在邏輯上亦存在諸多漏洞，然而因媒體和報刊的介紹，這件事已成為孔、宋貪腐的重要證據而廣為流傳。雖然我對此案

一直存有懷疑，但因缺乏關鍵的證據而無法辯駁，數年前終於在中國第二歷史檔案館查尋到財政部的原始檔案，證明原呈文確實存在小數點，並非事後所加，故對這一事件的來龍去脈撰寫論文《關於孚中、揚子公司套購外匯數目的爭論及其真相》（載《中央研究院近代史研究所集刊》總第 61 輯，2008 年）予以說明。蔣介石 1947 年 8 月的日記對此事亦有較詳細的記錄，這對我的論斷也提供了一個間接的證明。當年我去胡佛，蔣介石日記只開放至 1945 年，這段日記是後來我請紅民兄代為查閱，順便在此道一聲多謝。這篇論文發表後，楊天石、汪朝光等都表示解決了歷史上的這個謎團，宋子安的兒媳宋曹俐璇也對記者說，香港的鄭會欣教授為宋家貪腐問題作了結論。但我撰寫此文的目的並不是為孔、宋家族翻案，而是認為研究歷史必須實事求是，所有的結論必須建立在堅實的史料基礎上，切不可道聽塗說、人云亦云，以致以訛傳訛。

　　抗戰中後期之際，國民政府內部的腐敗情形日益嚴重，特別是主管財政金融部門的官員更是利用手中職權發國難財，其中尤以抗戰勝利前夕發生的美金公債案和重慶黃金舞弊案最為轟動，這兩件貪腐案在蔣介石的日記中亦多有記載。然而以往在國民參政員陳賡雅的回憶和傅斯年的檔案中，提及美金公債舞弊案的數額大約為 1 100 多萬，經手者主要是國家行局經管金融事務的各級官僚，我在中國第二歷史檔案查閱財政部和監察院有關檔案，也只是提到這個數字。然而蔣介石在 1945 年的日記中卻記錄了美金公債案的疑點：「甲、各省市售出四千三百萬；乙、國庫局交業務局五千四百萬；丙、預售戶有收據者只四千二百萬；丁、尚差數一千六百六十餘萬元。」我當時感到很疑惑，但也直覺地意識到這是一個非常重要的線索，應該深入調查這 1 660 多萬美金公債的數額究竟是從甚麼地方得到的。後來我在台北「國史館」珍藏的蔣中正檔案的特交檔案中終於查到財政部部長俞鴻鈞 1945 年 4 月 5 日呈送的報告，並附有 14 份調查報告，詳細地說明了美金公債停售後原應上繳國

庫所有的各筆債券的情形，其中就包括這 1 660 多萬美金債券的去向，
而且矛頭直接指向原財政部部長兼中央銀行總裁孔祥熙。在特交檔案
中，我還看到孔祥熙後來如何為他的行徑進行狡辯，以及蔣介石又是如
何寫了三篇批文，對孔的言行予以嚴加駁斥的。這樣，我在閱讀蔣介石
日記的基礎上，又參照內地和台灣等地的原始檔案，終於寫出論文《美
金公債舞弊案的發生及其處理經過》（載《歷史研究》2009 年第 4 期），
對孔祥熙涉嫌貪污美金公債的經過以及蔣介石在查處此案過程中的態度
轉變進行了全面的分析和介紹。上述二文後來都收入我的一本論文集
《讀檔閱史：民國政事與家族利益》（中華書局，2014），也成了我經常
在外面報告的題目。

　　雖然我在胡佛的日子很短，但卻在我的學術生涯中具有重大的意
義，我珍惜在胡佛的日子，我更希望以後還能夠有機會再去胡佛，重溫
這一段美好的時光。

教學相長

　　我的父母親都是高等院校的老師，後來哥哥和他的女兒、還有妻
子的兄嫂以及他們的兒子和媳婦也都是大學的教師，說起來可以算是教
師世家了。本來大學畢業時系裏的老師就認為我比較適於教書，但當年
的分配方案中高校師資的名額很少，而且大都在外地，原本我就打算認
真做些整理資料的基礎工作，當時並未想到要教書，因此根本沒有教學
的經驗。到香港大學讀研究生時，導師曾安排我為系裏的研究生教普通
話，但那只有幾個學生，上課其實就是大家坐在一起聊聊天，我負責與
他們對話而已。

　　1994 年，我在中大已經工作將近四年，偶然在報上看到香港公開
大學招聘教授普通話的兼職講師，我想我的普通話說得應該還算標準

（雖然還有點東北話的語音），也能熟練運用漢語拼音，於是就去申請，結果就被錄取了。一年後，公開大學又招聘中國近代史的兼職講師，這才適合我的專業，於是我就改教這門課了。當時公開大學成立不久，招生原則是「寬進嚴出」，基本上甚麼人都可以報名參加，這門中國近代史又是首次用中文教授的課程，所以報名的學生極多，印象中好像有500多人，一共開了十幾個班，聘請了10多位老師，同時創下了一個今後決不可能打破的紀錄。在這之後報名的同學數量逐年下跌，到最後只能開一個班了，但我則是唯一一個一直受聘的老師，結果我在公開大學教授中國近代史一教就教了20多年，直到前幾年我因為要經常外出訪學，才將此課停了下來，為此大學還感到很惋惜。公開大學的學生多是在職人員，水平參差不齊，但確實有些同學是因為年輕時家境困難無法上大學，直到生活環境改變了之後才報讀學習，他們也確實是對歷史有興趣，學習的目的並不只是為了一紙文憑，他們的生活閱歷豐富，學習的態度十分認真，這也是我教書的一點體會。

1998年我在中文大學獲得博士學位後，一天歷史系的蘇基朗教授突然找我，希望我能在歷史系開設一門課。我當時對他找我還感到奇怪，後來才知道他即將出任歷史系主任。當時中大迫於上面的壓力，將實施多年的四年學制改為三年，時間縮短，課程亦隨之變動，所以將原先開設的中國通史與世界通史取消，改由「中國歷史上的傳統與變革」與「世界歷史上的傳統與變革」這兩門課取代。基朗兄要我教授「中國歷史上的傳統與變革」，這門課最初是由黎明釗教授與我同上，他講上半段的古代，我講下半段的近代。但從第二年開始，該課程就由我一人獨自授課了。

修課的同學主要是歷史系一年級的新生，要在一學期內講授以往兩年左右的中國通史，任務可謂重大。我想既不能按照通史的思路來講，又還得面面俱到，於是就設想了一個講課大綱，即將這門課開成一門專

饒公與歷史系同仁黎明釗、
蘇基朗、張學明等合影，前
排陳學霖、饒公、包大衛
（哈佛大學教授）

題來講，既要涵蓋中國歷史上的各個領域，又必須簡明扼要，還要突出
歷史上的傳統與變革。因此我這門課的內容就包括以下十多個專題的內
容：中國歷史的發展規律及其特點，中國傳統社會長期延續的原因，國
家、國家機器及其變遷，中國的官僚政治與官本位文化，中國的政黨與
政黨政治，中國的文化思潮及其演變，中國歷史上的宗教，中國教育制
度的沿革，中國經濟的轉型，賦稅制度的演變，貨幣與金融制度的現代
化，軍隊步向近代化的歷程，交通運輸的變遷等等。開設這門課根本沒
有先例可循，一切都是自己摸索而行，除了有一些內容與以往個人的研
究有關，多數內容還是現學現編，因此從尋找參考資料到提供參考書
目，從編製授課大綱到製作 PPT，一切都得自己動手，開始時備課授
課雖然任務繁重（因為我還要擔負所內承擔的其他工作），但能在課堂
上講課，還是很有意義的。

　　進入新世紀後，中大歷史系因應時代的變化，將歷史科目改組為比
較及公共歷史學科，同時開設文科碩士學位課程，所收錄的學生除了本
地在職人員外，大多數是來自內地的大學畢業生。為了適應這一變化，
歷史系安排我主要從事這方面的授課，結合我個人的研究興趣，我先後
開設「二十世紀中國的財政政策」和「中華民國史研究」兩門課。

　　與「傳統與變革」課程相比較，財政史算是我接觸較多的領域，雖

然我從未寫過共和國財政史方面的文字，但我是新中國的同齡人，歷經共和國的風風雨雨，平時也留意這方面的歷史，對這 100 年中國歷史的發展變化的過程還是很清楚的。所以我就將整個 20 世紀中國的歷史大體劃分為晚清（1900–1911）、北京政府（1912–1928）、國民政府（1927–1949）和新中國成立迄今的這幾個階段，主要是探討歷屆中央政府制訂財政政策的背景（國內外的大環境）、介紹各個時期財政政策的主要內容、實施後的具體成效（功過得失、歷史作用），著重於社會變遷中觀察問題，側重於分析經濟發展與財政政策的演變有何聯繫，以及中央與地方財政的關係等等。嘗試按照歷史發展的脈絡，將二十世紀中國財政政策的演變與改革分為若干專題加以討論。

　　至於民國史，那更是我多年來研究的範圍，特別是近年來隨著大量史料的公佈與出版，中華民國史研究已成為歷史學科中的一門顯學，引起海峽兩岸和各國學者的廣泛注意。相對來說，香港對此研究尚為薄弱，因此我開設這一課程的主要目的也是為了推動本地民國史研究的需要。這門課也是一個專題研究的課程，我首先回顧近年來國內外學術界民國史研究的現狀與進展，介紹民國時期檔案資料的分佈及特點，史料收集、整理、爬梳及鑒定的作用，然後再按照民國時期的政治、軍事、外交、經濟、文化教育和人物等分成若干專題，並注意結合個人過去的一些研究，對於民國史研究中的一些重大問題以及最新的研究成果進行討論和分析。

　　2008 年，原中文大學歷史系的朱鴻林教授出任香港理工大學新成立的中國文化學系創系主任，他在上任之前就找到我，約我到他們那兒兼職授課。我想很快就要退休了，而且授課時間是夜間，不會影響正常工作，所以就答應開設一門「中國的商人與商業文化」。我設想以歷史發展的眼光敍述中國商業的起源及其發展，特別注重從不同的角度分析和介紹中國商人在傳統與近代社會中的地位、作用及影響，商人組織形

態的演變及其地域文化的特點，重點在於講授中國商業的起源與發展，商人的地位及其變遷，商人組織形式與地域文化，商業與商業文化，以及政府政策對商業的影響。這些課程均無先例可循，都要自己先擬定提綱，在參閱前人研究成果的基礎下，再不斷閱讀和摸索，並撰寫教材，提供參考文獻，製作 PPT 才成。

　　2013 年 9 月我剛剛從中文大學退休，香港樹仁大學歷史系副主任羅永生兄就找到了我，希望我為他們學校講授一門當代中國史。雖然我的研究領域並不包含當代史，也基本上沒有發表過這方面的文章，但我是這段歷史的親歷者，有責任也有義務為年輕人講講新中國成立以來所發生的大事以及所取得的成就。聽課的大多是經管學院的新生，普遍來說對歷史、特別是對中國近現代史感到陌生，我就採取互動方式，除了我的講授外，還讓他們積極參與討論。我在課堂上還放映美國人卡瑪拍攝的兩部紀錄片《八九點鐘的太陽》和《天安門》，並加以解釋，讓他們可以更直觀地了解「文化大革命」和八九事件的背景與真相。第二年 9 月，正好遇上香港發生「佔中」事件，我放映了《天安門》這部影片，並對當時的歷史背景及其過程作了一些說明，使同學們能夠從另一個角度去觀察、去分析整個運動的背景、經過及其影響。從同學們提交的報

與黃春豔、賀江楓、蔣寶麟、承紅磊合影

告中可以看出，通過觀摩這兩部電影，並聽了我所做的背景介紹，他們對於「文革」及「六四」這些重大歷史事件發生的來龍去脈以及經驗教訓能有比較清醒的認識。

2013 年 9 月退休之後至今，我還一直在中文大學歷史系和理工大學中國文化學系教授「中華民國史研究」和「中國的商人與商業文化」兩門課。教學相長，在多年的教學中很高興能夠得到同學們的認可，我也從中得到不少教益。特別是在中大授課時先後有多位歷史系的博士生出任課程的助教，與他們在教學中建立了特殊的關係，他們畢業後也經常與我聯繫，這一切都有助於我提高自己的業務水平。

第十八章

開拓新領域

貿易委員會研究

如果算起來，我從事民國史研究應該是從大學畢業前就開始了，至今已接近 40 年。1982 年夏分配到中國第二歷史檔案館工作後，結合自己的工作特點，我將今後的研究方向確定為國民政府的財政金融政策以及這一時期的中外經濟關係，並計劃先從戰前著手，再逐步延伸到戰時和戰後。最初的研究熱點是從戰前華北走私開始的，由走私聯繫到白銀外流，從而引起白銀風潮的爆發和幣制改革的實施，再著重分析列強對幣制改革的態度，由點到線，再由線到面，圍繞著這個方向先後發表了系列論文。到香港大學就讀研究生時，論文的題目是「戰前國民政府的外債政策」，分析南京政府成立初期所面對的形勢，宋子文、孔祥熙尋求外援的努力，整理外債政策的確定及實施，並對戰前中國政府舉借外債的數額予以統計。後來在中文大學撰寫的博士論文，則是從中國建設銀公司這一具有濃厚官方背景、但又以私營企業形式註冊的個案入手，分析公司如何在舊中國的經濟體制之下成立、經營和興衰的過程，從而探討中國現代化過程中官辦企業的民營化以及民營企業官僚化之間的關係。

　　上述研究的成果是相繼發表了若干篇學術論文，其後再將其中部分內容加以匯集，出版了兩本著作，即《改革與困擾 —— 三十年代國民政府的嘗試》（香港教育圖書公司，1998 年）和《從投資公司到「官辦商行」—— 中國建設銀公司的創立及其經營活動》（香港中文大學出版社，2001 年）。那麼下一步的研究應該怎麼進行呢？我想還是要按照原來的計劃加以延伸，由戰前向後延伸，重點先放在抗日戰爭這一歷史階段中。

　　研究的時段既已確定，下面應該考慮的就是研究的對象和範圍了。我以前給自己研究所定的原則是：第一，盡可能研究一些過去甚少人注意，但又不要過於細化，而是具有重要意義的課題；第二，在確定研究前，必須掌握資料收藏的信息，能夠收集到大量的資料、特別是第一手的原始檔案。由是，我考慮到貿易統制和統購統銷是戰時財政經濟政策中的一個重要內容，然而以往對這方面的研究卻乏善可陳，不僅沒有任何深入研究的論著問世，而且對於戰時統制經濟政策也完全予以否定。雖然近年來對於抗戰期間承擔特礦產品出口易貨的資源委員會研究成績較為明顯，但對於戰時同樣執行貿易統制的另一重要機構貿易委員會的研究情形就薄弱得多了。

　　貿易委員會存在的時間雖然不是太長，但卻經歷了抗日戰爭的全過程，更重要的是，貿易委員會作為國家對外貿易的職能部門，在戰時執行統購統銷、易貨貿易的任務中具有極為重要的地位，對於堅持抗戰、爭取外援也發揮了積極的作用。然而長期以來，除了 20 世紀 80 年代中期發表過數篇論文討論戰時貿易政策之外，尚未有以貿易委員會活動為中心的專著問世，對於貿易委員會屬下的中國茶葉、復興商業和富華貿易三大國營公司更沒有專文進行研究，這在民國史、中國近代經濟史以及抗日戰爭史的研究中不能不視為一大缺憾。鑒於這一情形，我向香港中文大學文學院提交了一個有關戰時貿易統制的研究計劃，並獲批准

和研究資助，從而開始對抗戰時期貿易委員會及其屬下國營公司的活動
進行全面的探討。

從事歷史研究最基本的條件是要充分佔有史料，特別是第一手的
原始資料。以往對於貿易委員會缺乏深入研究的一個重要原因，就是未
能充分收集和整理相關史料。因此我在開始進行研究前，首要的任務就
是先摸清原始檔案的收藏情況，很自然，中國第二歷史檔案館就成了我
收集資料的目標。眾所周知，中國第二歷史檔案館是典藏民國時期中央
各級政權檔案文獻的國家級檔案館，是民國史研究的重要基地。僅以貿
易委員會這個專題而論，第二歷史檔案館就收藏有大量的原始檔案。
據《中國第二歷史檔案館指南》介紹，該館收藏的貿易委員會檔案共有
12416 卷，內容包括該會及所屬各辦事處及公司的組織規則、機構變
遷和人事變動，有重要的會議記錄、業務報告以及各公司的經營活動，
有戰時各項進出口管理及外匯管制、統購統銷的政策法令，還有與英、
美、蘇等國家的借款及易貨貿易等重要內容。此外還藏有貿易委員會屬
下的富華貿易公司的檔案 455 卷，復興商業公司 1967 卷，中國茶葉公
司 678 卷，若再計算與貿易委員會有關的領導部門如行政院、財政部
以及相應的機關如經濟部、資源委員會、中央銀行、中國銀行、中央信
託局等眾多機構的檔案，數量還要大得多。毫無疑問，這些檔案對於深
入研究貿易委員會是至關重要的決定條件。

大學畢業後我即被分配在中國第二歷史檔案館，從事民國檔案和民
國史的編輯與研究工作，其間亦曾參與多種大型民國檔案資料匯編的編
輯，雖然時間不是很長，但對我個人的學術成長卻具有重要的影響。後
來我雖然離開了檔案館來到香港，但仍與檔案館保持著密切的聯繫，移
居香港後幾乎每年都要專程或順道回南京查閱檔案。更重要的是，第二
歷史檔案館的領導和朋友一直對我的工作給予熱情的支持與幫助，因此
我的研究計劃落實後立即與二檔館相關部門合作，對於館藏檔案予以摸

底和收集。

在佔有大量史料之後，我便開始對這些繁複的資料進行整理、對比、查勘、驗證，並參考前人的成果與相關文獻進行研究。在此基礎上，自 2000 年開始，我陸續對貿易委員會成立的背景和經過、戰時統制經濟政策的制定及演變、貿易委員會及屬下各公司在執行統購統銷政策時的經營活動以及戰時易貨貿易的情形分別撰寫了十多篇論文，相繼參加各種學術研討會並在會上予以宣讀。在廣泛聽取諸多學者的意見之後，這些論文又相繼在內地、台灣、香港和日本等地重要的史學刊物上發表，圍繞著貿易委員會及其屬下三大國營貿易公司抗戰期間的活動進行了較為全面的分析。

我在研究這一課題時就有意識地將戰時貿易統制與統購統銷的政策分成若干專題分別予以撰述，彼此之間既有聯繫，但內容又不重複，目的就是希望日後再將其結集出版。當這一研究計劃基本完成之後，我即將上述已發表的論文重新加以整理，刪去那些重複的文字，並根據論文的內容將全書分為上下兩篇，上編為「戰時對外貿易政策的演變」，主要介紹戰時實施統制經濟的由來以及這一政策的演變及其特點；下編「貿易委員會及屬下國營公司」，則分別對貿易委員會的成立以及屬下三大國營公司的經營活動予以深入的分析。

以往我的幾部書都是在香港出版的，但香港的市場太小，因此我希望這本書能夠在內地出版，以期得到學界更多的注意。然而我深知，作為一部純粹的學術著作，要想出版實屬不易，對此我也沒有甚麼把握。上海社會科學院副院長兼歷史研究所所長熊月之兄是我多年的老友，當他得知我的這個想法後，不僅極力支持，還非常熱心地予以推薦給上海社會科學院出版社。出版社的承載社長看了拙稿後更是主動來函，表示接受出版。他在信中還說，「雖說出版社自負盈虧，但首要的原則還是要考慮學術價值」。2009 年，《國民政府戰時統制經濟與貿易研究

（1937−1945）》於上海社會科學院出版社出版，他們的熱情與慷慨，都是對我的最大支持。

圍繞貿易委員會和戰時統購統銷我曾收集了不少資料，特別是源自第二歷史檔案館的珍貴檔案格外重要，既然我已沒有精力繼續進行研究，這批資料如何處理就成了需要解決的問題。我在網上看見河北師範大學一位年輕的學者李中慶博士申請的戰時桐油統制這一研究課題已獲國家社科資金的資助，我就主動與他聯繫，決定將這批資料全部移交給他，希望對他的研究有所幫助。中慶得知後非常高興，因為二檔的資料正是他蒐集資料的重心，但相關檔案尚未正式對外開放，所以我以前收集的這批檔案對他的研究非常重要，為此他專程到香港與我見面，並取走這些資料，祝願他在今後的研究工作中取得更大的成績。

官僚資本與「官辦商行」

官僚資本與「官辦商行」是我這些年一直研究的另一個課題，同樣也得到中文大學文學院的研究資助。

在內地，「官僚資本」是個耳熟能詳的名詞，尤其是從上個世紀四十年代起，「官僚資本」便成為革命的對象，「官僚資本主義」更成為壓在中國人民頭上的三座大山之一。按照內地史學界的傳統解釋，官僚資本主義就是依靠帝國主義、勾結封建主義、直接利用國家政權而形成的國家壟斷資本主義。它主要表現為與國家政權結合，因而具有買辦性、封建性和壟斷性等基本特徵。依照這樣解釋，晚清政府、北京政府和南京國民政府時期的所有官辦、官商合辦、官督商辦以及官僚私人投資興辦的企業都屬於官僚資本。抗戰中期，隨著官僚政治的日益腐化，政府內部分主管財經事務大權的官員亦參與各種投資，他們利用手中所掌握的權力假公濟私、化公為私，引起大後方民眾的強烈不滿，報刊

輿論亦對此大張撻伐，並將他們所經營的企業稱之為「官僚資本」。而將官僚資本泛指為所有國家資本與官僚私人資本的統稱，甚至就是所謂「四大家族」的代名詞，則是國共兩黨內戰加劇的後果，同時它也成為新中國政府「沒收一切官僚資本」的理論依據。由此可見，有關「官僚資本」的定義和內涵是隨著內地政治鬥爭的升級而不斷變化的，並且它還因應新興政權政治與經濟的現實需要，最終從宣傳的口號落實到行動上。

新中國成立以後，上述說法一直被奉為神聖不可侵犯的信條，沒有人敢懷疑它的理論是否科學，它的含義是否清晰。在當時極左思潮的影響下，這種認識其實也很容易理解：如果沒有官僚資本，那我們的革命目標是甚麼，壓在我們頭上的三座大山豈不是少了一座？直到「文化大革命」結束後，特別是國家實施改革開放的國策以來，隨著經濟的持續發展，學術界的思想也得到解放，過去長期不敢觸動的學術禁區亦逐漸受到挑戰，關於「官僚資本」的爭論就是其中一個具代表性的事例。在這個問題上，上海社會科學院經濟研究所的丁日初先生做出了尤為重要的貢獻。

我與丁先生相識很久，以前在南京工作時就常常得到他的提攜，後來到了香港，他也常常來信加以鼓勵，我對他提出的論點基本上均予接受。我認為，所謂「官僚資本」指的應該是官僚本人所擁有或投資的私人資本，而不是傳統意義上的官辦事業和國家壟斷資本，所以不應將國家資本、國營企業完全等同於官僚資本，更不能籠統地將其劃歸為四大家族官僚資本。但應注意的是，要將官僚及其子弟經營的企業與一般民營的私人資本予以區分，因為在一定的條件下，特別是在中國長期以來官僚政治傳統的影響下，官僚可以通過手中所掌握的權力，以各種方式將國家資本轉化為官僚私人的資本，而且這種轉化往往都是以各種「合法」的途徑加以實現的。

陪同丁日初先生（左二）
拜望全漢昇院士，右為「中
央研究院」朱德蘭博士

在對官僚資本性質的討論中有一個重要的問題研究得還不夠深入，
那就是缺乏對軍閥官僚（特別是南京國民政府時期）私人投資的企業作
細緻的分析。丁先生也只是籠統地說，這些官僚所創辦的企業「大部分
是民族資本主義的私人資本企業」，那麼剩下來的小部分企業的創辦人
又是甚麼人呢？按常理來分析，這部分人就應該是指「四大家族」了，
他們的投資如果不屬於民族資本的範疇又是甚麼性質呢？

在認定官僚資本應屬於民族資本的同時，還應注意到一個問題，那
就是除了官僚本人直接從事或投資企業之外，他們往往還採用另一種形
式介入國家的商業活動，那就是官員本身不直接出面，而以其家屬（配
偶、子女、兄弟等）身份投資興辦公司，即所謂「裙帶資本（apron-
string capital）」，這些事例在抗戰勝利前後表現得格外明顯。其中最
著名的、也是被朝野上下指責為「官辦商行」的三大公司 —— 揚子建
業公司、孚中實業公司和中國建設銀公司，總經理就分別是孔祥熙之子
孔令侃和宋子文的兩個胞弟宋子良、宋子安。這些公司依仗特權，大量
進口汽車、電器、藥品等管制物資，套購外匯，大發其財，這些情形不
僅引起中外商人的不滿，當時的輿論更將其稱為「官辦商行」，而這個
名稱還是黃宇人等 103 名國民黨中央執行委員在六屆三中提案中首次
提出來的。

　　甚麼叫「官辦商行」？按照字面理解，應該是由政府出面或投資、從事商業經營進出口貿易，例如中央信託局、物資供應局那樣類型的機構或公司；但是在抗戰勝利後的中國，這個名詞卻具有其特別的涵意，它主要是指那些與政府具有特殊關係的豪門資本。表面上看，它們與一般私營公司一樣申請註冊，收募資本，但實際上公司的股東不是政府內主管財經事務的高級官員或其親屬，就是富甲一方的財閥大亨，因此他們能夠仰仗特權，控制經濟，牟取暴利，從而引起社會輿論的強烈抨擊。在這些「官辦商行」之中，由於孔祥熙、宋子文執掌國家財政 20 餘年，其間從未放棄為家族謀利，所以孔宋豪門資本便成為朝野上下千夫所指的目標。

　　我從 90 年代中便開始關注這一問題，最先注意的是宋子文親自創建、其後再由他兩個弟弟長期執掌的中國建設銀公司的經營活動，因此就將這個問題選為博士論文的課題，在撰寫一系列論文之後，最終完成了一部專著《從投資公司到「官辦商行」》（香港中文大學出版社，2001 年）。其後我又開始對宋子良和孔令侃經營的另兩家同樣被稱為「官辦商行」的公司進行研究，先後發表了《關於孚中、揚子公司套購外匯數目的爭論及其真相》（載《中央研究院近代史研究所集刊》總第 61 輯，2008 年），《戰後「官辦商行」的興起：以中國孚中公司的創立為例》（載《中國經濟史研究》2009 年第 4 期），《戰後中國的「官辦商行」》（載《民國檔案》2014 年第 1 期），《孚中公司的經營特點與牟利手段》（載陳慈玉主編：《承先啟後 —— 王業鍵院士紀念論文集》，台北：萬卷樓圖書股份有限公司，2016 年），《孔令侃與揚子建業公司》（載《中國經濟史研究》2017 年第 4 期）和《揚子建業公司囤積物資案的調查與處理》（載《民國檔案》2019 年第 4 期）等等，主要依靠各地收集到的原始檔案資料，對這三家典型的「官辦商行」的創立背景、資本來源、股東身份、經營活動，特別是它們在經營過程中與政府之間的

關係進行深入的分析，希望在此基礎上最終完成一部專著。

關於官僚資本這一問題，過去我曾結合有關個人對中國建設銀公司的研究寫出自己的一些感想，後以《對「官僚資本」的再認識》為題，提交 2002 年在香港召開的「新世紀的中國歷史學：挑戰與思考」學術會議，後發表在《民國檔案》2003 年第 4 期。2011 年，北京的中國社會科學院近代史研究所和台北的「中央研究院」近代史研究所這兩個研究中國近代史最重要的機構聯合兩岸三地的學者，計劃集體撰寫一部反映中國近代史研究最新成果的著作，王建朗和黃克武兩位所長召集了內地、台灣和香港 50 多位學者，均是近年來在研究中國近代史卓具成績的優秀學人，希望他們每一位都根據自己的研究特點，撰寫相關的論文，題目也基本上由他們決定，可以說就是一篇命題作文。我亦有幸被他們選中，而指派我撰寫的題目就叫《官僚資本與「官辦商行」》。後來這篇論文就收入由王建朗、黃克武主編的四卷本《兩岸新編中國近代史》，這部著作共分四卷，其中晚清和民國部分各為兩卷，上卷按時期撰寫，下卷則以專題形式出現。此書 2016 年由北京社會科學文獻出版社出版後頗受好評，雖然定價不菲，但銷量卻很好，應該說這部書代表了進入新世紀以來海峽兩岸三地學者有關中國近代史研究的最新成績。而我最近也在以這篇論文為題，將以往的研究成果加以整合，即以中國建設銀公司、孚中實業公司和揚子建業公司這三個重要的「官辦商行」為個案，完成一部專書。這個設想已獲得北京社會科學文獻出版社楊群總編輯和資深策劃編輯徐思彥的同意，列入該社的出版計劃，我將認真予以完成。

抗戰中後期以來的腐敗

在研究戰時中國的財政經濟以及官僚資本形成的過程中，還有一個問題引起了我的注意，這就是國民政府中的貪污與腐敗。

貪污與腐敗這一現象並不稀奇，古今中外任何國家、任何朝代、任何社會制度中都會出現。導致貪污腐敗出現或泛濫的原因很多，有不少腐敗的事例是與個人的道德操守有關。如果這些行為尚未蔓延，並非普遍，那仍然是個局部的、零星的腐敗現象，這或許關係到個人的品質；但是腐敗一旦成為體制性、結構性和集團化的現象，整個社會出現系統化腐敗的話，治理的難度就會呈幾何級數一樣增加。那時就不能僅僅用個人的道德操守來解釋它，而是應該從整個體制上來思考這個問題了。

就以國民政府來說，當南京政府成立之初，儘管腐敗的現象已經出現（美國學者易勞逸先生的名著《流產的革命》就有相當篇幅介紹國民政府初期腐敗的情形），但應該說這在當時還不能算是一個普遍的現象，而且蔣介石對此也竭力設法肅清，1934 年他推行的新生活運動就包含這一目的。我認為發生在國民政府身上真正意義的腐敗，也就是體制性的、系統化的、大規模的腐敗應該產生於抗戰時期，特別是到了抗戰的中後期，隨著戰爭進入相持階段後政治上的專制與經濟上的干預，給了那些從事財政金融事務官員們很大的權力，更由於物資的短缺與通貨的增發，不但加速了腐敗的出現，而且還加劇了腐敗的嚴重。蔣介石雖然極度痛恨貪腐，也曾採用極端措施加以懲治，但因無法從制度上解決這一問題，尤其是當家族與黨國利益發生衝突之時，這種手段便發揮不了作用了。而隨著抗日戰爭的突然勝利，勝利者以接收大員的身份到了淪陷區，權力沒有受到任何管制，貪腐的情形就變得更加嚴重。

為甚麼到了抗戰的中後期大後方的貪腐情形日益嚴重、最終形成體制性的問題呢？我認為這既應注意到傳統中國官本位文化的影響，當然也與戰爭爆發後形勢的發展和變化有關。

抗戰爆發後，特別到了抗戰的中後期，國民黨、蔣介石加速了政治上的專制與獨裁，雖然集權有利於戰時提高施政的執行力度，但因為國民黨本身的組織能力低下，蔣介石事無巨細，甚麼事都要插手，究因兼

職過多，反而降低了政府的行政效率，以致於人浮於事，尸位素餐。

戰爭對經濟造成嚴重的破壞，物資極度匱乏，供應日益緊張，加上糧食歉收，後方人口增加等客觀原因，自 1939 年開始，通貨膨脹日益嚴重，以致於囤積、走私、貪污等各種腐敗行徑大行其道；為了堅持抗戰，政府實施戰時統制經濟，管制外貿與外匯，事關國計民生的物資實施專賣，隨著外匯開始實施管理，黑市盛行，原先投機外匯的資金轉而對貨物囤積居奇。另一方面，由於政府對經濟實施干預，以致主管財政經濟的官員手中權力日益強大，官商勾結、權錢交易的現象則日益嚴重，各級政府掌握一定權力者上行下效，甚至軍隊也是如此，國軍高級將領黃維就曾大歎苦經：「今日如規規矩矩拿薪水，便要餓飯，而且不能做事，勢必失敗不可。反之，混水摸魚，貪污舞弊，自己肥了，大家也可沾點油水，倒是人人說聲夠交情，有了問題大家包涵。這是做好不好，做壞倒好，正義掃地，是非顛倒。」

我們還應注意到戰爭對人們心理上的影響。抗戰初期全國民眾人心振奮，同仇敵愾，但到了相持階段，由於戰事潰敗的陰影，加上日軍連續的大轟炸，致使後方的一些官員心態發生變化，悲觀厭戰，得過且過，及時行樂；太平洋戰爭爆發後，一方面中國的抗戰得到國際的支援，國際地位亦逐漸提高，但同時相對偏安的局勢又使得眾多官員在大後方無所事事，其思想不但日趨保守，不思進取，而且還與商人勾結在一起，趁機謀取個人私利，貪腐案件層出不窮。同時這種貪腐的行為也影響到一般市民的心理，他們一方面對於腐敗的現象深惡痛絕，但又上行下效，一旦有機會有人也會置身於內。這種藉助權力而形成的官僚資本，以及由此而產生的特權階層，他們的目的是要阻止市場經濟向公平競爭的現代化方向發展，著力將市場經濟朝向畸形的方向，從而成為腐敗的市場經濟，而這些特權階層則利用手中的權力盜竊國家財產。

抗戰中的這些貪腐行為受到朝野上下一致的抨擊，也成為國民政

府失去國家政權的一個重要因素。關於這個問題以往雖然有不少學者予以關注，也一直是攻擊國民黨政權的重要根據，但往往都是形而上的敍述，既缺乏相關史料的證明，亦存在眾多以訛傳訛的問題。有鑒於此，我想針對國民黨政權出現體制性腐敗的原因予以深入的分析，並希望根據檔案、報刊及個人日記、回憶等眾多資料，對於抗戰以來重大的貪腐案件逐個進行研究，從中得出令人信服的結論，並為後人予以警示。近年以來，我已先後發了一系列論文，有些內容與前述關於官僚資本的問題有關，如《揚子電氣、淮南礦路公司的創立與國有企業私營化》（《歷史研究》1998 年第 3 期），《孔宋違法結購外匯案五十年後曝光》（《炎黃春秋》1998 年第 7 期），《中國建設銀公司的創立：官僚與財閥結合的一個實例》（載吳敬璉主編《改革》1999 年第 2 期，重慶社會科學院，1999 年），《中國建設銀公司股份的演變》（《歷史研究》1999 年第 3 期），《關於孚中、揚子公司套購外匯數目的爭論及其真相》（《中央研究院近代史研究所集刊》總第 61 輯，台北「中央研究院」近代史研究所，2008 年 9 月），《美金公債舞弊案的發生及處理經過》（《歷史研究》2009 年第 4 期），《黨國榮辱與家族利益：析蔣介石對孔祥熙之間的關係》（《南京大學學報》2011 年第 5 期），《戰後「官辦商行」的興起：以中國孚中公司的創立為例》（《中國經濟史研究》2009 年第 4 期），《關於戰後偽中儲券兌換決策的制定經過》（《文史哲》2012 年第 1 期），《蔣介石與反腐肅貪》（《澳門理工學報‧人文社會科學版》2014 年第 1 期），《戰後中國的「官辦商行」》（《民國檔案》2014 年第 1 期），《抗戰期間大後方的「倒孔運動」》（《蘭州學刊》2015 年第 12 期），《孚中公司的經營特點與牟利手段》（載陳慈玉主編：《承先啟後 —— 王業鍵院士紀念論文集》，台北萬卷樓圖書股份有限公司，2016 年），《孔令侃與揚子建業公司》（《中國經濟史研究》2017 年第 4 期），《揚子建業公司囤積物資案的調查與處理》（《民國檔案》2019

年第 4 期),《「大時代的小插曲」: 1945 年重慶黃金提價泄密案》(《中
國經濟史研究》2020 年第 2 期) 等。

除此之外，這些年我還四處收集其他相關資料，準備對抗戰及戰後
國民黨官員的貪腐案件予以深入研究，諸如 1937 年紗交風潮案，1940
年「平價大案」的始末，成都市長楊全宇囤糧貪污案真相，林世良走私
案的來龍去脈，戰時軍需署舞弊案，吳啟鼎涉嫌舞弊案、財政部直接稅
務署高秉坊貪污案，錢大鈞涉嫌貪腐案，莫以碩接收貪污案，「黃金風
潮」案，金圓券改革與陶啟明泄密案等等逐一進行研究。雖然這些案件
經年日久，要在檔案中查尋下落實屬不易，之前也有學者撰寫過相關論
文，但我還是希望能夠依據真實的史料，而不是人云亦云，道聽途說，
盡可能尋求真實的證據，揭示國民政府官員貪腐的背景以及各個案例中
的異同，最終得出一個令人信服的答案。

《華北經濟資料》的發現與出版

10 多年前，我所供職的香港中文大學中國文化研究所要進行全面
裝修，所有辦公室都要騰空修繕。在搬遷過程中，在所參考圖書室的角
落中發現了兩箱文件。經回憶，這可能是老所長鄭德坤教授退休時留下
來的東西。鄭德坤教授 (1907-2001) 是中國第一代考古學家，早年
畢業於燕京大學，後獲美國哈佛大學博士，曾任華西協和大學博物館
館長，多次主持對四川地區的考古發掘。1974 年自英國劍橋大學大學
榮休後，受中文大學創校校長李卓敏教授的禮聘來到香港，出任中文大
學藝術系講座教授，並相繼擔任文學院院長、大學副校長，後任中國文
化研究所所長，其間曾創辦考古藝術研究中心，於 1986 年因患病而離
任。由於年代久遠，鄭教授離任時未曾交待這箱資料的來源，他的辦公
室後來改為參考資料室，誰也不知道這兩個箱子是甚麼時候存放的、甚

麼人交存的，當然更不清楚箱子裏這些資料的內容了。於是我受前任所長陳方正博士的委託，對這兩箱資料進行了初步的整理。

這兩箱文件都是用紙箱包裝的，其中第一箱資料大多為印刷品，包括《主計法規匯編》、錢穆勘正之《無錫縣志》、譚熙鴻主編的《十年來之中國經濟》中有關各項工業之抽印本，包括顧毓琇撰寫之《十年之工業試驗》《長期抗戰中的幾個工業問題》等，另外還有一套已拆散且被蟲蛀的書籍（應為年鑑，但沒有書名）。此外還有少量應該是中央工業試驗所的檔案，如「本所服務五年以上人員名單」、「顧所長就任本所十年紀念特刊」、「戰時實業計劃」、「戰後接收東北的有關電力調查及報告」等等。

第二箱資料比較零亂，包括有剪報、呈文、書信、抄件、圖紙等各種形式的文件，中英文資料皆有，時間涵蓋於戰前、戰時及戰後三個階段。從內容上來看，則涉及對英國工業的調查、戰時水路運輸、全國水利建設、中國工業化問題、利用外資問題、手工業改良等各個方面，其中有一些似乎是《十年來之中國經濟》一書的手稿。

但是在第二箱資料當中卻有一部篇幅甚大的資料匯編，經認真閱讀，發現它的價值十分珍貴，這就是抗戰勝利後由河北平津敵偽產業處理局經濟資料室在接收敵偽機關各種調查資料的基礎上，整理和編撰而成的一部資料匯編，題目就叫《戰前及淪陷期間華北經濟調查》。

我以前對於戰時華北地區經濟的問題並無研究，為了弄清這部資料匯編的內容和來源，專門閱讀了相關資料，方對此有所了解。

「九一八」事變後，日本帝國主義侵佔了整個東北，其後又將侵略的目標轉向華北。在向華北進行軍事、經濟、文化等方面入侵的同時，日本政府、軍部及滿鐵等情報部門和朝野各個機構亦開始對華北的經濟資源進行大規模的蒐集和調查。1933 年關東軍入侵華北之後，滿鐵即加強在關內的經濟侵略，其中一項重要內容就是加緊進行對華北的經濟

調查，在天津、青島常設「駐在員」，並將其視為滿鐵「華北工作的觸覺」。當年 11-12 月間，滿鐵經濟調查會即完成了《設立對華經濟調查機關計劃案》，計劃在天津、青島和上海設立三個滿鐵經濟調查分會，並在其下再於北平、山海關或灤州、張家口、太原、濟南、芝罘、南京、漢口、香港、廣東等地設立若干個辦事處。其中涉及華北的經濟調查對象，包括對開灤煤礦、井陘煤礦、山西礦業、山東煤礦、中立地區（冀東）的各種工業，華北的各種經濟資源（如棉花、麻、羊毛、麵粉、煙草、木材、麻藥等）的供求關係，滿洲對華北的貿易（主要是關稅問題）、交通以及各國的權益，渤海灣的走私貿易等各方面內容。1935年 7 月，滿鐵又在關東軍的支持下成立「北支經濟調查班」，這個新成立的機構直接接受天津駐屯軍的指揮，其目的就是收集華北各省（包括河北、河南、山東、山西、察哈爾、綏遠六省）經濟開發及日中經濟提攜相關的基礎資料。其下再細分為甲、乙、丙三個小組（日本人稱之為「囑託班」），分別對華北的金融、財政以及貿易、政治、產業、交通各方面進行調查。七七蘆溝橋事變爆發後不久，華北即告全面淪陷。在八年淪陷期間，日本當局正式成立「華北開發株式會社」，不斷加強對華北經濟的全面掠奪。該會社除了制定一系列統制經濟的方針政策、加緊掠奪華北經濟資源外，另一個任務就是組織各種機構，對於華北地區的經濟情報資料繼續進行調查和統計，其目的當然是「凡對擴充我國生產力有用的重要資源，都應促進其開發及其取得」。大量的事實說明，日本侵略者對華北經濟進行大規模調查的目的，就是要將整個華北地區劃入其蓄謀已久的所謂「日滿華經濟圈」內，成為日本帝國的殖民地，並將其建成永久的以戰爭需要為主的國防資源的「兵站」和基地。

抗戰勝利後，國民政府立即委派眾多軍事長官前往各地受降，並由陸軍總司令部下成立辦理受降的黨政接收計劃委員會，再於各省市之下設立相應的接收委員會，中央各部會亦分區特派專員組織辦公處，主持

接收。因為當時沒有一個統一的領導機構，各機關自行接收，情況極為混亂，譬如僅上海一地，參與接收的單位就有 60 多個。待到 1945 年 10 月行政院正式成立收復區全國性事業接收委員會之後，方將所有接收大權歸於行政院負責，並將全國分為京滬、平津、武漢、廣東等四個大區，每區設立敵偽產業處理局，代行政院接管敵偽產業，統籌處理接收物資。國民政府還規定處理局為全國性事業接收委員會的中心機關，直屬行政院，所有已接收的敵偽產業，必須報經處理局作出決定後方得處理，而各處理局所作出的決定，該區各機關均須遵照辦理。

1946 年 5 月 1 日，河北平津區敵偽產業處理局設立經濟資料室，專門負責「蒐集、整理及編纂華北之一切經濟資料，協助各有關部門處理事宜」。勝利之初中央與地方接收機關眾多，原敵偽各部門所蒐集和編輯的統計資料，多被上述機關各自接收，但均無暇加以整理，因此該局資料室成立的最初四個月，主要是向各機關徵集和借閱這些敵偽調查統計資料。其後三個多月，資料室的工作開始對上述資料進行整理歸納，再加以分類，並在其基礎上編輯成一份詳細的資料統計，題目即定為《戰前及淪陷期間華北經濟調查》。

這個大型的調查材料，實際上就是抗戰勝利初期國民政府接收敵偽各種情報機關戰前與戰時對華北地區人文地理及財政經濟各方面調查資料後整理的資料匯編，不僅各項統計數據相當詳盡具體，而且編者的工作認真負責，在短短的幾個月時間中從各接收單位收集大量資料中經過排比分類，重新編製。主要調查內容分為八章。整份調查報告全文共 619 頁（未計部分附圖頁數），除了在各章、節之前有少部分文字說明外，其餘絕大部分都是地圖和統計表冊，大約有近千幅（有的一頁多表）。調查報告的表現形式分為章、節、項、目等四個層次，有的目之下再細分表，分類相當細緻。文字與圖表均用 A3 紙（42×28cm）繕寫而成，調查報告文字清秀整齊，圖表繪製清晰。有的圖表之後註有引

用資料來源，但絕大部分沒有註明，除了少量地圖可能直接採用日本機關的資料，絕大多數圖表均為對接收資料重新加以整理後分類而成。

最重要的是，這個資料實屬海內外孤本。據編製該調查報告的河北平津區敵偽產業處理局經濟資料室（於 1946 年 5 月 1 日成立，1947年 1 月 31 日撤銷）說明，該調查完成後原本計劃印刷出版，沒想到此時內戰已經爆發，經費極為緊張，不要說沒有錢印刷，就連油印都無法辦到。然而參與編制資料的同事「因感資料之難得，各同仁每有收穫，極為珍視」，為了不讓自己的心血付之東流，同時更為了給後人建設華北提供一份翔實可靠的資料，在其機構結束前的不長時間裏，依靠手寫，終將其調查報告整理完成，但因資源有限，最後僅能繕寫二份。而這份調查報告如今竟出現在我所看到的這箱資料中，其中有一份是完整的，還有一份缺第一至第四章，完整的那部分相對來說保存尚好，殘缺的那部分已經出現蟲蛀的痕跡。這也就是說，存世的兩份《華北經濟調查》有一份半在這個箱中，因此其價值之重要可想而知。為此我曾詢問過南京中國第二歷史檔案館和北京、天津檔案館以及台北「國史館」的朋友，證實他們那兒都沒有這份資料匯編。

2009 年 8 月，天津社會科學院歷史研究所召開「明清以來區域發展與現代化進程」國際學術研討會，張利民所長邀請我參加。我大學還未畢業時曾圍繞戰前華北走私撰寫過一篇論文，後發表在《南京大學學報》，這也是我公開發表的第一篇論文，但除此之外，我對華北的區域經濟從未有過任何研究。為了不負朋友的邀請，我想正好依靠這套資料撰寫論文與會，於是就寫了一篇《華北淪陷時期的貨幣與金融》（後來該文發表在天津社會科學院歷史研究所主編的《城市史研究》）。緊接此會之後，南開大學歷史學院中國社會史研究中心又舉辦了一個「斷裂與連續：金元以來的華北社會文化」國際學術研討會，常建華教授也邀請我參加，我在會上就簡單介紹了這個調查資料的發現經過以及主要內

容。我的發言引起與會學者的注意，旁聽的《人民日報》記者隨即發了一篇專稿予以介紹。而天津古籍出版社的一位編輯恰巧也在會上，會後她就立即與我聯繫，第二天出版社的劉文君社長即專程約我見面，並熱情地對我表態，她們非常有興趣出版這套資料。

回到香港，我即將此事向老所長陳方正和現任所長蘇芳淑教授匯報，得到了他們的鼎力支持。我又建議，這份檔案既然屬於孤本，留放在我們所並不合適，不如藉此機會將其捐獻給國家的檔案館永久保管，而天津市檔案館是內地典藏戰後敵偽平津處理局檔案最為集中的地方，這套資料書又在天津出版，建議就將其捐獻給天津市檔案館。我的建議立即得到蘇所長的同意，我又將此設想告訴我的老同學、國家檔案局的楊冬權局長，他更是極力贊同。隨後我就與劉文君社長聯繫，由她本人親自到香港來將這套資料帶回天津，然後再安排影印及設計，我亦為此專門寫了一篇前言，介紹這套資料發現的經過以及出版的意義，同時我還特別提出，不要忘記當年整理編輯這批資料「接收大員」的功績，儘管我們現在已經無法確定他們的姓名。

2010 年 5 月，我趁到北京開會之便，會後到天津參加了檔案捐贈暨資料匯編的新書發佈會，出版社邀請了京津地區各界朋友與會，國家檔案局副局長段東昇、中文大學崇基書院院長梁元生專程前來主持，於此劃上一個圓滿的句號。這套資料的出版有助於全面了解當年日本帝國主義對華北地區經濟上的掠奪和侵略，同時還可以為我們提供華北地區 20 世紀三、四十年代人文地理和財政經濟方面的重要資料，而且這些資料即便是對於今天的國家建設，仍然可以提供非常重要的參考依據，這也算是我為華北區域研究作出的一點貢獻。

第十九章

董浩雲研究

突如其來的任務

在我從事歷史研究的過程中，雖然早已大致確定了研究範圍和方向，但有些課題卻是以往未曾想到、卻又突然落在頭上的任務，這既是一個機遇，更是一個挑戰。而接受了這一任務，又迫使我努力學習新的知識，不斷擴大視野，成為日後一個新的研究領域，其中編註《董浩雲日記》就是我轉換研究對象的一個重要節點，而在日記的編註過程中又促使我進一步拓寬研究領域，最後完成了董浩雲傳記的寫作。

所謂日記，顧名思意，就是作者每日所記其當日所經歷或見聞的事，或對身邊發生的事情表達個人的看法，說出自己的感受，然後再按時間順序逐日記載，因此明人賀復徵曾將其定義為「日記者，逐日所書，隨意命筆，正以瑣屑畢備為要」。正因為如此，日記具有真實、具體、新奇等特點，所記載的又是作者平日所見、所聞、所思、所想，而非事後所回憶，因而時間、地點、人物的記錄較為準確；而且日記為私人記錄，具有不公開的隱密性，相對於公文、檔案、報刊等資料，書信、日記之類私隱性史料多為個人記事抒情備忘而作，所載文字真實具體，且作者又大多無意將其公開，可信度亦較高。日記的內容不僅包括

個人經歷，也從個人的角度，反映了社會的變遷，因此我們既可以看到日記主人到底寫了些甚麼，說明了甚麼，看到了甚麼，後人又可以從中得到甚麼啟示，所以日記就成為歷史學者非常重視的一種史料。

我是個歷史學者，當然明白日記在歷史研究中的重要意義，但我以前主要關注的多為檔案資料，尚未對日記進行專門的研究，更沒有為某人編註日記的經驗。沒想到突然會有一個機會，讓我從事這一工作，並由此而進入了一個新的研究領域，這就要從我接受董氏家族和中文大學的委託，編註《董浩雲日記》的故事說起。

董浩雲（C. Y. Tung, 1912–1982）是中國現代走向遠洋航海事業的先驅，是 20 世紀聞名遐邇的世界船王，他一生奮鬥與成功的歷史，正是中國現代航運史發展的縮影和寫照，自上個世紀 50 年代起，他的事業遍及世界各地，被譽為世界船王。但是就在他的航運事業走向世界之際，中國內地卻處於閉關鎖國的境地；待到「文革」結束、改革開放時，因為董浩雲與台灣當局有著極為密切的聯繫，加上他去世得比較早，所以內地民眾只知道香港有個世界船王包玉剛，而對董浩雲的名字則極為陌生。我到香港後，也只是略知董浩雲這位船王的大名，對他的生平了解甚少，更沒有想到以後會與他的日記乃至於對他的研究有任何聯繫。

董浩雲自年輕時即有記載日記的習慣，多年來不論工作多麼繁重，他都能忙中偷閒、堅持不輟。誠如他在日記中所說，記日記就在於寫「我的希望，還是寫我要說的，寫我要做的」，按理說這才是了解董浩雲事業發展、洞悉他內心世界的最佳資料。然而董浩雲撰寫日記卻有個習慣，就是出門在外才寫日記，回到家中就很少動筆，因此家人對他撰寫日記之事不甚留意。而且董氏家族向來低調，有關父親的生平及事跡從未向外披露，更不要提出版傳記的事了。

董浩雲去世多年以後，他的長女金董建平（Alice King）女士在整理父親遺物時，忽然發現父親竟保留有連續多年、數量龐大的日記，

閱讀之後更是激動萬分，因此她一直有一個心願，就是要完成先父的遺願，將一個真實的董浩雲呈現在世人面前。多年來她一直收集有關資料，撰寫文章，走訪父親生前的友好及同事，並曾出版紀念畫冊《董浩雲：理想與成就》。經過友人和學者的建議，她有意將日記交由中文大學出版社出版，當時中大校長李國章教授非常支持她的計劃，立即找到大學出版社進行協調，社長陸國燊博士表示會全力協助。陸博士早年於中大歷史系畢業後負笈美國，獲哈佛大學歷史系博士，深知日記的重要性，亦了解編註日記的甘苦，因此他向董建平提議，出版日記沒有問題，但必須要由一位歷史學者負責這部日記的所有編輯和校勘工作。陸博士和我們所長陳方正博士都知道我過去曾在檔案館工作，具有整理史料的經驗，於是就推薦我擔任這一工作，然而他們一直都沒有告訴我這件事，所以我事先並不知情。

記得是 2001 年 1 月中旬的一個下午，我意外地接到一個女士的電話，她的普通話中帶有上海口音：

「您是鄭博士嗎？我是 Alice King。」

Alice King？我的印象中對這位女士沒有任何記憶，她是不是要找陳方正所長呢？因為廣東話陳（Chen）與鄭（Cheng）讀音差不多，於是我疑惑地回答，「我是鄭會欣，您是不是找錯人了？」

「不，我就是找您，我中文名叫董建平，我的父親是董浩雲。」

噢，原來是船王的女兒，董浩雲的名字如雷貫耳，我當然知道，但是找我幹甚麼呢？

於是董建平簡要地講述了出版她父親日記的計劃，並詢問我對此事的看法。作為一個關注收集史料的歷史學者，當然知道日記的重要，於是便坦率地說明了我的意見：

「日記對於歷史研究來說是非常重要的第一手資料，它記載了作者對自己周邊及其生活的切身感受，深刻地反映了作者所從事事業的歷程

及其思想的變化與感情，這是其他史料所不能取代的。不要説是像您父親這樣著名的世界船王了，就是普通老百姓的記載也有它的重要價值。我雖然沒有看過您父親的日記，但如您所説保存有您父親 30 多年的日記，那價值就更珍貴了。」

　　幾天以後，我應邀到中環太子大廈董建平開設的藝倡畫廊與她見面，儘管只是粗略地翻閱了董浩雲的部分日記，但已深深感受到其中的重要價值，於是更堅定了我的看法，支持日記的公開出版。

　　然而此時董建平又表現得猶豫起來，特別是她的兄妹對出版日記有所顧慮，因為日記完全是個人生活的感受，又常常涉及到個人和家屬親友的私事，如果將其公開，是否有違先父的意願。作為董浩雲先生的子女，他們的這番考慮是可以理解的，於是我就對她説，「日記本是自己寫給自己看的，或是留給後人作紀念的，作為子女，董先生是你們的父親；但對於香港、中國和世界上的人來説，董先生是中國航運業的先驅，又是享譽全球的船王，從這個意義上來説，他的經歷與事業又不是單單屬於個人或家族，他的日記也是他一生奮鬥的記錄，應該把它整理出版，公之於眾，讓世人了解中國現代航運業發展的艱難歷程，也能從中學習他不屈不撓的奮發向上精神。我想，您的父親也是會這樣考慮的。」

　　董建平女士最終接受了上述建議，並説服了家庭的其他成員，決定將她父親的日記交中文大學出版社出版。2001 年 3 月，經董建平女士的委託，中文大出版社正式聘請我擔任日記的編輯校勘工作。

編註董浩雲日記

　　董浩雲在日記中也常常提及自己年輕時就有寫日記的習慣，但因時局動盪，戰亂頻仍，早年日記已失散而不知去向，現存董浩雲先生的日記起自 1948 年 3 月他第一次遠赴美國接收船隻，直至 1982 年 4 月 13

日他逝世的前兩天止（其中缺 1964 年全年日記），時間跨度長達 34 年，總字數約一百餘萬字。這一段時間正是董浩雲的事業從小到大、從中國走向世界的輝煌階段，他的日記更是如實地記錄了董氏集團航運事業如日中天的發展歷程，反映出他熱愛祖國、支持統一的赤子之心，同時也披露了董浩雲鮮為人知的內心世界。

董浩雲日記雖然都是以中文書寫，但許多人名、地名、公司名或船名則多用英文，字跡較為潦草，予辨認中帶來相當大的困難。日記多不分段，亦無標點，同時也常出現一些錯字、漏字或衍字，我在不違反作者原意的原則下，盡可能對日記全文加以分段、標點和校勘。由於董浩雲交遊極廣，在他的長達 30 多年日記中出現的人物數以千計，其中既有中外聞名的政界、商界人士，也有著名的科學家、藝術家，還有眾多名不見經傳的公司同事、親朋戚友，同時日記中亦牽涉到許多重大歷史事件，而且還涉及到眾多航業方面的專業知識。過去我雖然從事過民國檔案資料的整理和編輯工作，但對於遠洋航運事業卻知之甚少，同時對於 50 年代以後香港、台灣以及海外政界商界人物的狀況亦了解得極為膚淺，這些對我來說都是一個考驗。

譬如是不是要為這些日記中出現的人物加註，就是一個令人糾結的問題。按道理說，若在日記中適當加以註釋，有助於讀者了解日記作者的心路歷程以及當時的時代背景。然而我卻深知註釋工作之不易，且不說加註需要花費大量的時間和精力去查詢資料，那更是一件吃力不討好的工作：有名的人物無需加註，無名的人則很難找到資料，無法作註；註釋對了，讀者認為這是理所當然的事；若是註釋中有誤，那可是個硬傷，這不僅是自曝其短，而且也是無法解釋的事。為此思考再三，為了能讓讀者在閱讀日記時更加清楚地了解國內外形勢，從而更深刻地認識和理解董浩雲的內心世界，最終決定還是自討苦吃，盡自己所能，為日記中出現的人物和重大歷史事件作出適當的註釋。在註釋過程中我參閱

了大批工具書和辭典，認真查閱了董浩雲先生親自創辦的《航運》雜誌，並在互聯網上尋找資料，我的老朋友、台灣政治大學劉維開教授撥冗對註釋加以審閱，減少了一些錯誤，最終得以完成。為了能讓更多的讀者認識董浩雲的一生，我還編輯整理了 4 萬餘字的《董浩雲大事年表》，並刊載了《董氏集團船隊一覽表》等資料，作為日記的附錄一併出版。

因為我以往對於遠洋航運的知識知之甚少，所以在編註日記時需要不斷地補充知識，除了閱讀董氏集團編撰的四套叢書，以及董浩雲先生親自創辦的《航運》雜誌（從 1952 年創刊號直至 1982 年董浩雲逝世，整整 30 年共 500 多期），而且還參考其他專業書籍和論文，對遠洋航運以及戰後國際關係有了一些基本認識。此外，董浩雲年輕時曾相繼在上海、天津和香港等地工作與生活，中年之後足跡更是遍及全世界，為此我也多次前往上海和天津的檔案館以及南京的中國第二歷史檔案館、台北的「國史館」、中研院近史所檔案館，甚至美國的斯坦福大學胡佛研究所檔案館（董浩雲曾是胡佛研究所的理事）去查閱相關資料。尤其天津是董浩雲最初投入航運事業的地方，在這裏他嶄露頭角，初露鋒芒，為他日後事業的成功奠定了基礎。天津市檔案館保藏有大量天津航業公司的原始檔案，許多內容都涉及到董浩雲，其中有很多文件就是由董浩雲親自擬寫的，我從檔案中選編了這些資料，將其編入《董浩雲的世界》一書。後來我還建議天津市檔案館將這些涉及董浩雲的資料加以匯集出版，並介紹董氏集團予以支持與贊助，得到雙方的同意，最終促成了由天津社會科學院宋美雲與天津市檔案館周利成主編的《董浩雲在天津》這部大型檔案資料匯編的出版。

與董建華先生的幾次見面

2001 年 3 月，我正式接受大學和董氏家族的委託，擔任董浩雲日

記的編註工作，後來又與董建平共同主編《董浩雲的世界》一書。由於
我還有其他的研究工作和教學任務，編註日記也只能是在平時斷斷續續
地進行，花費了不少時間和精力。直到 2004 年夏天，這部三卷本 100
餘萬字的《董浩雲日記》終於編輯完成，連同收錄董浩雲的文章、演講
和書信，以及訪問回憶等資料的《董浩雲的世界》亦已定稿，準備同時
出版發行。

　　在日記出版之前，我向董建平建議，最好能請董建華先生為父親
的日記出版寫篇前言。沒過多久董建平告我，說她大哥已看過日記的打
印稿，心情很激動，而且他也同意我的建議，以他的名義撰寫一篇緬懷
父親的文字。董建平還詢問我的意見，這篇序言該怎麼寫，我的意見是
文字不要太長，語言要平實，要有感情，主要是反映出子女對父親的懷
念，以及看到父親日記中內心表露之後的感受，至於對他的評價則不用
說甚麼，完全由讀者來判斷。

　　2004 年 8 月 19 日，董建平傳來兩篇文字，一篇是董先生辦公室
的祕書撰寫的，另一篇則是董建平先生金樂琦的大哥金聯楨起草的。我
粗粗地看了一遍，覺得都不是很理想，前者太囉嗦，後者又過於平淡，
最重要的是，這兩篇文字都不像是出自董建華自己的手筆，缺乏個人感
情的流露。當天晚上董建平即打電話來，我就坦率地講出我的意見，她
希望我幫助儘快修改。

　　第二天我又重新將兩篇文章看了看，覺得修改很難，我想倒不如我
試著以董建華的身份寫一篇讀日記後的感受。因為這麼多年來通過反覆
對日記的閱讀和編註，加上四處收集資料，我對董浩雲先生的生平及內
心世界已相當熟悉，也曾試著寫過幾篇文章予以介紹，譬如我在《明報
月刊》上發表的那篇《何時回首謝紅塵？》，就是從董浩雲的日記中剖
析他的家國情懷與事業追求。於是我就寫了一篇《讀父親日記有感》的
小文，並於當天就將這份初稿傳給董建平。很快她就打電話告我，說是

會交給董先生看的，後來我也沒有再追問此事。

8 月 21 日中午，董建平邀請即將離任的大學出版社編輯部主任，也是日記的責任編輯馮溢江先生到香島小築吃飯，同時也邀社長陸國燊博士等幾位出版社的同事和我一道作陪。其間董建平的助手楊小姐告我，説我寫的那篇文字董的家人都覺得挺好，已決定採用，但我並未得知。可能是人多，分手時董建平也沒有對我説甚麼。

下午我還沒有回到辦公室，同事就告我有一位姓金的女士來電（董建平的先生姓金），我即回電，她問我明天傍晚有沒有時間，説董先生想和我見一面，談談他的一些想法。

8 月 22 日下午我如期到中環太子大廈董建平的畫廊附近，然後乘車與她一起前往位於下亞畢厘道的政府合署五樓，當時還不到六時。我們被引到會客室裏入坐，正中掛著江澤民「香港明天更好」的手跡。我平時並不曾撰寫日記，但為甚麼會記住這一天呢？因為當天是鄧小平100 歲的誕辰紀念日，香港的會展中心有一個紀念鄧小平生平的大型圖片展就在這天下午開幕，鄧家子女都來參加，董建華先要為畫展開幕剪彩，然後才能回到辦公室見我們。

算起來我與董建華近距離接觸已有幾回，1998 年 12 月我在中大畢業禮上還向他致禮（當時特首按照英國人留來下的規矩是香港各公立大學的校長，每個博士學位都要由他親自頒授），以後我還見過他兩次（一次在上海董浩雲航運紀念館開幕式上，另一次是不久前在董建平獲金馬龍藝術獎的一個晚宴上），但都沒有被介紹，更沒有和他單獨談話。

我們在會客室等了幾分鐘，董建華先生才匆匆走來與我握手，並向我表示感謝。他説早就聽他妹妹介紹過我，也早就應該表示感謝幾年來為日記的編輯和出版所付出的心血，但是實在是太忙，一直沒有抽出時間。這倒是真的，當天下午 5 時他剛剛出席「世紀偉人鄧小平攝影展」的開幕典禮，據他説今天下午已經開過兩個會了。

　　我們坐定後董先生首先說他已看過我寫的那篇文章，寫得挺好，他手下人所寫的文字實在太長，不準備用了。因此他想同我談一下他的一些感受，當然這也正是我的目的。

　　以下基本上是董建華的談話，有時我和董建平插幾句，我沒有錄音，因此次序和原話不一定完全準確，但基本內容卻是真實的。

　　董先生說：我今天找你來，主要是想讓你知道父親在我心目中的地位。父親是個非常傳統的人，我自幼耳濡目染，影響非常大，可以這麼說，我今天所做的一切都是父親教導出來的。有人曾問我，你十幾歲就到英國上學，在英國待了六年，後來又到美國工作了九年，怎麼回來以後還是這樣（意思是指沒有甚麼外國人的習氣，還保持著許多中國人的傳統）？我笑著說，董建華就是這樣的人。我心裏在想，這實際上都是父親多年教育的結果。

　　董先生接著說，我記得父親常對我說，作生意當然是要賺錢，賺錢才能證明你的能力、你的成功，不賺錢還作甚麼生意？問題是賺到的錢用來作甚麼。首先生活自然是要考慮的，要享受優質的生活，子女要受到良好的教育，這是要保證的。但生活不需要奢侈，更不能鋪張浪費，賺到的錢要用來再投資，不斷擴大自己的事業，然後才可以回饋社會。他不但是這麼說的，也是這麼作的，譬如乘飛機他經常坐在後面的經濟艙而不去坐商務和頭等艙，吃東西也是很簡單。但在用於投資建造新船上他卻從不吝嗇，他心中有他的理想，那就是要為中國人爭光，同時他也經常出資贊助藝術、學術和公益事業，特別是為創建海上學府這一目標花費了巨大的精力和財力。

　　我插話說：我儘量想以您的口吻和思路去撰寫，因此參考金聯楨先生的文章中有一段您在英國上學省錢挨餓看球的故事。他說根本就沒有這回事，我在英國上學家裏給了很多資助，從來不缺錢。建平說，這樣寫不是可以生動些嗎？但他卻堅持說，沒有的事就不要寫。我說接受您

的意見，刪掉這句話，一定要實事求是。這雖是件小事，但從這個細節中也可以看出董建華的為人。

我問他是否同父親一樣每天都寫日記？他笑著說，我哪裏像父親，從來沒寫過日記。

董先生接著說：父親是個很傳統的人，他對長輩非常孝順，特別是對我的祖母。但他又是一個十分願意接受新事物的人，而且他還鍾愛藝術，特別願意與藝術家和學者交往，儘管他並沒有受過高等教育。

我又插話說，我在文章中曾寫了這麼一句：「說來慚愧，我們兄妹五人雖然都相繼畢業於英國和美國的著名大學，但與父親相比，學識實在是差得太遠。」這段話您同意嗎？他說當然是這樣，但可能除了她（他指了指董建平）。董建平沒聽清他說甚麼，我就重複了一遍，她就笑著說，我怎麼能同父親比？

董先生又回憶起父親當年對他的教誨，他在上海時就讀的是名校南洋模範中學，可是到香港後未能轉到名校，心中有些失落。父親卻對他說，人生常會遇到逆境，不應屈服，而應適應它，並戰勝他。父親為了事業經常在外奔波，但都會經常督促他認真學習，除了學校的功課外，每天必須讀中文的《大公報》和英文的《南華早報》，並要對其中的好文章作筆記，寫讀後感，父親回到香港時必定要檢查他的作業。

我問他：您父親對你的要求很嚴格，他如今已經去世 20 多年了。如果說您父親還在世的話，您認為他會支持您擔任特首嗎？

董先生立即回答：那是肯定的，父親一生都認為自己是中國人，而且時時教誨我們眾子女不要忘記國家，要為自己的祖國服務。如果他還在世，他對我的這個選擇一定是非常支持的。

我接著再問：那您母親呢？

他笑著說：那她一定會說：「神經病！」這三個字董先生是用上海話說的。

　　這時候他的祕書來催他，要參加下一個會了，他站起來對我說，不好意思實在太忙，希望以後有時間再談。我趕緊取出照相機，請祕書給我和董先生照了幾張合影，留作紀念。

　　一個多月後，董先生又再次約我見面，還是在老地方，但這次董建平不在場，而且這次我提的問題比較多。

　　我們先說了說日記的編註情形，然後談到他出任特首的情形。我問他：「您出任第一屆特首得到各界的支持，包括國際上也基本上是這麼認為的，可以說是眾望所歸。冒昧問一問，您當了一屆特首之後，為甚麼不急流勇退，還要再作一屆呢？」

　　董先生回答說：「我這個人的性格是作事不作則罷，要作就希望作到底。一屆時間只有五年，有好多事剛剛計劃，還沒時間實踐，有些事也只是剛開始，尚未見到成效。譬如自由行、CEPA，這些事都是我在第一任期時與中央商定的，現在已初見成效。我並不認為我這個人的能力有多強，換了其他人就不行，但你要知道，換了一位新人是要與中央各部門之間有一個磨合期，更要有一個熟悉的過程。我希望再多給我一些時間，把我之前計劃實施的這些工作落實下去。」他接著說：「中央對我們香港真的是非常關心，尤其是朱總理，我向他提出甚麼要求，他都會認真考慮，說會想盡一切辦法支持的。」

2004 年 8 月在特首辦公室與董建華先生合影

我又問他:「那您要繼任第二屆特首,家裏的人支持嗎?」

他說:「說老實話,開始時確實沒有一個人支持。但我跟他們講了我的想法,他們也都理解,轉而支持我了。」

我說:「香港回歸、『一國兩制』是人類歷史上的一個偉大創舉,是鄧小平先生高瞻遠矚、對於完成國家統一大業所設計的戰略構思,而您則正是這一政策最重要的實踐者,因此您的一言一行以及任何決策,其實都不是您個人的行為和個人的歷史,而是『一國兩制』如何落實貫徹的具體象徵。記得我上一次曾對您說,您雖然沒有像您父親那樣記日記,但您卻在寫歷史;您父親是一位有理想、有抱負的企業家,一位世界著名的船王,而您則是香港回歸祖國後首位特區行政長官。從這個意義上來說,您比您父親在歷史上的地位和作用更大,因此無論是對您個人或家族,或是對香港、對國家,甚至於對全世界來講,您都有必要、有權利、而且有義務將這段歷史寫下來,這才是對歷史負責任的態度,這樣也才會對歷史有所交待。」

他聽了之後一楞,思考了一會兒才回答說:「我工作實在太忙,哪有時間作這件事啊。」

我說:「我知道您一向為人低調,處事謹慎,從不願為自己的言行加以任何辯白或解釋。但歷史既然選擇了您,您就應該如實地將這段歷史記錄下來,這麼做不僅僅是可以讓香港的市民更清楚地理解您,更重要的是,它可以讓世人了解香港在落實『一國兩制』過程中所經歷的風風雨雨,以及所取得成功的經驗和失敗的教訓。」

他想了想,認為我說得有道理,表示自己會認真考慮。最後他還表示,如果以後真的要寫,或許還要請你來幫忙呢。我連忙說:「如果需要我做甚麼,我定當效力,這也是我的榮幸。」

2005 年 3 月,我去台北收集資料,記得正好去董浩雲的女婿彭蔭剛家中訪問的那天,電視中播放了董建華以足疾為由辭去特首的新聞。

我即與彭先生講了幾個月前與董先生談話的這段內容，他同我的想法一樣，也覺得這個辭職肯定還有其他原因。

在這之後，董先生還約我見過幾次面。

2006 年 8 月，我正在浙江的奉化參加民國史國際學術會議，突然接到董先生祕書的電話，說想約我見面談談。幾天後我回到香港，便依約到他位於半山的馬己仙峽道的家中去見他。

董先生主要是想與我談談撰寫回憶錄的事，他說上次與我交談後也曾考慮過這個問題，並且抽時間看了一些人的回憶。但覺得許多人的回憶都或多或少地美化自己，與其這麼作，不如不寫呢！我回答說：「您說起最近也曾看過一些回憶錄，覺得大都存在粉飾和美化的問題，這的確是回憶錄中存在的一種普遍現象，但這並不是說所有的回憶錄都是這樣的。回憶錄的質量參差不齊，良莠互見，除了這同傳主個人的心態與素質有關之外，還有一個很重要的原因，就是取決於資料工作收集、整理與利用的程度。我認為真正的回憶錄不應是為個人辯解，更不應該成為美化自己的一種方式，而是應該如實地敘述歷史，要經得起歷史的考驗，既不誇大，也不要迴避。」

至於回憶錄撰寫的形式，我建議可考慮多種形式，可以自己撰寫，也可以自己敘述，再請人代筆，也可以口述史的形式出版；內容既可以圍繞家庭和自己的一生撰寫，也可以針對個人生涯中幾個重要的環節或事件撰寫（如錢其琛的《外交十記》）；有些內容可能目前還不適於透露，那麼也可以先記下來暫不出版，等到以後再說。總之，目前最重要的事情是要搶救史料，即及時收集資料，訪問相關的當事人，作些前期準備。

董先生聽了之後表示要再考慮考慮，此時他雖然已辭去特首一職，但其後就擔任全國政協副主席，成為國家領導人，工作還是很忙。我當時還不知道的是，此時他正在籌備創設一個民間的外交機構，那就是不久之後成立的中美文化交流基金會。等到基金會成立後，他的工作就更

忙了，後來他曾對我說，我目前的工作是向前看。我說：那我們學歷史的就沒用了？他連忙解釋道：「我決不是這個意思，但撰寫回憶錄實在是沒有時間了。」

以後除了在公開場合多次見過董先生外，他還約我到他家和前特首辦公室見過幾次。2012 年 9 月，他們家族在上海舉行一個紀念董浩雲百歲誕辰的活動，只邀請家族的成員參加，但事先董先生特別提出邀請我和太太出席，然而之後有關回憶及口述的事兒就再也沒提過。

《日記》的出版及後續活動

自 2001 年開始，經過三年多的編輯與整理，三卷本的《董浩雲日記》和記錄董浩雲文章、演講以及採訪的文集《董浩雲的世界》終於完成，2004 年 11 月 30 日，由中文大學出版社和董浩雲基金會在中環的交易廣場聯合舉行新書發佈會，董建華行政長官、香港教統局李國章局長、中文大學劉遵義校長、香港大學前校長黃麗松博士等香港各界嘉賓出席並講話，我除了為黃麗松博士撰寫發言稿之外，也在會上談了談編輯日記的經過與個人的感想，並在發言的最後表示，今後將以日記為基礎，進一步收集相關史料，爭取寫出一部完整的董浩雲傳記。

繁體版出版後引起很大反響，不久，北京的三聯書店決定在內地出版簡體版，並於 2007 年夏天在北京的華僑大廈舉行新書發佈會。董建平和三聯書店總編輯李昕先生邀請我參加，並希望我能多邀請些北京學界的朋友出席。我除了邀請多位在京的史學界朋友參加外，還特別提前致電老同學楊冬權（國家檔案局局長）、鄔書林（國家出版總署副署長）和老朋友章百家（中央黨史研究室副主任）、步平（中國社會科學院近代史研究所所長）幾位，他們都能撥冗出席，鄔書林還抽空閱讀了日記，並在會上發表了極為生動的談話。

步平、章百家、楊冬權及鄔書林出席簡體版《董浩雲日記》發佈會

　　董浩雲雖然沒有受過高等教育，但他非常尊重知識，特別與上海交通大學素有淵源，公司中許多高級技術人員均出身交大。2003 年，董氏教育基金會與上海交通大學合作，在交大老校區創立了中國航運博物館，同時也展出董浩雲一生為中國航運所作出的貢獻。博物館開幕那天，董建華兄妹五家人全都出席典禮，我和太太也應邀參加這一盛會。2006 年，董建平告我，為了紀念他們的父親誕辰 95 周年，並為交大學生捐贈獎學金，董氏基金會準備第二年 9 月在交大舉行一個紀念活動，邀請我參加，並問我有甚麼建議。我對她說，如果單純搞一個紀念活動意義不是很大，如今《董浩雲日記》繁體版早已出版，簡體版也即將由北京三聯書店出版，為了配合日記的出版，不如藉此機會召開一個有關董浩雲先生生平及創業的學術研討會更有意義。董建平聽了我的建議十分贊同，正好我 6 月份要去復旦大學參加宋子文生平的國際討論會，於是就約定會後一起到交大洽商有關會議的情形。

　　2006 年 6 月中旬，復旦大學吳景平教授聯絡美國斯坦福大學胡佛研究所以及宋氏後人聯合在上海召開了「宋子文與戰後中國」的國際討論會，來自國內外數十名學者應邀參加會議，這也是在內地第一次以所謂「四大家族」個人名義所召開的會議，他們的後人，如蔣介石的孫媳、宋子文的外孫、宋子安的兒媳以及陳立夫的兒媳也都來到上海，引

起國內外輿論的廣泛注意。我亦應邀赴會，並提交論文《宋子文與戰後初期對外貿易政策的改變》。會後我就從復旦趕到交大，參加協商會。

　　參加這個會議的除了董建平和我是從香港來的之外，其餘幾位都是交大的老師，包括文學院的江曉原院長、歷史系的曹樹基主任以及航運博物館的工作人員，主持會議的則是一個姓張的校長助理。看得出來，那位張校助對於召開學術會議態度極為冷淡，說只需半天開一個頒發獎學金的活動，順帶紀念董先生95歲誕辰就可以了，並說要召開學術會議紀念某人上面是不會批准的。聽了他的話我當時就懟了他一句：我剛在復旦大學參加了宋子文的討論會，宋子文這個過去「戰犯」的會都能開，那像董浩雲這樣的愛國企業家的會怎麼就不能開了呢？曹樹基兄也據理力爭，可那位張校助對我的提問不置可否，卻對曹兄很不客氣，問他是哪個單位的。曹回答說：我是本校歷史系系主任！這位張校助竟然說：交大有歷史系嗎？

　　上午的會不了了之，曉原兄吃飯時對我說了些內幕。下午交大葉姓常務副校長要會見董建平，她叫我陪她一起參加。我對葉校長說，家父是交大畢業的，因此我對交大也有一份特別的感情。接著說起開會的事兒，那位張校助說有關召開人物的學術會必須上報教育部批准，很麻煩。我就說起復旦剛參加的會，我也知道相關的會議要提前上報，既然要報備批准那就準備材料上報嘛，如果批准了最好；如果不同意，那就照原來的計劃準備就是了。張校助還在嘟嘟囔囔想說些甚麼，葉校長說：是啊，你還沒上報，怎麼就知道一定不被批准呢？最後他一錘定音，要有關單位立即準備材料上報。結果當然是沒有任何懸念，教育部自然予以批准。

　　學術會議同意舉行，那麼召集與會學者、組織論文就是我的責任了。我立刻草擬了一份邀請名單，那都是些學界有關經濟史、航運史和上海史等領域的著名學者，外地學者包括北京大學經濟系教授蕭國亮、

天津市社會科學院歷史研究所研究員宋美雲、天津市檔案館副館長張俊恆，其餘大都為上海本市學者，如上海社會科學院副院長熊月之、經濟研究所研究員張忠民、復旦大學歷史系教授朱蔭貴、交通大學歷史系教授曹樹基、華東師範大學歷史系教授馮筱才、上海市檔案館副館長邢建榕等十多名學者，我先讓基金會將已出版的《董浩雲日記》和《董浩雲的世界》等圖書分別寄給他們，然後逐個打電話邀請他們，其後還不斷去電或發函催促。雖然大家都很忙，但禁不住我一遍一遍的電話電郵催促，所有論文終於在會議召開前全部收齊。我自己除了撰寫一篇《「國航史上空前筆」：董浩雲與中國航運公司的創立》論文之外，還加上其他一些新發現的董浩雲書信、文章和採訪、報導等資料，最終將其集中輯為一書。上海交通大學出版社集中精力，在短短的時間內趕印出來，以致會議開幕時每位學者及與會人員都能獲取一本我和董建平共同主編的《董浩雲：中國遠洋航運的先驅》，這也是學界研究董浩雲的第一部專書。

2007 年 9 月 28 日，「紀念董浩雲先生 95 歲華誕及學術研討會」在交通大學隆重開幕，董氏五兄妹也都全體參加會議，並對會議的內容與安排十分滿意。就在這次紀念活動中董氏教育基金會同意再次捐款 3000 萬元，資助交通大學創建物流學院，我想這或許與我的努力有那麼點兒關係吧。

撰寫船王董浩雲傳記

編註日記需要查閱各種相關資料，在這過程中，我對遠洋航運的知識慢慢地有所了解，對於董浩雲的認識也逐漸從模糊到清晰，這就又促使我再進一步擴大收集資料的範圍，最終引起我對董浩雲的生平與志向進行深入研究的興趣。2004 年 11 月，《董浩雲日記》（繁體版）在香港正式出版，就在那時我作出了一個決定，並在出版儀式上對外宣佈，

要為董浩雲先生撰寫一部傳記，這也就為我開闢了一個新的學術領域。

我之所以作出這個決定是經過認真考慮的。

首先，董浩雲是一位非常值得研究的歷史人物。他白手起家，與時俱進，特別是自 20 世紀 50 年代後，他以香港為基地，抓住航運業幾次發展的機遇，旗下船隊的數量迅速擴張，本人更躋身世界船王，因而具有一個成功企業家的特點與個性。而他對事業的追求、為國家爭光的理想、對藝術的熱愛以及對推動海上教育的熱誠，一般企業家更是難以企及：在航運界和海外華人世界中，他的創業以及為航運事業作出的貢獻可謂聲名顯赫，而董浩雲在國際交往及兩岸關係上的作用，亦非他人所能比擬。

其次，董浩雲的生平不僅值得研究，而且有必要研究。過去內地與外界封閉，對於董浩雲的事跡幾乎無人知曉；改革開放後，由於董浩雲長期以來與台灣政經各界具有密切的交往，在當時兩岸敵對的狀態之下，他不可能回內地投資探親。而且他去世的時間也比較早，因此內地民眾只知道香港有個船王叫包玉剛，直到董建華出任香港特別行政區首任行政長官時，人們才知道他的父親也是一位世界船王，但對他的生平和歷史地位仍知之甚少。以往坊間只有一部董浩雲的傳記，那是香港回歸前董建華已確定為特首，有作者搶先寫作，但其內容多為道聽塗說，既未採訪調查，更未查閱相關資料，存在許多錯誤，與一部真實可信的人物傳記尚存在很大的距離。

第三，對董浩雲的生平目前業已具備研究的條件。多年來在編註日記的過程中，我對董浩雲的一生已經有了初步的認識，更重要的是，在編註日記的同時，我已開始注意收集各方面的資料，並與傳主親屬建立了良好的關係，彼此之間相互信任，他們不僅同意接受我的採訪，而且還將董浩雲生前收集的全部資料對我開放，這對我日後的研究具有關鍵性的作用。

2012 年 9 月在上海紀念董浩
雲先生百歲誕辰，與韓正、董
建華、董建成合影

　　我是一名歷史學者，長期從事檔案的編輯和研究工作，在進行任何
一項研究之前，首先注重的就是史料的收集。因此在決定撰寫董浩雲生
平活動之前，我即開始進行各種資料的收集。這些年我在收集民國史檔
案的同時，也注意收集與董浩雲相關的史料，先後從中國第二歷史檔案
館以及董浩雲曾經活動過的地區如上海和天津的檔案館中收集到一些他
早年工作的資料，另外，台灣「中央研究院」近代史研究所檔案館以及
「國史館」，還有美國斯坦福大學胡佛研究所等機構，也保存部分相關
資料，我都盡可能加以收集。

　　我還注意查閱相關的報刊，特別是董浩雲親自創辦的《航運》雜
誌共 500 多期，它詳細地記錄了 20 世紀 50－80 年代中國和世界遠洋
航運事業的成長和發展；此外，董浩雲先後斥資出版了四輯董氏航運叢
書，他平時還經常撰寫文章或發表演講，接受報刊的採訪，中外許多報
刊亦熱衷對他加以報導，這些都是了解董浩雲生平以及他的航運事業發
展的重要資料。

　　在收集文字資料的同時，我還對董浩雲的親友及部屬進行有計劃的
採訪，事先準備好採訪要點，有備而來，收穫很大。這裏需要特別提出
的是，董浩雲的長女董建平多年前已經開始進行這方面的工作，先後訪
問了數十位董浩雲的故舊，從而搶救出大批史料，對我的撰寫極具幫助。

在撰寫本書的過程中，我還閱讀相關著作，特別需要補充有關遠洋航運方面的知識，同時還要了解戰後國際關係中的發展與演變，特別是對於航運影響重大的事件，如朝鮮戰爭、越南戰爭，蘇伊士運河危機、中東戰爭以及能源危機等，因為這些都與董浩雲生活的時代以及事業的發展密切相關。

日記是作者記錄自己一生最生動、最可靠的資料，然而最初在編註董浩雲日記的過程時，由於我對傳主不太熟悉，對他身處的環境以及周圍的人物也不大了解，而日記的文字十分簡單，內容又相當隱晦，因此對許多事情的原委感到模糊不清，似懂非懂。隨著史料的不斷發掘和佔有，在寫作過程中我再多次重新認真閱讀日記，這樣就會對傳主一生的活動及其志向產生一種全新的認識。

對我來説，撰寫董浩雲的傳記最重要的收穫是能夠親自查閱董浩雲的文件，包括公司及個人的各種資料。董浩雲生前特別重視各種資料的收集和保管，這些資料包括各個時期的公司報告、來往文件，會議記錄以及私人書信和各類剪報等等，並經過初步整理。雖然目前還比較散亂，但卻為研究董浩雲的生平奠定了重要的基礎，更重要的是，這些資料董氏家族對我全部開放，使我對了解董浩雲生平活動以及旗下事業的發展歷史有了一個全面而直觀的認識。

在此期間，我曾根據董浩雲一生中所經歷的重大事件，先後編輯了「董浩雲生平大事年表」，並撰寫了十餘篇學術論文，提交學術會議，爭取得到學界的批評和意見，以供寫作中不斷修改。這些論文先後已經出版，並成為本書的基本架構。

2015 年 6 月，拙著《董浩雲與中國遠洋航運》由香港中華書局出版，該書 50 餘萬字，對董浩雲的生平和航運事業的發展進行了全面的介紹，得到學界的認可。其後又承蒙北京新星出版社同意出版該書的簡體版，這是對我最大的鼓勵和支持。根據出版社的要求，我又對原作進

行了一些刪減，刪去的主要是關於航運及公司業務發展部分，並將書名
定為《何時回首謝紅塵：董浩雲傳》，這句話是 1947 年 11 月董浩雲
在病榻上聽到旗下「天龍」輪橫渡大洋的喜訊，興奮之極而寫下的四首
七絕詩中的一句，也是現存董浩雲日記最初的文字。我想以此詩作為書
名，可以充分表現出他對國家民族的那份感情眷戀、對航運事業的那種
執著追求。隨著董浩雲傳記繁簡版本的相繼出版，我也算完成了我的
諾言。

退休後的生活

退而未休

2013 年 9 月 1 日，距我 64 歲生日還差兩天，我正式從中文大學
退休；從我 1990 年 10 月 22 日到中國文化研究所上班，至今還差 50
天就滿 23 年了，這也是我一生中服務最長的一個機構。如果從 1968
年底插隊算起，我踏入社會、參加工作將近 45 年，而在研究所的時間
就超過了一半。雖然退休時所裏並沒有舉行任何歡送的儀式，但我對
這個工作了 20 多年的地方充滿了留戀，它在我人生中也留下了太多的
回憶。

按照中文大學的規定，教職員工的法定退休年齡是 55 歲，但是很
少有人是在這個年齡退休的，除非你的工作能力不如人意，單位主管才
會採取各種方式讓你自己選擇離職，因此一般人都是在 60 歲的時候退
休。而在教學單位，具有正教授以上職銜的教師如果相關部門需要而
且個人願意，一般可以延遲三年到五年後再退休，有些具有學術地位
或擔任相當職務的，如中國科學院院士或學校的領導、各學院和書院院
長等重要人物，他們退休的年齡還可以再適當延長。而我一直在研究所
工作，在香港，研究機構的研究人員與教學單位的專任教師地位完全不

同，不僅待遇相差一大截，而且不可能享有終身教職（Tenure）。以我為例，從 1990 年到中大入職，一切從零開始，先後受聘的職位是研究助理、副研究員、研究員和高級研究員，雖然自 1999 年開始在歷史系也擔任教職（從助理教授、副教授到教授），但都屬於兼任性質，一直都是每兩年簽一份合約，因此從入職到退休這 20 多年裏，先後簽了十來份合約。感謝李熾昌和梁元生兩位所長，在我已屆退休的年齡後又繼續給我續了兩次約，因此我一直在研究所工作到 2013 年 9 月才正式退休。

退休之後，時間多了，所以經常收到內地各高校開會和講學的邀請，而我即被研究所聘為當代中國研究中心的名譽高級研究員，繼續擔任歷史系的兼任教授，同時仍然負責饒公的一些學術工作，最重要的是，我仍留用原來的辦公室以及可以享用學校的圖書與電子資源，對於一個人文學者來說，這樣的資源已經足夠了。因此退休至今，除了旅遊或在外地訪學之外，我一般每周都會到學校來一、兩次，除了時間少了些，而且也不會到得那麼早，其他情形與以往正常工作時也相差不多，感覺還沒有完全脫離研究所。

退休之後收到的第一個邀請就是北京大學經濟學院主辦的第一屆中國經濟史論壇，承蒙周建波教授約我蒞會發表專題演講，而我也正好可以利用這次到京開會的機會，去拜訪仰慕已久的周有光先生。

說起來我與周有光先生還有那麼一點兒親戚關係，他老人家是我妻子表姐的舅舅，雖然這層關係隔得比較遠，但按輩份講，我也應該稱他為舅舅。周家子女很多，但好像只有他一名男丁，所以他有眾多外甥和外甥女。2005 年周有光百歲誕辰的時候，多位在京在滬和在寧的表姐們為他賀壽自費出版了一部大型畫冊，書名就叫《我的舅舅：有光一生，一生有光》，圖文並茂，極為珍貴，出版後表姐也送給我一本，並多次囑咐我應該去看看舅舅，但是每次到京開會，不是抽不出時間，就是表哥小平不在，無人引薦，始終沒有機會。

　　周有光唯一的孫女小慶北京大學畢業後就出國留學，後來定居在美國的舊金山。2007 年 12 月我們去斯坦福大學查閱資料時和她見了幾次面，雖說是初次相見，但甚為投機，記得有一天在外面吃過晚飯她送我們回賓館，坐下來聊天，一直聊到深夜，後來也一直有聯繫。2013 年 9 月她正好回北京看望爺爺，我就與她聯繫，因為會後有一天空閒，我就希望能去見見舅舅。她說沒有問題，立刻將地址告訴了我，並說會提前告訴保姆小田的。我問她需要帶些甚麼東西送給舅舅呢？她說甚麼都不需要，但舅舅喜歡看書，如果方便的話就帶些內地不大容易看到的書，於是我就買了一些香港的點心，特別是一些中大出版社和天地出版社剛出的新書，還有我自己的幾本著作一同帶去。

　　北大會議結束後的那天是個周末，吃過早餐後我就按小慶給我的地址，乘地鐵找到東城區的後拐棒胡同。這是一座建於 20 世紀 80 年代的宿舍樓，雖然地段不錯，但房屋建築已相當陳舊了。我上了樓按了門鈴，保姆小田開了門警惕地問我是誰，我說和小慶約好來看舅舅的，這才讓我進來。我環顧四周看了看，這是一個兩大一小的三居室，客廳很小，小房間是周老的書房，他正坐在裏面和來自澳大利亞兩位年輕人談話，後來知道好像是小慶母親家的親戚。我進門後即向他老人家請安，並自報家門，他腦子十分清醒，立即說：噢，是上海大陸新村屠家的啊！

　　那兩位年輕人看見我進來就出來了，我即將隨身帶來的幾本書面呈給他，並簡單介紹了自己的研究領域。周老隨意地翻著書，看見我那本出版不久的《國民政府戰時統制經濟與貿易研究》感到很有興趣，因為他當時就在農本局工作，曾親身經歷了戰時統制經濟的那段歷史，於是就跟我聊起了何廉、章元善和章乃器等幾位當時財經界重要人物的故事，又談到當今的國際與國內重要事務。舅舅笑稱他原本是學經濟的，沒想到半途而廢，被調到北京從事漢語拼音的工作，這又是半路出家。不過若是當初他繼續從事經濟學，恐怕早就被打成右派了。那年他虛

歲已經 108 歲，但除了聽力不是太好之外，根本就看不到他是百歲老人。他的思想極為睿智，記憶力亦很強，尤其對當下的時局往往有極為獨到的見解，可惜那天忘了錄音，留下一絲遺憾。

也許是平時很少有人與周老談論歷史，而我的到來引起了他的回憶，在我們談話過程中小田幾次走進來，示意要我離開，但他卻不同意，不許我走，要我繼續坐下來和他聊天。後來在京的毛曉圓表姐夫婦來了，再過一會，周老的獨生子小平也來了，他住的地方很遠，而且因患癌症剛剛動過手術，但每天上午都要到這兒來看望父親。雖然他們的年齡較我長十多歲，又都是初次見面，但一見面談得都很投機。於是我就請小平表哥為我和周老照了張像，沒想到小平表哥 2015 年竟先離世，兩年後周有光先生也以 112 歲的高壽離開這個世界，這張照片就成為永久的紀念。

最近幾年所裏正在進行一項口述史的工作，因為我在所裏工作了20 多年的時間，因此也被列入接受訪問的對象，由副所長黎志添教授對我進行訪問。

在訪談中我除了介紹自己與研究所的淵源以及饒公對我的影響之後，還特別提及個人的感觸。1967 年，中國文化研究所率先在剛建成

拜望周有光先生

不久的香港中文大學成立，並以「結合傳統與現代，融會中國與西方」為口號，積極促進中國文化之建設。相比同一時期內地正在進行「文化大革命」，實際是「大革文化命」，這項舉措實在是難能可貴。而且中文大學歷任校長都曾為研究所的發展提供過有力的支持，創校校長李卓敏教授更出任本所第一任所長。余生也晚，等我到研究所工作時，多位先賢業已離開，但當時仍有饒宗頤、劉殿爵、鄭子瑜等學術大師親自坐鎮，高美慶、楊建芳、王人聰等資深研究人員努力鑽研，還有金觀濤、劉青峰、張雙慶、林業強、鄧聰、何志華、沈建華等中生代學者奮力耕耘，90年代以來，那時研究所還經常邀請學者短期訪問，創辦刊物，召開各種不同形式的學術會議，曾在國內外學術界產生過重要影響。至於我本人，20多年來在研究所這個自由寬鬆的環境中，先後出版和發表了一些論著，也是我個人學術生涯中最重要的地方。如今中國文化研究所已成立50餘年，但我認為研究所目前存在的最大問題，就是研究人員太少，更缺乏大師級的人物統領學術工作。中國文化研究所如何能在未來的歲月中，仍能依賴這個得天獨厚的國際地位，繼續發揮相應的作用？

　　在我看來，中國文化研究所作為滋養學術研究的熱土，作為香港地區最為重要的研究中國文化的研究中心，不應將退休人員一刀切地「連根拔起」，收回他們在所裏的辦公室。對於人文學者而言，退休之後的學術生涯往往還很漫長，饒公退休後所取得的學術成就就是一個十分生動的證明。因此，只要為他們提供一間辦公室，讓他們有一個學術平台發揮餘熱，支持他們繼續從事研究，一定會提高研究所的學術聲響。

　　退休至今，我還一直在香港中文大學歷史系和香港理工大學中國文化學系教授兩門課，最初幾年，我還同時在香港樹仁大學和香港公開大學教授中國當代史和近代史兩門課。後來因為我經常獲邀前往內地開會或訪學，時間上實在安排不過來，所以就辭去了樹仁大學與公開大學的課程，

中大第二任校長馬臨

第四任校長李國章

第五任校長金耀基

第六任校長劉遵義，
右為大學出版社社長
陸國燊

第七任校長沈祖堯

同時也將中大和理工大學的課程安排在一個學期集中講授，這樣一年就有一個學期的時間可以自由地掌握，外出訪學和旅遊也就方便多了。

出版論著

退休後時間多了，除了仍舊承擔部分課程，每星期到研究所去一兩次外，如果在香港，那麼大部分時間都是在家裏。從大學畢業後在二檔館參加工作，一直到研究所幹到退休，我的工作性質是坐班，即每天都是去辦公室上班，與其他高校教師不同。而且住家離學校很遠，加上香港的住宅面積很小，書籍和資料大部分都放在學校，因此我的研究基本上都是在辦公室裏完成的。初初退下來還有點不習慣，看來還得有點適應的時間和過程。

因為以往的研究計劃尚未全部完成，同時這麼多年來收集資料和閱讀文獻後也產生一些新的想法，好在以前收集的眾多資料經過不斷積累，大都已輸入電腦，因此這個時期主要是應該回顧個人過去的研究，並有意識地加以總結了。在這期間，香港聯合出版集團屬下的中華書局、商務印書館和三聯書店，以及內地的中華書局、新星出版社和社會科學文獻出版社的朋友都熱情支持，鼓勵我將以往的一些研究成果聚集起來予以出版。

也不知道是從甚麼時候開始，內地突然興起了一陣民國熱，懷舊的老照片一輯接著一輯不斷出版，蔣介石和民國要人的生平祕聞常被擺放在書店最搶眼的位置，而電視屏幕上有關民國的節目更是令觀眾目不暇給，甚至在日常生活中，所謂「民國範兒」亦成為熱門的話題。大概就是在這種大環境下，前幾年不斷有報刊的編輯和朋友約稿，囑我寫一些民國時期名人的趣事逸聞。我原本不是撰寫這類文字的高手，但耐不住朋友們的熱情催討，便試著利用以往收集檔案中發現的一些資料，寫了幾篇文章，沒想到反應還不錯，網上不斷有人轉載，這又使得出版界更多的朋友來函索稿，幾年下來，我先後在《歷史學家茶座》《南方都市報》《世紀》《國家人文歷史》《檔案春秋》以及香港的《明報月刊》、美國的《世界日報》等報刊上發表了 10 來篇這類的文章。承蒙香港中華書局總經理趙東曉、總編輯李占領諸兄的厚愛，建議我將其結集出版，為此我又將以往撰寫的幾篇論文加以改寫，使它們成為較為通俗的文字。因為這些文字主要源於各地典藏的民國檔案，撰寫的對象又主要是蔣介石、宋子文、孔祥熙以及民國時期一些重要人物和圍繞他們所發生的事，一時想不出甚麼更好的題目，遂將其定名為《檔案中的民國政要》，雖說過於平白，但內容倒還是挺貼切的。

書中所收的文章都是多年來以收集上述檔案館的資料為基礎而撰寫的，特別是近年來蔣介石日記、蔣中正檔案和宋子文、孔祥熙檔案的公佈，以及王世杰、徐永昌、唐縱、陳布雷、王子壯、張發奎、翁文灝、熊式輝、陳克文等眾多民國時期名人日記和回憶錄的出版，都成為本書撰寫內容的重要史料。為了適應更多的讀者習慣，我盡可能採用通俗性的語言，增加些趣味性的情節，少了些學術性的規範，同時也選用了一些圖片，目的自然是希望文字生動，圖文並茂，可讀性高。然而需要強調的是，書中所有的內容都有大量的史實依據，決非胡編亂造，在追求通俗的要求下，最重要的原則還是堅守真實。

　　拙著在香港中華書局出版後反響不錯，但畢竟香港的市場比較小，感謝北京中華書局總經理徐俊兄慨然應允出版簡體版，書名易為《民國政要的私密檔案》，這樣讀者會更加廣泛。我在出版前冒昧向民國史大家楊天石老師索序，他當時正在台灣查閱檔案，接到我的電話後欣然同意，並讓我將書稿先寄到他北京的辦公室，回京閱後即刻撰寫。我與楊老師相識多年，深知他平時的研究任務很忙，但他回京後很快就寫下一篇熱情漾溢的序言，謬讚拙書所收諸文「大都見人所未見、述人之所未述，其根據或來自南京、台北等地所存民國檔案，或來自蔣介石、王世杰、張嘉璈、陳克文、唐縱等人的私人日記或筆記，因而都徵實可信，既可供研究者採用，補充現有史著之不足，又可供歷史愛好者知人論世，藉以了解那個時代和那個時代的人物」。未有多久，台灣的大旗出版社也向香港中華書局購買版權，拙著再以《民國權貴的私密檔案》之名在台北出版。這樣，雖然各自的書名有些不同，但拙著真的成為兩岸三地先後出版的同一本書了。

　　前些年廣西師範大學出版社的編輯閻海文先生曾向我約稿，然而因種種原因最終未能簽約；其後他又調入成立不久的中華書局上海分公司任策劃編輯，又重新向我提及往事。我說新書稿暫時完成不了，但我有意將進入新世紀以來發表的一些文稿結集成書，因為我一直致力研究南京國民政府的財政經濟政策與對外經濟關係，其間不可避免地會觸及到民國時期的重要人物，特別是黨國元首蔣介石、長期執掌國家財經大權的孔祥熙和宋子文，而且多與蔣孔宋家族的活動有關，而這 20 多篇論文又都是我多年來查閱各地檔案以及參考最近公佈和出版的民國名人日記而撰寫的，因而取名為《讀檔閱史》，副標題為「民國政事與家族利益」，目的就是希望通過解讀這些原始檔案，了解民國時期發生的那些事兒，讓讀者對於民國史中的重大事件和人物有一個較為深入的了解。我的這個選題很快就得到海文與出版社上海公司總經理余佐贊先生的認

同。我又恭請饒公為此書題寫書名，我的老師張憲文教授撰寫序言，他們都欣然允諾，實為拙著增光。張老師還在序言中褒揚拙著「不為政治觀念所左右，恢復了真實的歷史面貌，對他們的是非功過作出了客觀評述，在許多重大的經濟、財政問題上，作了填補空白的研究工作」，所有這一切都是對我的最大鼓勵與支持。

再有一件工作就是關於董浩雲的研究，這在前面一章中已作了些介紹。自從編註董浩雲的日記公開出版後，我就擬定了一個計劃，準備撰寫一部世界船王董浩雲的生平傳記，這個計劃得到研究所和董氏家族的支持，董家還將董浩雲生前收藏的資料全數向我開放。然而因為還有其他的研究和教學工作，收集與撰寫工作持續了一個相當長的時間。眼下已經退休，時間相對寬裕，我也就決心抓緊時間，完成這一工作。

董浩雲成長於內地，成功於香港，事業發展於全球，旗下船隊遍於全世界，是一位享譽世界的船王，然而董浩雲又不是一個單純以追求利潤為目的的商人，他具有遠大的理想和宏偉的目標。董浩雲雖然長期生活在海外，但他始終沒有忘記他是一個中國人，總是將他事業的發展與國家的強盛聯繫在一起，而且他一直都在為實現這一目標而奮鬥。董浩雲在 1967 年元旦的日記中回顧一年中所取得的成績之後曾自豪地說：「艱辛必多，收穫亦大，願為國人航運史開一紀元。」因此本書必須反映出他的這種志向與抱負，不能只將他簡單地視為一個成功的商人，也不應僅就其個人的生平予以論述，而是應將他與整個國家的強大、現代遠洋航運事業的發展聯繫在一起，本書書名定為《董浩雲與中國遠洋航運》，就是希望通過敍述董浩雲傳奇的一生，讓讀者了解中國近代航運業如何從無到有、從小到大的發展過程，了解董浩雲等這一批老一輩企業家為了達到這一目的所作出的奮鬥和努力。

董浩雲從事的是遠洋航運，勢必與世界的政治、經濟、文化等具有密切的聯繫，因此本書必須具有國際視野。同時，董浩雲事業的發展又

正處於海峽兩岸對立的時代之中。董浩雲後半生生活在複雜的冷戰國際背景以及兩岸對立的大環境中，身為一個商人，他自然要考慮如何發展和壯大自身的事業；但作為一個中國人，他又時時刻刻關注著國家和民族的尊嚴，並為實現兩岸統一而作出貢獻。因此我們又可以將董浩雲作為個案，探討和分析兩岸分裂期間香港企業家那種無奈與彷徨、掙扎與奮鬥的處境。

　　撰寫歷史人物傳記必須追求真實，全書中不會出現人物間的對話（因為你根本不在現場），所有重要的事件、統計數字以及人物交往均應有史實為依據，本書嚴格依照學術規範，提供相關的註釋與說明。同時，書中還常常引用一些董浩雲本人的文字以及日記、書信或演講中的記錄，也就是說，用他自己的語言來記錄他的活動是最真實、最可靠的，就像董浩雲在 1968 年 1 月 1 日的日記中所說的那樣，他之所以堅持撰寫日記，就是要「寫我的希望，還是說我要說的，寫我願做的」。

　　撰寫歷史人物傳記還必須強調客觀性，研究一位歷史人物時間長了，往往會對他產生一種信任和崇拜的傾向，因此寫作時如何保持客觀公正的態度，避免出現無限拔高、為賢者諱的情形，這亦是寫作中經常遇到的難題。撰寫歷史人物傳記既要有別於紀實文學作品，但也不應將其完全等同於專門的學術論著，因此在文字上盡可能追求通俗易懂，在敍述過程中亦應注意時間的順序與情節的發展。然而必須遵循的一個原則是，當二者之間出現矛盾時，真實與客觀永遠是第一位的。

　　總而言之，從編註董浩雲的日記到收集資料、撰寫傳記，前後已有 10 多年的時間，它也成為我近年來新開展的一個重要學術課題。這是一本歷史人物的傳記，不是文藝作品或紀實文學，因而在文字和細節上不會加以藝術誇張，也沒有妙筆生花的神來之筆；它所敍述的情節雖然不能保證絕對正確，但力求做到每件事都事出有據，絕不憑空猜測。我希望能盡個人微薄之力，完成一部具生命力的、真實可信的人物傳記，

「雖不能至，但心嚮往之」。

我在撰寫董浩雲傳記的過程中一直得到研究所的支持，後又被列入本所「商業／文化／社區：香港企業家傳記系列」之一，交由香港中華書局出版。其後，北京新星出版社社長謝剛博士又同意出版該書的簡體版，在內地發行，書名則改為《何時回首謝紅塵：董浩雲傳》，從而完成了我多年的夙願。

退休之後畢竟空閒的時間多了，開始有意識地閱讀與摘抄民國時期的名人日記。當然由於條件所限，我所閱讀的日記除了蔣介石日記之外，大多是那些已經公開出版的日記和書信，包括原國民黨黨政軍各部門重要人物，如王子壯、王世杰、何成濬、唐縱、徐永昌、翁文灝、張嘉璈、陳布雷、陳克文、陳誠、陶希聖、傅秉常、熊式輝、錢大鈞等高級官員，以及眾多民國時期名人如大學的教授朱自清、朱希祖、吳宓、竺可楨、胡適、容庚、浦江清、梅貽琦、傅斯年、聞一多、鄭天挺、顧頡剛、徐鑄成、包天笑等人，以及金融家、企業家如卞白眉、周作民、秦潤卿、陳光甫、錢新之等。在日記中不僅注意觀察他們處理國家大事的政治立場、對待學術的執著追求，同時也關注他們彼此間的人際關係，以及他們對社會的認識、對個人與家庭的感受、對日常生活瑣事等等各種記錄，因此近年來所撰寫文章，這些民國時期名人的日記與書信，還有回憶錄就成了我主要依據的資料。這些人物的日記既反映出他們所涉公務，特別是蔣介石等黨國領袖日記中對於重要歷史事件，如長沙大火、開羅會議、雅爾塔祕約、「六全」大會、香港受降等問題上的態度，也有彼此之間的互動，如蔣介石與學人間的關係，對孔祥熙涉嫌貪腐的態度，還有汪精衛屬下對其降日後的立場轉變，除此之外，還關注他們的日常生活，如高級公務員與大學教授戰時與戰後的生活實錄，以及對社會、對人生的認識，還有就是個人在編註《董浩雲日記》中的一些體會。這些文章曾先後發表於各種學術期刊，我就想將其結集出

撰寫與主編的部分著作

版，得到上述各刊物的允准；商務印書館（香港）有限公司毛永波總編輯得知我的這一想法後立即同意納入他們的出版計劃，書名則題為《日記中的歷史：民國名人的公務與私情》，中文大學老校長金耀基教授慨允為拙著題寫書名，不久前剛在香港出版。上述這些著作大都是我退休之後出版的，除此之外，最近正在撰寫的是《官僚資本與「官辦商行」》一書，計劃在以前論著的基礎上加以整理，目前已大致完成。順便說一句，這本書以及《日記中的歷史》簡體版已獲北京社會科學文獻出版社的同意，分別列入該社的「近世中國」和「鳴沙」系列出版計劃。同時我這麼多年來還注意收集國民政府貪腐大案的相關資料，打算對抗戰中後期以來的一些重大腐敗案件的由來與影響弄清，撰寫系列論文，以對歷史與現實有所警示，希望這部暫名為《民國時期的腐敗大案》的著作假以時日，得以完成。

外出訪學

　　外出訪問和講課也是退休後一個常有的活動。以前在職期間雖然也常獲一些大學或研究機構邀請外出報告，但畢竟那時要上班，只能是外

出開會時順便作一場報告。現在退休了，時間就寬裕多了，也可以比較自由地安排行程，接受外地各高校和學術單位的邀請了。我粗略地統計了一下，這些年在內地先後到北京大學、南京大學等內地 60 多家高校和研究機構作過報告，在台灣則在「中央研究院」近代史研究所、「國史館」和政治大學等單位分別發表過演講，有的單位去過還不止一次。

關於報告的內容，除了我在香港授課的課題外，主要是將這些年發表的一些論文製成 PPT，大致有以下十多個題目：

1、「小數點之謎」：兼論檔案與其他史料的對比研究

2、戰後中國的「官辦商行」

3、董浩雲家族航運事業的創建與發展

4、饒宗頤教授與香港的學術淵源

5、黨內競選與派系鬥爭：親歷者筆下的國民黨「六全」大會

6、戰時後方知識分子生活貧困化：以眾多教授日記為中心

7、戰後中儲券兌換率的決策經過及其影響

8、宋子文與戰後初期財經政策的制定與演變

9、「無偏無黨，不激不隨」：論中國經濟學社的創立及其歷史地位

10、培養人材，重視人材 —— 以資源委員會「三一會派」為例

11、黨國榮辱與家族興衰：蔣介石與孔祥熙之間的恩恩怨怨

12、美金公債案的發生及處理經過

13、辛亥革命與中國經濟轉型：兼論中國經濟發展的內在因素

14、陳光甫與戰時中美外交：兼論上海銀行家群體的特點

15、「忍氣吞聲，負重致遠」：從蔣介石日記看他對雅爾達密約的態度轉變

16、買辦與中國近代化

17、民國時期的幣制改革與通貨膨脹

18、「大時代的小插曲」：1945 年重慶黃金提價泄密案的來龍去脈

19、蔣介石與民國學人

20、親歷史筆下的「長沙大火」

這些年外出報告中次數最多的題目，還是發表在台灣《中央研究院近代史研究所集刊》的那篇《關於孚中、揚子公司套匯數目的爭論及其真相》，後來我又將其改寫為比較通俗的文章《小數點之謎》，發表在《歷史學家茶座》。由於這篇論文參閱了大量的檔案、報刊、當事人的回憶以及日記等第一手資料，對民國史中一樁似乎已形成定案的往事予以深入研究，並通過對各種史料的對比、分析、甄別和鑒定，最終得出令人信服的結論。這篇論文有點像破案那樣，故事情節既撲朔迷離，引人入勝，又盤根錯結，跌宕起伏，最後經抽絲剝繭，真相大白，更是對於如何收集和鑒定各種史料具有形象的意義，因此經常被選為報告的主題。老是講一個題目我都有點不好意思，但邀請單位總是說，雖然你在別的地方講過了，但在我們這兒還是第一次，這個題目對我們的學生來說一定有很大啟發。這倒也是，以後好幾次我在外地講學時，有不少年輕的同學對我說，他們以前曾在甚麼地方聽過我的報告，印象非常深。有的同學甚至說，當時他還是個本科生，並沒有確定未來的發展，就是

這是作過最多的報告

聽了我的這個報告，決定獻身於歷史學研究，於是一步步深造，現在已經是博士研究生了。我聽到後當然也很感動，但也笑著對他說：我也不知道這個結果對你的前途是好還是不好。

退休之後，承蒙各單位厚愛，每年都會有幾次被邀請參加學術會議，為此也逼著我不斷地撰寫論文。除了內地與台灣之外，退休後這幾年還先後去過澳大利亞的昆士蘭大學和英國的牛津大學參加會議，其中最頻繁地參加會議，要數 2015 年的夏天。

2015 年是第二次世界反法西斯戰爭和抗日戰爭勝利 70 周年的大慶之年，海峽兩岸都先後舉行了多次紀念活動，我翻了翻當年的學術報告，發現那幾個月參加的活動很是密集，還真可以說得上是馬不停蹄呢。

先是 2015 年 4 月 5 日，出席上海社會科學院歷史研究所主辦之「民國政要與第二次世界大戰」學術研討會，主辦者選擇這一天開會是有其深刻意涵的：一來這一天是清明節，聯繫到會議的題目，再想想 40 年前的今天是甚麼日子，大家就都心照不宣了。

兩個多月後的 6 月 18 日再飛往上海，出席復旦大學近代中國人物與檔案中心和斯坦福大學胡佛研究所共同主辦之「宋氏家族與第二次世界大戰」學術研討會。這些年復旦大學與斯坦福大學胡佛研究所合作，將宋子文檔案全部數字化，並陸續整理，公開出版，對學界貢獻功莫大焉。其間景平兄亦多次召開會議，每次均邀請我出席，這也是其中的一次。

上海會議結束後，即與同時出席會議的重慶大學新聞傳播學院張瑾教授同飛重慶，那時我也在香港樹仁大學兼課，張瑾曾來信要我幫她聯繫香港高校的學生暑期參加與重慶大學的交流營，因此經我牽線，樹仁大學歷史系的學生組團赴重慶大學交流，我也作為隨團訪問的老師一起參加活動，並應邀發表演講。訪問結束後，我則從重慶飛往大連，參加為期一周的香港人文社科學者遼寧訪問團活動，其間除了訪問大連與瀋陽多所高校並進行學術交流外，還參觀了大連的日俄戰爭遺址、瀋陽張

作霖的大帥府和九一八事變紀念館,這也是我第一次踏足遼寧。

回到香港幾天後,7月6日又應邀出席台灣的「國史館」、「中央研究院」近代史研究所、故宮博物院聯合主辦的「戰爭的歷史與記憶:抗戰勝利七十周年國際學術討論會」。當時國民黨還在台上執政,因此對這次會議極為重視,會議在圓山大飯店舉行,會前的歡迎酒會和第二天的開幕式,馬英九、郝柏村等都親自出席,馬英九並致開幕辭。

7月底,我又應邀參加南京師範大學抗日戰爭研究中心、《抗日戰爭研究》編輯部主辦的「社會群體視角下的抗日戰爭與中國社會」國際學術研討會,會後又在南京住了一段時間,並順便前往中國第二歷史檔案館查閱相關檔案。

9月1日,應邀參加由中共中央黨史研究室、中國社會科學院和中國人民解放軍軍事科學院聯合主辦的「紀念中國人民抗日戰爭暨世界反法西斯戰爭勝利70周年」國際學術研討會,當晚前往人民大會堂觀看慶祝抗戰勝利70周年的大型文藝演出,第二天出席會議,然而此次到北京最重要的節目,就是9月3日有幸親臨天安門廣場觀看閱兵。這一天也正是我66歲的生日,這真是一個特別有意義的生日。

紀念抗戰勝利七十周年學術研討會

　　北京會議結束後又飛往重慶，出席由中國史學會與俄羅斯歷史學會共同主辦的「中俄紀念抗日戰爭與世界反法西斯戰爭勝利七十周年」國際學術研討會，兩個多月後再次來到重慶，不過只是匆匆參加了兩天會議，結束後趕緊飛回香港，因為中大與理工大學已經開學，還有兩門課等著我上呢。

　　9月26日利用周末再次飛到上海，參加復旦大學歷史系主辦的「抗日戰爭史新探學術沙龍」，這是由斯坦福大學的郭岱君領軍主持撰寫的一套抗日戰爭史著作的新書發佈會，算起來這是我今年第三次到上海了。半個月後，我又應邀飛往澳大利亞的悉尼和布里斯班，參加「世界華商論壇」並發表報告，會議的主辦單位還為我剛剛出版的那部新書《董浩雲與中國遠洋航運》舉行了首發儀式。

　　外出訪學講課大多是受邀而去，但也有時是自己主動要求的，記得最清楚的就是去哈爾濱那次訪問。

　　2016年冬，一次在微信群的朋友圈中看到哈爾濱師範大學的李淑娟教授在曬一組哈爾濱冬季的美景，我就忍不住跟帖寫了一段話：「我小時候在哈爾濱長大，但自1957年初隨父母工作調動來到南京後，快60年了，一直都沒有機會重回童年生活的地方。」

　　其實那時我與淑娟教授並不是很熟，只是前不久在一次會議上見過面，聊過幾句，後來又被拉入同一個近代史學者的微信群，但彼此之間並無直接的交流。沒想到我的跟帖剛剛發出，淑娟就在群中加了我為好友，並立即給我發出邀請，希望我方便時能重回哈爾濱訪問，我即回信表示感謝，當然也希望以後能有這個機會。

　　沒想到幾天後淑娟又親自來電話，她說她剛從學校的科研處調回歷史文化學院任院長，為了推動學院的學科建設，她建議能多邀請一些學者親臨學校報告，而我就成了她首批計劃邀請學者的名單。她告訴我這一計劃業已上報學校並得到批准，因此希望我當年12月就去訪問。我

非常佩服淑娟教授雷厲風行的這股幹勁，更感謝她那種古道衷腸的好客熱情，當即就答應了下來。然而我當時雖已退休，但還在中大、理工等幾家大學授課，每周都要上課，不可能抽出一個相對集中的時間外出。正好第二年春天香港復活節和清明節假期連在一起，我可以有兩個星期的空閒，所以就決定 2017 年的春天到訪哈爾濱。

　　2017 年的 3 月下旬，我和妻子來到哈爾濱，除了在學校作了兩場報告，並與學院的老師進行交流外，還由老師們陪同參觀了日軍 731 細菌部隊遺址、雙城東北民主聯軍司令部等博物館以及哈爾濱的中央大街、聖索菲亞大教堂等名勝。60 年一個甲子，真是物是人非，離開哈爾濱的時候才六歲多，如今已是接近古稀之年的老人了。我依稀記得當年父母親工作的哈爾濱航空工業學校就在中山路附近，旁邊好像有一個亞洲最大的亞麻廠，別的就沒有甚麼印象了。哈航校早已搬遷，無人清楚，但說起亞麻廠這個當年蘇聯援華的重點項目，哈爾濱中年以上的人可以說無人不知，但現在也已經不存在了。有老師開著車帶著我們到中山路和原亞麻廠舊址轉了一圈，雖然完全沒有喚起兒時的記憶，但不管怎麼說，也算是圓了重回舊地的一個夢。

　　這麼多年以來，我的足跡基本已踏遍內地的 30 多個省市，唯有吉林一個省未曾到過，我想這次既然到了黑龍江，而且我的五叔一家也在

2018 年 7 月在牛津大學會議
上發表報告

長春，雖然五叔前幾年已經去世，但五嬸和堂弟堂妹都在長春，很想順便也到長春去轉轉。但我與長春高校的老師並不熟悉，原本打算自己去看看就行了。淑娟聽到我有這個計劃後，馬上就熱情地告訴我，她與東北師範大學歷史文化學院的副院長劉景嵐教授是師姐妹，劉老師也是研究中國近現代史的，肯定歡迎你到長春一行。於是她即與景嵐聯繫，立刻得到她們學校的正式邀請，於是結束哈爾濱的訪問後就乘高鐵到了長春。

東北師範大學歷史文化學院是國家一級學科（世界史 A 類），中國史的研究在內地、特別在東北地區亦極出色。在長春我受到師大副校長韓東育、歷史文化學院劉曉東和劉景嵐兩位院長的熱情接待，東育兄校務繁忙，卻能全程參與我的講座，並即席發表講話，對我的報告予以點評，實在是不敢當。

從長春回來後不久，我就接到景嵐的來信，她説師大最近正在啟動一個計劃，準備聘請若干國內外知名教授擔任學校的講座教授，每年到校承擔一至兩個月的授課任務，並對學校的教學發展提供一些意見。他們認為我上次在師大所作的報告反應很好，東育校長和曉東院長等一致同意聘請我擔任這一職務，特別來函徵求我的意見。我當然十分感謝東師諸位教授的厚愛，同意出任這一職務，只是因為當時每個學期在香港都有授課任務，無法抽出一個月的時間前去授課。後來決定自 2018 年起，我將中大和理工大學的課程全部集中在第一個學期講授，這樣下學期的時間就比較自由，外出的時間就可以長一些了。我與景嵐商議，既然是連續授課，不如集中於一個課題講授，更加有系統，而我在中大開設的「中華民國史研究」的課程共有十多講，每章各有重點，又有系統，因而建議將其分為兩段，每次講七個題目，時間為一個月。景嵐完全同意我的意見，2019 年 6 月，我就以東北師大「東師學者」講座教授的身份飛往長春授課，之後每年去一個月，一方面授課，同時也可順便遊覽東北各地的秀麗景色，也算是一舉兩得。

名譽職務

　　退休之後我即受聘為中國文化研究所當代中國研究中心的名譽高級研究員，雖然不用每天都到學校來，可我還是每周到研究所一兩次，除了繼續從事自己的研究計劃，也為研究所和中心作些工作。因為我要完成董浩雲傳記的寫作工作，而當代中國研究中心正在進行一項香港企業家傳記的項目，所以我的研究也就納入其中，最後出版的《董浩雲與中國遠洋航運》即成為這套叢書中的一種。除此之外，我還盡自己能力幫助研究所作些事情。

　　饒公自 2003 年小中風後，身體狀況大不如前，平時也很少再到中大來，而他與中大之間的交往主要都是我從中聯繫的。2013 年 9 月我正式退休，但其後我還繼續進行饒公的口述史訪問，同時中大、研究所或饒公之間有甚麼事情需要聯絡，基本上也是我從中代為斡旋。

　　著名雕塑家吳為山是我多年的好友，也是中文大學的老朋友，他曾為中大創校校長李卓敏、新亞書院創辦人錢穆、諾貝爾獎得主楊振寧和高錕等中大先賢雕塑銅像，座落在中大的各個場所。為山兄對饒公特別崇仰，早就有意為饒公創作一座雕像，於是我從中聯繫，很快便得到劉

張憲文、朱慶葆教授頒發聘書

遵義校長和饒公及家人的積極回應。記得那天我陪同饒公及女兒清芬小姐與大學祕書長梁少光先生一同吃飯，席間討論樹立塑像的地方，我提議大學圖書館是全校師生共同吸收知識的地方，如果塑像放在這裏不是挺合適的嗎？我的建議立即得到大家的同意，飯後即到圖書館查看最佳位置，圖書館副館長黃太也親自陪同。大家都覺得圖書館一樓的閱覽大廳位置寬闊，又是所有讀書人的必經之地，一致決定就放在這裏。中大建校之初，意大利駐香港領事館曾向中大捐贈了一座但丁的塑像，這樣正好可以將兩座塑像並排安置。1958 年饒公重遊意大利曾親臨拉文納Ravenna，並在但丁墓前寫了一首長賦悼念這位意大利中世紀卓越的詩人，饒公很滿意這個安排，他還笑著說：「以後我可以經常和但丁對話了！」

2009 年秋，為山為饒公創作的半身青銅塑像完成，他並親臨中大出席開幕儀式，饒公高興地拉著為山兄的手，感謝他創作的這座栩栩如生的塑像，並用杜詩韻親筆書寫墨寶贈予為山，詩曰：「為我塑幽姿，妙手臻靈境；獅山兀相向，池月印微影。胸寬象緯近，心同壺冰冷；留像對但丁，前事堪重省。」成就了學術史上一段佳話。

法國的法蘭西學院成立於 1795 年，是世界上歷史最為久遠的學術機構，2013 年，鑒於饒公在國際學術上的卓越地位，法蘭西學決定授予他外籍院士，這是一個無比榮譽的稱號，饒公也是第一位擔任院士的中國人。按規定饒公應該親自到巴黎接受這一榮譽，但因他年事已高，法蘭西學院破例同意到香港親自向他頒授。饒公和清芬將這一消息告訴我，希望在中大舉辦。我即將這一喜訊告知沈祖堯校長，他當即同意，並吩咐公關事務處和相關部門立即行動，在中大舉行了一個典雅而隆重的頒授儀式，饒公身著院士服，來自法蘭西學院的院長親自將代表院士身份的一柄長劍交到饒公手上，香港學界數百人見證了這一輝煌的歷史時刻。

　　就在這之後，沈校長決定趁這股東風，計劃將中大剛籌到的一筆捐款，設立一個「香港中文大學饒宗頤訪問教授講座」，每年聘請一位國際著名學者到中大舉行講座及訪問，具體事宜由文化研究所經辦。沈校長的這個決定立即得到饒公及家人的贊同，文化研究所也立即行動起來，自 2014 年起，相繼聘請著名漢學家馬悅然（瑞典皇家院士及諾貝爾文學獎評審委員）、袁行霈（北京大學教授、中央文史館館長）、汪德邁（法國高等研究院教授）擔任訪問教授，每次報告時，饒公都親臨學校出席。原計劃 2018 年擔任訪問教授的是復旦大學人文研究院院長的葛兆光教授，然而就在葛教授來港的兩個月前，饒公與世長辭，因此我建議在葛教授報告前先播放一段由中大公關處製作的饒公在中大的短片，並由我簡單介紹饒公的生平及學術貢獻，以此緬懷這位德藝雙攜的學術大師。

　　我們研究所老所長陳方正的父親陳克文先生原來是國民政府行政院的資深參事，也是立法院在大陸時的最後一任祕書長。1996 年我在台灣查閱檔案時，曾在國民黨黨史館看到大革命時期陳任國民黨農民部祕書時與毛澤東、徐謙等人的往來函件，便複印下來交給方正所長。後來去中研院近史所檔案館，又知道陳克文的日記就收藏於該館，我想看看，但説是必須有其家人的同意方能閱覽，因而只好作罷。

　　就在我退休之前，方正所長計劃將其父的日記整理出版，讓我對其整理的打印本予以校勘，並希望我對日記中出現的部分人物加註，我均遵命完成。後來日記先後在台北的中研院近史所和北京的社科文獻出版社出版，引起學界的極大轟動。作為最先看到日記的一個學者，我也從中得到很大教益，之後亦以該日記為主要素材，撰寫了多篇論文。

　　陳方正和他的外甥女、香港大學的梁其姿教授即藉此機會，捐款在中大中國文化研究所設立了一個「陳克文中國近代史講座」，每年聘請海內外著名學者到大學和研究所進行多次演講，第一位受邀的就是國

際著名學者、華中師範大學前校長章開沅教授。章先生早年肄業於金陵
大學歷史系，而金陵大學後來與中央大學合併而成南京大學，因此是我
的前輩學長，我也多次與他一同開過會。2016 年華中師大的馬敏、朱
英諸兄邀請我去他們學校訪問講學，行前我曾要求拜訪章先生。負責接
待的老師對我說，訪問章先生需要事先徵求他的同意，但很快就答覆我
說，章先生說是我們是多年的老朋友了，對你訪問特別高興，我聽了
真是受寵若驚。到武漢後的第二天上午我就和妻子一同去拜訪他，將我
最近出版的幾本書面呈，章先生也將其口述回憶贈送與我。原來說只談
半個小時，但章先生特別健談，說到往事，聊起現狀，一直談了兩個多
小時，中午又和馬敏、朱英及同時到訪的王笛諸兄共進午餐。第二年年
初，章先生就作為「陳克文中國近代史講座」的第一位學者訪問中大，
受到香港學界的熱烈歡迎。

　　應邀擔任第二位講座的是台灣「中央研究院」院士張玉法教授，
20 世紀 80 年代初，海峽兩岸學者第一次在美國的芝加哥共同參加學術
會議，意義重大，而被學界廣為流傳的「章張交鋒」就是章開沅與張玉
法兩位前輩，30 多年後，能夠邀請他們二位先後擔任講座的教授，這
不僅是歷史的巧合，更是學術史上的一段重要因緣。

　　張先生預定 2018 年 1 月初來港，2017 年的聖誕節我去柬埔寨旅
遊，回港後突然接到陳方正的電話，要我撰寫一篇張玉法教授的生平簡
介，而且必須在元旦前完稿，否則趕不上交付印刷。這篇文稿可不是簡
單的介紹，而是一篇約 5000 字的文字，我雖然與張先生認識多年，但
要在這麼短的時間寫一篇詳細的生平，並要全面介紹他的學術成就，絕
不是一件易事。何況章先生還有過一本口述史可以查閱，而張先生卻沒
有任何相關的文字可供參考，然而於情於理，這件事我都無法推辭。因
此那幾天我便想盡辦法，借閱圖書，上網搜尋，同時致電台灣的朋友代
為查詢。我還直接與張先生通過電話，問他有甚麼意見，但他只是說：

我信得過你。我終於化了兩天時間，寫成一篇〈張玉法院士的學術生涯〉，這篇文章雖然不足 5000 字，但對張先生的生平與學術成就，特別對以他為代表的「南港學派」以及他對兩岸學術交流所作出的貢獻予以全面的概括和介紹。

文章寫出後即以電郵形式寄給張先生審閱，他在糾正了幾個錯誤之後，總體上對拙文予以認同；我又將文章傳給台灣的幾位朋友，他們都是張先生的學生，閱過之後也都説寫得很完整，政治大學的劉維開兄還對我開玩笑地説：今後我們撰寫張先生的傳記，一定要以你寫的這篇文章作藍本。

2017 年是中國文化研究所的金禧之年，所內各個中心都以各種方式進行慶祝，老所長陳方正博士和所長梁元生教授計劃以當代中國文化研究中心的名義召開一個研討會，要我予以協助。根據個人的研究領域，我向他們建議召開一個民國史方面的國際研討會，而近年來隨著大批民國時期重要人物的日記、回憶錄和口述史的相繼出版，特別是蔣介石檔案與日記的開放，為民國史的深入研究帶來一個重要的契機，可是據我所知，除了前些年台北曾舉辦過一個「蔣介石日記與民國史研究」的國際研討會之外，似乎還沒有召開過與日記、回憶錄內容相關的學術會議。於是我們決定本次會議即以民國時期人物的日記和回憶為中心，看看他們筆觸下描述的民國政治和社會究竟是甚麼樣的，這就是「民國人筆下的民國」學術研討會召開的由來。

由於經費上的限制以及時間上的安排，會議的規模不是很大，我們計劃邀請內地、台灣、日本、韓國以及香港地區的 30 位學者與會，雖然人數不是很多，但還是希望盡可能涵蓋各個地區、各個年齡段有代表的學人參加。我們擬定的邀請名單中既多年從事民國史研究的前輩學者，也有近年來成長的年輕一代 80 後學人（其中有幾位還是中大歷史系畢業的博士生），當然更多的還是那些年富力強、在民國史研究各

個領域中的領軍人物。邀請函發出後，立即得到所有受邀學者的熱烈回應，紛紛表示願意與會，並積極配合，在規定的時間內先後提交報告題目以及論文全文，雖然汪朝光、金以林、呂芳上幾位臨時因有事不能參加會議，會前張力先生突然患病未能來港，但他還是提前寄來了論文，這些都是會議得以順利召開的重要保證。

2017 年 5 月 12–14 日，「民國人筆下的民國」學術研討會在中文大學召開，除與會學者外，還有許多校內外朋友列席旁聽。本次會議共收到論文 29 篇，除了邀請張玉法、楊天石兩位前輩學者擔任主題發言外，其餘學者的論文分為七節予以報告，最後一場為圓桌會議。因為主題基本相同，會前參會學者的論文業已結集印出，因此會議沒有分組，亦不設評論，目的是盡可能安排多一些時間讓與會學者和聽眾一起參與討論。兩天半的會議安排得十分緊張，幾乎沒有休息的時間，但每位報告人宣讀論文後都會引發熱烈而認真的討論，這確實是一個高效率、高質量的學術會議。

會議結束前，我們依據大多數學者的意見，準備會後出版論文集，但時間安排得較為寬裕，主要是讓大家有時間對論文進一步予以修改，同時也不影響學者在其他期刊上先行發表。除了有幾位學者因各種原因不擬將論文提供發表外，論文集共收錄了 25 篇論文。其中張玉法先生的論文是對民國時期的日記、自傳、回憶錄和口述歷史所作的全面綜述，故將其報告列於篇首，其他論文則大致依據其內容反映的時間排列，我們只是對論文的格式、註釋等予以統一，其他則完全尊重作者的意見，未作更動。這就是由我主編的《民國人筆下的民國》出版的經過，老校長金耀基教授並題寫書名，更為本書增色。

開源研究機構

前幾年武漢華中師大的朱英兄介紹了一位陳新林先生與我相識，這

位陳先生原來是體制中人，後來下海經商，生意作得很大，但他因出身和經歷有關，對歷史特別感興趣，人過中年、事業有成之後，空餘時間都在讀書，特別是中國近現代歷史的論著。他的公司設在香港和深圳，但他是武漢人，在武漢也有房地產項目，於是就拜章開沅先生和朱英兄為師，在華中師大攻讀歷史學博士，為此朱英兄便介紹我們相識。

　　新林兄年齡比我略小幾歲，但也可以說是同一時代的人，彼此的家庭和經歷也有許多相同之處，所以交談起來甚為投機。他告訴我，他一直有一願望，就是想在香港籌辦一個學術研究機構，利用香港的政治和地理優勢，籌備資金，資助和出版一批民國史的檔案資料和專著，若有可能，以後再設立相應的研究機構，推動中國近現代史的研究。對於他的設想我極表贊同，也表示若需要的話定當盡力襄助，章先生和朱英兄也都囑我對他的這一計劃予以支持。因為我在兩岸三地認識的朋友較多，所以這幾年凡是有重要學者蒞港，我都介紹與他相識，並宣傳他的計劃，聽取諸位學者的意見，得到眾人的一致贊同。

　　2017 年 4 月，經過新林兄的多年籌劃，並得到章開沅先生的大力支持，開源研究機構 Kaiyuan Research Academic Foundation Limited 正式在香港註冊成立，這是一家非牟利的公司，由陳新林、陳博（陳之子）和我三人出任董事，機構就設在金鐘陳新林先生的公司。

與陳新林、朱英及章開沅
夫婦合影於香港慈山寺

按照陳總的計劃，開源機構下將來會開設開源書局、開源學術基金和開源中國歷史文化研究所等幾個機構，成立開源研究機構的宗旨，就是希望藉助這一學術平台，出版歷史檔案，以及海內外中國近現代史研究高水平原創性的學術著作，注重學術交流與信息分享，並通過各種方式促進學界同人之間的互助合作，建立學術基金，支持與贊助學者、特別是鼓勵和支持中青年學者對中國近現代歷史進行認真深入的研究。開源研究機構首先成立的是學術委員會和開源書局，其他的工作慢慢進行，為此我向新林兄提出了學術委員會的建議名單，其成員包括兩岸四地重要的歷史學者，這個名單經過與章開沅先生及馬敏、朱英諸兄反覆斟酌商議，最後予以確定，再分別致信給各位，均得到他們的熱情支持。

10 月 20-22 日，開源研究學術委員會成立大會在香港香格里拉酒店舉行，開源書店特別趕印出章開沅先生的日記《北美萍蹤》，並在開幕式上予以發佈，以慶祝章先生的學術貢獻。開源研究學術委員會由章開沅先生出任主任委員，張玉法、張憲文和楊天石三位前輩擔任顧問，學術委員（以姓氏筆劃排列）包括：王奇生（北京大學）、王笛（澳門大學）、朱英（華中師範大學）、呂芳上（台灣「中央研究院」近代史研究所）、沈志華（華東師範大學）、吳景平（復旦大學）、馬敏（華中師範大學）、徐思彥（社會科學文獻出版社）、桑兵（中山大學）、黃克武（台灣「中央研究院」近代史研究所）、陳紅民（浙江大學）、陳謙平（南京大學）、陳新林（開源書局）、梁元生（香港中文大學）、梁其姿（香港大學）、楊奎松（華東師範大學）、鄭會欣（香港中文大學）、羅志田（四川大學）等人組成，應該說都是當下學有專長的學者。

開源研究機構和開源書局成立後，陳新林主要在台灣，在張玉法、呂芳上等先生的支持下，以開源書局和民國歷史文化學社的名義出版了眾多民國時間的檔案以及民國名人的日記，已經引起學界的廣泛注意。我雖然沒有參加其中的工作，但我對這項工作的意義深表認同，並預祝

開源書局出版更多的檔案與論著，進一步推動中國近現代史的研究。

觀光與遊歷

　　説到旅遊，現在是特別流行的事兒，可是在我們小時候，不要説到國外，就在國內轉轉，都是想都不敢想的。當然「文革」中的大串聯，讓我們享受了一次免費的自由行，那是特殊年代才會有的機遇，但那時主要的目的除了抄寫各地大字報之外，就是瞻拜各地的革命遺址，相當於現在的紅色旅遊，名勝古跡倒是很少光顧。參加工作後，偶爾有時間，利用出差或開會的機會，也順便遊覽過當地的一些當地名勝。到香港之後有機會參加各種國內外的學術會議，去過的地方就多了些。退休之後，時間更多了，真是應該趁著身體還健康的時候，多出去走走，看看外面的世界。

　　以往外出主要還是因工作的需要，當然那時能爭取到一個出差的機會是很不容易的。到香港後的這些年除了因參加各種學術會議，曾多次前往內地、台灣和國外，順便也遊覽各地名勝外，也曾參加過旅行團外出旅遊。但我這個人生性不是太好動，語言能力又不行，更不會開車，所以大部分旅遊都是跟團，這樣吃、住、行都有導遊負責，自己跟著行動就是，那倒是省事多了，雖然不大自由，基本上就是走馬觀花，但不管怎麼説也都算是到此一遊呀。不過這幾年兒子常陪我們一起到國外旅遊，由他一人先行預定機票、酒店，提前做好功課後，到埠後再租車，一路隨意旅行，甚麼事也不要煩，算是享受到兒子的福了。

　　到香港後出國以及到台灣、澳門等地都很方便，但最初大多還是應邀開會才外出的。後來有了一個機會讓我能走遍內地，香港中聯辦教科部為了讓香港學人加強對內地教育的聯繫，經常組織各種參觀與訪問，具體工作由王國力部長和殷長春處長負責，所去的地方主要是西北、西

南和東北地區，而這些地方又都是平常較為難得到訪的邊遠省份。教育部委託當地的教育廳負責接待，因此我也經常參加由海學聯、高校聯、香港學者聯誼會以及香港人文學者訪問團等團體的活動，赴內地參觀與訪問。這些年先後去過青海、貴州、寧夏、湖北、陝西、內蒙、遼寧、西藏等省區，除了與當地高校進行學術交流外，還由接待單位組織我們參觀與遊覽當地的名勝古蹟。我的原則是，凡是沒有去過的地方儘量爭取參加，因此這麼多年來，除了澳門和台灣經常訪問之外，內地 31 個省、市、自治區我已經全部去過，國外亦先後去過亞洲、歐洲、北美和澳洲近 30 多個國家，除了開會訪學之外，絕大部分都是跟隨旅行團前去遊覽的，雖然來去匆匆，但也算是到此一遊，然而要去的國家還有很多，這也是今後的出行目標。

說到內地的旅遊有兩處值得回憶。

我們到香港後結識了不少朋友，但大多還是內地來的新移民，畢竟大家的經歷差不多，有許多共同語言。90 年代中，來自北京國家文物局的王素應饒公之邀來香港訪問，雖然過去不相識，研究的領域亦不相同，但彼此年齡相仿，很快大家就聊得很熟。王素妻子的哥哥李立也是從內地到香港不久的新移民，就住在我們家附近。他們來自武漢，王素就介紹我們認識，相互一聊才發現我們之間的經歷實在是太相似了，

哈佛燕京學社

他比我略小幾個月，也是當年出生於香港，很小就隨父母回內地，「文革」中上山下鄉，改革高校招生後考入大學，80 年代末又重新回到香港。他的父親也是交大畢業，就連他的兒子也與灝灝年紀相仿，因此兩家關係很好。1998 年夏天，我們兩家人商議後，決定自己組團到四川九寨溝旅遊。先是陸誠找她在成都的表妹替我們租了一部依維柯，然後兩大家人分頭離開家到成都會合。除了我們一家三口，妹妹妹夫帶著他們的兒子，哥哥一家沒來，但他們的女兒剛上復旦大二，也參加了我們的隊伍；李立則除了他自己一家三人外，還包括他弟弟和妹妹的幾個孩子，兩大家子共 14 人，正好一輛車。但李立的母親對此始終持反對的態度，臨出發前她還多次勸阻，當然孩子們沒聽她的，我們還認為她大驚小怪，過於緊張。直到後來我才想起老人的擔憂是有道理的，當時九寨溝路況不好，反一途中出了甚麼事那還得了，這輛車上坐著的可都是鄭、李兩家人的所有後代呀！

　　第二年夏天，我們計劃一家人自己去敦煌，事前我請饒公寫封信給樊錦詩院長，我也給她的祕書通了電話，北大的榮新江教授向我介紹了他在敦煌的一位姓羅的朋友幫忙。我與灝灝先回南京探親，陸誠的假期少，我們就約著到西安見面，遊覽幾天後再一起乘飛機到敦煌。到敦煌後先找到新江兄介紹的朋友，然後再去找樊院長。樊院長很忙，也顧不得接待我們，只是為我們寫了一張紙條，專門安排了一位導遊為我們服務，帶著我們參觀了 20 多個洞窟，其中大多都未對遊客開放，真是讓我們大開眼界。新江兄對我說，到了敦煌離新疆也就是一步之遙了，因此我們夜裏又從柳原乘火車，天還沒亮就到了吐魯番，隨即租了一輛車，一天之間參觀了當地的火焰山、葡萄溝、蘇公塔、千佛洞和高昌古城等所有景點，於黃昏前到了烏魯木齊，參加當地的旅行團，連續幾天遊覽了天山天池、紅山國家公園等地。然而因時間關係，這次到新疆沒有機會再深入北疆和南疆，希望不久的將來，我們能有機會再次來到新疆。

　　兒子咏灝在香港的拔萃男書院畢業後曾先後在美國兩度留學，後來又在美國工作了一段時間，所以我們這些年去美國的次數比較多。2007年12月，他提前半年於紐約大學畢業，於是我們就趁這個機會，先飛到美國西岸舊金山的斯坦福大學胡佛研究所收集資料，其間又利用周末參加旅行團到拉斯維加斯和大峽谷轉了一圈，待到聖誕節時胡佛研究所的檔案館閉館我們再飛到東岸，灝灝提前在華盛頓等我們，我們住在馬里蘭州的表妹家。兒子就陪著我們一路遊覽。先後到華盛頓、紐約、新澤西，然後再飛加拿大的多倫多，沿途都受到親戚和同學的熱情接待。

　　2011年我突然收到維也納大學魏格林教授的來函，邀請我參加2012年1月在奧地利舉辦的辛亥革命百年的會議。我當時很奇怪，我也不認識魏教授，她怎麼會給我發出邀請函呢？到了維也納才知道，原來籌辦這個會議的是當年京城改革四君子之一的朱嘉明，他因為在研究貨幣史的過程中看到我多年前出版的一本關於戰前財政金融改革的書，因此決定邀請我。那時灝灝還在香港中美文化交流基金會工作，但已被哈佛大學甘迺迪政府學院錄取，於是我們就決定全家人一起到歐洲旅遊。除了開會之外，順道還先後去了法國、西班牙、德國、奧地利和捷克，觀賞了西歐各國的不同景色。

　　2014年夏，兒子在哈佛大學甘迺迪政府學院畢業，我們便乘這個機會到美國，先到紐約的親戚家住了幾天，然後再到波士頓去參加他的畢業典禮，前後住了10多天，接著我們三人再經舊金山飛往夏威夷，前後九天，去過幾個島，灝灝剛到埠就租了輛車，那時他剛剛拿到駕照，我們還有點擔心，好在他的駕駛技術不錯，一路安全，真是完美的一次自由行。灝灝畢業前就已被麥肯錫公司錄取，這次他就和我們一路同行回香港休假，然後再去休斯頓就職。因此這幾年我們或是冬天聖誕節期間，或是暑假就到休斯頓去探親。他工作很忙，每周一的凌晨就去機場趕第一班飛機，周四夜裏再飛回，回來後還要工作，只能在周末陪

兒子畢業於哈佛大學甘迺迪政
府學院

同我們出去轉轉，吃飯購物，但一旦有長假就開車帶我們出去，德州幾
個大城市奧斯汀和聖安東尼奧以及附近的新奧爾良都去過了，有一年聖
誕節我們還一同飛往佛羅里達的基韋斯特島住了五天。

　　最難忘的是 2017 年夏天，那時灝灝已打算回香港發展，正好在復
旦大學任教的姪女以富布賴特訪問學人的資格在亞特蘭大大學訪問，兄
嫂和兩個外孫也都在美國。於是灝灝就提議邀請全家一起到美國的黃石
公園聚會，得到了全家人的響應。我和陸誠先飛到灝灝家住了幾天，然
後三人從休斯頓啟程，哥哥全家五人從亞特蘭大，外甥一家三人從南京
分頭飛往鹽湖城聚集，我們先到，灝灝早已預租了一架平治大房車，全
家大大小小共計 11 人，然後驅車前往黃石公園，再接著到大提頓公園
和蒙大拿州的國家冰山公園，灝灝事先都在當地租了高檔的別墅，一家
人又吃又玩兒，前後 9 天，驅車數千英里，真是一次難忘的家庭聚會。

　　2018 年秋，灝灝在麥肯錫工作四年之後返回香港，當時有利豐、
中國平安、戴爾等幾家公司要聘請他，還有一家遊戲公司也想請他去，
但他最後還是去了一家新創公司任職。這家叫 Deliveroo 的負責送外賣
食品的公司總部在英國，成立的時間很短，但已通過多輪融資，前景看
好。不久前剛在香港設立分公司，中文名叫「戶戶送」，他們急缺一名

營運總監，灝灝便應聘出任。開始時每周他都親自到各區送外賣，因為他沒有電單車牌照，所以只能當「步兵」，很辛苦，但卻了解了送貨車手的工作程序與其間甘苦，對他之後實施相應的改革提供了依據。他剛

1993 年全家福，當時哥哥在法國留學

1998 年全家福

2017 年相聚在美國

到公司時每天的送貨數量大概為 13 000 宗，可是在他和屬下同事們的努力之下，半年之後業務量就大幅上升了一倍多，一年多之後，每天的送貨量更穩定在 40 000 宗左右，在世界各地區的分公司中表現最為出色。

2019 年年底，香港的新世界集團人事部門負責人找到灝灝，希望他能參加他們的集團。灝灝考慮再三，並徵求了多位朋友的意見，最終同意了邀請，在老公司作完一切交接後，於 2020 年 3 月剛剛去上班，出任新世界集團的助理總經理（策略與規劃），他的主要工作是負責集團在香港的一個大型購物商場 K11 的營運和銷售。對他來講，這完全是一個新的環境，面臨著許多新的挑戰，尤其是他到新公司履新時亦正當全世界疫情肆虐，經濟急劇滑坡之際，可以想見他將面臨的困難有多大。我們年歲已大，對新生事物又全然不清，不能提供任何幫助，只能默默地支持他，希望他能經得起考驗，順利地完成工作。

寫到這裏就打算結束這個回憶了。俗話說「人生七十古來稀」，雖然隨著眼下科學技術的發展，醫療條件的改善，人類的壽命也大幅度地延長，但精力和體力畢竟不如往常，這也是不可否認的事實。回顧個人一生的歷史，從學生到知青，從礦工再上大學，最後畢生從事民國歷史的研究，平淡的一生也有許多值得回憶的往事，生命的延續自然會有生活的積澱。10 多年前，我所在的香港中文大學中國研究中心開設了一個「民間歷史」的網站（http//mjlsh.usc.cuhk.edu.hk），其創辦的宗旨就是「讓存留民間的大量歷史記錄得以保存，讓民眾參與對歷史的驗證和解釋，為後輩留下先人的歷史和故事，並了解他們的經歷，為歷史研究儲備豐富的原始資料，為作者的後人留下可以查詢的家庭與家鄉的記錄」。歷史正是無數生活於各個階層平凡人物的人生經歷所積累形成，因此我所書寫的這個回憶，也可以算是實踐了這一目標，更重要的是，我希望能有更多的同輩人將自己和家庭的歷史書寫下來，為後人留下一真實的歷史記錄，余願足矣。

一、專　書

1. 《民國檔案與民國史學術討論會論文集》（主編之一）（北京：檔案出版社，1988 年），830 頁。

2. 邁克爾 · 羅素：《院外集團與美國對華政策 —— 三十年代美國白銀集團的活動》（譯著）Michael Blaine Russell：*American Silver Policy and China, 1933-1936.* 上海：復旦大學出版社，1992 年，214 頁。

3. 陸仰淵、方慶秋主編：《民國社會經濟史》（合著），北京：中國經濟出版社，1991 年，本人撰寫其中部分章節，頁 312-344。

4. 《秦始皇帝》（編著），香港：中華書局，1991 年，99 頁。

5. 《春秋五霸》（編著），香港：中華書局，1991 年，105 頁。

6. 《劉邦立國》（編著），香港：中華書局，1991 年，100 頁。

7. 《楚漢相爭》（編著），香港：中華書局，1992 年，124 頁。

8. 《改革與困擾 —— 三十年代國民政府的嘗試》，香港教育圖書公司，1998 年，290 頁。

9. 《從投資公司到「官辦商行」——中國建設銀公司的創立及其經營活動》，香港：中文大學出版社，2001 年，417 頁。

10. 徐中約著《中國近代史》（下冊）（合譯）Immanuel C.Y.Hsu: *The Rise of Modern China（Vol.2）* 香港：中文大學出版社，2002 年。本人翻譯第四十至四十二章，頁 961-1060。

11. 《董浩雲日記（1948-1982）》（三冊）（編註），香港：中文大學出版社，2004 年 11 月，1623 頁＋ xxxiv。

12. 《董浩雲的世界》（主編），香港：中文大學出版社，2004 年 11 月，578 頁。

13. （編）《選堂序跋集》，北京：中華書局，2006 年 12 月，448 頁。

14. 《董浩雲日記（1948-1982）》簡體版（三冊）（編註），北京：生活 · 讀書 · 新知三聯書店，2007 年 8 月，1628 頁＋ xxviii。

15. 《董浩雲的世界》簡體版（主編），北京：生活 · 讀書 · 新知三聯書店，2007 年 8 月，583 頁＋ xxxi。

16. 《董浩雲：中國現代航運先驅》（主編），上海：交通大學出版社，2007 年 9 月，275 頁。

17. 《國民政府戰時統制經濟與貿易研究（1937-1945）》，上海：上海社會科學院出版社，2009 年，344 頁。

18. 《戰前及淪陷期間華北經濟調查》（上下冊）（主編），天津：天津古籍出版社影印出版，2010 年 4 月，620 頁。

19. 《檔案中的民國政要》，香港：中華書局，2013 年 6 月，254 頁。

20. 《民國政要的私密檔案》，北京：中華書局，2014 年 3 月，353 頁。

21. 《讀檔閱史：民國政事與家族利益》，上海：中華書局，2014 年，538 頁。

22. 《董浩雲與中國遠洋航運》，香港：中華書局，2015 年 5 月，613 頁。

23. 《民國權貴的私密檔案》，台北：大旗出版社，2015 年 11 月，287 頁。

24. 《何時回首謝紅塵：董浩雲傳》，北京：新星出版社，2017 年 8 月，385 頁。

25. 《民國人筆下的民國》(主編)，香港：中文大學出版社，2019 年 5 月，724 頁。

26. 《日記中的歷史：民國名人的公務與私情》，香港：商務印書館，2020 年 4 月，350 頁。

二、學 術 論 文

1. 《抗日戰爭前夕日本對華北走私問題初探》，《南京大學學報（哲社）》1983 年第 4 期，頁 92-99。

2. 《試論 1935 年白銀風潮的原因及其後果》，《歷史檔案》1984 年 2 期，頁 113-119。本文為提交南京大學等單位主辦之「首屆中華民國史學術研討會」（1984 年 5 月，南京）會議論文。

3. 《日本帝國主義對中國 1935 年幣制改革的破壞》，《近代史研究》1986 年第 1 期，頁 272-284。

4. 《抗戰後期國統區的民主憲政運動》，《江西師範大學學報（哲社）》1986 年第 2 期；本文為提交江蘇省中國現代史學會主辦「紀念抗日戰爭勝利四十周年學術研討會」（1985 年 8 月，南京）會議論文，後又收入江蘇省中國現代史學會編：《抗日戰爭史新論》（南京：南京工學院出版社，1986 年）。

5. 《中美白銀協定述評》，《民國檔案》1986 年第 2 期，頁 94-101；本文為提交中美關係史學會等主辦之「第一屆中美關係史學術研討會」（1985 年 11 月，上海）會議論文，後又收入中美關係史叢書編委會編：《中美關係史論文集》第二輯，重慶：重慶出版社，1988 年，頁 280-294。

6. 《章太炎抵制帝國主義侵佔東北礦權的一段往事》，《社會科學戰線》1986 年第 3 期。

7.　《關於張嘉璈撤換經過》，《學術月刊》（上海）1986 年第 11 期，頁 55–59。

8.　《1935 年幣制改革的動因及其與帝國主義的關係》，《史學月刊》1987 年第 1 期，頁 62–67。

9.　《上將殉國》，《民國春秋》1987 年第 4 期。

10.　《唐紹儀被日蔣勾結及其被刺經過》，全國政協文史資料編輯委員會編：《文史資料選輯》總第 113 輯（1987 年 11 月），頁 169–175；本文為提交由暨南大學、珠海市政協主辦之「唐紹儀學術討論會」（1986 年 12 月，珠海）會議論文。

11.　《1933 年的中美棉麥借款》，《歷史研究》1988 年 5 期，頁 128–137。

12.　《抗戰初期國民政府財政金融措施述論》（與劉冰合作），張憲文、陳興唐、鄭會欣編：《民國檔案與民國史學術討論會論文集》（北京：檔案出版社，1988 年），頁 462–475。本文為提交由中國第二歷史檔案館等主辦之「民國檔案與民國史學術討論會」（1987 年 10 月，南京）會議論文。

13.　《「中美航空密約」辨析》，《民國檔案》1988 年第 4 期，頁 105–109；本文為提交由中美關係史學會、南京大學中美文化中心主辦之「第二屆中美關係史學術研討會」（1988 年 8 月，南京）會議論文，後又收入中美關係史叢書編委會編：《中美關係史論文集》第三輯（南京：南京大學出版社，1991 年），頁 58–68。

14.　《近年來國內有關幣制改革問題研究述評》，《中國經濟史研究》1989 年第 3 期，頁 154–160。

15.　《關於戰前十年舉借外債的基本估計》，「中央研究院」近代史研究所編：《近代中國史研究通訊》第 9 輯，1990 年 3 月，頁 59–73。

16.　《中國國內對民國檔案的保管和研究狀況》，《香港中國近代史學會會刊》第 4、5 期合刊，1991 年 1 月，頁 119–128；本文係香港中國近代史學會專題演講（1990 年 3 月）。

17. 《戰前國民政府整理鐵路外債的經過及其成效》，《中國文化研究所學報》（香港：中文大學中國文化研究所）1993 年新第 2 期，頁 81-99。

18. 《近年來中國大陸有關民國史的研究及出版概況》，香港中國近代史學會編：《中國近代史研究新趨勢》（香港：香港教育圖書公司，1994 年），頁 77-103；本文係由香港教育圖書公司主辦之「中國近代史研究新趨勢」專題演講（1993 年 4 月 3 日）。

19. 《戰前國民政府舉借外債的數額及其特點》，《民國研究》第一輯（南京：南京大學出版社，1994 年），頁 138-172；本文為提交由南京大學民國史研究中心主辦之「第三屆中華民國史國際學術研討會」（1994 年 12 月，南京）會議論文。

20. 《從南鎮、敍昆鐵路的談判與修築看抗戰初期的中法經濟合作》，台灣中國近代史學會、聯合報系文化基金會主編：《慶祝抗戰勝利五十周年兩岸學術研討會論文集》（台北：聯經出版事業公司，1996 年），上冊，頁 658-676。本文為提交由台灣中國近代史學會主辦之「慶祝抗戰勝利五十周年兩岸學術研討會」（1995 年 9 月，台北）會議論文。

21. 《廣州話與普通話在成語用詞中的異同》，《中國語文通訊》第 36 期（香港：中文大學中國文化研究所，1995 年 12 月），頁 42-46。

22. 《台灣閱檔印象記》，《檔案與史學》1997 年第 2 期，頁 76-80。

23. 《日偽強佔東北海關及其對中國財政的影響》，吳倫霓霞、何佩然主編：《中國海關史論文集》（香港：香港中文大學崇基學院，1997 年），頁 439-449；本文為提交由香港中文大學歷史系主辦之「第三屆中國海關史國際學術研討會」（1995 年 5 月，香港）會議論文。

24. 《揚子電氣、淮南礦路公司的創立與國有企業私營化》，《歷史研究》1998 年第 3 期，頁 95-112。人大複印資料《經濟史》1998 年第 5 期。

25. 《孔宋違法結購外匯案五十年後曝光》，《炎黃春秋》1998 年第 7 期（總第 76 期），頁 62-65。

26. 《尋求西方援助的嘗試 —— 評宋子文 1933 年的歐美之行》,《中國文化研究所學報》新第 7 期（香港：香港中文大學中國文化研究所,1998 年）,頁 153-66。本文為提交出香港中國近代史學會、中文大學歷史系、浸會大學歷史系聯合主辦之「明末以來中西文化交匯研討會」（1996 年 5 月,香港）會議論文。

27. 《中國建設銀公司的創立及其各界反應》,《史藪》第三卷（香港：中文大學歷史系,1998 年 12 月）,頁 301-322。

28. 《中國建設銀公司的創立：官僚與財閥結合的一個實例》,吳敬璉主編《改革》1999 年第 2 期（重慶：重慶社會科學院,1999 年 3 月）,頁 106-113,128；本文為提交上海社會科學院、中國經濟史學會聯合舉辦之「中國經濟史學會第四屆年會暨中國城市發展與社會經濟國際學術研討會」（1998 年 9 月,上海）會議論文,並在大會宣讀；後又收入張仲禮、熊月之、沈祖煒主編：《中國近代城市發展與社會經濟》（上海：上海社會科學院出版社,1999 年）,頁 362-383。人大複印資料《經濟史》1999 年第 4 期。

29. 《中國建設銀公司股份的演變》,《歷史研究》1999 年第 3 期,頁 95-113。

30. 《揚子電氣公司的接收與復業,1945-1947》,張偉保、黎華標主編：《近代中國經濟史研討會 1999 論文集》（香港：新亞研究所,1999 年）,頁 370-91。本文為提交由香港新亞研究所及香港聯教中心共同主辦的「近代中國經濟史研討會」（1999 年 5 月,香港）會議論文。

31. 《關於「人的素質」的培養與社會的關係》,《人的素質（1999）論文集》（台北：法鼓人文社會學院,1999 年）,頁 35-40。本文為提交法鼓人文社會學院主辦「人文關懷與社會實踐系列學術研討會：人的素質（1999）」（1999 年 3 月,台北）會議論文。

32. 《引進外資的新模式及其特點 —— 以成渝鐵路借款為例》,上海檔案館主編《檔案與史學》2000 年第 4 期,頁 39-44；本文為提交上海檔案館主辦「檔案與上海史國際學術研討會」（1999 年 12 月,上海）會議論文。

33. 《對歷史的重新解讀》，《近代中國史研究通訊》第 30 期（台北：「中央研究院」近代史研究所，2000 年 9 月），頁 190-197。

34. 《復興商業公司的成立與初期經營活動》，中國國民黨中央黨史委員會主辦《近代中國》總 139 期（台北：近代中國雜誌社，2000 年 10 月），頁 180-202；本文為提交香港大學亞洲研究中心、香港中文大學歷史系聯合主辦「第三屆中國商業史國際研討會：中國商人、商會及商業網絡」（2000 年 7 月 6-8 日，香港）會議論文。

35. 《恤死　救生　興學 —— 泰國報德善堂的發展路向及其成功經驗》，陳三鵬主編：《第三屆潮學國際研討會論文集》（廣州：花城出版社，2000 年 8 月），頁 475-488；本文為提交廣東省韓山師範學院主辦之「第三屆潮學國際研討會」（1999 年 10 月 28-31 日，廣東省潮州市）會議論文。

36. 《蘇州地區明清碑刻的史料價值》，載菅沼雲龍、唐曉峰主編《中國歷史文化研究》（香港：新華彩印出版社，2001 年 3 月），頁 147-166。

37. 《簡論三、四十年代中國民航事業的合資經營》，《中國文化研究所學報》新第十期（總第四十一期，香港：中文大學中國文化研究所，2001 年 11 月），頁 171-190；本文為提交華中師範大學、中國經濟史學會聯合主辦之「經濟組織與市場發展」國際學術研討會（2000 年 8 月 15-18 日，湖北十堰）會議論文。

38. 《辛亥革命與中國的經濟轉型 —— 兼論中國資本主義發展的內在原因》，中國國民黨文化傳播委員會黨史館主辦《近代中國》總第 145 期（台北：近代中國雜誌社，2001 年 10 月），頁 59-78；本文為提交由中國國民黨文化傳播委員會黨史館、中正文教基金會、「中央研究院」近代史研究所等主辦之「辛亥革命九十周年學術討論會」（2001 年 10 月 6-9 日，台北）會議論文。

39. 《辛亥革命後中國的經濟轉型及其內在原因》，《二十一世紀》總第六十八期（香港：中文大學中國文化研究所，2001 年 12 月），頁 60-65。

40. 《貿易調整委員會的成立及其活動》，《民國研究》總第 6 輯（南京：南京大學出版社，2001 年 12 月 30 日），頁 68-81；本文為提交江蘇省政治協商會議，南京大學聯合主辦之「第四次中華民國史國際學術研討會」（2000 年 9 月 21-24 日，南京）會議論文。

41. 《從調整到統制 —— 論抗戰初期國民政府的貿易政策》，中國國民黨文化傳播委員會黨史館主辦《近代中國》總第 148 期（台北：近代中國雜誌社，2002 年 4 月），頁 163-192；本文為提交香港浸會大學、二十世紀中華史學會（北美）、香港中國近代史學會聯合主辦之「二十世紀中國之再詮釋」國際研討會（2001 年 6 月 7-9 日，香港）會議論文。

42. 《步向全面侵華戰爭前的準備 —— 論「九一八」事變後日本對中國財政的破壞》，《抗日戰爭研究》2002 年第 3 期，頁 49-67；本文為提交中國社會科學院中日歷史研究中心舉辦之「『九一八』事變與近代中日關係」國際學術討論會（2001 年 9 月 15-18 日，北京）會議論文；後又載中國社會科學院中日歷史研究中心編：《「九一八」事變與近代中日關係》（北京：社會科學文獻出版社，2004 年 7 月 1），頁 202-219。人大複印資料《中國現代史》2003 年第 2 期。

43. 《董浩雲年表》，《民國檔案》2002 年第 4 期，頁 87-99。

44. 《董浩雲與〈董浩雲日記〉》，《檔案與史學》2003 年第 2 期，頁 70-74。

45. 《中國第一家投資公司 —— 以戰前中國建設銀公司的投資經營活動為例》，載吳景平、馬長林主編：《上海金融的現代化與國際化》（上海：上海古籍出版社，2003 年 10 月），頁 436-451；本文為提交復旦大學歷史系、上海市檔案館、香港大學亞洲研究中心聯合主辦的「上海金融的現代化與國際化」國際學術討論會（2002 年 5 月 27-29 日，上海）會議論文。

46. 《對「官僚資本」的再認識》，《民國檔案》2003 年第 4 期，頁 104-111；本文為提交中國社會科學院《歷史研究》編輯部、中山大學歷史系、香港中文大學歷史系和中國文化研究所聯合主辦的「新世紀的中國歷史學 —— 挑戰與思考」學術研討會（2002 年 11 月 18-21 日，香港）會議論文。

47. 《爭取物資與統制貿易 —— 論抗戰後期重慶國民政府的對外貿易政策》，《中國文化研究所學報》新第十二期（總第四十三期，2003 年 12 月），頁 331-359。

48. 《近十年來香港民國史研究概述》，《民國研究》第 7 輯（南京：南京大學出版社，2003 年 12 月），頁 163-175；本文原為提交香港浸會大學近代史研究中心與香港中國近代史學會主辦「香港史家與史學研討會」（原訂 2003 年 6 月 12-14 日召開，後延至 2004 年 6 月 10-12 日，香港）之會議論文。

49. 《戰前中國建設銀公司的投資經營活動》，《中國經濟史研究》2004 年第 1 期，頁 35-42。

50. 《何時回首謝紅塵 —— 從〈董浩雲日記〉看他的中國情結》，《明報月刊》2004 年第 11 期，頁 98-102。

51. 《追求與奉獻：〈董浩雲的世界〉前言》，《鏡報月刊》2004 年第 11 期，頁 57-59。

52. 《重慶國民政府の貿易統制政策 —— 抗日戰爭後期における貿易委員會の活動を例として》，石島紀之、久保亨編：《重慶國民政府史の研究》（東京：東京大學出版會，2004 年 12 月），頁 191-211；本文為提交東京中國現代史研究會主辦「重慶國民政府史研究國際學術討論會」（2003 年 3 月 8-10 日，東京）會議論文。

53. 《試論戰前西方對中國投資意向轉變的原因》，上海社會科學院歷史研究所主辦《史林》2005 年第 1 期，頁 109-114；本文為提交南開大學、中國經濟史學會近代經濟史專業委員會和天津社會科學院聯合主辦的「世界經濟體制下的民國時期經濟（1911-1937）國際學術討論會」（天津：2004 年 6 月 4-6 日）會議論文。後又收於張東剛等主編：《世界經濟體制下的民國時期經濟》（北京：中國財政經濟出版社，2005 年 8 月），頁 258-269。

54. 《資源委員會與人才培養 —— 關於抗戰期間「三一會派」人員赴美實習前後的追蹤調查》（上），《徐州師範大學學報（哲學社會科學版）》2005 年第 1 期，頁 16-20。

55. 《資源委員會與人才培養 —— 關於抗戰期間「三一會派」人員赴美實習前後的追蹤調查》（下），《徐州師範大學學報（哲學社會科學版）》2005 年第 2 期，頁 19–23。

56. 《試析戰時貿易統制實施的階段及其特點》，《民國檔案》2005 年第 3 期，頁 102–112；本文為提交中國社會科學院經濟研究所、江西財經大學、中國經濟史學會聯合舉辦之「近世中國經濟發展模式選擇與實踐」國際學術討論會（南昌 - 井岡山，2005 年 5 月 13–17 日）會議論文。後又收入溫銳主編：《政府 · 市場與經濟變遷：「近世中國經濟發展模式選擇與實踐」國際學術討論會論文集》（南昌：江西人民出版社，2007 年 11 月），頁 193–209。

57. 《戰前「統制經濟」學說的討論及其實踐》，《南京大學學報（哲學、人文科學、社會科學）》2006 年第 1 期，頁 86–100；本文為提交中國社會科學院近代史研究所民國史研究室、《歷史研究》編輯部、四川師範大學歷史文化學院聯合主辦之「1930 年代的中國」國際學術研討會（2005 年 8 月 4–8 日，成都）會議論文；後又以《戰前「統制經濟」口號的提出及其實踐》為名，刊於中國社會科學院近代史研究所民國史研究室、四川師範大學歷史文化學院編：《一九三〇年代的中國》（北京：社會科學文獻出版社，2006 年 9 月）（上卷），頁 290–306。人大複印資料《中國現代史》2006 年第 8 期。

58. 《統制經濟與國營貿易：太平洋戰爭爆發後復興商業公司的經營活動》，《近代史研究》2006 年第 2 期，頁 125–149；本文為提交台灣「中央研究院」近代史研究所主辦之「近代中國的財經變遷與企業文化國際學術研討會」（2004 年 12 月 15–17 日，台北）會議論文。

59. 《培養人材　重視人材：以資源委員會派遣技術人員赴美實習為例》，丁新豹、周佳榮、黃嫣梨主編：《近代中國留學生論文集》（香港：香港歷史博物館，2006 年 3 月），頁 116–137；本文為提交香港歷史博物館、中國國家博物館等主辦的「近代中國留學生國際學術研討會」（香港：2003 年 12 月 17–19 日）之會議論文。

60. 《饒宗頤教授與香港的學術淵源》，劉釗、王日根等主編：《廈大史學》第 2 輯（廈門：廈門大學出版社，2006 年 3 月），頁 1-13。本文為提交香港浸會大學近代史研究中心與香港中國近代史學會主辦「香港史家與史學研討會」（2004 年 6 月 10-12 日，香港）會議論文。

61. 《也談同盟會第一次籌備會議人數》，《歷史檔案》2006 年第 2 期，頁 93-97；本文為提交南京大學中華民國史研究中心、中山陵園管理局孫中山紀念館聯合主辦之「紀念中國同盟會成立 100 周年暨孫中山先生逝世 80 周年」國際學術討論會（2005 年 8 月 19-21 日，南京）會議論文。人大複印資料《中國近代史》2006 年第 12 期。後以《參加同盟會第一次籌備會議人數考》為名，收入孫中山紀念館編：《大同道路 —— 孫中山研究》（南京：南京出版社，2010 年），頁 68-73。

62. 《從統制經濟到開放市場：論戰後初期國民政府對外貿易政策的轉變及其原因》，《中央研究院近代史研究所集刊》總第 53 輯（台北：「中央研究院」近代史研究所，2006 年 9 月），頁 51-102；本文初稿曾在「中央研究院」近代史研究所報告（2005 年 3 月 10 日），後又提交復旦大學與美國斯坦大學胡佛研究所聯合舉辦的首屆復旦-胡佛近代中國研究論壇：「宋子文與抗戰時期的內政外交」（上海：2006 年 6 月 19-20 日）。

63. 《簡述中國經濟學社的年會及其特點》，《中國社會經濟史研究》2006 年第 3 期，頁 93-105。本文乃提交香港嶺南大學等單位主辦「歷史經驗：中國經濟史」學術討論會（香港：2006 年 6 月 9-10 日）論文。

64. 《無黨無偏，不激不隨：論中國經濟學社的歷史地位及其作用》，《中國文化研究所學報》第 46 期（香港：中文大學中國文化研究所，2006 年 10 月），頁 251-283。

65. 《揚子電氣：民國股改往事》，《市場周刊》（南京），2006 年第 10 期，頁 16-19。

66. 《論中國經濟學社的歷史地位及其作用》，《民國研究》第 9 輯（南京：2007 年 5 月），頁 82-95。本文為提交「第五次中華民國史學術討論會」（奉化：2006 年 7 月 28-8 月 1 日）論文。

67. 《合作與分歧：簡析抗戰初期宋子文孔祥熙來往電報》，《民國檔案》
2007 年第 3 期，頁 94-99。本文提交復旦大學與美國斯坦大學胡佛
研究所聯合舉辦的首屆復旦 - 胡佛近代中國研究論壇：「宋子文與抗戰
時期的內政外交」（上海：2006 年 6 月 19-20 日）會議論文。

68. 《「國航史上空前筆」──董浩雲與中國航運公司的創立》，鄭會欣、
金董建平主編：《董浩雲：中國現代航運先驅》（上海：交通大學出版社，
2007 年 9 月），頁 50-72。本文為提交董氏慈善基金會與交通大學檔
案館主辦「董浩雲：中國現代航運先驅」學術研討會（上海：2007 年
9 月 28 日）論文。後又刊於上海交通大學董浩雲博物館編：《航運博
物》總第一期（2014 年），頁 8-21。

69. 《抗戰期間的中國與蘇聯的易貨貿易：以貿易委員會及所屬公司為中
心》，《中國文化研究所學報》第 47 期（香港：中文大學中國文化研究
所，2007 年 10 月），頁 245-281。本文為提交香港大學中文學院主辦
「東西方研究國際學術研討會」（香港：2007 年 10 月 5-7 日）論文。

70. 《從官商合辦到國家壟斷：中國茶葉公司的立及經營活動》，《歷史研
究》2007 年第 6 期，頁 110-131。又刊中國社會科學院近代史研究
所、四川師範學院歷史文化學院編：《一九四〇年代的中國》，北京：
社會科學文獻出版社，2009 年 5 月，上卷，頁 511-531。本文為提
交中國社會科學院近代史研究所、《歷史研究》編輯部、四川師範學
院歷史文化學院合辦「1940 年代的中國國際學術討論會」（北京：
2007 年 8 月 17-20 日）論文。人大複印資料《中國現代史》2008
年第 4 期。

71. 《宋子文與戰後初期對外貿易政策的改變》，吳景平主編：《宋子文與
戰時中國（1937-1945）》（上海：復旦大學出版社，2008 年 4 月），
頁 236-265。本文提交上海復旦大學歷史系與美國斯坦福大學胡佛
研究所聯合主辦的首屆復旦 - 胡佛近代中國研究論壇：「宋子文與抗
戰時期的內政外交」國際學術研討會（上海：2006 年 6 月 18-20 日）
論文。

72. 《「忍氣吞聲，負重致遠」：從蔣介石日記看他對雅爾塔協定的態度轉變》，《社會科學》（上海）2008 年第 7 期，頁 129-139。本文提交中國社會科學院近代史研究所、美國斯坦福大學胡佛研究所聯合主辦的「民國人物與民國政治」國際學術討論會（北京：2008 年 11 月 1-2 日）。後又收於中國社會科學院近代史研究所編：《民國人物與民國政治》（北京：社會科學文獻出版社，2009 年），頁 170-193。人大複印資料《中國現代史》2008 年第 12 期。

73. 《關於孚中、揚子公司套購外匯數目的爭論及其真相》，《中央研究院近代史研究所集刊》總第 61 輯（台北：「中央研究院」近代史研究所，2008 年 9 月），頁 61-95；本文提交中國經濟史學會第六屆年會暨國際學術研討會（桂林，2008 年 7 月 18-21 日），並在大會上作主題報告。

74. 《饒公與敦煌吐魯番研究》，饒宗頤主編《華學》第 9-10 期合刊第三冊（上海：上海古籍出版社，2008 年 8 月），頁 813-817；本文提交香港大學、香港中文大學等主辦「慶祝饒宗頤教授九十華誕國際學術討論會」論文（香港：2006 年 12 月 1-15 日）。

75. 《宋子文與九龍城寨事件》，《史學月刊》2009 年第 2 期，頁 130-133。

76. 《富華貿易公司始末》，《民國研究》第十五輯，北京：社會科學文獻出版社，2009 年 7 月，頁 97-116。本文提交香港中文大學歷史系主辦「中國商業史學術討論會」（香港：2007 年 10 月 5-6 日）論文。

77. 《美金公債舞弊案的發生及處理經過》，《歷史研究》2009 年第 4 期，頁 99-123。

78. 《戰後「官辦商行」的興起：以中國孚中公司的創立為例》，《中國經濟史研究》2009 年第 4 期，頁 119-130。本文提交中國經濟史學會、清華大學歷史系和中山大學歷史系聯合主辦的「紀念梁方仲教授誕辰100 周年中國社會經濟史研究國際學術討論會」（廣州：2008 年 11 月 20-21 日）論文。後收入陳春聲、劉志偉主編：《遺大投艱集 —— 紀念梁方仲教授誕辰一百周年》（廣州：廣東人民出版社，2012 年），下冊，頁 879-901。

　│　陌上草青：一個歷史學者的自述

79. 《宋子文的人際關係與戰時重慶官場異動》，《史林》2009 年第 6 期，
　　頁 150-164。人大複印資料《中國現代史》2010 年第 5 期。

80. 《有關宋美齡訪美期間的幾份電報》，胡春惠、陳紅民主編：《宋美齡及
　　其時代國際學術研討會論文集》（香港：香港珠海書院亞洲研究中心，
　　2009 年 12 月），頁 175-183。本文提交香港珠海書院等主辦的「宋美
　　齡及其時代國際學術研討會」（香港：2008 年 10 月 15-17 日）論文。

81. 《國家前途與個人命運：董浩雲在 1949 年的抉擇》，《中國文化研究所
　　學報》第五十期（香港：中文大學中國文化研究所，2010 年 1 月），
　　頁 165-187。本文提交香港中文大學歷史系、華東師範大學當代中國
　　史研究中心、法國社會科學高等研究院近代現代中國研究中心主辦之
　　「新中國建國史國際學術研討會」（香港：2009 年 6 月 22-24 日）論文。

82. 《從宋子文赴美期間電報看戰時重慶官場異動》，吳景平主編：《宋子
　　文生平與資料文獻研究》（上海：復旦大學出版社，2010 年 5 月），
　　頁 233-259。本文係提交復旦大學歷史系、斯坦福大學胡佛研究院、
　　上海孫中山宋慶齡文物管理委員會研究室聯合主辦之「宋子文生平與
　　資料文獻」學術討論會（上海：2009 年 8 月 27-28 日）論文。

83. 《（戰前及淪陷期間華北經濟調查）前言》，鄭會欣主編：《戰前及淪陷
　　期間華北經濟調查》上下冊（天津：天津古籍出版社，2010 年 4 月），
　　頁 1-10。本文係提交南開大學中國社會史研究中心主辦的「斷裂與連
　　續：金元以來的華北社會文化」國際學術研討會（天津：2009 年 8 月
　　20-22 日）論文。

84. 《董浩雲家族航運事業的創建與發展》，鄭宏泰、周文港編：《華人
　　家族企業傳承研究》（香港：香港大學亞洲研究中心，2010 年），
　　頁 160-191。本文係 2009 年 11 月 21 日於香港歷史博物館發表之
　　演講。

85. 《董浩雲與香港的遠洋航運》，《香港中國近代史學報》第五期（2010
　　年 10 月），頁 87-109。本文提交香港嶺南大學、中國社會科學院近
　　代史研究所、香港歷史博物館主辦的「香港的歷史與發展國際學術討
　　論會」（香港：2007 年 6 月）。

86. 《華北淪陷時期的貨幣與金融》，《城市史研究》（天津社會科學院歷史研究所），2010 年，頁 41-58；本文係提交天津社會科學院歷史研究所主辦之「明清以來區域發展與現代化進程」國際學術研討會（天津：2009 年 8 月 16-19 日）論文。

87. 《爭取西方的援助：評孔祥熙 1937 年的歐美之行》，《史學月刊》2011 年第 1 期，頁 59-69。本文提交中國社會科學院近代史研究所主辦之「第三屆近代中國與世界國際學術研討會」論文（北京：2010 年 5 月 21-23 日）。人大複印資料《中國現代史》2011 年第 6 期。又載中國社會科學院近代史研究所編：《第三屆近代中國與世界國際學術研討會論文集》（北京：社會科學文獻出版社，2015 年），第二卷，頁 659-679。

88. 《國家賠償與民間合作：復興航業公司成立的背景及其經過》，《中國文化研究所學報》第 53 期（香港：中文大學中國文化研究所，2011 年 7 月），頁 155-172。本文提交南京大學中華民國史研究中心等舉辦之「第六屆中華民國史國際學術討論會」（南京：2010 年 8 月 21-23 日）。

89. 《抗戰勝利前後的蔣介石 —— 以 1945 年〈蔣中正日記〉為中心》，呂芳上主編：《蔣中正日記與民國史研究》下冊（台北：世界大同出版社有限公司，2011 年 4 月），頁 465-484。本文提交中正文教基金會、「中央研究院」近代史研究所、政治大學歷史系主辦之「蔣中正日記與民國史研究」國際學術討論會（台北：2010 年 12 月 2-3 日）。

90. 《黨國榮辱與家族利益：析蔣介石對孔祥熙之間的關係》，《南京大學學報（哲學 · 人文科學 · 社會科學）》2011 年第 5 期，頁 59-72。本文提交浙江大學蔣介石研究中心等主辦之「蔣介石與近代中國學術研討會」（杭州、溪口：2010 年 4 月 10-12 日）論文。人大複印資料《中國現代史》2012 年第 1 期。後收入陳紅民主編：《中外學者論蔣介石》（杭州：浙江大學出版社，2013 年），頁 333-357。

91. 《關於戰後偽中儲券兌換決策的制定經過》，《文史哲》2012 年第 1 期，頁 79-93。本文提交中國經濟史學會與河北師範大學聯合舉辦之

「中國金融史學術研討會」（石家莊：2011 年 5 月 21-22 日）論文。後收入吳景平、戴建兵主編：《近代以來中國金融變遷的回顧與反思》（上海：上海遠東出版社，2012 年），頁 313-334。人大複印資料《中國現代史》2012 年第 5 期。

92. 《兩岸分裂時期的香港企業家：以船王董浩雲為中心》，《中國社會科學 · 內部文稿》2013 年第 2 期，頁 184-198。本文提交台北「國史館」與中正文教基金會主辦，「中央研究院」近代史研究所、國立政治大學歷史系協辦之「近代國家的形塑」國際學術研討會（台北：2012 年 9 月）論文，後收入呂芳上主編：《近代國家的形塑 —— 中華民國建國一百年國際學術討論會論文集》（台北：「國史館」，2013 年 7 月），下冊，頁 455-485。

93. 《蔣介石與反腐肅貪》，《澳門理工學報 · 人文社會科學版》第十七卷，2014 年第 1 期，頁 197-201。人大複印資料《中國近代史》2014 年第 6 期。

94. 《董浩雲與宋子文的交往》，《上海檔案史料研究》第 15 輯（上海三聯書店，2013 年 12 月），頁 111-132。本文提交復旦大學近代中國人物與檔案研究中心、美國斯坦福大學胡佛研究院、上海市宋慶齡研究會聯合主辦的「宋氏家族與近代中國的變遷」國際學術研討會（上海：2013 年 11 月 1-3 日）論文。又載吳景平主編：《宋氏家族與近代中國的變遷》（上海：中國出版集團東方出版中心，2015 年），頁 197-215。

95. 《戰後中國的「官辦商行」》，《民國檔案》2014 年第 1 期，頁 134-143。本文提交維也納大學東亞學院主辦的「革命與改革：辛亥百年的中國」學術討論會論文（維也納：2012 年 1 月 8-13 日）。

96. 《撰寫人物傳記應追求真實與客觀：《董浩雲評傳》寫作中的一些體會》，姜義華、梁元生主編：《20 世紀中國人物傳記與數據庫建設研究》（上海：上海書局出版社，2014 年 5 月），頁 241-246。本文係提交復旦大學中外現代化進程研究中心主辦「首屆滬港世紀人物與數據庫建設研究」學術研討會（上海：2013 年 4 月 13-14 日）報告。

97. 《職業外交家的特點及其地位：以戰前南京政府駐外大使為例》，魏楚雄、陳奉林主編：《東西方文化與外交方略比較 —— 實踐篇》（澳門大學出版中心，2014 年），頁 83-92。本文提交澳門大學歷史系與香港珠海書院亞洲研究中心聯合主辦之「東西方文化與外交方略比較」國際研討會（澳門：2011 年 5 月 8-10 日）論文。

98. 《世界船王與海上教育：從「海上學府」到「宇宙學府」》，姜義華、梁元生主編：《20 世紀中國人物傳記與數據庫建設研究》第 2 輯（上海：上海書局出版社，2015 年 5 月），頁 7-31。

99. 《貿易委員會與戰時統制經濟》，呂芳上主編：《戰爭的歷史與記憶》第 2 冊《戰時政治與外交》，台北：「國史館」，2015 年 12 月，頁 297-320。本文提交「國史館」與「中央研究院」近代史研究所等主辦之「戰爭的歷史與記憶：抗戰勝利七十周年學術討論會」論文（台北：2015 年 7 月 7-9 日）。

100. 《陳光甫與戰時中美外交：兼論上海銀行家的社會責任》，復旦大學中國金融史研究中心編：《銀行家與上海金融變遷和轉型》（上海：復旦大學出版社，2015 年 8 月），頁 32-44，本文係提交復旦大學中國金融史研究中心、上海金融法制研究會主辦之「銀行家與上海金融變遷和轉型」研討會（上海：2014 年 10 月 21 日）主題報告。

101. 《抗戰期間大後方的「倒孔運動」》，《蘭州學刊》2015 年第 12 期，頁 1-11。本文曾先後提交上海社會科學院歷史研究所主辦之「民國政要與第二次世界大戰」學術研討會論文（上海：2015 年 4 月 5-6 日）及南京師範大學抗日戰爭研究中心、《抗日戰爭研究》編輯部主辦「社會群體視角下的抗日戰爭與中國社會」國際學術研討會（南京：2015 年 7 月 27-28 日）論文。

102. 《強國還是大國？中國在第二次世界大戰中的地位》，《貴州社會科學》2016 年第 5 期，頁 52-60。本文係提交中共中央黨史研究室、中國社會科學院、中國人民解放軍軍事科學院主辦之《紀念中國人民抗日戰爭暨世界反法西斯戰爭勝利 70 周年》國際學術研討會（北京：2015 年 9 月 1 日）論文。又提交中國史學會與俄羅斯史學會主辦之

《中俄紀念中國人民抗日戰爭暨世界反法西斯戰爭勝利 70 周年》國際學術研討會（重慶：2015 年 9 月 4-7 日）。

103.《官僚資本與「官辦商行」》，載王建朗、黃克武主編：《兩岸新編中國近代史》[民國卷] 下冊，北京：社會科學文獻出版社，2016 年），頁 734-772。

104.《孚中公司的經營特點與牟利手段》，提交華南師範大學歷史學院舉辦之「近代中國的政治轉型與社會變遷」學術研討會（廣州：2015 年 11 月 6-8 日）論文，載陳慈玉主編：《承先啟後 —— 王業鍵院士紀念論文集》，台北：萬卷樓圖書股份有限公司，2016 年 11 月，頁 583-610。

105.《關於饒公口述史進展的簡介》，載鄭煒明主編：《饒宗頤教授百歲華誕國際學術研討會論文選集》，香港：紫荊出版社，2016 年，頁 202-208。本文提交由香港大學、香港中文大學等香港高校聯合舉辦之《饒宗頤教授百歲華誕國際學術研討會》（香港：2015 年 12 月）報告。

106.《孔令侃與揚子建業公司》，《中國經濟史研究》2017 年第 4 期，頁 13-28。本文提交北京大學經濟學院、中國經濟史學會等主辦之「第二屆北大經濟史學大會」（北京：2016 年 9 月 22-24 日）論文。人大複印資料《中國現代史》2017 年第 11 期。

107.《關於滬港兩地金融的交流與互動》，載吳景平主編：《埠際往來與互動視野下的上海金融》，上海，上海遠東出版社，2017 年，頁 155-158。本文提交復旦大學中國金融史中心等主辦之「埠際往來與互動視野下的上海金融」國際研討會（上海：2016 年 10 月）論文。

108.《從領袖、導師到民族罪人：〈陳克文日記〉對汪精衛形象轉變的記錄》，《史學月刊》2018 年第 3 期，頁 79-86。

109.《戰時後方高級公務員的生活狀況：以王子壯、陳克文等人的日記為中心》，提交香港中文大學中國文化研究所舉辦之「民國人筆下的民國」國際學術討論會（香港：2017 年 5 月 12-14 日）。《近代史研究》

2018 年第 2 期，頁 129-146。又刊鄭會欣編：《民國人筆下的民國》，
香港：中文大學出版社，2019 年 5 月，頁 447-488。

110.《戰時後方高級知識分子的生活狀況：以多位教授的日記為中心》，提
交由中國抗日戰爭史學會、中國社會科學院近代史研究所、中國人民
抗日戰爭紀念館主辦之「紀念全面抗戰爆發 80 周年」國際學術討論會
（北京：2017 年 7 月 7-9 日）論文。後刊於《抗日戰爭史研究》2018
年第 1 期，頁 59-77。

111.《黨內競選與派系鬥爭：親歷者筆下的國民黨第六次全國代表大會》，
提交由上海社會科學院歷史研究所與南開大學歷史學院聯合主辦之
「抗日戰爭史研究新趨向」國際學術研討會（上海：2017 年 9 月 2-3
日）論文。後刊於《史林》2018 年第 5 期，頁 108-121、217。人大
複印資料《中國現代史》2019 年第 3 期。

112.《揚子建業公司囤積物資案的調查與處理》，於上海社會科學院經濟研
究所舉辦之「全球視野下的中國近現代經濟發展路徑、制度與思考」
國際學術討論會」（上海：2019 年 8 月 24-27 日）發表之主題報告，
後刊於《民國檔案》2019 年第 4 期，頁 126-142。

113.《「風聲鶴唳下的張皇失措」：親歷者筆下的長沙大火》，《南開史學》
第二輯（2019 年 12 月），頁 179-203。

114.《蔣介石與民國學人關係的嬗變，1932-1949》，於中國社會科學院近
代史研究所與蘭州大學歷史文化學院主辦之「全球化視域下的中華文化
轉型」國際學術研討會（蘭州：2019 年 8 月 22-24 日）發表之主題報
告，刊於《二十一世紀》總第 177 期（2020 年 2 月），頁 44-64。

115.《「大時代的小插曲」：1945 年重慶黃金提價泄密案》，提交中國抗日
戰爭日學會與牛津大學中國中心聯合召開的「第二次世界大戰的史實：
回憶與闡釋」國際學術研討會（英國牛津大學，2018 年 7 月 20-21
日）；又於中國經濟史學會與山西大學主辦之「2018 年中國經濟史學
會年會暨商路、商幫與經濟社會展」國際研討會上以其為主題報告（山
西太原：2018 年 8 月 25-26 日）。刊於《中國經濟史研究》2020 年
第 2 期，頁 5-20。

三、譯　文

1.　白吉爾．《中國的民族企業與抗日戰爭》，載《民國檔案與民國史學術討論會論文集》（北京：檔案出版社，1988 年），頁 533–544。

2.　細谷千博：《美國與三十年代中期的東亞：棉麥借款》，載入江昭、汪熙主編：《巨大的轉變，美國與東亞（1931–1949）》（上海：復旦大學出版社，1991 年），頁 75–91。

四、書評、評論及報導

1.　《民國檔案與民國史學術討論會紀實》（與陳興唐合作），《民國檔案》1987 年 4 期，頁 130–134。

2.　《「民國檔案與民國史學術討論會」經濟論文觀點綜述》，《中國近代經濟史研究資料》第九輯（上海：上海社會科學院出版社，1987 年），頁 150–154。

3.　《讀〈歷史哲學與中西文化〉》，《商務快訊》第 10 期（香港：商務印書館，1993 年 2 月）。

4.　《張玉法著〈中華民國史稿〉簡介》，《二十一世紀》（香港：中國文化研究所）總第五十二期（1999 年 4 月），頁 87–89。

5.　《解讀歷史：毛澤東這樣成為「太陽」》，《亞洲周刊》2000 年 3 月 27 日–4 月 2 日，頁 54。

6.　《書評論文 —— 熊月之主編之〈上海通史〉第八卷》，《東方文化》第三十七卷第二期 *Journal of Oriental Studies*（香港：香港大學亞洲研究中心，2003 年），頁 271–272。

7.　《「文革」武鬥史拷問清華靈魂》，《亞洲周刊》2003 年 11 月 30 日，頁 51。

8. 《歷史的拐角：簡介〈思考與選擇：從知識分子會議到反右派鬥爭〉》，《文匯報》（香港），2008 年 8 月 11 日，C2 版。

9. 《參與翻譯徐中約〈中國近代史〉》，《閱讀歷史，認識中國》，香港：中文大學出版社，2009 年夏季，頁 6-8。

10. 《序》，楊智友著：《大事件：帝國海關風雲》，北京：中國海關出版社，2015 年，頁 1-5。

11. 《讓更多民間歷史進入學術研究的視野》，胡守禮：《雪泥偶留 · 序》，北京：開明書店，2018 年，頁 1-4。

12. 《名家寄語》，《湖州民國史研究》，2019 年第 4 期，頁 1-2。

五、學術文章

1. 《對京夫子文章的回應》，《開放》總第 82 期，1993 年 10 月，頁 100。

2. 《招工之前》，《根之戀》（南京：江蘇人民出版社，1993 年），頁 124-126。

3. 《誰是兄？誰是弟？》，《檔案與史學》1996 年第 3 期，頁 66。

4. 《（饒宗頤〈念奴嬌〉詞寫作）旁記》，《文采》月刊創刊號（香港：1999 年 7 月），頁 5。

5. 《永遠的老師》，載崔之清、董國強編：《焚膏補拙 —— 歷史學家茅家琦》（南京：南京大學出版社，2001 年 9 月），頁 138-144。

6. 《聞風相悅的知音 —— 記饒宗頤、蕭萐父的學術交往與詩詞唱和》，《鏡報月刊》2003 年第 7 期，頁 44-46；又載郭齊勇、吳根友編：《蕭萐父教授八十壽辰紀念文集》（武漢：湖北教育出版社，2004 年 7 月），頁 40-43。

7. 《饒公與敦煌吐魯番學研究》，《新亞生活》月刊第三十三卷第一期（香港中文大學新亞書院，2005 年 9 月 15 日），頁 20-23。

8. 《戴笠第一次做媒的故事》，《明報月刊》2008 年第 2 期，頁 97-99；
又刊《南方都市報》2008 年 4 月 22 日，第 8 版。

9. 《船王董浩雲的傳奇人生》，《競爭力》2008 年第 9 期，頁 74-77。人
大複印資料《商業導刊》2008 年第 11 期。

10. 《宋子文「以行為家」》，《明報月刊》2008 年第 10 期，頁 125-128。

11. 《宋子文的「認錯書」》，《南方都市報》2008 年 10 月 9 日，第 8 版。

12. 《蔣介石日記中的香港受降》，《歷史學家茶座》總第十四輯 2008 年
第四輯（濟南：山東人民出版社，2008 年 12 月），頁 57-63。

13. 《王雲五與 19456 年商務房產接收》，《歷史學家茶座》總第十五輯
2009 年第一輯（濟南：山東人民出版社，2009 年 1 月），頁 129-
131。

14. 《蔣介石與雅爾塔協定》，《歷史學家茶座》總第十六輯 2009 年第二
輯（濟南：山東人民出版社，2009 年 4 月），頁 7-24。

15. 《難忘的回憶》，《明報月刊》2009 年第 8 期，頁 30-32。

16. 《〈金山日報〉倒孔，孔氏親信滅火》，《歷史學家茶座》總第十八輯，
2009 年第四輯（濟南：山東人民出版社，2009 年 10 月），頁 138-
141。

17. 《唐壽民：失足落水的銀行大亨》，《南方都市報》2009 年 12 月 10 日，
第 4 版。後又以《銀行大亨唐壽民抗戰時失足》，刊於《揚子晚報》
2009 年 12 月 21 日。

18. 《蔣介石查處美金公債舞弊案》，《歷史學家茶座》總第二十一輯，
2010 年第三輯（濟南：山東人民出版社，2010 年 9 月），頁 66-78。

19. 《小數點之謎》，《歷史學家茶座》總第三十輯（濟南：山東人民出版
社，2013 年 3 月），頁 77-92。

20. 《「理財高手」孔令侃》，《世紀》2013 年第 2 期，頁 70-72。

21. 《宋子文政治生涯的最後時刻》，《國家人文歷史》，2013 年第 7 期（總第 79 期），頁 66-69；又被摘載《各界》2013 年第 7 期，頁 24-27。

22. 《兩岸關係中的船王董浩雲》，《世紀》2013 年第 8 期，頁 4-9。

23. 《腐敗的下場：蔣介石最該反思的問題》，《月讀》2014 年第 6 期，頁 65-68。

24. 《唐紹儀「不明不白」地丟了性命》，《中外書摘》2014 年第 7 期，頁 79-82。

25. 《饒宗頤：21 世紀是中國文藝復興時代》，《今日中國》2015 年 1 月試刊號（香港：和平文化交流中心），頁 17-22。

26. 《宋氏家族房地產圖》，《檔案春秋》2015 年第 2 期，頁 56-57。

27. 《在胡佛的日子》，載宋曹莉璇、郭岱君主編：《走近蔣介石：蔣介石日記探祕》（香港：中華書局，2016 年），頁 121-126。

28. 《蔣介石日記中屈辱的香港受降》，《文史精華》2016 年第 12 期，頁 11-16。此文後來曾以不同的題目先後刊載於《看世界》（2009 年第 22 期）、《報刊薈萃》（2014 年第 11 期）、《讀書文摘》（2014 年第 8 期）等。

29. 《戰後經濟毒瘤》，《文史精華》2016 年第 16 期，頁 45-50。

30. 《世界船王董浩雲與香港航運》，《紫荊論壇》2017 年第 7-8 期合刊（總第 34 期），頁 72-77。

31. 《貝聿銘寫給父親的一封信》，《世紀》2017 年第 4 期，頁 70-71。

32. 《感恩・緬懷：回憶汪熙先生》，載傅德華、吳心伯、金光耀編：《生命不息 求索不止——汪熙先生紀念文集》，上海：復旦大學出版社，2017 年，頁 57-60。

33. 《我與中國文化研究所》，《中國文化研究所通訊》2017 年第 4 期，頁 1-10。

34. 《終於擠上了末班車》，武黎嵩、單麗婷等採集整理：《在希望的田野上：我的高考 1977–1978》，江蘇鳳凰文藝出版社，2018 年，頁 289–294。

35. 《追憶與饒公的最後幾次活動》，《明報月刊》2018 年第 3 期，頁 46–48。後又被收入劉洪一主編：《饒宗頤紀念文集》，深圳：海天出版社，2018 年，頁 136–139；饒宗頤圖書館編：《瞻彼泰岱：緬懷饒宗頤教授》，廣州：花城出版社，2018 年，頁 135–139。

36. 《饒宗頤教授與香港的學術淵源》，《今日中國》2018 年第 4 號（總第 40 期），頁 36–41。

37. 《香港文化的象徵：饒宗頤》，《南京政協》2018 年第 3 期（總第 234 期），頁 51–54。

38. 《懷念先步兄》，孟于白、袁方主編：《彭先步紀念冊》（自印，2018 年），頁 60–62。

39. 《董浩雲與顧麗真：50 載相濡以沫，一往情深》，《現代閱讀》2018 年第 1 期，頁 71–72。

40. 《蔣介石與孔祥熙的恩恩怨怨》，《文史精華》2018 年第 10 期，頁 25–31。

41. 《從顧頡剛日記中的理髮説起》，《世紀》2019 年第 4 期，頁 72–74。

42. 《〈陳潔如回憶錄〉出版前後的一段回憶》，《世紀》2020 年第 4 期，頁 37–40。

後記

　　我曾在前面的自序中寫過，這本回憶原本就是在疫情期間困居香港，哪兒也去不了，便宅在家中，坐在電腦前一個字一個字敲擊下來的。除了先向諸位親友詢問相關家族的歷史，將自己所了解的家庭作一簡單的介紹外，接著就根據個人的經歷擬具大綱，然後一點點兒地寫下來。在這之前，我曾經將個人生活中的一些片斷回憶，如招工、高考、以及回憶學界前輩的文字寫成小文，有些已經發表，有些則發在微信上，此刻再將它們結集起來，中間想到甚麼再不斷地加以補充潤色，每章的內容數量盡可能維持平衡，最後再從個人珍藏的照片中選取一些與內容相符合的隨文附上，算是對正文有個補充，但遺憾的是家庭和個人年輕時的照片缺失太多，只能挑選幾張合適的了。

　　在撰寫過程中曾向哥哥和幾位同齡人（包括同學和好友）徵求意見，很快就得到了他們的回覆，並予以熱情的支持和鼓勵，這裡隨意摘錄幾位朋友的來函。

　　一位曾在一個縣插隊、後來從事 50 年新聞工作的資深記者寫道：

　　「我們這一代人，雖未經歷戰亂，但經歷過史無前例的文革，也算是見過世面了。而且你們的父輩，也有不少故事，值得寫下來，傳下

去。你在香港，有非常好的出版條件，令人羨慕；不過自己有決心、有毅力，更令人欽佩。」

一位當年的小學同學、畢業後 20 多年又成為同事的朋友信中說：

「個人及家庭的過往，折射出時代的光影；寫下來並能出版，是件極有意義的事！」

一位著名的經濟史學者、也是我多年學術上的摯友寫道：

「欣聞你正在寫回憶錄，甚麼時候出版？我覺得你做了一件非常好的事，現在的歷史缺少的就是這種親歷的、鮮活的記憶，只有這種個人的和周圍人的回憶多了，組織起來才能匯成時代的歷史記憶，善莫大焉！」

另一位我的同齡人，同樣是「老三屆」又是「新三屆」朋友來信鼓勵：

「期待早日閱讀全書，在這之前已讀到你發表的關於招工、高考、擔任饒公助手等幾段回憶，情節生動，引人入勝，非常喜歡。作為史學研究者，你的回憶一定真實詳盡。你的視角開闊，常能抓住一般人不注意或不善於反映的那些時代特徵。你的回憶不僅有老三屆同代人經歷過文革與改開兩個時代的喜怒哀樂，特別還有從內地到香港、有著兩段土插隊和洋插隊的不同環境、卻是同樣的踏實與開拓經歷。在收穫學術研究碩果的同時，又能廣泛接觸海內外學界大咖，朋友遍及兩岸三地學界，足跡遍及亞太歐美，這麼多豐富多彩的人生總結，作為老朋友，為你感到高興和欽佩。」

所有這些鼓勵和支持都成為我不斷寫作的動力，更讓我感到高興的是，他們中有不少人說受到我的啟發，也正在計劃構思大綱，準備撰寫回憶。如果說我的這部回憶能夠激發和帶動更多的同齡人去撰寫他們各自的經歷，那麼也就達到我的目的了。

由於歷史上的原因，我們的上一代很少有人回憶自己的過去，而我們作為子女的也未能在他們生前動員他們去撰寫一生的回憶，結果造成

了永遠的遺憾。我以為到了我們現在這個年齡對往事進行回憶是一個比較恰當的時候，一是退休之後有了一個比較充裕的時間去回顧往事，而且此刻的記憶還算比較清晰，同時還能得到一些同齡人的指正，以便隨時糾正一些記憶中的錯誤。

我最初撰寫回憶時並沒有想到要出版，只是自己將往事記錄下來，至少可以給家人和後代留下一點回憶。後來一個偶然的機會，我曾向香港中華書局前後兩位總經理趙東曉和侯明透露了我的這一想法，立即引起他們的興趣，並囑我初稿完成後就先給他們看看。因此完成初稿後就寄給他們審閱，沒想到他們很快就來函告我決定出版，一個平凡人物的回憶也可以出版，這確實出乎我的意料。在編輯過程中，隸屬於香港中華書局的開明書店王春永社長親自擔任責任編輯，向我提出了許多建議，他的細心與周到的工作，使我受益良多。

回憶錄完稿後我寄給張憲文、張玉法、楊天石、羅志田、陳紅民等幾位師友閱看，他們對我的想法不僅極為贊同，還寫下熱情漾溢的推薦詞，中文大學老校長金耀基教授並為拙作題撰書名，這一切都讓我深感榮幸，真心感謝他們的熱情支持與鼓勵。

套用胡適先生的一句話，撰寫個人的回憶就是要「給史家做材料，給文學開生路」。謹以此書獻給我們的長輩與師長，感謝他們的哺育與教誨之恩，同時也希望能有更多的同齡人寫出各自的回憶，讓我們的後代能夠了解他們的父輩所經歷的人生。

陌上草青：一個歷史學者的自述

鄭會欣　著

責任編輯　王春永
裝幀設計　任媛媛
排　　版　黎　浪
印　　務　林佳年

出版　　中華書局（香港）有限公司
　　　　香港北角英皇道 499 號北角工業大廈一樓 B
　　　　電話：（852）2137 2338　傳真：（852）2713 8202
　　　　電子郵件：info@chunghwabook.com.hk
　　　　網址：http://www.chunghwabook.com.hk

發行　　香港聯合書刊物流有限公司
　　　　香港新界荃灣德士古道 220-248 號
　　　　荃灣工業中心 16 樓
　　　　電話：（852）2150 2100　傳真：（852）2407 3062
　　　　電子郵件：info@suplogistics.com.hk

印刷　　美雅印刷製本有限公司
　　　　香港觀塘榮業街 6 號海濱工業大廈 4 樓 A 室

版次　　2021 年 5 月初版
　　　　© 2021 中華書局（香港）有限公司

規格　　16 開（230mm×170mm）

ISBN　　978-988-8758-64-7